Lettres à Zina
suivi de
Souvenirs

Boris Pasternak

« Seconde naissance »

Lettres à Zina

suivi de
Souvenirs

par Zinaïda Pasternak

Introduction et commentaires de Mael Feinberg

Traduit du russe
par Alain Préchac

Publié avec le concours
du Centre national des Lettres

Stock

Titre original :

Борис Пастернак
ВТОРОЕ РОЖДЕНИЕ
Письма
к З. Н. Пастернак

З. Н. Пастернак
Воспоминания

(Editions GRIT, Moscou)

© 1995, Éditions Stock (sauf pour la Russie).

Introduction

Histoire de ce livre
par Mael Feinberg

C'est notre « seconde naissance à tous deux », a écrit Pasternak à sa femme Zinaïda Nikolaïevna dans une lettre où il associait à tout jamais à la personne de cette dernière, et aux moments difficiles et heureux qu'ils avaient vécus ensemble, le recueil de vers qui porte ce nom ainsi que la seconde partie de *Sauf-Conduit*. Les thèmes éternels que sont l'amour et la mort, le génie et la beauté (le poète et la belle [1]) et qui, dans *Sauf-Conduit*, semblent concerner Mayakovski, se rapportent en fait à Pasternak lui-même.

« Lorsque j'écrivais sur Mayakovski, avoue-t-il dans une autre de ses lettres à Zinaïda Nikolaïevna [2], j'écrivais sur moi et sur toi. »

Le titre même du recueil a été emprunté à la nouvelle :

« Ce ne serait donc pas une seconde naissance ? Ce serait donc la mort [3] ? »

Droit du poète à faire son choix, que lui seul comprend et dont lui seul a besoin. Choix naturel, choix irréversible.

Bien des années plus tard, dans l'essai autobiographique *Hommes et Positions,* qu'il écrira à la fin de sa vie, Pasternak reviendra sur ce sujet en évoquant les choix de Tolstoï et de Pouchkine. Il avait vu Sofia Andrieïevna à Astapovo, misérable, brisée par la mort de son mari :

« Une nuée orageuse grande comme la moitié du ciel emplissait la chambre, et elle était un éclair de cette nuée, et elle ne savait pas qu'elle jouissait du droit du rocher et de l'éclair [4]... »

Et répondant à la critique adressée par Chtchiogoliev à Natalia Nikolaïevna Gontcharova [5] dans sa célèbre étude sur *Le Duel et la Mort de Pouchkine,* il note :

« Pour ma part, il m'a toujours semblé que j'aurais cessé de comprendre Pouchkine si j'avais admis qu'il avait plus besoin de notre compréhension que de Natalia Nikolaïevna [6]. »

« Toi et moi sont un », écrira Pasternak à Zinaïda Nikolaïevna après dix années de vie commune, répétant ainsi ce qu'il avait lui-même écrit dès *Sauf-Conduit* :

« Une sorte de " moi, c'est toi " d'une absolue perfection les lie désormais par tous les liens imaginables et, dans un mouvement empli de fierté, de jeunesse et d'épuisement, frappe une médaille à leurs profils superposés [7]. »

Mais dans ce même *Sauf-Conduit,* tout comme ultérieurement dans l'essai *Hommes et Positions,* Pasternak évoque le caractère douloureux du choix qu'il eut à effectuer pour quitter sa précédente famille, Yevguiènia Vladimirovna Pasternak et leur fils Génia :

« Peu après, il y eut dans deux familles, la mienne et une famille amie, des bouleversements, des complications et des changements pénibles moralement pour les intéressés [8]. »

Toute sa vie, Pasternak éprouva un sentiment de culpabilité.

Nous savions peu de chose, avant ce livre, sur Zinaïda Nikolaïevna [9]. C'était un être très discret, qui ne se découvrait qu'aux plus proches et qui, pour cette raison, donnait fréquemment l'impression d'une personne sévère et revêche. « Zina [...], écrivait Pasternak à sa cousine Olga Freidenberg [10], est quelqu'un de très simple, qui s'attache passionnément et qui m'est très cher. »

Dans une postface à *Sauf-Conduit* qu'il n'envisageait pas de publier, Pasternak a comparé les types de beauté de ces deux femmes qui lui furent si proches, Yevguiènia Vladimirovna et Zinaïda Nikolaïevna (et Pasternak considéra toujours que l'apparence extérieure des deux femmes déterminait d'avance leur destin). Voici ce qu'il écrivait de la seconde :

« Je connais un visage qui frappe et tranche pareillement dans la tristesse et dans la joie, et devient d'autant plus beau qu'on le surprend plus souvent dans des positions où pâlirait une autre beauté. Que cette femme s'élance vers le ciel ou se précipite vers le sol, son effrayante séduction reste intacte, et elle a beaucoup moins besoin de quoi que ce soit sur terre que la terre n'a besoin d'elle, parce qu'elle est la féminité même, bloc grossier de fierté infrangible extrait d'une seule pièce de la carrière de la création. Et comme les lois du monde extérieur déterminent le plus puissamment la forme d'esprit et le caractère de la femme, la vie, et la substance, et l'honneur et la passion d'une femme comme celle-là ne dépendent pas de l'éclairage, et elle ne craint pas autant les désagréments que la première [11]. »

Tous ceux qui ont connu Zinaïda Nikolaïevna dans sa jeunesse ont évoqué sa beauté :

« Extérieurement, se souvenait Yélizaviéta Tcherniak, Zinaïda Nik. était très belle. Une brune radieuse, grande et bien proportionnée. Un visage d'un ovale délicieusement allongé, une peau mate, d'immenses yeux marron foncé, étincelants. C'est ainsi que je la revois à l'aube de sa jeunesse, lorsqu'elle était encore à Kiev la fiancée de Neuhaus [12]. À l'époque dont nous parlons, c'est-à-dire en 1931, elle avait un peu forci, l'ovale de son visage avait des contours moins nets, mais elle était encore très belle [13]. »

Robert Falk, qui eut lui aussi l'occasion de voir

Zinaïda Nikolaïevna en 1931, remarqua non seulement sa beauté mais aussi, lui qui était peintre, la plasticité de ses mouvements :

« Je me rappelle très bien, disait-il à Voskriéssienskaïa, un concert de Neuhaus, à une époque où Boris Léonidovitch faisait déjà la cour à Zinaïda Nikolaïevna. Lorsque je les aperçus, dans une pièce précédant le foyer des artistes du conservatoire, Zinaïda Nikolaïevna était assise, le visage levé vers Pasternak, lequel s'était de son côté penché vers elle pour lui parler. Jamais je n'oublierai, tant elle était belle alors, ce port de tête ni ce profil [14]. »

Mais le rôle de la « beauté » était étranger à Zinaïda Nikolaïevna, tout comme elle ne regrettera jamais de ne pas être devenue pianiste professionnelle, alors que dans sa jeunesse elle avait joué chez elle à quatre mains avec rien moins que Horowitz. Le sens et l'amour de la musique demeurèrent toutefois à jamais en elle. Voici ce que disait à ce sujet Valentin Asmus, son ami de longue date, ainsi que le rapporte dans ses *Souvenirs* sa fille Ariadna Asmus :

« Garrik écoute toujours très attentivement ce que Zina lui dit de son interprétation. »

Quant à Stanislas Neuhaus, après un concert où il avait été couvert d'éloges, il fit cette remarque : « Je dois tout à maman [15]. »

Son rôle d'épouse, tel qu'elle le concevait, consistait à créer, d'abord pour Neuhaus et ensuite pour Pasternak, un environnement où ils pussent travailler, puis à le préserver. Et elle ne ménageait pas sa peine pour cela.

Pasternak avait un respect extraordinaire pour son aptitude à organiser et maintenir la vie de tous les jours. Ce « travail grossier et brûlant » qui était le sien était proche de lui.

« La création littéraire, lui écrivait-il en 1941, est dans toute sa force aussi privée d'artifices que le chauffage des poêles ou le travail au potager. »

Ces qualités, cet art qu'elle avait de travailler sans craindre aucun type de travail se manifestèrent avec une force particulière pendant l'exode, mais aussi pendant les années cinquante lorsque, la situation matérielle de la famille s'étant stabilisée, elle avait chez elle une personne pour l'aider : Zinaïda Nikolaïevna continuait à travailler avec le même enthousiasme.

C'était un être extrêmement attaché à la vérité et d'une droiture exceptionnelle, incapable de biaiser et de dissimuler ses sentiments, en sorte que ses défauts ressortaient eux aussi nettement pour son entourage. Mais lorsqu'elle avait donné à quelqu'un son affection, elle lui demeurait à jamais dévouée. Il n'y avait pas chez elle l'ombre de ce désir, si fréquent chez les femmes d'écrivains, de se lancer dans des discussions littéraires. Une fois seulement, alors que Pasternak était déjà mort, elle écrivit à Cholokhov, dont une remarque l'avait blessée, une lettre où elle laissait éclater tout ce qu'elle pensait de lui et de son roman le plus célèbre [16] :

« *Estimé* camarade Cholokhov !

« C'est la veuve de l'écrivain Pasternak qui vous écrit.

« Comment n'avez-vous pas honte de fabriquer des allusions à la conduite de Pasternak ? En quoi êtes-vous meilleur que lui ? Votre héros Mélékhov n'est rien d'autre que le prototype du docteur Jivago. Il passe son temps à aller des Rouges aux Blancs et inversement, quoique ce soit un homme du peuple. Le docteur Jivago est un intellectuel et c'est Dieu lui-même qui a mis dans son cœur de l'admiration pour les Rouges, après quoi est venue la pitié pour les Blancs. Comprenez donc que ces deux positions sont très proches, mais tout vous est permis parce que vous êtes communiste, tandis que l'on qualifie le roman de Pasternak de calomniateur parce qu'on ne lui a pas donné l'autorisation de le publier [...] Je dois dire que je n'ai absolument rien contre *Le Don paisible,* mais tout votre roman ne tient que grâce à cet instable de Mélékhov. Sans lui, *les mouches crèveraient d'ennui.* Il serait en outre souhaitable que vous vous exprimiez avec davantage de précision. En 1935, lorsqu'il y a eu à Paris un congrès antifasciste, toute la salle s'est levée pour acclamer Pasternak. C'est donc que dès 1935 il était aimé et populaire [17]... »

Pasternak n'était pas indifférent à son opinion sur les livres qu'elle avait lus. Voici par exemple ce qu'il écrivait à Chalamov :

« P.S. J'ai montré à ma femme, pour éprouver mon jugement, vos petits livres en même temps que ma lettre. Elle est issue d'un milieu militaire et c'est un être à l'esprit sain, équilibré et plutôt de la " vieille trempe ", guère encline aux libertés novatrices, gauchistes ou " décadentistes ". Elle a rapidement parcouru quelques-uns de vos vers et m'a dit après avoir lu ma lettre : " À mon avis, c'est plein de talent et tu as exprimé un jugement trop sévère, partial et subjectif. Je connais tes opinions, mais tu n'as pas à les imposer aux autres. " En sorte que je suis peut-être injuste [18]. »

L'établissement de relations amicales entre les anciennes cellules familiales n'aurait pas pu non plus se faire si elle ne l'avait pas souhaité et réalisé. Si la vie de Yevguiènia Vladimirovna et de son fils Yevguiéni ne devint jamais étrangère à Pasternak, ce que montrent même les lettres qu'il écrivait à Zinaïda Nikolaïevna, on constate aussi que tous les deux tinrent à maintenir des relations amicales avec Neuhaus, puis avec sa nouvelle épouse. Une lettre écrite en 1932 par Zinaïda Nikolaïevna à Neuhaus et qui s'est conservée par hasard, à une époque où Pasternak, elle-même et les enfants se trouvaient du côté de Svierdlovsk, montre bien quels étaient leurs rapports :

« Enfin, écrivait-elle, enfin ! Après deux mois de silence de votre part, j'ai reçu hier ta lettre, celle de tante Zina et celle de tes parents ! La lettre de ta mère est très gentille, bonne, chaleureuse, et m'a vivement touchée. Ta lettre à toi m'a attristée, d'abord parce que tu es malheureux, et aussi parce qu'elle ne correspond pas à la réalité. Personne ne s'est éloigné de toi. Ta vie m'est toujours aussi chère et proche et je me surprends souvent, comme avant, lorsque nous vivions ensemble, à penser à toi et à m'inquiéter pour toi. Je m'ennuie beaucoup de toi, en tant qu'être humain. J'ai un terrible désir de te venir en aide, tout comme avant. Rien d'étonnant puisque l'essentiel, dans le sentiment que je te portais, tenait à une préoccupation profonde, presque maternelle pour toi, qui ne cessais pourtant de me traiter d'enfant. Mais moi, c'était toi que je considérais comme un enfant ! Et tout cela demeure intact aujourd'hui, et même plus fort qu'avant parce que tu es loin de moi et que tu n'es plus sous mon aile [...] Les enfants ne se sont pas " éloignés " et ne s'éloigneront pas l'un de l'autre [...]

« Boria et moi, le jour même de notre arrivée à la datcha, avons pensé à haute voix que ce serait magnifique si tu venais te reposer ici. Mais nous n'avons pas osé te le proposer ! Et comme c'est pitoyable, que nous n'ayons même pas osé t'exprimer ce souhait ! [...] Ces femmes insupportables, dont je suis, empêchent davantage de vivre qu'elles ne sont capables de donner. C'est une chose que je dis souvent aussi à Boria. J'ai été terriblement heureuse que tu aies magnifiquement joué Scriabine, et que tu travailles quand même, et que tu apprennes des œuvres nouvelles. La vue de Boria désœuvré à Svierdlovsk m'a plongée dans une tristesse et une irritation telles que je ne connais rien de pire comme sensation. Crois-moi, si j'avais ton talent, ou celui de Boria, que ne ferais-je pas ! Ah, Garrik, Garrik, comme la vie est devenue épouvantable, surtout dans l'Oural ! Nous avons vu de ces choses ! ! ! Et quel besoin on a de personnes telles que toi et Boria [19] ! »

Les *Lettres* de Pasternak à Zinaïda Nikolaïevna, qui paraissent pour la première fois intégralement dans la présente édition, traduisent l'esprit de cette époque. Comme dans la vie, tout y est mêlé : l'amour, la vie à organiser, l'avenir des enfants, les amis et connaissances, les malheurs communs, le manque d'argent. Et toujours, et avant tout, le labeur constant, quotidien. Et si les lettres de 1930-1931 peuvent servir de commentaire-fleuve à *Seconde naissance,* celles de 1941 sont comme le Journal de Pasternak pendant les premiers mois de la guerre : on y trouve Pérédielkino désert, les alertes, les tours de garde sur le toit pendant les bombardements de Moscou et la conscience navrante de ne pas pouvoir écrire et publier ce que l'on voudrait. Un désir enflammé de victoire et, en même temps, la compréhension lucide que bien des initiatives prises par les autorités conduiront à l'avenir à des maux incalculables :

« Que de décennies il faudra à l'avenir, écrit-il, pour que les uns et les autres tirent un trait [20] ! »

La nécessité constante de nourrir deux, puis trois familles (il considérait la famille de Tabidzé comme la sienne) et une aide incessante, chaque fois qu'il le pouvait, à tous ceux qui étaient dans la détresse... Voici à titre d'exemple ce qu'il déclarait en 1959 à Renata Schweitzer, une amie allemande qui s'étonnait de voir un tel monceau de lettres accumulé sur son bureau :

« Aider matériellement, lorsqu'on le peut, ceux qui sont dans le malheur est ce qu'il y a de plus facile [...] Tu connais mon opinion sur la propriété et les biens personnels. Nous sommes sur terre des invités. L'argent n'a de valeur que dans la mesure où il assure liberté et tranquillité pour le travail, qui est notre seul devoir [21]. »

La dernière lettre de Pasternak à Zinaïda Nikolaïevna date de 1957, époque où rien ne semblait présager le malheur. Mais un an plus tard, avec la sortie du *Docteur Jivago,* c'était le prix Nobel qui l'attendait, avec une gloire mondiale, des persécutions dans son pays et une mort rapide.

« La vie a été belle, très belle, dit-il peu avant de mourir au médecin de garde à son chevet, mais il faut aussi mourir un jour [22]. »

Et à Zinaïda Nikolaïevna, en lui disant adieu :

« J'ai aimé la vie et toi. »

La femme de Pasternak lui a survécu six ans. Ce furent pour elle des années très difficiles. Toujours aussi active, même dans le malheur, elle entreprit aussitôt après sa disparition de classer ses archives, participer au travail de la commission créée à son initiative pour assurer son héritage littéraire, veiller à faire élever un monument funéraire. Voici ce qu'elle écrivait en novembre 1960 à Nina Tabidzé, sa très proche amie :

« J'ai été incroyablement occupée par la nécessité de mettre de l'ordre dans les manuscrits qui se trouvaient chez nous, de les taper, etc. Tout est maintenant terminé.

« Je me suis rendue il y a un mois à la datcha de Tikhonov, qui m'a dit d'écrire à l'Union des écrivains afin de leur demander d'homologuer la commission... En attendant, ils ont pris la décision de mettre en fabrication et de faire paraître un recueil de vers choisis, parmi lesquels un certain nombre d'inédits. Nous avons décidé de notre côté de ne rien demander d'autre pour l'instant et de ne pas forcer les événements... J'ai également demandé à la commission d'inclure la sculpture de Lébédiéva [23]... »

Un an après la mort de Pasternak, en mai 1961, alors que Zinaïda Nikolaïevna était tombée malade, Korniei Tchoukovski notait dans son journal :

« Z. N. vient d'avoir une crise cardiaque et cela n'a rien d'étonnant. On peut s'étonner qu'elle n'en ait pas eu plus tôt, tant cette malheureuse femme a été éprouvée [24]. »

Les Éditions littéraires d'État préparaient à cette époque un petit recueil de vers de Pasternak. C'était Alexandre Sourkov qui choisissait. Pour des raisons incompréhensibles, il n'avait pas inclus dans le recueil des poèmes aussi célèbres que *Marbourg* et *Pétersbourg*.

La commission pour l'héritage littéraire du poète tenta vaille que vaille d'arranger les choses et d'inclure dans le recueil ces célèbres pièces de vers.

La situation matérielle de Zinaïda Nikolaïevna devenait de plus en plus pénible. En 1962, elle n'avait plus un sou et il fallait pourtant conserver la datcha que Pasternak aimait tant et où, croyait-elle fermement, un musée serait un jour ouvert. Nous savons aujourd'hui que cet espoir n'était pas vain [25]. Ses amis tâchaient de l'aider comme ils le pouvaient. Ils écrivaient, faisaient des démarches.

En juillet 1962, Kornieï Tchoukovski, Piotr Kapitsa, Vsiévolod Ivanov, Léonide Léonov et Constantin Fiédine rédigèrent une lettre collective qu'ils envoyèrent à Nikita Khrouchtchov en le priant de lui attribuer une pension. Voici comment Tchoukovski, qui aida sans cesse Zinaïda Nikolaïevna au sein de ses difficultés, a relaté les choses dans son Journal :

« *7 juillet 1962*. Le 3 juillet [...], Génia Pasternak est venu me voir [...] Lui et Zin. Nik. sont allés chez Ehrenbourg. Ehrenbourg conseille de ne pas tant se préoccuper des droits étrangers de Pasternak que de la pension de Z. N. ; il a écrit une lettre à Nikita Serguieïévitch que doivent signer avec moi Tvardovski, Chostakovitch, Tikhonov et Fiédine. J'ai signé, mais qu'il est difficile d'obtenir la signature des autres ! Génia veut que je m'en charge. J'ai accepté. »

« *7 juillet*. À cinq heures, Vsiévolod Ivanov est passé me chercher et nous sommes allés avec ma voiture à Barvikha, chez Yék. Pavl. Piechkova [26]. J'avais pris le dossier concernant Zinaïda Nikolaïevna [...] Il y avait au salon Tolstaïa, Fiédine, Léonov et sa femme, l'académicien Kapitsa et Maria Ignatievna [27] pour qui nous nous étions réunis. J'ai aussitôt ouvert le dossier : Kapitsa a signé avec plaisir, de même que Vsiévolod. Fiédine l'a fait en grognant ("Nous faisons déjà des démarches pour elle"), mais il a signé. Léonov aussi. »

« [...] J'ai toujours été intimidé lorsque je devais téléphoner aux autorités et c'est en tremblant, une fois de plus, que j'ai appelé aujourd'hui le cam. Lébédiev, secrétaire de N. Khrouchtchov ; et soudain j'ai entendu : "Comme je suis heureux d'entendre votre voix. Je vous félicite pour votre prix Lénine, amplement mérité. J'ai été si heureux que vous ayez été le lauréat ", et ainsi de suite. J'ai exposé tout ce qui concernait Zinaïda Nikolaïevna [...] et lu au téléphone à Lébédiev presque toute sa requête. Il en a approuvé le contenu, m'a dit où l'adresser et m'a promis de la transmettre dans les tout prochains jours [28]. »

La requête resta sans réponse.

Après sa crise cardiaque, Zinaïda Nikolaïevna entreprit d'écrire ses Mémoires. Elle en rédigea seule les premières pages mais, comme cela lui était difficile, dicta la suite à Zoïa Masliènikova.

Les *Souvenirs* n'ont pas été revus. Les deux fils de Pasternak, tout comme Stanislav Neuhaus, s'y sont opposés. Leur lecture montre d'ailleurs clairement qu'ils ont été dictés dans des conditions où l'auteur ne disposait pas des documents nécessaires. Les nombreuses erreurs, surtout de datation, et le caractère discontinu du récit sont justement les traits les plus caractéristiques de la narration orale [29]. Pour ce qui était des dates, Zinaïda Nikolaïevna ne cessait de les confondre et de les oublier. Aucune des lettres d'elle que nous avons conservées n'a été datée de sa main. Lorsque l'on compare aujourd'hui le texte des *Souvenirs* de Zinaïda Nikolaïevna avec celui de ses lettres, on s'aperçoit que la rédaction par une tierce personne a, comme toujours, abâtardi le texte. Lorsque Zinaïda Nikolaïevna tenait elle-même la plume, elle écrivait différemment, d'une manière à la fois plus vive et plus directe. Elle souhaitait naturellement que cette relation véridique de son existence fût publiée, mais n'avait guère d'espoir que cela arriverait de son vivant.

En 1963, Zinaïda Nikolaïevna dut reprendre ses démarches pour obtenir une pension et décida d'écrire elle-même à Khrouchtchov :

« Cher Nikita Serguieïévitch !
« C'est la veuve de l'écrivain Boris Léonidovitch Pasternak qui vous écrit. Pardonnez-moi si je dois vous importuner mais je ne vois pas d'autre solution : vous êtes le seul à pouvoir m'aider.

« Après la mort de mon mari, il y a trois ans, je suis restée sans pension ni aucun moyen d'existence. J'ai soixante-cinq ans et une grave crise cardiaque m'a privée de la possibilité de travailler.

« Je suis criblée de dettes et je dois, en plus, rembourser un prêt qui nous a été autrefois accordé par le Fonds littéraire [30]. Il n'y a eu de publié, depuis trois ans, qu'un petit recueil de vers de Boris Pasternak et l'on ne conclut plus actuellement de nouveaux contrats avec nous, les héritiers.

« Les nombreuses parutions à l'étranger des différentes œuvres de Boris Pasternak ont accumulé sur les comptes étrangers de mon mari des sommes qui pourraient me libérer des difficultés matérielles. J'ai appris par une sœur de Boris Léonidovitch, qui réside en Angleterre, que le seul obstacle au transfert de ces sommes en URSS serait, selon l'éditeur italien Feltrinelli, l'absence d'autorisation du gouvernement soviétique.

« Si vous estimez possible d'accéder à ma demande et de délivrer l'autorisation qui me permettrait de toucher cet argent, je vous prie instamment de donner les instructions nécessaires aux organismes financiers correspondants.

« Mais dans tous les cas, je vous adresse la prière suivante : ne me laissez pas dans la situation sans issue où je me trouve. Il est très pénible, dans la vieillesse, de se retrouver sans moyen d'existence, sans pension, sans assurance du lendemain et sans savoir comment payer ses dettes.

« Avec ma reconnaissance anticipée et mon dévouement.

« Zinaïda Nikolaïevna Pasternak, 5. 8. 1963.

Pérédielkino, 3, rue Pavlenko, Cité des écrivains. »

Mais cette lettre ne fut pas envoyée et fait pour cette raison partie des archives de Tchoukovski [31], qui devait la transmettre à ce même Lébédiev. C'est de toute évidence Léonide qui persuada sa mère de n'adresser à Khrouchtchov aucune forme de requête [32].

« Dès le mois d'août, écrivait Zinaïda Nikolaïevna à sa confidente Nina Tabidzé, l'argent m'a manqué. J'ai commencé à accumuler sans fin les dettes. En novembre de l'année dernière, on avait donné à la composition le recueil de Boria [33]. Mais Orlov nous a raconté des blagues. Il prétendait que l'on avait réuni l'ensemble des œuvres de Boria et nous avons travaillé sans ménager notre peine, Génia, Aliona, Oziérov et moi [34]. On m'avait " donné " 20 000 vers. Et puis, dans le contrat, il n'y en avait plus que la moitié : 11 000. J'étais si énervée que j'ai failli avoir un nouvel infarctus : cela faisait à peine plus que le petit volume de 1961. Alors je me suis fâchée contre tout le monde : j'ai envoyé à Fiédine [35] une lettre de cinq pages si mordante qu'après cela on pouvait difficilement se serrer la main. J'avais toujours pensé, lui écrivais-je, qu'il avait reçu une éducation européenne et que faire paraître un livre tel que celui-là était indécent. Que mon dossier de pension était, depuis deux ans et demi, dans l'attente d'une réponse de la part de l'Union des écrivains et que cela aussi était indécent. Que si l'on me refusait une pension, on n'avait qu'à me renvoyer ma demande par voie postale, tandis que tout laisser ainsi en sommeil était *indécent*. Et que je doutais fort qu'il y eût une loi obligeant une femme de soixante-cinq ans à faire du marché noir ou à s'occuper d'affaires louches. Que, deux ans auparavant, lorsque je lui avais écrit au sujet de ma pension, il m'avait répondu que c'était une affaire délicate. Mais n'était-il pas tout aussi délicat, lui écrivais-je encore, que la veuve d'un écrivain tel que Pasternak dût vendre au marché aux puces son dernier manteau pour 15 roubles ? De qui venait cette décision de me laisser mourir en plein jour ? Si elle venait d'en haut, lui disais-je encore, je l'aiderais moi-même à me mettre à mort. En gros, c'est ce que je lui ai écrit. Et aussitôt après je me suis précipitée chez Tikhonov. Je suis arrivée chez lui et j'ai éclaté en sanglots. J'ai été accueillie très gentiment ; on m'a calmée et Tikhonov m'a donné sa parole d'aller trouver Fiédine et de lui parler [...] Chemin faisant, j'ai aussi écrit à Tvardovski et à Sourkov, tout aussi crûment. Ce à quoi Tvardovski m'a répondu de manière grossière : je pouvais m'estimer heureuse, me disait-il, d'avoir eu 11 000 vers, alors que 13 000 était le plafond, etc. [...]

« Orlov aussi a eu son compte.

« Trois jours après avoir rendu visite à Tikhonov, je suis allée chez les Selvinski pour leur emprunter de l'argent. Ils m'en ont donné. Mais en sortant de chez eux, qui ai-je rencontré au coin de la rue ? Fiédine et Tikhonov ! C'était la première fois que je revoyais Fiédine depuis le prix et j'ai eu le cœur si serré, une telle angoisse à l'âme que je me suis retenue de justesse pour ne pas tomber.

« Il m'a saluée et m'a dit qu'il avait déjà entrepris des démarches et lesquelles, et qu'il viendrait chez moi trois jours plus tard avec une décision du secrétariat. En me quittant au portail, il a fait le geste de m'accompagner un peu plus loin mais j'avais les jambes tellement en coton que je ne sais pas comment j'ai fait pour courir jusqu'à la maison et prendre de l'atropine, le seul médicament qui me fasse de l'effet [36]. »

Zinaïda Nikolaïevna s'adressa aussi à Feltrinelli, qui avait été le premier à publier *Le Docteur Jivago*. Il était prêt à transférer de l'argent et l'aida même personnellement, mais le refus des autorités soviétiques de permettre les formalités juridiques indispensables au transfert avait déjà empêché précédemment de toucher les droits étrangers [37].

Profondément blessée par l'attitude des autres, où elle voyait à juste titre une absence de respect pour la personne de Pasternak (chose qui lui fut toujours extrêmement pénible), épuisée par ses tentatives infructueuses pour obtenir une pension, Zinaïda Nikolaïevna décida de vendre ce qu'elle avait de plus cher : les lettres que Pasternak lui avait adressées.

« Nous n'avions pas été autorisés, raconte-t-elle

encore à propos de l'évacuation, à emporter grand-chose, mais j'avais pris les bottes en feutre et le manteau fourré de Lionia [38], dans lequel j'avais enveloppé les lettres de Boria et le manuscrit de la seconde partie de *Sauf-Conduit* : j'y tenais beaucoup et je craignais qu'ils ne disparussent pendant la guerre. C'est grâce à ces circonstances que les lettres et les manuscrits ont survécu. »

Zinaïda Nikolaïevna vendit les lettres en secret, sans en avoir parlé à ses fils ni à ses amis proches, les Asmus ou bien Vilmont, qu'elle consultait ordinairement. Nina Tabidzé ne fut pas davantage mise au courant de cette décision.

En revanche, Zoïa Masliènikova prit une part active à cette vente et s'en remémore aujourd'hui tous les détails :

« Zinaïda Nikolaïevna me dit un jour qu'elle s'était décidée à vendre les originaux des lettres que Pasternak lui avait adressées. J'en fus épouvantée. Mais voyant sa détermination, je lui conseillai de les confier à deux de mes amies, la traductrice V. N. Markova et l'écrivain S. L. Prokofiéva, sachant qu'elles se retrouveraient ainsi entre les mains les plus admirables et les plus sûres du monde [39]. »

Et les lettres furent vendues, selon le témoignage de Sofia Prokofiéva, pour une somme dérisoire : cinq cents roubles. C'était le coût du chauffage de la datcha pendant quelques mois.

On a retrouvé ce reçu dans les papiers de Zinaïda Nikolaïevna :

« Je, soussignée Sofia Léonidovna Prokofiéva, ai acheté ce 8 octobre 1963 à Zinaïda Nikolaïevna Pasternak toutes les lettres que Boris Léonidovitch Pasternak lui avait adressées (total des lettres et cartes postales : environ 75).

« S. Prokofiéva, 8 octobre 1963 [40]. »

Les papiers de Sofia Prokofiéva contiennent de leur côté un reçu identique signé Z. Pasternak.

Tout n'est pas clair, même maintenant, en ce qui concerne l'histoire de cette vente. Pourquoi avoir choisi des personnes qui étaient étrangères à Zinaïda Nikolaïevna et qu'elle ne connaissait même pas [41] ? Pourquoi les reçus échangés ne comportent-ils pas l'indication de la somme pour laquelle les lettres furent achetées ?

Avant de les vendre, Zinaïda Nikolaïevna avait fait de ces lettres des copies dactylographiées qui sont bourrées d'erreurs.

Le 8 octobre, S. Prokofiéva vint donc à Pérédielkino pour acheter les lettres de Pasternak. Voici le souvenir qu'elle a gardé de Zinaïda Nikolaïevna en ce jour si pénible pour elle :

« Je m'en souviens comme si c'était d'aujourd'hui. Zinaïda Nikolaïevna portait une robe noire de coupe simple, avec un grand col blanc. Pendant tout le temps où je lui parlais, son visage demeura fermé, impénétrable. Elle sortit d'une pièce du fond un carton contenant les lettres. Je lui proposai d'échanger des reçus, chose qu'elle accepta avec la même retenue et le même calme. J'ai conservé jusqu'à présent le sien.

« Zinaïda Nikolaïevna me donna une copie, dactylographiée par ses soins, du texte de toutes les lettres, en me priant de ne toucher les feuillets originaux, devenus fragiles avec le temps, qu'en cas d'absolue nécessité [...] Sa voix était unie, sans aucun geste superflu, et ce ne fut que lorsque je me retournai sur le seuil pour prendre congé d'elle que je m'aperçus, alors qu'elle parlait, accoudée contre une table, à Zoïa Afanassievna, combien son visage était fatigué [42]. »

Dans un article où elle raconte quelles circonstances ont poussé Zinaïda Nikolaïevna à vendre ces lettres, S. Prokofiéva suppose que ce fut parce que Zinaïda Nikolaïevna craignait de les garder chez elle :

« À cette époque, écrit-elle, la maison de Zinaïda Nikolaïevna ne lui apparaissait visiblement pas comme un abri sûr pour conserver ces lettres qui lui étaient chères [43]. »

Cela ne me paraît absolument pas convaincant, car elle aurait pu les vendre, ou les transmettre, aux Archives d'État. Pourquoi Zinaïda Nikolaïevna aurait-elle pu nourrir des craintes pour la conservation plus particulière de ces lettres, qui faisaient partie des archives Pasternak, alors qu'elle conservait chez elle la totalité de ces archives, qui comprenaient les manuscrits originaux du *Docteur Jivago,* de *Sauf-Conduit,* de *Seconde naissance* et d'une quantité considérable d'autres textes ? À qui Zinaïda Nikolaïevna aurait-elle voulu dissimuler le texte de ces lettres, alors qu'elle en avait gardé des copies dans ses archives ? Non, la raison en est certainement que Zinaïda Nikolaïevna considérait que seules ces lettres étaient personnellement à elle. Tous les autres objets contenus dans sa maison, que ce fussent les manuscrits du poète, ses archives ou les tableaux de Léonide Ossipovitch Pasternak [44], n'étaient pas vraiment à elle et elle n'avait pas le droit de les vendre.

En ce qui concerne l'insignifiance de la somme pour laquelle la transaction fut effectuée, elle s'explique vraisemblablement par l'espoir que Zinaïda Nikolaïevna nourrissait de les racheter un peu plus tard, dès qu'elle aurait reçu de l'argent. Elle n'en eut malheureusement pas la possibilité [45].

Pendant les mois qui suivirent, elle continua à faire des démarches pour sa pension, mais ses multiples requêtes ne se virent même pas honorées d'une réponse.

Peu avant sa mort, alors qu'elle était déjà condamnée, le désespoir la poussa à faire une dernière tentative auprès de N. Tikhonov, qui avait longtemps été un proche de Pasternak.

« Cher Nikolaï Sémionovitch !

« Je me vois obligée de vous importuner car je suis à bout de forces et je ne sais à qui m'adresser. Il se trouve que cela va bientôt faire six ans que Boria est mort. Par deux fois j'ai adressé à l'Union des écrivains une demande de pension, avec tous les papiers nécessaires. Non seulement je n'en ai pas obtenu mais on ne m'a même pas répondu. Alors je me suis adressée à Fiédine, qui m'a dit que si je ne recevais pas de pension, c'était parce que Boria avait été exclu de l'Union des écrivains. Après cela je n'ai plus risqué de m'adresser à lui, car je suis loin d'être d'accord avec lui. Toutes les femmes d'écrivains géorgiens fusillés, après avoir été torturés en prison, en obtiennent. J'ai perdu tout espoir et fini par écrire, il y a deux mois, à Piotr Nilovitch Démitchev [46]. À nouveau la même histoire : aucune réponse.

« Pourtant n'importe quel citoyen de l'Union soviétique obtient une réponse écrite à ses demandes, et cela qu'elle soit positive ou négative. J'ai déjà soixante-dix ans. Je suis malade. Cette année, j'ai passé six mois à l'hôpital. En outre, le Fonds littéraire a déduit toute la somme que le recueil devait me rapporter en raison des trois mille roubles de dette que j'avais à son égard, sans même s'inquiéter de l'état de mes affaires et alors qu'ils savaient que j'étais aussi gravement malade. Ils auraient pu ne prendre qu'une partie de ma dette, mais ils ne m'ont pas fait grâce d'un kopeck.

« Je n'ai absolument aucune idée de la façon dont je vais pouvoir vivre. Peut-être pouvez-vous me donner votre avis et un conseil ? [...]

« S'il vous est possible d'apprendre pourquoi on se moque à ce point de moi et pourquoi on ne me traite pas comme un être humain, alors faites-le et envoyez-moi un mot. Je vous en supplie : écrivez-moi même avant [47]. »

Le 10 mars 1966, Tchoukovski, Kaviérine, Sviatoslav Richter, Ehrenbourg, Valentin Asmus, l'acteur Jouravliov et le poète Stépane Chtchipatchov adressèrent au présidium du Comité central du PCUS une demande de pension pour Zinaïda Nikolaïevna, et aussi de publication des œuvres et traductions de Pasternak. Ils rappelaient une fois de plus les faits :

« Z. N. Pasternak a effectué dans les délais légaux les

démarches nécessaires à l'obtention d'une pension, mais n'a eu aucune réponse.

« Elle se trouve à l'heure actuelle dans une situation matérielle extrêmement difficile et gravement malade. Tant par l'âge (soixante-neuf ans) que par l'état de santé, elle est dans l'incapacité de travailler [48]. »

Pourtant, jusqu'à sa mort, Zinaïda Nikolaïevna demeura sans pension ni réponse à sa demande.

Celle-ci survint le 23 juin 1966, à la suite d'un cancer du poumon ; Pasternak était mort de la même maladie. Elle fit preuve jusqu'à la fin de ces deux qualités qui la caractérisaient tant : la discrétion et le courage. Pendant toute la dernière période, elle eut auprès d'elle Nita Tabidzé, la fille de cette Nina Alexandrovna Tabidzé qui, six ans plus tôt, lui avait tenu compagnie aux côtés de Pasternak.

Il fallut pourtant attendre encore dix ans et la mort brutale de leur fils Léonide, en 1976, pour qu'une petite et modeste plaque en marbre portant son nom fît son apparition au cimetière de Pérédielkino, près de celle du poète.

Les poètes connaissent leur destin.

Pasternak avait toujours pensé que Zinaïda Nikolaïevna lui survivrait. Dès 1948, dans une dédicace qui ressemblait à un testament, il avait écrit une fois de plus ce que contenaient déjà tant de poèmes et de lettres de lui :

12 janv. 1948.
À Zina, mon unique.
Ne crois personne, quand je mourrai.
Toi seule auras été ma vie pleinement vécue jusqu'à la fin, pleinement menée jusqu'à son terme.

B. P.

Et il avait souligné la signature [49].

Mael Feinberg.

Notes

1. « Mais les mots " le génie " et " la belle " sont devenus depuis longtemps d'une pareille banalité. Que de choses pourtant ont-ils en commun », écrit Pasternak dans *Sauf-Conduit,* trad., p. 632. Dans le brouillon de la nouvelle, cette phrase était un peu différente : « Mais le monde prononce de manière également stupide les mots " le génie " et " la belle ". Qu'ils sont proches pourtant par le sens ! » (Manuscrit, Archives familiales de B. Pasternak.)
2. V. *Lettre à Zina* du 26 juin 1931, p. 139. Trad. fr. citées dans la présente Introduction : Pasternak, *Œuvres* (Gallimard, « La Pléiade », 1990) et *Correspondance avec Olga Freidenberg* (Gallimard, 1987). *(N.d.T.)*
3. *Sauf-Conduit,* trad., p. 631.
4. *Hommes et Positions,* trad., p. 668.
5. Femme de Pouchkine. L'étude citée date de 1916-1917. *(N.d.T.)*
6. *Hommes et Positions,* trad., pp. 668-669.
7. *Sauf-Conduit,* trad., p. 633.
8. *Hommes et Positions,* trad., pp. 692-693.
9. La revue *La Néva* a publié en 1990 dans ses numéros 2 et 4 des extraits de ses *Souvenirs*.
10. Lettre à Olga Freidenberg du 1er juin 1932, trad., p. 230.
11. *Sauf-Conduit,* trad., p. 1664.
12. En russe *Neïgaus*. Nous avons toujours scrupuleusement reproduit la prononciation russe des noms propres, sauf lorsqu'une autre graphie a été imposée par l'usage (Neuhaus, Horowitz, etc.). *(N.d.T.)*
13. Yé. Tcherniak, « De mes souvenirs », *Questions de littérature,* 1990, n° 2, p. 60.
14. Ts. Voskressienskaïa, « Ce dont je me souviens », *Pages de Tchistopol,* Kazan, 1987, p. 145.
15. Ariadna Asmus, « Et le secret de ton charme / À l'énigme de la vie est égal », dans « Le siècle de Pasternak, dossier » ; supplément de la *Gazette littéraire,* février 1990, p.10.
16. Il s'agissait visiblement d'une réponse aux propos tenus par Cholokhov lors du 23e congrès du PCUS. Le discours de Cholokhov visait André Siniavski et Youli Daniel, dont le procès avait eu lieu en février 1966. (C'est-à-dire le mois précédent. *N.d.T.*)
17. Archives Z. Pasternak. Brouillon de lettre inachevé. On ignore si Z. Pasternak a envoyé la lettre. C'est assez peu probable.
18. Lettre du 9 juillet 1952. *Correspondance* de Pasternak, Moscou 1990, p. 532. (Et *Œuvres,* t. 5, Moscou, 1992, p. 503. *N.d.T.*)
19. Archives Z. Pasternak. Lettre non datée.
20. V. *Lettre à Zina* du 12 septembre 1941, p. 202. *(N.d.T.)*
21. *Grani,* Francfort, 1965, n° 58, p. 84.

22. A. N. Golodiets, *Les Derniers Jours* (manuscrit, Archives A.N.G.).

23. Archives Z. Pasternak.

24. K. Tchoukovski, « Extraits de son Journal », *Questions de littérature,* 1990, n° 2, p. 144.

25. C'est le 10 février 1990, pour le centième anniversaire de la naissance de B. Pasternak, que fut enfin ouvert un musée dans sa datcha de Pérédielkino.

26. La veuve de Gorki, mort en 1936. Tolstaïa, citée un peu plus bas, est de toute évidence la veuve du romancier Alexieï Nikolaïévitch Tolstoï, mort en 1945. *(N.d.T.)*

27. Budberg, secrétaire et amie de Gorki. (V. p. 130, lettre du 14 juin 1931, et note. *N.d.T.*)

28. Kornieï Tchoukovski, *Journal* (manuscrit, conservé chez Yé. Tchoukovskaïa).

29. On possède un exemplaire que Zinaïda Nikolaïevna avait commencé, mais non achevé, de corriger.

30. Association de secours des écrivains. *(N.d.T.)*

31. Conservé chez Yé. Tchoukovskaïa.

32. K. Tchoukovski a noté dans son *Journal* les propres paroles de Zinaïda Nikolaïevna : « Je voudrais écrire à Khrouchtchov, mais Lionia essaie de m'en empêcher » (note du 28 juin 1962 *[sic],* *Questions de littérature,* 1990, n° 2, p. 145).

33. Il s'agit du volume de la Bibliothèque du poète (grande série) dont V. N. Orlov était rédacteur principal. Après de nombreux ajournements et manœuvres dilatoires, le livre sortit finalement en juin 1965.

34. Ye. et Yé. Pasternak (Yevguiéni-Génia, fils aîné du poète né en 1923, et sa femme Yéléna-Liéna-Aliona), et L. A. Oziérov qui avait préparé le texte, effectué le choix et rédigé les notes pour le volume.

35. Premier secrétaire, depuis 1959, de l'Union des écrivains soviétiques. *(N.d.T.)*

36. Archives Z. Pasternak. Tchoukovski a transcrit dans son Journal, à la date du 14 septembre 1963, le contenu de son entretien avec Zinaïda Nikolaïevna sous une forme très voisine de ce que celle-ci écrivait à Nina Tabidzé. Il y cite ses propos après la conversation avec Fiédine : « Je me suis mise à parler du *Docteur Jivago.* Il s'est troublé et m'a dit : " Attendons, ce n'est pas le moment. " Mais le lendemain j'ai eu un coup de fil de Khessine, de la direction des Droits d'auteur. Il m'a demandé de lui faire parvenir d'urgence des renseignements sur les héritiers. C'est sans doute parce qu'ils veulent transférer ici l'argent qui est à l'étranger. »

37. Le 24 avril 1959, Pasternak avait dû renoncer à ses droits étrangers pour *Le Docteur Jivago* et aux sommes déposées sur des comptes bancaires, en Suisse et en Norvège (cf. *Gazette littéraire,* 26 février 1992).

38. Lionia = Léonide (1938-1976), le fils de Pasternak et de Zinaïda. *(N.d.T.)*

39. Zoïa Masliènikova, *Portrait de Boris Pasternak,* Moscou, 1990, p. 261.

40. Archives Z. Pasternak.

41. Je pense que le choix de Z. N. ne fut pas motivé par le fait que Sofia Prokofiéva était une relation de Zoïa Masliènikova, ce qui ne lui donnait aucune garantie, mais par le fait qu'elle était la fille du peintre Léonide Feinberg, bien connu de Pasternak, et la nièce du compositeur et pianiste Samuel Feinberg, son ami d'enfance.

42. S. Prokofiéva, *Souvenirs* (tapuscrit, Archives N. Pasternak).

43. *Ogoniok,* février 1990, n° 9.

44. Le père du poète était peintre. *(N.d.T.)*

45. Deux ans après la mort de Z. N., Sofia Prokofiéva revendit, le 29 octobre 1968, les *Lettres* aux Archives littéraires centrales pour la même somme insignifiante de 500 roubles et en interdit l'accès. C'est grâce à son autorisation expresse que nous avons pu citer pour la présente édition les lettres de Pasternak d'après leurs originaux.

46. Il était alors secrétaire du Comité central (pour la Culture – *N.d.T.*)

47. Archives Z. Pasternak. Brouillon de lettre.

48. Centre de conservation de la documentation contemporaine, fonds 4, inv. 20, dos. 864.

49. Que *Zina* ait été un très grand amour de la vie de Pasternak (et sa lettre à Jacqueline de Proyart du 21.9.1959 récemment publiée, que nous citons en note p. 511, en est une preuve supplémentaire) a été et demeure contesté, avec une passion féminine bien compréhensible, par sa dernière conquête, la belle Olga Ivinskaya, mais non par sa première épouse, morte peu avant Zinaïda, ni même par le fils de cette première épouse Yevguiéni, un homme d'une grande objectivité qui reconnaît à Zinaïda les qualités d'honnêteté foncière dont parle Mael Feinberg (elle collabora aux *Éléments pour une biographie* du poète publiés par lui à Moscou en 1989, ainsi qu'à la parution, en 1990, d'extraits des *Souvenirs* de Zinaïda). Parallèlement, les *Lettres à Zina* ont été publiées, avec l'autorisation de la même Sofia Prokofiéva et sous le label de la maison d'édition DOM (Moscou, 1993), par K. M. Polivanov, qui a eu lui aussi l'honnêteté intellectuelle de « rendre à Zina » ce qui lui était dû en donnant, entre autres choses, à la lettre du 26 juin 1931 (« Lorsque j'écrivais sur Mayakovski... ») un bref commentaire explicatif (note n° 80, p. 227) qui va dans le même sens que celui des héritiers de Zinaïda. Il va même plus loin que celle-ci en soulignant dans sa préface (p. 10) que Pasternak éprouvait en 1935 la « nécessité intérieure » d'écrire un roman dont l'héroïne (Lara) « aurait pour prototype Zinaïda Nikolaïevna », ce qui

revient à dire que le résultat sera dans une large mesure conforme à ce désir initial, alors que la principale intéressée rappelait modestement dans ses *Souvenirs* (v. infra, p. 420) que celui-ci avait constitué un « type composite ». Selon Olga Ivinskaya, elle-même aurait été *la seule Lara* de Jivago (version que Pasternak la laissait, il est vrai, accréditer). Il est d'autre part essentiel de souligner que les accusations qui ont été officiellement portées contre Ivinskaya en juillet 1950 furent *uniquement* de nature politique. Son honneur (elle vit à Moscou) a été définitivement lavé de tout soupçon lors de sa réhabilitation du 19 octobre 1988 (v. note p. 360). Toutes ces données, que le grand public ignorait dans le détail, ont été publiées en mars 1994 (postérieurement donc à la publication en Russie du présent livre) dans la *Gazette littéraire* : il est d'autant plus remarquable de noter que Zinaïda Pasternak, bafouée pendant des années par sa rivale et cruellement abandonnée dans la misère et la maladie à la mort du poète, n'ait pas voulu se prononcer de manière définitive à ce sujet, malgré les rumeurs persistantes d'alors qui ne sont qu'un témoignage accablant de plus pour cette douloureuse époque. *(N.d.T.)*

Seconde naissance

Seconde naissance[1]

(1930-1931)

I

LES VAGUES

Tout sera là : ma propre histoire
Et ce qui vit encore en moi,
Tous mes élans et mes amarres,
Ce que j'ai vu, ce que je vois.

Des vagues à mes pieds se meurent.
Légion. Le compte en est exclu.
Elles ruminent en mineure,
En gaufres cuites par le flux.

Bétail courant sur le rivage,
Foison. Le ciel les a lâchées
Comme un troupeau sur le pacage
Puis sur le ventre s'est couché.

Foison. S'enroulant en volutes,
Emportés par mon désarroi,

---

[1]. Traductions par Michel Aucouturier, Jean Durin, André Markowicz et Gilles Gache.

Comme autant de moutons d'écume,
Mes faits déferlent devant moi.

Ils sont légion, sans lot ni somme,
Leur sens est loin d'être encor clos,
Mais ils revêtent tout, tout comme
L'écume vêt le chant des flots.

Je dirai des vivants mérites
Le choc, la lutte et le déclin,
Et les dons des pays torrides,
Ce dont les tempérés sont pleins.

Et pour trancher cette querelle,
Aura la palme d'un couplet
Pour sa vision surnaturelle
Ta plage immense, ô Koboulet[1],

Qui embrasses, poète à l'œuvre,
Ce qu'il faut être deux pour voir :
Et Batoum où le jour se lève,
Et Poti qui dort dans le noir.

Qui sais, si grande est ta voyance,
Comme un caprice malheureux
Balayer tout ce qu'on t'avance,
Immense plage de sept lieues.

Immense plage aux galets bruts
Sans voiles regardant les choses,
Et, perçante comme un œil nu,
Voute sans vitre où l'œil se pose.

Rentrer chez moi, dans cet immense
Logis qui donne le cafard,

---

1. Plage de la mer Noire située entre les ports de Batoum et de Poti.

Entrer, reprendre connaissance,
Dans l'éclairage des trottoirs,

Traverser des cloisons la cage
Comme un rayon, ou comme fait
L'image pénétrant l'image
Ou l'objet traversant l'objet.

La tâche d'une vie entière
Au plus profond des jours ancrée,
Qu'on la répute casanière,
Sans elle, je me sens privé.

Arbres, maisons, vieille rengaine
Qui de nouveau me frappera,
Et l'hiver reprendra les rênes
De son ménage çà et là.

De nouveau, il fera nuit sombre
Dehors, à l'heure du dîner,
Pour enseigner aux rues dans l'ombre
À savoir ne pas se gêner.

Du ciel on verra choir des cartes
Et la tempête au jour levé
Aura couvert de son écharpe
Les dix des trembles inculpés.

Et de mon cœur le muscle atone
Entendra pour le mettre en mots,
Moscou, s'étendre ta couronne
Se dresser tes quartiers nouveaux.

Et tu me passeras les rênes
Au nom des folies à venir :
Tu m'apprendras comme un poème,
Me retiendras en souvenir.

Ici, la face des montagnes,
Leur faux mutisme, leur rumeur,

Leur silence abrupt, la contrainte
Des premiers rendez-vous d'amour.

C'était l'aube. À Vladikavkaz[1],
Un ciel noir, des nuages lourds,
Si le jour commençait à poindre
Il ne faisait pas encor jour.

On sentait peser à six verstes
Les ténèbres des hauts sommets.
Certains, farauds, cherchaient à faire
Tomber le poids de ces harnais.

Ils exhalaient la somnolence.
Comme un chaudron entre leurs flancs
Fumaient le cœur et la substance
Empoisonnée du Daghestan[2].

Il roulait contre nous ses cimes
Et, tout noir de la tête aux pieds,
Il recevait l'automobile
Sous les poignards de ses ondées.

Là-haut, ça se corsait encore :
Toujours plus beaux et plus méchants
Barraient l'issue de la vallée
L'un après l'autre, des géants.

Appelez ça comme il vous chante :
Mais tout autour était forêt,
Courait comme on déroule un conte,
Et se savait de l'intérêt.

---

1. Point de départ de la Route militaire de Géorgie, qui traverse le Caucase par le col de la Croix (Krestovy) au pied du mont Kazbek.
2. Massif situé dans la partie est de la chaîne du Caucase.

Et celui-ci n'avait pour cause
Ni ses rochers, ni ses faisans :
Car la forêt savait des choses
Et captivait, les décrivant.

Elle racontait la capture,
D'objets introduits pour longtemps,
Et les générations qui furent
Jetées ici il y a cent ans.

Passaient les jours, sonnait la diane,
On bondissait de son sopha
Et au galop dans la montagne
Comme la route entre les bois[1] !

Puis d'autres qui suivaient leurs traces
Nuées de serfs et de briscards,
Des exilés, des noms, des races,
De père en fils, et pas à pas.

Au fil des jours, au fil des âges,
Dans le brouillard des monts, pareils
Aux montagnardes sous leurs voiles.
Race après race, pied à pied.

Et dans la guerre et sa violence,
Ces colonnes de l'extérieur
Mettaient comme une différence
Que l'on ne trouvait pas ailleurs.

Qui donc faisait mouvoir ce fleuve ?
Ceux qui les envoyaient ici ?
Ou de son propre élan lui-même
Coulait, de cette terre épris ?

Et Pétersbourg, en belle-mère,
Devant ce pays inconnu,

---

1. Ce poème est une évocation de la conquête du Caucase au XIXe siècle.

Plaignait son fils en cape noire
De cet amour si mal venu.

Il rendait la patrie jalouse.
Ici, on le prenait pourtant
Comme une femme qu'on épouse
Comme la vie à belles dents.

Voilà ce qui faisait la force
De la forêt, lorsque soudain
Annonçant le Darial[1] tout proche,
Lars[2] surgit du fond du ravin.

Tout se tut, tombé en disgrâce,
Tout fut rumeur : brouillard et bois.
Tout fumait d'un bruyant silence
Comme cent cloches à la fois.

Les crêtes nous faisaient escorte
Et, contrefort sur contrefort,
En silence, empruntaient la route,
Et partaient par le corridor

Et parmi elles, à la rampe
Apparaissant derrière un coin,
Piéton parti de Mlet[3] à l'aube,
Le grand ciel se montrait soudain.

Il allait, poursuivant sa route
Comme un chacun. Il laissait là
Le chas des gorges étouffantes
En chameau traversant un chas,

En pèlerin au fond des passes

---

1. Défilé célèbre par lequel passe la Route militaire de Géorgie.
2. Forteresse située à l'entrée de ce défilé.
3. Ville de Géorgie, au débouché du Darial.

Où les rochers dressent leurs os
Comme les pieux d'un catafalque,
Les yeux rivés aux minéraux

Du Terek[1] que la soude attaque,
Caustique, et où le minerai
Hurle devant l'amphithéâtre
D'effroi, de honte et de douleur.

Il allait en filons qui sourdent
Des enfers à l'air libre enfin.
Et l'écho, cantonnier à l'œuvre
Balayait tout dans le ravin.

Voici que d'un château surgissent
Les ombres, retrouvant la voix.
Bègue effrayé par sa nourrice,
Mugissait le grand Devdorakh[2].

Multiplions par la tendresse
La faim, enfer par paradis,
Mettons la serre au pied des glaces
Nous obtiendrons la Géorgie.

Nous saisirons en quelles doses
Subtiles, terre et ciel pétris,
Air et devoir, succès, souffrances
Ont fait un homme comme ici.

Pour que, formé par les famines
Les revers, les captivités,
Il devint un modèle, digne
Du sel par la solidité.

1. Rivière torrentueuse coulant au fond du défilé du Darial.
2. Glacier du Caucase.

Comme un lit défait le Caucase
S'offrait aux yeux, le bleu glacé
De ses sommets plus insondable
Que ses fournaises encaissées.

Brumeux, et pas dans son assiette,
En salves brèves il vidait
Comme un chargeur de mitraillette
Les sarcasmes de ses sommets.

Contemplant leur magnificence
Avec les yeux des conquérants,
Ô combien j'enviais l'évidence
De ces obstacles apparents !

De loin, comme à travers la brume,
Puissions-nous à travers les temps
Voir dressés en parois abruptes
Nos jours présents et notre plan !

Jour et nuit je suivrais sa trace
Et son talon saurait ainsi
Mettre en poussière sous sa masse
L'averse de mes prophéties.

Et je pourrais cesser moi-même,
Loin des soupçons et des rancœurs,
De vivre en versificateur,
Pour mener la vie des poèmes.

Tu es là, lointain socialiste.
Proche, dis-tu ? Dans les écueils
De la vie qui nous réunissent,
Sois notre passeur, mais toi seule :

Fumant parmi les théories,
Les calomnies et les cancans,
Pays de rêve, Géorgie,
Après Mlet nous apparaissant !

Pays où plus ne se lamentent
Les femmes comme des coucous :
De vérité je les contente,
Elle ne baisse pas le cou.

Où ces deux vivent en égales
Sans faire grincer la passion,
Et sans laisser de décimales
Pour le malheur des rejetons.

Où je ne reçois pas de change
De l'existence en quotidien :
Je suis tout ce que je dépense,
Et je dépense tout mon bien.

La voix lancée à la poursuite
De l'invincible temps nouveau,
Par la joie de mon fils redite,
De l'avenir me fait écho.

Tout sera là : mon expérience
En prévision et dans les faits,
Et ceux dont je ne suis pas digne,
Et celui que je leur parais.

Et parmi ces catégories,
La palme ira dans un couplet
Aux contreforts de l'Adjarie[1]
Dominant le blanc Koboulet.

Je sais que tu n'es pas partie,
Je sais que je pourrais tantôt,

---

1. Région montagneuse du sud de la Géorgie.

Au lieu de perdre ma salive
Te retrouver au casino.

Tu m'écouterais, grande et fière
Et rajeunie, et toute à moi,
Parler de l'homme à la frontière
Où le siècle n'est plus sa loi.

Des grands poètes l'expérience
Porte les traits d'un naturel
Si grand que seul le plein silence
Convient quand on les a goûtés.

Près du futur dans notre vie,
À toute chose apparentés,
Comment éviter l'hérésie
De l'extrême simplicité ?

Mais à moins de savoir la taire
Nous ne connaîtrons de merci.
Rien ne nous est plus nécessaire
Mais le complexe est mieux compris.

Octobre est là. Le soleil chauffe
Comme en août, mais sur les hauteurs
La neige a frappé, et les gaufres
Des vagues gagnent en raideur.

Quand on la voit entre les feuilles
Briller, platine en son creuset,
Plus noires semblent les aiguilles.
Mais est-ce bien la neige, au fait ?

Comme un cliché de clair de lune
Que l'on regarde en plein midi,
Elle apporte aux modestes dunes
Le ton vulgaire d'un Sotchi[1].

---

1. Station balnéaire de Géorgie.

C'est que l'hiver est à nos portes.
À l'été faisons nos adieux,
Allons saluer son épilogue,
En nous trempant dans ses blancs d'œuf.

Le vent forcit, des silhouettes
Vont dans le vent qui souffle dru,
Et s'emmitouflent et s'arrêtent,
Passant les vagues en revue,

Et se perdent dans les sonnailles
De l'écume en longeant le flux.
Et, s'enroulant comme une feuille,
L'horizon leur fait un salut.

(Traduit par Michel AUCOUTURIER.)

II

BALLADE

On voit trembler les murs blancs des garages
Et comme un os va surgir la coupole.
Au-dessus du parc choient des topazes,
Les éclairs sans yeux bouent dans un grand bol.
Tabac dans le parc – et, sur le trottoir,
La foule avec son bruit d'abeilles folles.
Bribes d'arias sous les nuages noirs,
Dniepr immobile et nocturne Podol[1].

« Le maître est là », dit-on de frêne en frêne,
Et tout à coup devient plus lourde et molle,
Ayant atteint sa phase souveraine,
L'odeur insomniaque des matthioles.
« Le maître est arrivé ! » De tronc en tronc,
De couple en couple volent ces paroles.
Orages à son comble, fulgurations,
Dniepr immobile et nocturne Podol.

1. Partie basse de la ville de Kiev, au bord du Dniepr.

Un coup, un autre, un passage – et soudain
Pénètre dans la laiteuse auréole
Des becs la phrase endeuillée de Chopin,
Aigle souffrant, mais imposant son vol.
Sous lui l'araucaria noir s'asphyxie,
Mais restent sourds (ont-ils trouvé obole
En fouillant tous les ravins de la rive ?)
Dniepr immobile et nocturne Podol.

L'aigle poursuit comme un récit ce vol
Qui a le charme résineux du Sud
Et les prières, les extases folles
Pour le beau sexe et pour le sexe rude.
Ce vol, il est la légende d'Icare,
Mais sans bruit aux pentes fuit le podzol,
Et restent sourds, tels de lointains bagnards,
Dniepr immobile et nocturne Podol.

Cette ballade, Harry[1], je vous la donne.
Ces vers sur votre don ne doivent rien
Au caprice d'une fantaisie brouillonne :
J'ai vu tout ce qui est ici dépeint
Et retiendrai sans en rien bazarder
La bourrasque à minuit de ces matthioles,
Et ce concert, et le parc escarpé,
Dniepr immobile et nocturne Podol.

1930.

(Traduit par Jean D<small>URIN</small>.)

DEUXIÈME BALLADE

Juillet. On dort. Vouées au vent,
Dans le jardin bouent les guenilles.

---

1. Heinrich Neuhaus.

Vaisseaux aux voiles qui scintillent,
Les bouleaux bouent jusqu'aux gréements.
À coups de pelle, jaunissants,
Les trembles rament leur ramure.
On dort, coulés aux couvertures
Comme on ne dort que tout enfant.

Basson qui crie, tocsin qui pend.
On dort, au vent qui s'égosille,
Au bruit tenu de triple trille,
Au bruit sans chair et pas vivant.
L'averse pleut depuis longtemps,
Les arbres bouillent dans leur voilure.
Il pleut. Deux fils, le nez au mur,
Comme on ne dort que tout enfant.

Je me réveille. Je suis dans
Ce que je vois. Je vis, j'oscille
Sur terre où vivent nos familles,
Parmi vos arbres bouillonnants.
Il pleut. Bénie, la pluie, autant
Que leur déluge à longue allure.
Je dors, mais peu (mon rêve dure),
Comme on ne dort que tout enfant.

Il pleut. Je rêve. On me reprend
Jusqu'en enfer, complot qui grille.
Les tantes font trembler les filles,
Les gosses brisent leur maman.
Je rêve. Il pleut. Gosse, on me vend
Au maître, aux sciences, choses sûres.
Je dors – l'argile prend figure –
Comme on ne dort que tout enfant.

Le jour. Brouillard du bain brûlant.
La barge du balcon godille
Comme en radeau – buissons qu'on pille,
Les palissades suent le sang.
(Je vous ai vus cent fois, deux cents.)

Dors, conte. Dors, la nuit, tout dure.
Dors, ma ballade, dors, augure,
Comme on ne dort que tout enfant.

1930.

(Traduit par André Markowicz.)

ÉTÉ

À Irina Sergueïevna Asmus.

Irpen[1], c'est l'été qui revient en mémoire,
Les gens, et l'air libre et les chaînes brisées,
L'air chaud, les sapins, et les giroflées grises,
Le calme sans vent, le brouillard tamisé.

La blanche verveine, et l'âcre résine,
Et ceux que jamais je n'aurai trop loués,
Pour qui sont trop faibles mes marques d'estime,
Et mes dithyrambes les plus enflammés.

Les cris des loriots pénétrants, leurs sorties,
Charbon et nankin, rendaient jaunes les pins
Qui, trop paresseux pour bouger leurs aiguilles,
Logeaient écureuils et piverts dans leurs coins.

Les meubles moisis, et la verte rainette
Dans l'arbre annonçaient le départ du beau temps.
La poutre à l'entrée abritait une huppe,
Le poêle un grillon pour la joie des enfants.

Six femmes foulaient, en ces jours d'assemblée,
Les prés. Paresseuses passaient les nuées.
Les ruses du soir les avaient mariées,

---

1. Villégiature proche de Kiev où les Pasternak et les Neuhaus ont passé l'été 1930.

La grise pénombre aux ardentes bardanes,
La terre avec l'ombre allongée des paysannes,
Au ciel l'incendie de leurs jupes rayées.

La nuit venait mettre à genoux tout l'espace,
L'enclos du couchant se fermait alentour,
Dressait ses éclairs comme un renne ses cors,
Mangeait dans les mains de nos douces compagnes,
Lesquelles, rentrant de leurs marches lointaines
Craignant les voleurs, s'enfermaient à deux tours.

Quand vint le départ, en marchant sur la fièvre
Des feuilles tombées, j'arrachai brusquement
Du revers de la manche, en bouton de ma lèvre,
Du ciel l'eczéma des silences pesants.

L'automne, beuglant en butor, dut se taire,
Racla son gosier et nous fit la leçon :
Nous étions au festin dans sa forme première,
Au temps de la peste au banquet de Platon.

D'où vient ton chagrin, Diotime très sage,
Par quelle assurance chasser sa torpeur ?
Fuyons par le cœur les ténèbres sauvages !
Ouvrons ! Célébrons l'amitié, mon sauveur !

Harpiste Mary, est-ce toi qui convies
Ce jeu du destin sous ta main, en faisant
Sur ta harpe gronder l'ouragan d'Arabie,
De la vie éternelle l'ultime garant[1] ?

1930.

(Traduit par Michel AUCOUTURIER.)

---

1. Voir la note de l'édition de la Pléiade, p. 1602.

LA MORT DU POÈTE[1]

D'abord, on se disait : des blagues !
Mais d'autres confirmaient le bruit,
Puis d'autres. Et l'instant saisi
Figeait en rang tous les logis
De marchands et de fonctionnaires,
Les cours, les arbres, les querelles
Que les choucas tout étourdis
Par le soleil à leurs femelles
Cherchaient en criant sans répit.

Un jour comme hier, comme un petit
Instant plus tôt. La cour voisine
Les arbres, les choucas, leurs cris.

Et seul sur les visages un pli
Humide, comme les replis
D'un filet de pêcheur qui craque.

C'était un jour sans plus d'histoires,
Que dix autres dans ton passé.
On se pressait dans le couloir
Comme un canon les eût dressés.

Comme une mine sous la laîche
Eût aplati, les éjectant
Du déversoir, brochet et brême,
Souffles de strates s'affaissant...

---

1. Ce texte est la variante initiale du poème que Pasternak a écrit à l'occasion du suicide de Mayakovski. Les quatorze derniers vers, qui explicitaient l'image contenue dans les deux vers précédents (« Comme un Etna claqua ta balle / Dans les préalpes des poltrons »), faisant allusion à l'entourage « bien-pensant » du poète, qui cherchait à évacuer la dimension tragique de l'événement, contraire à l'optimisme officiel, avaient été barrés par la rédaction de la revue *Novy Mir* sur le manuscrit autographe. La version censurée, légèrement abrégée par la suite par le poète lui-même, avait été reprise dans toutes les rééditions ultérieures, jusqu'à celle de 1965, qui a servi de base à la traduction parue dans l'édition de la Pléiade (p. 125). La version initiale dont nous donnons ici la traduction, rétablie d'après le manuscrit autographe conservé au Musée littéraire de Moscou, a été reprise dans les éditions postérieures à 1990. (Traduction et note de M. Aucouturier.)

Tu dormais apaisé, tout sage,
Et ton lit fait sur les ragots
Tu avais selon ton « Nuage »
Vingt-deux ans, et tu étais beau.

Tu dormais la joue enfouie
Dans l'oreiller, de tout ton corps
De tes jambes, de tes chevilles
Te gravant encore et encore
En plein élan dans la série
Des légendes en gestation
De façon d'autant plus visible
Que tu les atteignais d'un bond :
Comme un Etna claqua ta balle
Dans les préalpes des poltrons.
Et les amis, à leurs chicanes,
Oubliaient que nous étions là,
La vie et moi...

        Que dire encore ?
Que tu les a anéantis,
Que la peur veut baptiser cendres
Ta poudre : car pour la canaille
Seules les cendres ont du prix.
C'est pour cela que l'on ergote :
Pour éviter que ne déborde
Le flux d'un grand événement
Trop rapide pour l'impotent.

C'est la crème de l'existence
Que le vulgaire fait cailler.

        (Traduit par Michel AUCOUTURIER.)

III

Un jour, au concert, installé dans la salle,
C'est Brahms qu'on me joue – et remontent les pleurs,
J'en tremble, j'entends l'union sexticordiale,
Plongeons, promenades, parterres de fleurs.

L'artiste gentille, son front qui se fronce,
Son rire à tout rompre, son rire tout rond,
Son rire, un vrai monde foncé et qui fonce,
Les dents de l'artiste, son rire, son front.

C'est Brahms qu'on me joue – et c'est comme une plainte,
Je pense aux paniers pleins de choux et de pain,
À l'ordre des chambres, aux plantes, aux plinthes,
Au frère, et au fils, et au chêne en chemin.

L'artiste en peignant salissait la pelouse,
Ses mains et sa robe et gardait par-dessous
Sa boîte à dessin, dans sa poche de blouse,
Du « Basme[1] » – de l'asthme en paquets à deux sous.

1. Marque de cigarettes à bon marché.

C'est Brahms qu'on me joue – je me rends, je repense
Aux courtes orties, à l'entrée et au toit,
Aux chambres mi-sombres cirées de silence,
Au front, et au rire, et aux dents, et aux doigts.

Et comme en un conte on saisit un Sésame,
Je vois les voisins, les parents, les amis,
Et moi, comme un veau, quand surgissent ces âmes,
Je sens que mes yeux sont noyés à demi.

Dans l'intermezzo, je la vois qui oscille,
Serrant dans les bras, comme un arbre, le chant,
La ronde des ombres de quatre familles
Sur l'air de l'enfance, sur l'air allemand.

1931.

(Traduit par André MARKOWICZ.)

★

Sois légère, repose ta voix
Et tes forces fourbues de souffrance :
Tu es vivante, tu es en moi,
Comme une aide, une amie, une chance.

Si je crois au bonheur, tu ne peux
Un instant croire que je me moque.
Brisons-nous notre vie, notre vœu ?
Nous brisons une erreur réciproque.

Fuis la courte incurie des coussins,
Prends l'air simple, l'espace et l'ivresse.
C'est mon frère et mon bras – un blanc-seing,
Une lettre, et ton nom sur l'adresse.

Décachette la lettre tout fort,
Corresponds avec l'ordre terrestre.
Laisse, morne, se tordre la mort :
Que ta conversation soit alpestre.

Sur les os, les assiettes des monts,
Sur l'assiette des lacs de Bavière,
Tu ne trouveras dans mes sermons
Pas un mot prononcé pour te plaire.

Sois légère, bon vent ! Notre honneur,
C'est quitter la maison qui nous scelle.
Comme à l'aube s'entrouvre la fleur,
Tu verras toute chose nouvelle.

[1931.]

(Traduit par André MARKOWICZ.)

Fenêtre et notes, et comme les ravins
Le sont d'échos, tapis gorgés des airs
Qu'on leur a joués. Ici l'exécutant
Pouvait laisser l'auteur se déployer.

Non pas à deux battants, comme *alla breve* :
À trois, en trois sur deux, comme élargie.
Fenêtre et cour et arbres sous la neige,
Branches pareilles à un lot de bougies.

Fenêtre et nuit et pulsation du givre
Aux tempes des rameaux. Fenêtre et nuit
D'une forêt de portées suspendues.
La cour. C'est là que vivait un ami,

Comme Omsk ou Tomsk, l'ami lui-même était
Ville, réseau de guerres, d'armistices,
De qualités, de travaux, d'amitiés.

Souvent, pensant à lui la nuit entière,
J'attendais l'aube auprès de la croisée.
Dans un concert sans joie de bruits sans vie,
La cour fouillait ses entrailles gelées.

Et j'appliquais la mesure excédente
À l'écart de la vie et du destin.
Et en première, ainsi que dans l'enfance,
Le ciel donnait l'exemple du grand vent.

   (Traduit par Michel A<small>UCOUTURIER</small>.)

Aimer certains, c'est un fardeau ;
Toi, tu séduis sans insistance –
Percer tes charmes équivaut
À voir la clé de l'existence.

De vérités en variétés
Avril s'avive, rêve, vibre...
Ces bases sont ta parenté ;
Ton sens, l'air pur, demeure libre.

Tous, on peut voir et tout savoir,
Vider de soi les mots-ordures,
Vivre sans être un dépotoir...
La chose, au fond, n'est pas très dure.

   1931.

  (Traduit par André M<small>ARKOWICZ</small>.)

★

Il neige et neige,
                    patiente, et basta !
Ah ! que la pluie, vraiment, s'en vienne
Et de bourgeons amers régale
                                la
Table frugale de qui j'aime.

Qu'elle asperge les jours gris d'alcool,
Qu'elle enfenouille notre soupe
Et gicle en fracs de voyelles
                            folles,
Latin de l'ondée dans nos coupes !

Qu'elle envoie l'hiver paître ailleurs, et
Sourds de silence, nous pourrions
Ouvrir tout grand sur le dehors les
Croisées moisies de la maison.

Quel bruit soudain ! « Que l'averse aille au
Diable vauvert si ça lui chante ! »
Et de son huile le soleil haut
Couvrirait – salade – l'asphalte.

Et nous, nous courrions vers la pluie, vers
Élie prophète et son quadrige,
Moi transporté comme un veau libre, et
Toi tendre comme une génisse.

1931.

(Traduit par Jean Durin).

La nuit croque-mort.
Flottant sur la pierre,

Aux flaques, les corps
Noyés des gouttières.

Les doubles carreaux,
Les pièces se plaquent,
Trouvant leur repos
Aux morgues des flaques.

Dedans, des fourgons,
Des cabs à deux places –
Le ciel percheron,
Le mors qu'on lui passe ;

La pluie aux buissons,
Les rues en nuages,
Les cris des pigeons,
Les fleurs aux branchages.

Et tous, après moi,
Oui, tous, ils agitent,
Quand vide est la voie,
La rue que j'habite ;

Là, rien n'est lointain,
Les lampes s'endorment ;
À coups de matin
Le merle transforme.

Par riens, à nouveau,
Par grades, tout sage,
Se crée sans un mot
L'ouvrage, l'ouvrage.

1931.

(Traduit par André Markowicz.)

★

Fichus, talons, et le regard brûlant
Des perce-neige – on ne s'en lasse pas,
Et le chocolat roux des chemins lents
N'est pas lissé très égal pour nos pas.

Mais la boue pétrit avec des rayons
Le printemps, et ces cailloux endormis,
Et le ruisseau tripote les chansons
Des oiseaux comme on fait des pelmenis.

Fichus, festons légers – quel paradis !
Neige fondue, réglisse noire en plaques...
Que tout Te soit par moi cent fois rendu,
Que, fleuve, je soupire et soudain craque.

Permets-moi, ô plus fort que le niveau,
De Te louer à en perdre la voix
Et renverse Ton monde de là-haut
Dans mon merci comme dans un miroir.

Mets sens dessus dessous foule, boutiques,
Et les chéneaux de salive écumante,
Et la cornée bleue du ciel magnifique,
Et les ombres nues des nuées errantes,

La gélatine aveugle de midi,
Et les lunettes jaunes des ornières,
Et le mica des glaçons amincis,
Et, frangées de noir, les mottes de terre.

1931.

(Traduit par Jean D<small>URIN</small>.)

Bien-aimée, le gaz délétère
De la renommée nous entête.

Tu es l'avide dictionnaire
D'une gloire obscure et secrète.

La gloire est attraction terrestre,
Puissé-je me dresser plus droit !
Mais dans ma langue maternelle
J'entrerai en fils de plein droit.

Ce ne sont plus leurs seuls intimes,
Mais prés et champs qui font rimer
Oies et flocons avec Pouchkine
Et avec Lermontov l'été.

Et je voudrais qu'à notre mort,
Quand refermés nous partirons,
Plus fort que l'oreillette au cœur
On ait fait rimer notre union.

Et que nous remplissions l'oreille
Par le mariage harmonieux
De ce que par la bouche d'herbe
Nous buvons et boirons tous deux.

1931.

(Traduit par Michel A<small>UCOUTURIER</small>.)

Ma toute belle, tout ton port,
Et tout ton être ont tout mon gré,
Et brûlent de se faire accords
Et ne demandent qu'à rimer.

Or la rime est la mise à mort
Des lois de la fatalité
Et fait des univers discords
Du nôtre ici la vérité.

Ce n'est pas le retour d'un vers,
C'est un jeton pour le vestiaire,
Un siège au plus profond des lombes
Et leur murmure d'outre-tombe.

Dans la rime on sent un amour
Que l'on supporte mal ici,
Devant lequel on fait la moue
Et qui fait froncer les sourcils.

Ce n'est pas un écho, mais c'est
Un laissez-passer, un accès,
Un jeton pour mettre au vestiaire
La maladie, sa pesanteur,
La peur du péché, des rumeurs
Contre l'écu clinquant d'un vers.

Ma toute belle, tout ton port,
Et tout ton être, ma très belle,
Coupent le souffle, en route appellent,
Poussent au chant, et plaisent fort.

C'est toi qui priais Polyclète,
Tes lois sont dans la nuit des temps,
Tes lois sont édictées et prêtes,
Je te connais depuis longtemps.

1931.

(Traduit par Michel Aucouturier.)

IV

Dehors, c'est en touffes de feutre
Que pleut l'indolent peuplier.
Dedans, la violette qu'on leurre
Répand son parfum apeuré.

Dans cette fraîcheur que le store
Protège, il faudrait travailler,
Mettant à profit le silence
Afin d'arrondir le budget.

Mais pas de savoir qui surgisse
De la solitude et des sons...
Il n'est situation plus factice
Que celle de séparation.

Le flux des ariettes gratuites,
Telles ces graines, soulève le cœur ;
Tel ce store abaissé si stérile
Qui induit la violette en erreur.

Tu es à ce point devenue
Ma vie, qu'une histoire inventée
Me donne à présent la nausée
Comme un plat de poisson avarié.

Et voici qu'à tâtons je m'enfonce
Dans ce conte où tout est sérieux
Si mon frère abandonne sa chambre
Nous aurons plus d'espace à nous deux.

Le bruit des voisins y est moindre :
Nous pourrons tout au long des journées
Écouter d'une oreille insatiable
Les nuées de l'hiver baguenauder[1].

(Traduit par Michel AUCOUTURIER.)

Excepté le crépuscule,
Le logis sera désert.
Seul, à travers l'ouverture
Des rideaux, le jour d'hiver.

Seuls la chute vive et preste
Des flocons blancs et mouillés,
Toits et neige, et rien du reste,
Toits et neiges exceptés.

Avec le croquis du givre
Reviendront me tracasser
L'autre hiver si dur à vivre
Les soucis de l'an passé.

Faute encore impardonnée,
Ils s'empareront de moi,

---

1. Ce texte est la variante initiale du poème sans titre dont la version définitive, parue dans le recueil *Seconde naissance*, a été traduite par Jean Durin pour l'édition de la Pléiade (« Partout, comme une ouate en semence... »), p. 134. La strophe initiale y a été développée en deux strophes, la troisième strophe a été supprimée, et la quatrième un peu modifiée. Ce poème est cité dans la lettre du 26 juin 1931 (v. *infra* p. 142, *N.d.E.*).

Et le poids sur la croisée
De la pénurie de bois.

Mais soudain sur la portière
Un frisson. Et de tes pas
Mesurant le grand silence,
Avenir, tu entreras.

Tu seras près de la porte
Toute en blanc, sans nul apprêt,
Habillée de cette étoffe
Dont tous les flocons sont faits.

1931.

(Traduit par Michel AUCOUTURIER.)

Tu es dans le même air que moi
Et cette ville est ta présence,
Ce Kiev emballé d'air chaud
Et que recouvre le silence,

Qui dort sans s'être mis au lit
Et résiste à la somnolence,
Arrachant le col trop petit
Des briques rouges qui l'engoncent.

Où, tout en sueur d'avoir franchi
Tant d'obstacles, et d'être en tête,
Les peupliers sont réunis
Sur la chaussée qu'ils ont défaite.

Tu fais voir dans ce fleuve lent
Relié de ravins et de sentes

Un registre des gisements
Pour nos annotations courantes.

Et ta présence à m'attabler
Devant ce plein midi m'engage,
Et l'ayant relu tout entier,
À y coucher ton voisinage.

(Traduit par Michel A<small>UCOUTURIER</small>.)

Toujours sans chercher avantage,
Chopin se fraie seul une voie,
Trouvant en vol tout son courage,
Du doute jusqu'à son bon droit.

Palissades écartelées,
Masures aux murs désunis.
La rue Reiter et son quartier,
Puis trois érables qui se suivent.

Sur les enfants toujours ils veillent
Quand luit la lampe sous nos yeux.
Comme des draps marquant les feuilles
Qui s'émiettent en pluie de feu.

Et traversant la voûte blanche,
Pyramides en baïonnettes
Les marronniers, tonitruante,
Sonne la musique aux fenêtres.

Aux fenêtres sonne Chopin,
Et le siècle passé regarde
Les étoiles, brandit au poing
Des marronniers les candélabres.

Comme oscille, marquant les heures,
Le balancier de sa sonate !
Le temps du repos, du labeur,
Sans mort, sans point d'orgue elles battent.

Les acacias quitter encore
Pour les landaus des Parisiens ?
Courir, buter, cahoter comme
La diligence du destin ?

Claironner, exciter, tinter
Encore, et la chair se déchire
Jusqu'au sang, sans fin sangloter
Sans pleurs, sans mourir, sans mourir ?

Toujours de visite en visite
Dans la nuit froide en malle-poste,
Épier le chant derrière l'église
Des roues, des feuilles et des os ?

Même arrivé, seul dans le noir,
Ainsi qu'une femme, échapper
Par chance à d'importuns braillards,
Puis au piano se crucifier ?

Un siècle après, pour se défendre,
Briser sur les cités dallées,
Ayant frôlé maintes fleurs blanches,
La dalle du bon droit ailé.

Toujours ? Aux fleurs ayant dédié
Du piano l'éclatant rituel,
Là, sur le vieux trottoir tomber
Des cent années du dix-neuvième.

1931.

(Traduit par André Markowicz.)

V

Le soleil se couchait. La coudraie
Poussait dru. Nous étions sur un pré.
Découvrant une vue sans pareille,
Nous tournâmes les yeux pour souffler.

Folâtrant au rebord des abîmes,
Le taillis continuait à grimper.
Il faisait l'escalade des cimes,
Écrasant le chablis sous ses pieds.

Les poteaux et leurs nids de faïence
Clopinaient dans la pente, boiteux,
L'air grimpait, redressant les visages
Des grands charmes là-haut vers les cieux.

S'élançant, sinueuse merveille,
Sous l'abri ajouré des coudraies,
La grand-route battait la campagne,
Toute rouge au coucher du soleil.

Chaque côte flairait quelque embûche,
Chaque borne évoquait des pillards.

Attelé à son char un grand buffle
Diabolique tendait le poitrail.

Et au loin s'enroulaient des nuages
En vipères lovées sur leurs œufs,
Effrayantes, des ombres chinoises
S'alignaient par là-bas sur les cieux.

C'étaient là des caveaux funéraires
Que voilaient les chemins balayés
Par la neige au-delà des coulisses
Des sommets où souffrit Prométhée.

Telles des âmes de morts qui reviennent,
Les glaciers étaient là au complet,
Le soleil comme à l'encre de Chine
Recensait les géants trépassés.

Et alors nous tournâmes tous quatre
Nos regards vers Tiflis à nos pieds,
Scintillant comme un manche de dague
En acier de Damas niellé.

Il faisait si peu cas de la sphère
Naturelle de notre regard
Qu'il surgit, surprenante chimère,
Et cité qui n'est pas d'ici-bas.

On eût dit qu'une fois acquittée
Sa rançon, perdurait l'ancien temps
De ces sources de soufre brûlantes
Que venait conquérir Tamerlan.

Que le soir la menait dans la plaine
Sous les flèches des rudes Persans :
Il grouillait de toitures vermeilles,
Chatoyait comme un ost des vieux temps.

1931.

(Traduit par Michel Aucouturier.)

★

Pendant que nous grimpons sur le Caucase,
Et dans le cadre qui s'essouffle,
La Koura se faufile, attaque aux gaz
Vers l'Aragva au fond du gouffre,
Et vers la voûte en marbre du ciel d'août,
Pommes d'Adam décapitées,
Les contours des châteaux lèvent leur cou
De victimes exécutées ;
Pendant que renversé, je suis des yeux
Le cou coupé des forteresses

Nageant sur le lilas et sur le bleu
Et se noyant au fond des siècles ;
Pendant que l'ombre des taillis crépus
Succède aux ormes centenaires,
Que me murmures-tu, me souffles-tu ?
Ô Caucase, dis-moi que faire !

Embrassement de mille étreintes,
À quoi ton succès est-il dû ?
Kazbek cachant sous ta paupière
Ton œil unique, à quoi ris-tu ?
Quand les sommets font palpiter le cœur,
Que l'encensoir des monts oscille,
Tu penses, ma lointaine, tu as peur
Que quelque chose en toi m'éloigne ?
Là-bas, au pied des Alpes de Bavière
Où les rochers comme ici s'entrechoquent,
Mais leurs réponses sont encor moins claires,
Tu penses que tu es en faute ?

Précipité dans la vie qui entraîne
Au fil des jours l'espèce dans son flot,
Je saurais moins y découper la mienne
Que cisailler le fil des eaux.

Ah ! n'aie pas peur des rêves, aie confiance.
Je sais, je t'aime. Il ne faut pas pleurer.
Vois : le tissu serré de l'existence
Ne conçoit pas les fleuves séparés.

1931.

(Traduit par Michel A<small>UCOUTURIER</small>.)

VI

Si j'avais su quand sur la scène
Je me lançais à mes débuts,
Que c'est avec du sang que viennent
Les vers, qu'on meurt de leur afflux,

D'un jeu de tant de conséquence
Je me serais dédit tout net.
Mais c'est si loin quand on commence
Et si timide est l'intérêt !

Mais l'âge est comme une autre Rome,
Un jour lassée de boniments,
Au lieu de réciter, qui somme
L'acteur de mourir, et vraiment.

Quand c'est le sentiment qui dicte,
Le vers est son esclave, et là
C'est l'art qui trouve sa limite,
Le sol et le destin sont rois.

(Traduit par Michel Aucouturier.)

★

Quand je suis fatigué des phrases vaines
Des flatteurs qui frétillent en tous lieux,
Je veux revoir la vie comme en un rêve
Tout éveillé, la fixer dans les yeux.

Elle a marqué, sans qu'on la sollicite,
Du goût des grands principes ce qui fut.
Les nerfs n'y sont pour rien si j'anticipe :
Sans les vouloir, de loin je les ai vus.

Et du plan quinquennal[1] voici qu'arrive
La quatrième année. L'hiver est là.
Dans le reflet d'une ampoule électrique
Deux femmes illuminent ses tracas.

Dans l'avenir, leur dis-je, est notre place
Comme tous ceux qui vécurent ce temps.
Broyés ? Tant pis ! L'homme nouveau qui passe
Nous aura pris sous le chariot du plan.

Si le cachet n'évite pas le drame
D'autant plus libres vont courir les ans
Vers ces lointains où les thèses de l'âme
Sont projetées par le deuxième plan.

Ne pleurez pas, de toute ma faiblesse
Je vous promets de demeurer en vous.
Les forts, ils l'ont promis, feront que cessent
Les plaies qui ont encore raison de nous.

1931.

(Traduit par Michel Aucouturier.)

1. Le deuxième plan quinquennal (1933-1937), adopté en 1932.

★

Toi mon poème, au trot, au trot.
Sans toi je serais trop perdu.
Je sais un lieu, un peu plus haut,
Où le fil du temps est rompu,
L'abri sans rien, l'ouvrage absent,
On pleure, on pense et on attend,
On y boit, comme une eau, le fiel
Des nuits engourdies sans sommeil,
Un lieu où amer est le pain,
Je sais un lieu... vite en chemin.

La neige peut crier taïaut !
Tu rayonnes comme cristaux,
Si je t'envoie, rêve-héraut,
Si je t'envoie, l'amour est beau.

Femmes aux cous en rond marqués
Par les fétiches accrochés !
Je les connais et les comprends,
Moi qui m'y accroche souvent.
Je retiens mon cri constamment
Devant leurs fers trop évidents,
Mais l'illusion toujours les vainc
Des lits froids et adultérins,
Et Barbe-Bleue et sa clé d'or
Ont plus de poids que mes efforts.

Chaque nuit elles entrevoient,
Horrible héritage bourgeois,
Le spectre noir du non-amour,
Inexistant démon-vautour,
Qui des meilleures défigure
Le sort fixé par la nature.

Ô quelle audace et quel élan,
Alors que tout juste sortant

Des bras maternels, en riant,
Elle m'offrait sa joie d'enfant,
Son monde et son rire d'enfant,
Monde d'enfant, rire d'enfant
Sans répliques ni accidents,
Enfant qui le mal ne connaît,
M'offrait ses soucis, ses projets.

1931.

(Traduit par Gilles GACHE.)

Tu persistais dans tes reproches,
J'y entendais tinter des pleurs,
Quand au matin franchit ta porte,
Imprévu, ce nouveau malheur[1].

Un grand artiste n'était plus,
C'était ton parent, ton idole,
Et sa perte fut le début
De la fin d'une vie frivole.

Les gens étaient là, gris de larmes,
Et froissant les bouquets d'asters.
On voyait blanchir sous leur parme
L'albâtre d'une tête fière.

Le lieu flottait à la remorque
De ces traits aux arcs aquilins.
Avec lui – les pas, les fleurs mortes
Et l'éther, entêtant, sucrin.

---

1. Voir note de l'édition de la Pléiade, p. 1606.

Ta pâmoison n'arrangea pas
Les gerbes sur le tilbury ;
Tes pleurs figés dans les frimas
Me perçaient comme un alcali.

La marche funèbre grondait,
On avait déblayé la neige,
Et le conservatoire ouvrait
Son portail devant le cortège.

On voyait entre les palmiers
Et les gens qu'à Moscou l'on vante
Et vers lesquels je te menais
Jouer une broche géante.

L'orgue avait des reflets d'argent,
Muet, comme aux mains d'un joaillier ;
De loin venait un grondement
Déferlant d'un monde à côté.

Les lustres pendaient sans murmure,
Et sous leurs feux privés de vie
Jouait non l'orgue, mais le mur
Décoré de son harmonie.

Poussant, tel l'éléphant, les poutres
Et s'en libérant d'un élan,
Le choral s'ouvrait une route,
Samson muré se démurant.

Emprisonné fort à raison,
Mais libéré par cette faille,
Il forçait l'issue en chanson
Célébrant haut nos fiançailles.

Cotisants réglant leur couronne,
Les barrières se rattroupaient.
Le jour d'hiver aux courtes bornes
Chantonnait au soir qui tombait.

Mettant à profit l'heure obscure,
Quelqu'un – phares blancs – arriva,
Et la route en toute droiture
Vers le crématorium fila.

La neige, comme à Varsovie,
Aux barrières
               où soufflait le vent
Blanchissait fourrure et sourcils –
Flocons d'un royaume adjacent.

Corps transi, les gens avançaient
À travers champs, et les rafales
Déjà leur apportaient les clés
Des portes du lieu sépulcral.

Mais il était aimé. Or, rien
Ne peut se perdre. Et moins encore
Talent, ni famille
               Prenons soin
De ce qu'il nous laissa d'accords.

Le piano ouvert, dans ta chambre,
Tu égrèneras des arpèges,
Et, trouvant cette œuvre aveuglante,
Tu défroisseras ses rémiges.

Et viendra la lune en janvier,
Et les fenêtres aux galons
De branchage et d'argent léger.
Pareils entre eux, les jours fuiront.

Sauf qu'à tel concert, soudain, pâle,
Tu comprendras à quel degré
Notre immortalité banale
Nous dépasse en humilité.

1931.

(Traduit par Jean DURIN.)

VII

Dès l'aube abandonné à la marmaille,
Le trente avril essaye ses atours
Du lendemain. Il s'affaire et travaille
Et voudrait bien finir avant le jour.

La ville émerge comme une montagne
De fraises écrasées sous un tissu.
Les boulevards entraînent leur cohorte
De crépuscules courts le long des rues.

Le soir toujours est le bouton des veilles
Mais celui-ci, son rôle est singulier :
Un jour lointain il fleurira commune
Au carrefour des jubilés de mai.

Il restera longtemps jour de ménages,
De rangements et de tohu-bohu,
Comme la Trinité et ses branchages
Ou les Panathénées et leurs flambeaux.

Et l'on verra longtemps tasser le sable,
Hisser les planches et le calicot,
Et sur les lieux prévus pour le spectacle
Transporter les actrices en auto.

Les matelots veillant à leur tenue,
S'en iront par les squares, trois par trois.
Au soir la lune envahira les rues
En ville morte et forge au foyer froid.

Mais plus serré à chaque anniversaire
Du bouton sortira la rose en fleur,
Et la santé sera toujours plus fière,
Et plus frappants la franchise et l'honneur.

Toujours plus foisonnantes et plus belles
S'établiront, ce jour de mai premier,
Mœurs et coutumes et chansons nouvelles
Sur les prés et les champs et les chantiers,

Jusqu'au jour où, comme l'odeur des roses
Humides, éclatant à pleine voix,
Ne pourra pas ne pas se faire entendre
L'esprit cuvé des années assagies.

1931.

(Traduit par Michel Aucouturier.)

Un siècle après (ce n'est pas rien)
La tentation reste tenace,
Espérant la gloire et le bien
De voir les choses sans angoisse[1].

Et à l'inverse du gandin,
Dans son existence éphémère,
De vouloir un travail commun
Et des lois que chacun révère.

---

1. Paraphrase d'un poème de Pouchkine, voir note de l'édition de la Pléiade 1606.

Et aussitôt la même impasse
Devant la paresse d'esprit :
Les citations que l'on ressasse,
Les parallèles érudits.

Mais aujourd'hui nous pouvons dire
Pour rendre à notre temps son dû :
L'émeute et le billot ternirent
L'éclat de Pierre à ses débuts.

En avant donc et nous assiste
Ce parallèle rassurant,
Tant qu'on n'est pas une relique
Regrettée, et qu'on est vivant.

1931.

(Traduit par Michel A<small>UCOUTURIER</small>.)

Printemps de larmes et de froid,
Profond comme un abîme,
Printemps sans fond quand à Moscou
La saison se termine,
Quand l'horizon est par grand froid
Dans l'eau jusqu'à la taille,
Quand les trains partent de bonne heure
Et jaunes sont les mares,
Et dans les mortes-eaux se meurent
Les câbles des départs.

Quand la romance des ruisseaux
Dit l'océan de boue,

Quand le soir barbouillé de suie
Ne pense pas à nous,
Quand le ciel semble le discours
Informe d'un conteur,
La femme des tout premiers jours,
Le charme nu et sans atours,
Le repos des mineurs.

Quand on a comme un gué au cœur
Où, cheval dans la crue,
Quelque chose en nous geint et pleure
Comme un enfant des rues,
Mais tant de mélodies noyées
Sont restées en arrière,
Qu'il n'y a qu'à s'abandonner
À la crue printanière.

Mais quelles vannes lui ouvrir ?
Printemps, ne pleure plus,
Ta peine arrive pour saisir
Le monde en pleine mue.

Ruisselez-donc, ô noirs ruisseaux,
Ruisselez, bien-aimés,
Et accueillez dans vos réseaux
Les banlieues en chantier.
Comme un mirage sont leurs nues
Au petit jour qui traîne,
Des siècles chauds comme un mois d'août
Ont fondu leurs moraines.

Au couchant la glace a fondu
Et comme un nid lavé
On voit partir avec la crue
Le manoir déserté.
Les yeux tout rouges d'avoir tant
Pleuré la nuit entière,
L'âme déserte l'Occident,
N'a plus rien à y faire.

Elle s'en va comme au printemps
Dans l'anse forestière
On mène les troupeaux aux champs
Paître dans la nuit claire.
Elle s'enfonce dans l'humus
Comme au temps du déluge
Sans crainte d'être seule et nue
Dans le printemps sans fond.

Dans le pays qu'elle aperçoit
On salue sans souffrance ;
Le cœur des serves ne sert pas
À tailler des guirlandes.
Devant elle dans le matin
Jaune citron s'allume
L'aube qu'inonde le printemps
Profond comme un abîme.

Blessé depuis mes jeunes ans
Par le destin des belles,
Et la voie du poète étant
Leur trace, et rien sauf elles

Ne me touchant, comme on leur fait
Chez nous la vie légère,
Je suis heureux de tout entier
Me fondre dans la volonté
Révolutionnaire.

Que dit l'histoire si ce n'est
Que, ne sachant que faire
De la beauté, on s'acharnait
À en fouler l'ovaire.
Or dans sa vie était celée
La vie des femmes belles.
Elle était grisée par le fat,
Instruite par le scélérat
Chargé de sa tutelle.

Couronne de la création,
Elle a sombré dans l'ombre
Des équivoques, des soupçons.
De là l'envie et la passion
Jalouse, et la vengeance.

1931.

(Traduit par Michel Aucouturier.)

Lettres à Zina

1930

29.XI.30 *

Guenrikh Gustavovitch *[1] et Zinaïda Nikolaïevna, mes chers amis ! Téléphonez-moi SVP au plus vite et faites-moi savoir comment va Zinaïda Nikolaïevna. J'ai scrupule à déranger les Sokolov *.

Votre B.

26.XII.30

Mon amie !
On vient de me remettre un paquet contenant la revue anglaise * dont ma sœur parlait depuis *si longtemps*. Elle a fini par me l'envoyer. Vous vous souvenez, c'était lorsque vous aviez de la fièvre. Vous étiez malade, G. me l'avait fait savoir ; il était tout retourné *. J'étais inquiet pour vous. Lorsque j'ai appris que l'on avait traduit quelque chose de moi, mais sans savoir quoi, j'ai décidé que le sort me parlerait de vous à travers la première strophe du premier poème imprimé. Comme cela s'est bien trouvé ! On avait traduit en premier * *« Printemps, je vois la rue où branle une maison »*, où *« l'air est bleu comme le baluchon »*

---

1. Les astérisques renvoient aux Commentaires, à la fin de l'ouvrage, p. 437.

(qu'un convalescent emporte à sa sortie de l'hôpital). Donc, printemps, donc, guérison !

Je suis allé chez vous aujourd'hui et ne vous ai pas trouvée. Pardonnez-moi : j'ai été hier pour la première fois coupable à votre égard. Je me suis senti mal à l'aise toute la journée. C'est pour cela que je suis allé chez vous, mais Polia * ne vous l'a sans doute pas fait savoir.

Si je ne suis pas revenu chez les Asmus *, comme promis [1], c'est parce qu'après votre cadeau téléphonique j'aurais porté votre reflet sur le visage en entrant chez eux, d'une manière encore plus évidente et criante que les autres fois. Et malgré tous mes efforts, cela aurait tellement émané de moi que les conséquences imprévues auraient dépassé la mesure des précédentes. Elles auraient été telles qu'il ne serait plus resté ensuite qu'à se lever et à prendre son envol sans se retourner. Mais vous savez que ce n'est pas encore possible. J'ai aussitôt appelé là-bas, afin de prévenir comme je le pouvais que je ne viendrais pas, mais personne ne prenait le téléphone. Me le pardonnerez-vous ?

Ce qui me trouble, dans l'article et dans les traductions ? Dans l'article, les coïncidences avec mes pensées de ces derniers jours. Une partie de ce qui a été traduit était tiré de ce que j'ai lu devant Youdina * (le cycle *Maladie* *), et la soirée chez Youdina a eu lieu lorsque vous étiez malade. Juste avant l'article, on avait recopié, littéralement :

Blok 1921. Essenin 1925. Mayakovski 1930,

dates de mort de trois presque frères, et il ne manque plus que la mienne. Mais l'essentiel, c'est qu'à mille verstes d'ici un homme que je ne connais pas * (George Reavey) parle, dans une langue étrangère, de ma vie comme d'une chose qui ne m'appartiendrait pas, et qu'en le lisant je comprends d'une manière nouvelle (anglaise) combien celle-ci vous appartient, et avec

---

1. Comme fréquemment dans les premières lettres de Pasternak à Zina, tout ce passage est en langage codé. *(N.d.E.)*

quelle joie et quelle reconnaissance je vous en abandonne le sens.

Pardonnez-moi si c'est encore difficile et douloureux, jusqu'à présent, pour Génia *, I. S. * et bien d'autres ; si la note élevée et harmonieuse que vous avez inspirée et dont tous devraient se trouver bien n'a pas encore été entonnée, réalisée, actualisée par moi. J'y viendrai, on ne peut pas y échapper, donnez-moi du temps. Tout sera résolu. De quelle « situation sans issue » pourrait-il être question, quand la vie n'a jamais été pour moi une aussi grande, une aussi belle, une aussi ennoblissante issue que vous ? Je n'ai rien dit ici de nature à vous perturber, vous lier ou vous préoccuper. D'après le sens de ma lettre et la façon dont elle vient sous ma plume, vous devez, plus joyeusement encore qu'avant, vous précipiter vers vos enfants et serrer très fort Garry dans vos bras, et vivre comme dans votre enfance, comme à l'époque de vos premières victoires d'enfant.

P.S. Cette lettre est restée en souffrance, et j'ai déjà eu l'occasion de vous en parler. Ne m'oubliez pas. Je n'exagère rien et tout est véridique. Je ne pourrai plus vous voir, et vous n'entendrez plus parler de moi, tant que je n'aurai pas emménagé dans ma propre chambre. Mais je l'ai déjà trouvée. Elle sera probablement libre entre le 10 et le 20. Surtout n'ayez pas peur. S'il est une chose que je ne puis dissimuler, c'est l'évidence de votre existence, et je l'emporterai là-bas avec moi. Voilà, c'est tout.

Lettre écrite à Moscou, de la Volkhonka à la Troubnikov (note de Z. N. Pasternak).

1931

[15.01.31]

Je t'ennuie, voilà qui n'est pas bien. Cela va, je le crains, devenir fréquent. Demain le 16, dans la matinée, si cela est possible, je viendrai chez toi. Il est en fin de compte terriblement difficile d'exister sans toi, et presque impossible de prévoir les occasions qui font qu'on en prend conscience. L'amour étroit ne semble pas les avoir prévues. Il y a un grand nombre de choses qui s'adressent continuellement à toi et, à chaque minute, exigent ta présence et me rappellent ton existence. Tu ne m'aimes pas ainsi, tu ne peux pas connaître un pareil besoin de moi, tu ne connais pas cette peur et cette ferveur. Sois, je t'en prie, totalement libre avec S *, je t'en prie de manière parfaitement sincère, de la même manière que je n'ai pas hésité alors à te raconter l'autre chose. Quoi qu'il advienne, ce ne sera pas pour moi comme jusqu'à une date récente. Et même si cela est douloureux, ce sera dans des limites humaines et non avec cette force inhumaine, comme chez les élèves. Il s'agit ici de musique ; je te l'expliquerai de vive voix, parce que je t'écris en ce moment dans une hâte terrible.

C'est une bonne chose que j'aie décidé hier de laisser échapper en ta présence que cela appartenait désormais au passé. J'admire que tu aies pu accepter cette langue à moitié muette et inconsistante (mais langue quand même) dans laquelle je suis prêt à m'épancher à n'importe quel moment pour rendre compte de ce que j'ai écrit. Cela m'évitera quand même d'avoir à te redouter sous cet angle [1].

Un jour, non loin de moi, tu dormiras quelque part à l'aube et j'oserai ouvrir *cette* bouche mienne (presque sans langue), mais plus doucement et, peut-être, mieux, comme dans une berceuse. Je t'aime terriblement. – Mais ne pense pas que j'aie quelque chose en tête. Même avec la musique, ce sera comme avant. Je ne tolérerai chez moi aucune maladresse, aucune faute de goût, aucune grossièreté, ni à ton égard ni au sien.

Il est insupportablement difficile de garder un ton d'une indifférence artificielle avec toi au milieu des autres : tu l'as remarqué, hier ? Je m'arrête sans l'avoir voulu.

Le 15.1, avant le concert.

19.II.31

Ma petite Zina chérie, je viens de te parler au téléphone. Il va quand même falloir que je laisse tomber mon travail et que je fasse un saut en ville : Bolchakov * vient de m'appeler. Yachvili *, Pavlenko * et lui m'invitent à déjeuner. J'accepterai cette proposition pour justifier mon rêve (ou ma lubie) du jour, qu'un commissaire te remettra et que je ne me serais pas pardonné sans leur convocation en ville (j'aurais remis la chose à demain).

Ne m'appelle pas de ton côté, en réponse à mon mot, car je ne serai pas à la maison et que nous nous reverrons dans la soirée. Peut-être simplement serai-je un peu en retard, mais ce n'est pas grave puisque tu sais tout.

L'idée m'est venue de rajouter à ce mot la petite lettre que je t'avais écrite un matin chez les Asmus et

---

1. Voir note p. 84 *(N.d.E.)*.

dont je t'ai ensuite moi-même conté la teneur lorsque nous allions chez toi en fiacre, dans l'après-midi. Tu te souviens ? Je l'avais griffonnée au crayon sur un brouillon de *Sauf-Conduit*. Je ne pouvais pas l'écrire séparément, sur du papier à lettres, parce que la table était située près des portes : on allait et venait, tout le monde me voyait et cela aurait sauté aux yeux d'I. S. * si j'avais écrit une lettre. Je vais maintenant te la recopier. Rappelle-toi, lorsque tu la liras, combien ce passé est aujourd'hui lointain. J'ai failli le qualifier de triste. Non, ce n'est pas vrai : c'était déjà mon bonheur actuel dans toute sa véritable force, mais encore misérable avec ses tentatives divinatoires et sa perplexité. Seule mon âme parlait alors et rien ne lui était encore donné comme appui. Ce que je voudrais, maintenant, c'est l'aider en multipliant à son usage les soutiens corporels : moi-même, la Géorgie, le Sud, et la joie et les montagnes, et l'enchantement du travail. Mon amour pour toi devait se contenter, tout récemment encore, de fredonner Wagner. Je voudrais aujourd'hui lui offrir tout l'orchestre de Leipzig.

Un mot encore au sujet de ma lettre. Le serment qu'elle contient est toujours valable. Cela demeure un de nos avenirs, dont le choix dépend de ta volonté. Mais que je voudrais que tu choisisses la vie, et la contrée montagneuse, et la joie ! – Je vais recopier ma lettre. À ce soir, mon amie.

B.

Lette écrite chez Pilniak. Yamskoïé Polié (note de Z. N. Pasternak).

30.IV.[31]

Ma chérie, mon étonnante, mon inégalable, ma grande, grande ! Nous sommes le trente et c'est le matin. Je veux retenir tout cela. Tous sont sortis et je suis seul avec Aïda dans l'appartement de Boris *. Hier il y a eu des invités et, ce matin, la table était encore dressée avec ses deux rallonges sous une longue nappe blanche, tout ensoleillée et parsemée de couverts en argent et de cristal vert, avec deux pots de giroflées et la porte du balcon qui était ouverte : là aussi il y avait du soleil, du cristal et de la verdure.

Dans une heure j'irai chez Génia * et y passerai une partie de la journée, plus que je n'y ai été ces derniers mois, lorsque je ne faisais que rarement un saut chez elle et seulement pour une minute.

C'est ainsi que commencera notre séparation à tous deux. Je ne savais pas qu'elle serait aussi facile. Qu'elle serait un printemps clair et serein environné de poèmes suscités par quelque chose d'aussi immense, d'aussi peu vraisemblable et d'aussi évident que toi, avec ton regard ouvertement et simplement fixé sur notre temps, avec une telle foi en la terre et en son sens.

Je ne savais pas qu'avant de la quitter je serais plein de quoi que ce soit qui te ressemblerait, débordant de toi et te répandant, toi qui simplifies, jusqu'au bonheur complet, tout ce que touche ton influence, tout ce sur quoi tombe ton flot.

Je ne savais pas que la séparation m'épargnerait les substituts de l'âme, la facilité de l'aversion comme l'indifférence innée, et que ce serait au contraire un adieu lumineux, sans un nuage, à des choses chères : dans un *monde* égal à soi *partout,* partout vivant et bienveillant, égal sans fin à soi, *fidèle* et plein de *toi*.

Mais j'écris d'ici parce que j'apprécie ce lieu. Bientôt j'en partirai. Rappelons-nous donc le matin et le mobilier et le calme de la maison en l'absence d'O[lga] S[erguieïevna] et de Yé[lizaviéta] I[vanovna] *, qui l'emplissent de leur départ pour la ville comme de mes pensées d'elles, de ma reconnaissance pour elles et de mon étonnement devant elles, devant ces femmes remarquables devenues pour moi, quand bien même elles ne l'accepteraient pas, comme une mère et une sœur.

Et tout cela c'est toi, tout cela toi, tout cela toi !

Je te verrai demain. Ma soirée est reportée au 4 et il y aura quand même un discours : Baranov*, chef des forces aériennes de la république, mais c'est moi qui commencerai. Tu te souviens, c'est comme pour Garrik : Liszt et le dirigeable *. Bizarre.

Tout à toi, ma paisible, paisible et fidèle.

Nous avons beaucoup bu hier. Voronski* m'a embrassé et m'a dit que je serais bientôt le Sauveur noir de notre époque – grêlé, écrit-on, et effrayant (l'icône interdite d'une secte). J'ai déclamé quelque chose que tu ne connais pas *, une pièce de vers peu poétique mais très « contre ». Je l'avais écrite hier matin.

[Avril 1931]

Chère Zina,

Je suis resté ici. J'ai sans doute la grippe. Le soir jusqu'à 39°, le matin 37°5. Je suis au lit. Notre téléphone est en dérangement. J'ai prié Olga Serguieïevna d'avertir depuis la ville Choura, Irina ou Génia * de tout cela. L'un d'eux me rendra probablement visite.

Je n'ai besoin de rien : on s'occupe ici de moi d'une manière très touchante.

J'ai coupé la moitié de mon mot. Tout ce qui suivait était triste : cela t'aurait causé de la peine. Je crains, tant que je serai prisonnier de mon refroidissement, de te parler de plus en plus souvent de nous dans le même esprit que je l'ai récemment fait.

J'ai écrit à nouveau triste. À éviter ! Porte-toi bien.
Ton B.

[Début mai 1931] (1)

Mon ange. Le jeu de cache-cache n'a rien donné et il n'avait pas de sens. Devant moi, dans l'escalier, descendait une vieille femme, venant de chez vous. Au bruit que j'ai fait en frappant à la porte fermée, elle s'est retournée et m'a remarqué, ainsi que ma confusion. En outre, comme au commandement, la domestique des Sokolov est sortie de leur appartement au moment précis où je sortais du tien et nous nous sommes heurtés face à face sur le palier. Je devais avoir, qui plus est, l'air d'un idiot. Pour ce qui est de la photo idiote*, je l'ai emportée.

Je t'envoie Choura*. Le mieux pour moi, ce serait que tu la prennes aussi chez toi pour la journée (c'est-à-dire pas seulement pour y dormir) ; je me passerai d'elle : Choura, Irina ou P[raskovia] Petrovna* me prendront ici en pension complète. Ce sera pour moi un soulagement, si tu l'installes chez toi comme domestique.

Je t'envoie avec elle le dîner qui t'attendait hier. Ne te fâche pas, c'est sans doute stupide. Téléphone-moi aujourd'hui afin de nous entendre au sujet de Choura, de la coopérative, etc., mais avant le soir parce que, ce soir, je sortirai peut-être.

Je t'aime terriblement et, à chaque heure et à chaque minute, je te rends grâces.

I. S., après tout ce qui a été dit, ne mérite pas l'attention que nous lui portions hier. À l'heure qu'il est, ce matin, tout cela me semble risible : des bêtises de dixième ordre. Mais devant une telle ambiguïté, demeurer amis devient techniquement impossible : on ne sait pas avec qui on parle jeudi, avec qui vendredi. Téléphone-moi donc.

Tout à toi, B.

[Début mai 1931] (2)

Ma chère amie, ne sois pas troublée par la hâte de mon ton, j'écris à la va-vite. J'ai trouvé un billet de train*, mais je n'ai pas encore d'argent sur mon livret de c[aisse] d'ép[argne]. J'en trouverai, c'est pour cela que j'envoie Choura. J'irai moi-même en ville si j'obtiens qqch. au téléphone. Maintenant, pense à ceci : ce ne serait peut-être pas mal de dénicher quelque chose près de Kiev pour l'été ? Si cela te sourit, fais-toi à cette idée. C'est pour cela que je voulais trouver de l'argent. Mais on pourra aussi te l'envoyer à Kiev dans les jours qui viennent. J'y passerais avec joie deux ou trois mois, comme l'an der[nier], dans un lieu et un cadre de ton choix, mais après que se sera écoulé le temps nécessaire pour arranger un certain nombre de mes affaires financières, littéraires et autres, et p.ê. quand même aussi après Magnitogorsk. Toutes ces choses auxquelles j'ai pensé, nous en reparlerons lorsque j'arriverai, mais pour l'instant cet été dans les environs de Kiev constitue ma décision et mon rêve ultimes, et je t'en fais part *pour que ton esprit s'y fasse*.

Je ne joins pas le billet, de peur que Choura ne le perde.

Je t'embrasse, t'embrasse, t'embrasse. Téléphone, tu me trouveras p.ê. encore là, pendant que j'appellerai les divers services comptables.

12.V.31

Je viens de rentrer, j'ai expédié le télégramme. Je ne cesse de vous revoir tous les deux, toi et Adik *, avec le soleil couchant, l'Anglais et le reste. Comme elles sont merveilleuses, ces premières heures de route, lorsque la fatigue se fait sentir et ennoblit toutes choses, et que l'on obtient soudain le droit de ne plus parler, assis que l'on est sur un divan moelleux, perdu dans la contemplation de tableaux à la rapide succession, droit qui nous semble mérité par le tohu-bohu des préparatifs et les émotions d'une grande journée, commencée aux aurores ! La nature, en voyage, nous apparaît comme une récompense dont on nous a jugés dignes, ce qui nous élève et nous émeut, nous rehaussant presque – je ne sais si tu l'as remarqué – dans notre propre estime.

Je t'ai lu ces jours derniers des vers de Vsiévolod Rojdiestvienski *; il y parle d'un bouleau « aperçu du train, surplombant l'étang qui s'enfuit » : tu l'as certainement aperçu ? Lorsque j'ai lu ce passage dans son livre, je me suis précisément rappelé quelque chose de « kiévo-voronéjien », l'an dernier, sur le premier tronçon après Moscou : le soleil se couchait, la fumée était rose et la boulaie qui l'interceptait évoquait l'ambre humide. C'est donc maintenant vous, toi et Adik, qui êtes en route, exactement comme moi, lorsque j'allais à Irpiègne *.

Et lorsque je reviens à la Volkhonka, je vois Génia. Je la vois avec le regard transformant de la séparation et elle m'apparaît sous les traits qu'elle avait au gymnase : délicieuse, fragile, *prenant* sur elle le monde, comme un souffle de vent ou bien une ombre, au lieu d'y ficher un regard ou une intention, ou un désir suivi d'effet. Et mon cœur se déchire en pensant à elle. Non pas *pour elle,* mais en pensant à elle. Toute la question tient au fait que *tu es* et que cela *devait être,* et cela ne date pas de maintenant, car cela a toujours été. Et ce n'est pas non plus un reproche à son égard. J'ai connu peu de personnes méritant et nécessitant autant qu'elle d'être aimées, et pas seulement pour ses qualités morales mais aussi pour son apparence extérieure : pour l'*histoire* de son apparence, le *destin* de cette apparence et de ses métamorphoses.

Mais c'est justement ainsi que la plupart des gens aiment. Ils aiment d'un amour qui apporte un complément, qui achève une éducation ; ils se coupent de la nature derrière un rideau de concessions réciproques et c'est ce *rideau* qu'ils appellent la vie. Ils aiment pour après, parce que les années et les habitudes vont affluer et se déposer pour former le passé, et que le passé sera alors si abondant qu'il deviendra une chronique humaine aux nombreux volumes et qu'ils auront alors matière à lire, à relire, et à se remémorer ; ils aiment *à cause de la chronique humaine* que le temps écrit, et qu'il écrit quels que soient ceux qui sont décrits, et quelle que soit leur petitesse, et leur utilité pour celui qui écrit. Et *eux-mêmes* ne font rien. Ils ne cessent de faire pour l'autre et d'attendre ce que l'autre fera pour eux et cette aide réciproque, excuse à leur imperfection, ils l'appellent amour, et ce culte de l'imperfection, ils lui donnent le nom de moralité. La plupart aiment d'un amour dû, et non d'un amour *qui est.*

Ce qui m'a le plus frappé, c'est que l'étendue de mon sentiment pour toi existait avant que je ne l'aie mesurée, et que je t'ai aimée avant même d'avoir commencé à aimer. Il n'était pas nécessaire de le vouloir, de l'appeler ou de le désirer. Il n'était pas nécessaire de venir au secours de ta beauté, si peu préparée qu'elle fût à cela. C'est elle-même qui me tambourina alors en rêve l'invraisemblable nouvelle de ton *existence* : il y avait à Irpiègne un vacancier qu'Ir. Serg. et Génia avaient commencé à rencontrer avant que je ne l'aie vu moi-même, et ce vacancier c'était mon sentiment pour toi et mon destin avec toi, que j'ignorais encore. C'était là, avec une incroyable pureté, un amour existant, et non un amour dû.

Une même pensée a dû nous effleurer simultanément l'esprit : que tout cela est à portée de la main et que, n'eussent été les souffrances de Garrik, nous aurions pu avec Yevg[uiéni] Is[aacovitch] *, ou avec quelqu'un d'autre encore, faire un saut à Irpiègne, contempler ces semaines automnales et revenir le soir même à Kiev.

Lorsque je remontais en tramway, depuis la gare, la pente qui mène vers l'Arbat, je me suis souvenu du soir de septembre où j'étais passé au même endroit avec mes valises. Nous venions de nous quitter. Dans la cohue des bagages, tu ne m'avais pas dit au revoir. J'avais perdu l'habitude de Moscou. On l'avait enfin pavée pendant l'été. Je la retrouvais moins épouvantable que je ne l'avais laissée et que l'on ne me la décrivait dans les lettres. Mes yeux erraient à travers ses foules et ses lumières et je leur annonçais ma nouvelle, d'une assourdissante évidence : toi, grande, grande comme le soir et comme la ville où j'entrais, comme l'hiver qu'il allait falloir entamer et inaugurer en ce lieu, une fois arrivé et installé. Je savais tout sur moi, comme jamais encore auparavant, mais je ne savais rien et n'osais rien savoir sur toi. Je ne savais pas si tu m'aimerais. J'interrogeais à ce sujet les enseignes. Je ne me rappelle pas les réponses, mais il est probable qu'elles ne me répondaient pas trop souvent par la négative car je me sentais bien dans mon fiacre, avec mon costume neuf et l'attitude légère et nonchalante que j'avais prise en raison de la montagne de valises et de ballots qui m'avaient rejeté contre le bord de la voiture, et du balancement non moins nonchalant de cette dernière. J'étais arrivé chez moi empli de gaieté, de confiance et d'impatience et, comme je ne pouvais t'appeler nulle part, j'avais téléphoné aux Asmus. Et ce fut seulement au milieu de l'hiver, une nuit où nous étions sur la Sadovaïa, que j'essayai de te demander ce que j'avais demandé aux enseignes des magasins, et je ne fus pas très convaincant, et ta réponse affirmative fut à demi négative... J'essaie d'imaginer comment cela va se passer pour toi avec tes amis de Kiev. Il y a deux possibilités. Ou bien tu auras abordé Garrik dans un esprit de conciliation et de clarification, le but de ton voyage sera atteint, et dans ce cas tu auras plaisir à te retrouver parmi eux, comme on a plaisir à prendre du repos au milieu d'un voyage, ou bien par contre ton inspiration aura fait long feu et tu seras dépitée qu'ils te soient devenus aussi inutiles et étrangers, comme cela m'est alors arrivé avec Bobrov * : c'est comme la vaine tentative d'une entité vaincue par la vie et désormais non existante. Il ne te restera alors que Garrik et Kiev avec qui parler.

Je n'ajouterai rien et je ne signe pas. Se peut-il que tu n'aies pas de sentiments ? Écris-moi au plus vite.

Cette lettre a été envoyée à Kiev de Moscou (note de Z. N. Pasternak).

14.V.31

Pardon pour la « profondeur » inutile de ma lettre d'avant-hier. Je l'avais portée à la gare de Briansk et mise dans la boîte aux lettres du rapide, pour qu'elle parte au plus vite. Je ferai de même avec celle-ci. J'ai donc revu la gare, le soir, Dorogomilovo *, et je me suis souvenu.

Sur la vaste esplanade vide de la gare, deux femmes marchaient dans ma direction. Vieilles, pauvrement vêtues, avec des visages comme le pavé du soir. Toutes deux en deuil, elles traînaient la jambe avec difficulté. Je les saluai. C'étaient deux anciennes connaissances de mes vieux parents ; toutes deux avaient été très riches autrefois. J'avais loué une chambre chez l'une des deux en 20, au cours de l'été *. C'est là que, pour la première fois, Génia est venue chez moi. Elle était accompagnée par un ami à elle et je leur avais offert le thé. Il se trouve que j'ai téléphoné cet hiver à cette même femme pour lui demander si la chambre en question n'était pas redevenue libre. J'ai immédiatement deviné que l'autre était venue en visite chez elle et repartait pour Odessa, en sorte qu'elles se dépêchaient pour attraper le rapide dans la boîte aux lettres duquel j'avais posté ma lettre. Ma sagacité les a étonnées, et puis j'ai continué. La première a une maison à elle dans la ruelle Guéorgui, près de l'étang des Patriarches. Une nuit, je te l'ai montrée, ainsi qu'à Garrik. Nous revenions en pleine nuit de chez les Asmus et je suis entré chez vous ; il était six heures passées et tu nous as fait du thé. Mais était-ce la lumière du soir, ou la solitude de cette place paisible ? Je fus frappé, sans être ému, par le sceau de la vieillesse que je voyais ainsi inscrit sur leurs visages pierreux, presque pulvérulents. Et le nom de ce faubourg, où l'on entend « route prise par l'aimé » et « cher et tendre », a rendu à mes oreilles le son fêlé d'un autre Dorogomilovo, celui du cimetière. Cela t'étonnera. Moi, j'ai été ravi par cette observation. Raison de plus, ai-je pensé, pour vivre brièvement, rapidement et intensément,

Lialia, Lialietchka, ma Lialietchka ! Ensuite, à la grâce de Dieu ! Il faut vivre rapidement, et moi je ne dors pas assez : je m'éveille avec les premiers tramways, je me couche tard, je passe des journées troubles, perdues d'avance, à essayer de travailler en somnolant et sans rien donner de bon, et en fin de compte je néglige mes affaires. Elles prennent le large sans que j'aie levé le petit doigt. Que peut-il y avoir de plus simple pourtant que ceci : les éditions des Écrivains de Léningrad* prennent un recueil de mes œuvres, et à mes conditions ! Il *suffit pour cela d'une demande de ma part* à mettre dans le dossier, et je n'ai même pas à l'envoyer par la poste. Encore plus simple : la remettre personnellement à une dame de passage et le contrat sera signé et l'argent suivra immédiatement. Il faut croire que je suis ennemi de l'argent puisque c'est moi qui retarde par ma conduite le moment où il pourrait affluer. Choura est allée au *répartiteur* de produits manufacturés des écrivains ; je lui avais permis d'acheter pour deux roubles et quelques de tissu pour son usage personnel. Le gérant l'a fait appeler et a exigé que tout soit embarqué avant le 20 parce que le bon d'achat a été accordé en février et n'a jusqu'à [maintenant] été que faiblement utilisé. Mais je ne veux pas y aller sans toi, même s'il a fait sur le bon une annotation concernant la limitation de sa validité – J'ai reçu de Tiflis un télégramme : VOTRE LETTRE NOM ADRESSE PILNIAK RÉEXPÉDIÉE POSTE STOP TÉLÉGRAPHIEZ ACCORD PRÊT VENIR STOP SALUT FRATERNEL STOP CAMARADE PAOLO YACHVILI. Je t'attends pour répondre – Des mites volent d'une pièce à l'autre en essaims chaque jour plus compacts, je ne me suis pas intéressé à la décision du tribunal, je ne suis pas allé chez le percepteur, je me sens comme un navire sans voiles, fatigué et heureux – Choura (Al. Léon.) a un abcès au pied et couche dans ma chambre, ce qui freine le ménage, rendant la pièce plus poussiéreuse et estivale que d'ordinaire : maigre, pas rasé, le pantalon sur une chaise, les mouches, les draps, le tapis qui a viré au gris, les mites...

Tu m'écriras bientôt, mon cœur, n'est-il pas vrai ? Étonnante est ma foi en toi (c'est l'essentiel), tout comme – mais en second lieu – la confiance que je te fais. Que je te fasse confiance, c'est une chose que je remarque, car j'ai besoin de toi, mais ma foi en toi est de tous les instants et elle m'est plus nécessaire encore. Les choses ont tourné exactement comme je rêvais qu'elles fassent. Une amitié immense, immense : des âmes, des bouches, des jambes, que l'on soit près ou que l'on soit loin, avec comme appendice obligatoire l'amour ; le sujet des conversations ; la chose qui, à ce que l'on nous a dit, a brisé deux vies, qui est devenue le thème favori d'I. S., qui est comme le disque physique du soleil, lorsqu'il fait clair autour de lui à des dizaines de milliers de verstes. Un disque aveuglant, visible de tous et que l'on ne peut regarder qu'à travers la suie des cancans et des complications et qui procure le jour : des dizaines de milliers de verstes de liens sans orages avec toi, de libres liens inconnus du monde. Je crois en toi et je sais en permanence qui tu es : proche compagne du grand art russe, lyrique en pleine édification du socialisme, tu es terriblement semblable à lui au fond de toi ; tu es sa sœur. Cela, je le sais en permanence. Et parfois, à ce qu'il me semble (je le sais presque, je n'ose y croire), ce compagnon fantasque à côté de toi, c'est moi ; je puis l'être, je le serai. Mais ma foi en toi est de tous les instants. Et s'il a pu te sembler, en ces journées kiéviennes, ou s'il arrive qu'il te semble demain, que tu as sur la conscience quelque chose de nouveau contre moi, laisse ces pensées et sois en paix : rien de tout cela n'existe, tu as raison et tu es pure devant moi. La seule chose qui compte, c'est que tu ne souffres pas.

Mais voici maintenant tout autre chose. Il arrive parfois ceci : il existe une vérité imprévue, dont on ne se doutait pas un instant plus tôt. Des situations mille fois rencontrées livrent à la mille et unième une découverte muette et catégorique qui fait tressaillir tout l'être. Toi pour qui ma présence était hier une évidence, tu peux très bien faire aujourd'hui la soudaine expérience de mon absence, et la nouveauté de ce moment (tant de fois vécu avec Garrik) tiendra justement à la force et à l'horreur de mon absence, et que faire alors ? Alors ne regrette pas, ne regrette pas, je t'en supplie ! Ne regrette pas et ne crains pas. Je vais tout te dire. Ne me regrette pas, ni tout ce qui a été entendu par moi ni tout ce qui a été reçu par toi ; ne regrette pas les pauvres vers, les pauvres lettres qui volaient vers toi pour t'aimer et te sourire et qui vont maintenant apprendre... (Dieu sait ce qu'elles vont apprendre !) Ne crains pas ce qui a eu lieu, ni même la brisure à venir, qui semble aujourd'hui réparable, ni les regards torves ni les coups à recevoir ; ne les crains pas parce que cette vie est *tienne* ; une vie *désormais grande quoi qu'il arrive.* Parce que c'est justement ce qui t'est arrivé cet hiver. Tu es aujourd'hui comme tu étais lorsque tu étais enfant, que tu te cachais en boudant et ne comprenais pas pourquoi la vie était si décevante et irréelle qu'on pouvait en pleurer, et qu'à la minute suivante les mêmes choses te remplissaient de joie. Et puis tout s'est rétréci (oh, pas à cause de Garrik, Dieu m'en garde, est-ce de lui que je parle ?). Tu étais une fillette née pour une grande vie ; et lorsque le destin a eu ficelé tout cela, ce pour quoi tu étais née s'est transformé en jeu : tu t'es mise à jouer à ce qu'il était impensable de vivre *en grandeur nature,* à faire la coquette, à ravir ton entourage... Je ne veux offenser personne, mais tous tes admirateurs de vacances étaient des jouets et les jouets doivent toujours être en grand nombre (vaisselle de poupée, isbas et forteresses miniatures, animaux nains en mousse artificielle).

Mais ce qui était enfoui en toi a fini par triompher. Tu as maintenant acquis ta pleine taille de vivante. Seulement il n'y a plus, *à partir d'ici,* de possibilité de retour en arrière, de renoncement à ton plein épanouissement, à ton éveil (mais non bien sûr à la honte des commérages, ou à des complications familiales présentées comme irréparables). Si tu sens un violent désir de *revenir* à Garrik, fais confiance à ton sentiment. Je peux te le dire hardiment : c'est *vers l'avant* qu'il t'entraînera avec lui ; tout se déroulera pour vous au sein de ta grande vie, dans laquelle vous oublierez si ce qui s'est passé est ou non réparable ; vous n'aurez pas le temps de vous occuper de souvenirs ; tout sera éclipsé par la nouveauté de tes repères, parfaits comme dans l'enfance. Comme cela est difficile à exprimer ! Sais-tu bien de quoi je parle ? De l'ouïe et de la vue recouvrées ; de l'été dont il semble qu'il vienne d'investir l'appartement et où sa présence est comme humaine ; de la nécessaire corrélation entre ta beauté et tout ce qui a lieu dans la nature ; d'une sorte de proportion créatrice de l'existence : de toi, maîtresse de maison, des armoires pleines de poésie et des étagères de la cuisine croulant sous l'inspiration. Ne redoute alors rien de mauvais ou de pénible venant de Garrik : c'est toi qui lui rappelleras qui il est lorsqu'il s'oubliera. De même m'avais-tu rappelé qui j'étais. Et tes rappels le feront grandir. Ou bien alors, si un vertige douloureux ne te prend pas, toutes ces choses, oh oui, fais-m'en présent !

Comprends le but de ces conseils : il faut que tu sois heureuse. Tu possèdes aujourd'hui tant d'atouts pour étreindre le charme liminaire, si empli de sens et de dignité, de l'existence, tu as été tellement régénérée par ces ébranlements, ce serait si terrible si tu te trompais ! Mais comprends-en aussi la raison : tout ce que je te dis, y compris dans le cas où tu serais mienne, c'est pour que les choses te soient plus faciles. Parce que, probablement, tu n'as pas pu te maîtriser et que tu le regrettes ? Oh, pardonne-moi toi aussi si ce n'est pas le cas, et merci mille fois. J'aime, j'aime toi, je t'aime.

De la gare, après avoir mis ma lettre à la boîte, je suis enfin allé chez les Pilniak. Comme tout s'est épanoui et a verdi dans le parc ! J'ai pris ces belles réussites à mon titre *personnel,* exactement comme si elles me concernaient directement. Cela faisait neuf jours que j'étais parti de là-bas. Avec quelle émotion m'y suis-je rendu et en ai-je franchi la porte ! Je me suis retenu de leur tomber dans les bras mais je leur ai plusieurs fois baisé les mains. Que de choses elles signifient toutes deux pour moi, et m'ont données, avec leur tendresse retenue et froide, identique chez l'une et l'autre ! Il y avait là Vl. Éd. Meyer * (c'est lui qui avait accompagné Olga Serguieïevna à la soirée littéraire). Tous s'efforçaient de prouver, pour plaisanter, que je les avais oubliés. O. S. m'avait préparé un cadeau. Je l'ouvris : une demi-livre de thé. Lorsque nous nous sommes assis sur la terrasse pour souper, il faisait encore jour. Et comme toujours O. S. a parlé avec intelligence et parcimonie, en évitant les envolées, un peu comme une jeune fille ; elle a parlé de choses et d'autres, mais très intelligemment. Et soudain V. E., je ne sais plus à quel propos, a mentionné la fameuse soirée. C'était en effet alors que nous nous étions quittés : j'y étais arrivé avec O. S. et j'en étais reparti sans elle, sans V. E., sans le parc. À propos de la soirée j'ai dit que j'avais honte de moi, que j'étais surexcité, que je n'avais pas compris à quel point les vers que je lisais étaient intimes et que je ne me serais pas douté de la faute de goût que j'avais commise si de bonnes âmes ne m'avaient pas remis ensuite du plomb dans la cervelle. O. S. m'a répondu que, dans ce cas, il ne fallait pas écrire de poésie lyrique, sous aucune forme, parce qu'en ce qui la concernait elle avait vibré à mes vers de toutes les fibres de son être, qu'ils avaient trouvé en elle une résonance profonde, et que si l'on devait garder sous le manteau ce genre de poésie lyrique, il ne valait pas la peine d'en écrire d'un autre type et que de ce fait elle devenait impossible. J'ai également parlé du bon d'achat, valable jusqu'au 20, et de toi qui resterais sans doute à Kiev jusqu'à cette date. Alors Yé. I. a dit qu'il fallait que j'y aille avec O. S., qu'elle te remplacerait et qu'elle te comprenait. Mais moi j'ai dit que l'essentiel n'était pas Z. N. mais l'aspect enfants, je veux dire pour enfants (bon, les chaussettes !). Cela ne fait rien, m'a dit O. S., et je crois bien qu'elle a rougi. De chez les P[ilniak] il a fallu aller chez Zviaguintséva * chercher une lettre et un livre de S[erguieï] D[ouryline] *, le déporté dont je t'ai parlé.

Zviaguintséva est une très bonne poétesse, dans le genre convenable, mais sans originalité. Elle a lu deux poèmes qui m'étaient dédiés. Elle me les enverra par la poste. I. S. a téléphoné. J'ai appris que Garrik était chez les Smirnov * et que la plus jeune des deux S. * était à Moscou et rentrait aujourd'hui à Kiev. Je vais aller la voir pour lui demander de poster ma lettre à son arrivée. Ma Zina en or, quoi qu'il arrive, je t'en supplie, ne m'oublie pas. Écris. Ne ris pas quand tu me liras. Des lettres de cette longueur, je promets de ne plus en écrire.

Lettre écrite à Moscou et envoyée à Kiev (note de Z. N. Pasternak).

15.V.31

Chère amie mienne, n'en as-tu pas encore assez de moi ? Tu seras épouvantée et me couvriras de reproches lorsque tu arriveras : je n'ai rien fait de ce que je devais faire sans toi.

Mais tout viendra en son temps. Il y a aussi que je t'écris de trop longues lettres. Encore une de ce genre et je ne serai pas sûr que tu les lises jusqu'au bout.

Je voulais écrire aujourd'hui à Garrik, mais au lieu de lui c'est à nouveau à toi que j'écris. Je lui aurais envoyé une lettre passionnée et brève, pleine d'un amour impudique et dénué de toute précaution. Je lui aurais dit que nos conversations à ton sujet prenaient fin, que ce n'était plus un sujet de conversation mais que c'était ma vie, où il y avait davantage d'énigmatique que de déchiffrable. Que c'était toi l'énigme, et non l'objet de nos émotions croisées, toi et non moi, ou bien lui. Que l'on pouvait admettre que sa famille, que ses amis de Kiev et ses élèves de Moscou portassent de l'intérêt à quelques concerts de printemps, mais que cela était en dessous de sa dignité et de sa nature. Que le sort de ces récitals était entre ses mains et que c'était parce que la plupart des musiciens étaient à ses yeux des artistes de cirque, au champ d'action limité à une corde, qu'il veillait à se rappeler qu'il n'en était pas un et qu'une corde ne pouvait décider de son destin, et qu'il jouait à dessein de toutes ces choses et accumulait les concerts « comme des tasses ». Que ni lui ni aucun de ceux qui étaient les plus proches de lui n'avaient besoin qu'on leur rappelât ces choses, parce qu'ils n'avaient jamais fait eux-mêmes de la corde un absolu. Que, dès nos premières rencontres, j'avais senti en lui un infini inné et que c'était à cet infini que je m'adressais chaque fois que je prenais contact avec lui d'une manière particulièrement directe. Qu'il en était arrivé au moment précis où il lui fallait, pour la seconde fois, plonger dans cet infini un regard sec, dévoué, humble et hardi afin de se connaître lui-même sans hiatus, comme une route ou une grande avenue. Que cette nécessité s'imposerait à lui, même dans le cas où tu me quitterais et lui reviendrais. Parce que nos deux infinis, le tien et le mien, s'étaient réveillés et que c'était l'essentiel de ce qui s'était passé. Tant il est vrai qu'une infinité de gens s'amourachent et se désamourachent chaque année et que les tribulations du mariage sont chose si fréquente que personne ne s'en étonne plus – et au lieu de cela, c'est à toi que j'écris.

J'ai eu l'impression il y a une quinzaine, au parc, que l'on ne voulait pas nous voir ensemble. J'ai connu un moment de profond découragement. Tu étais venue me faire part de propos par toi entendus, d'autant plus éloquents pour moi qu'ils venaient de toi et de première source. Bobrov avait donné, dans l'intérêt de Génia *, un coup de fil d'un moralisateur barbu issu d'un lointain aussi interminable qu'inexistant, lui le « meilleur ami » de la Violette nocturne *, lui qui vise à convaincre mais sans posséder d'ailes, lui le faible et pourtant l'importun, mais qui peut aussi être méchant si on le lui fait remarquer. Et Irina Serguieïevna m'a stupéfié par le caractère général de ces cancans, elle une personne si remarquable et, en dépit de toutes ses lubies, si proche. Et toi aussi tu semblais t'éloigner. Pas toi personnellement (comment pourrais-tu t'éloigner ?), mais ta présence, ton aide, le caractère naturel que prenait ta place auprès de moi aux yeux de la vie et aux yeux des hommes. Tu t'éloignais alors comme tu pourrais t'éloigner maintenant.

Mais ces temps derniers je me sens léger comme en hiver. Les gens nous connaissent ensemble et s'en réjouissent. Et je parle de vos meilleurs amis. Au moment de me rendre chez Vièra Vassilievna, afin de remettre ma lettre à Lièlia, une pensée m'a traversé l'esprit. Garrik, à ce que l'on dit, est chez les Smirnov. Ici les gens le savent. L. ne m'avait jamais vu. Et elle allait me voir. Les comparaisons, en bien comme en mal, sont parfaitement naturelles. Et tout aussi inévitables. Je n'aurais jamais voulu rivaliser avec quelqu'un. Mais afin de ne pas me suspecter moi-même de quoi que ce soit, je suis allé là-bas sous l'apparence la plus désavantageuse. Ni rasé ni peigné, avec des vêtements miteux et reprisés (que tu n'as jamais vus) et, malgré la chaleur, mon horrible manteau, ce manteau que Génia m'avait chargé de laisser au concierge. Vièra Vassilievna, la pauvrette, est malade, elle a un retour d'une ancienne malaria. Mais je l'ai trouvée debout sur ses deux jambes. La faiblesse déforme certains visages. Cependant le sien gagne encore à paraître fatigué. Quelles âneries j'écris sur cette visite ! Mais voici la chose importante. Elle rayonnait, tout comme sa fille et sa sœur. Tout me pardonnait, dans cette pièce, et sans me comparer. Elle m'a dit combien elle était *heureuse* de tout, malgré – a-t-elle ajouté – la grande et fidèle amitié qui la liait à Garry. Tout aussi inséparables sommes-nous dans la conscience des Asmus, et même dans l'idée que V. F. se fait de nous. J'étais hier soir chez eux.

Mais tu m'as probablement oublié, ma Lialietchka, mon aimée : je n'ai pas d'alliés à Kiev et il y en a là-bas une quantité pour ceux que l'on considère, et *que l'on veut considérer pour sa propre sécurité,* comme toi et

Garrik. Mais ce n'est pas vous. Ah, comme je sais cela ! Ils se sont réjouis de voir deux êtres merveilleux, beaux, inspirés, et ils se sont jetés sur vous, et vous ont entourés du vieil anneau de leur dévouement, afin que votre auréole éclaire leur moitié d'existence qui n'a de comptes à rendre à personne, aucune épreuve à assumer envers un quelconque ciel et ne connaît que les examens scolaires et absolument rien d'autre. Ah, comme je te serre dans mes bras en cette affliction et cette défiance que j'ai d'eux ! Tu ne me croiras pas, mais je pleure presque sur cet endroit de ma lettre, toi ma brûlante et ma bonne !

Une demande : télégraphie-moi si tu es ou non avec moi ces jours-ci. Mais plus froidement que vous ne le faites ordinairement tous deux. Les tendresses télégraphiques me troublent. Envoie-les par lettre s'il y en a, maintenant ou plus tard. Et embrasse Garry.

P.S. Je voulais consacrer la journée d'aujourd'hui (le 15) aux tâches matérielles. Il y en a beaucoup, de la naphtaline à la datcha et des financières aux juridiques. Mais j'ai dû avaler hier une saleté cuite dans le pain, à moins que je n'aie simplement eu une indigestion. Je me suis réveillé avec une nausée épouvantable et j'ai vomi toute la nuit. Excuse-moi de te parler de ces choses. Je me sentirais assez bien si je n'avais du mal à déplacer les jambes tant je suis faible. Je resterai toute la journée au régime. C'est pour te dire que je n'ai pas pu, une nouvelle fois, m'occuper des affaires matérielles et que la journée a de nouveau été perdue. Ne te fâche pas et ne t'inquiète pas : tout s'arrangera. Quand donc arriveras-tu et est-il bien exact que Garrik ne revienne que le 19 ? Tu devrais m'en toucher deux mots par télégramme.

Te rappelles-tu combien je t'aime ? Le vois-tu ? Écris-moi une longue lettre où tu me parleras de tout le monde. N'exagère pas l'importance de ce que j'ai dit sur Kiev et sur vos connaissances. Non seulement il n'y a pas d'hostilité de ma part, mais c'est le contraire : je les aime tous. Tes rues et tes gens. Et c'est pour cela que je les vois avec une chaleur compréhensive. Et c'est même pour cela, de ce point de vue, que je voulais aller à la datcha. Je serre Adik contre moi : les lettres n'expriment qu'une parcelle misérable de ce que je pense.

Mais j'oubliais que tu sais tout cela mieux que moi.

Oui, quand tu leur parleras de nous, fais-leur savoir si tu le désires que je te suis redevable du choix de mes *Poésies,* que c'est toi qui l'as fait et que j'en suis heureux.

Encore une longue lettre. La dernière, je te le jure. Au revoir.

Moscou 19, Volkhonka 14, app. 9.

Lettre envoyée de Moscou à Kiev (note de Z. N. Pasternak).

[Mi-mai 1931]

Zinotchka lialia, Zina, lialietchka, Zina à moi.

Je te remercie de ton télégramme. Je précisais dans une de mes lettres que, par télégraphe, la froideur était plus naturelle que la franchise du sentiment. N'attache pas d'importance à ces paroles. Ou bien j'anticipais sur les événements et je voulais atténuer la difficulté, aisée à imaginer, du rôle que tu devais jouer. Pas de tout ton rôle, mais de la partie concernant le choix des mots, après tous les télégrammes envoyés à Garrik, et après tous les siens, après que nous ayons tous les deux, au meilleur sens du terme, assorti à ces télégrammes les expressions les plus chargées de sens et les plus apaisantes. Mais ne m'aimes-tu pas ? C'est bon, j'ai foi en toi et je te voue un culte.

Hier j'ai vaqué à mes affaires, en ai réglé la partie juridique, n'ai pas trouvé de naphtaline, ai payé trois mois de loyer et franchi pour la première fois le seuil d'un *répartiteur,* celui où tu étais allée la première et sur mon insistance répétée, il y a si longtemps déjà. Tu me comprendras puisque tu l'as vu. Je n'avais pas assez d'yeux pour tout. Voyons, comment pourrais-je ne pas y retourner avec toi ? C'est dans ce but que j'ai réussi, après de longues supplications, à fléchir le gérant du magasin, qui a prolongé le délai de validité du bon d'achat jusqu'au 30. Tu seras bien arrivée d'ici cette date ? Je suppose que ce n'est pas très bien, mais toutes ces choses soudain accessibles ont produit sur moi un effet hyper-matériel, comme dans les interprétations de Coates *. Et j'ai une telle impatience d'aller avec toi à cette matinée ! Le bon n'a pas été utilisé, semble-t-il, à plus de 50 pour cent. Tu achèteras plein de choses aux enfants, tu feras des provisions de tissu et nous nous arrangerons pour emmener Irinouchka, je veux dire Irina Nikolaïevna *. Arrive bien vite, Doussia !

Pourquoi as-tu peur de la Volkhonka ? Tu accordes trop d'importance à mon « irréalité » imaginaire. Au contraire, chaque fois que je pense à ma vie avec toi, enfin proche, elle s'emplit d'heures, de situations, de tâches, d'accomplissements d'une véracité éblouissante de prosaïsme, comme un coffre ou une couverture piquée à la machine. Je me représente d'avance cette joie continue, ponctuée de fréquentes explosions, sous la forme d'œufs sur le plat que l'on prépare au grand air par un chaud matin d'été, lorsque toutes les paillettes de l'été sont lâchées comme autant d'yeux sur la poêle à frire : le bleu du ciel sur le jaune d'œuf, le blanc qui est un nuage ; les feuilles de peuplier sur le jaune, la maison sur le blanc. Et j'aime la vie avec toi comme un déjeuner éclatant à la table infinie, énorme du monde, comme un mets de lumière mérité par la force de notre faim, comme un mets soudain saisi par l'objectif du stéréoscope qui nous fait voir des œufs sur le plat en noir et blanc. Aimes-tu te pencher sur ces appareils et apercevoir des étangs recouverts de végétation ? Quelque part, dans le fond, il y a une barque si soigneusement dissimulée par la draperie des saules au monde environnant qu'on ne la voit pas d'emblée, comme un homme dans un salon tendu de rideaux.

Ah, est-il si important que la Volkhonka soit ou ne soit pas, et quand, et pour quelle durée[1] ? Quoi que l'on nous serve, et à quelque moment que cela soit, ces plats seront toujours absorbés avec joie et reconnaissance par ce qui compte en nous, ce dont nous sommes tressés et par quoi nous nous sommes prêtés l'un à l'autre un muet serment : la force, dévoreuse de lumière, de notre joie et la nécessité que nous ressentons l'un de l'autre... Ce sera la Volkhonka. Une semaine, ou bien deux. Peut-être du nettoyage. Peut-être une mauvaise surprise de la part du percepteur. Rien que des bouquets, justement à cause de leur réalité. Ensuite nous irons chez Troyanovskaïa * afin de savoir sous quels peupliers nous pourrons dresser notre déjeuner d'été.

Ensuite, ce sera peut-être Magnitogorsk. Ou peut-être pas. Mais tout cela s'éclaircira lorsque tu seras là. Et nous irons tous les deux faire notre déclaration et l'on nous cherchera un autre appartement. Etc., etc. Je veux vivre *percé par tes flèches* *. Je deviendrai avare de paroles : tu seras constamment proche de moi, les choses et les situations parleront pour nous. Je travaillerai beaucoup. Tu m'aideras ? On me fait actuellemet une telle confiance, on m'a fait un cadeau si merveilleux en te donnant à moi que ma dette envers la vie, déjà considérable, a encore décuplé. Mais tu es mon amie proche, si proche, et il te plaît que grâce à des efforts non négligeables, excluant le travail bâclé et les intérêts des capitaux d'autrui, s'élabore lentement et courageusement, quelque part dans le monde, une conception de la vie cohérente, impressionnable à la lumière, et cela par ces mains, justement liées par *cette vie lumineuse,* qui sont les miennes et les tiennes : il est bien vrai que tu aimes avant tout cela, puisque tu m'as aimé ? Et il est vrai aussi que je ne suis pas une bête et que je suis comme toi, et que tu es comme moi. Alors pourquoi cette peur de la Volkhonka ? Et aussi : en quoi suis-je « irréel » ? Est-il si grave, lorsque tu vas avec

---

1. Je veux dire : jusqu'à ce que nous déménagions de là avec toi, si tu m'aimes toujours : c'est *ainsi* que j'ai dit les choses.

Adik et moi en voiture à la gare, que ce ne soit plus seulement un fiacre ? Ou alors bien plus qu'un fiacre, comme il ne peut en exister qu'*à la mesure* de l'imagination enfantine d'Adik : un événement sur quatre roues ?

Après mes affaires de la journée, je voulais passer à la Troubnikov chercher la valise mais j'ai été retenu par les affaires en question en sorte que, lorsque je suis arrivé, Al[exandra] Ar[kadievna] * dormait déjà. J'ai décidé de la prendre ce matin de bonne heure. J'irai poster ma lettre à la gare de Briansk et, de là, j'irai voir Lialik * et je porterai la valise. Mais la vieille femme qui m'a ouvert hier (Ryjova *, semble-t-il), m'a dit que Lialik était joyeux, parfaitement heureux, qu'il n'avait pas pleuré une seule fois de toutes ces journées et qu'Al. Ar. ne tarissait pas d'éloges sur lui. Puis on a entendu monter de la cage d'escalier des aboiements incroyables, mêlés à des crachements félins. C'étaient les chiens des Sokolov * que l'on menait à la promenade. En sortant de l'immeuble, je me suis heurté à An[na] Petr[ovna] *. Elle m'a demandé des nouvelles de toi et de Garrik (je ne savais pas encore que ton merveilleux télégramme * m'attendait à la maison) et nous avons aussi parlé de Lialik : il aurait même dit qu'il était bien mieux ainsi. J'ai dit à la voisine que je t'en informerais, en me référant à elle. Elle t'écrira de son côté. J'ai eu un coup de fil de Milman * : il était très inquiet et m'a demandé des nouvelles de Garrik, de la part de la classe et de la sienne propre.

Je me demandais hier, en rentrant, si je te parlerais ou non de ce qui suit. Je t'en parle. J'ai p.ê. eu tort. J'ai demandé que tu ne m'oublies pas, si quelque chose arrivait. C'est tout (mais c'est tant). P.ê. aurais-je dû te lier par une autre requête ; il t'aurait été plus facile, étant ainsi retenue, de lui résister ; et aussi en partie à toi-même.

Mais si cela s'est de nouveau produit, c'est très douloureux. Parce que, cette fois, le *signe* conventionnel, impondérable, à moitié superstitieux, de la fidélité, ce signe télégraphique devait être une nécessité émanant de toi bien plus que de moi. Je m'étais gardé de te le demander, parce que je souhaitais que tu fusses, dans tous les cas, calme et en bonne santé pour le voyage. Or quel calme et quelle santé pourrais-tu connaître, si cela s'est produit ? Tu m'en avais toi-même parlé, l'autre mois, comme d'une torture. « Je suis méchante », m'avais-tu dit, mais c'étaient nous, moi et lui, et non toi, qui étions méchants de t'avoir fait supporter tout cela.

Mais les paroles définitives ont maintenant été prononcées. Garrik est parti, Génia aussi *, tout a été fixé, des preuves formelles d'affection éternelle et de compassion pour l'avenir ont été mutuellement données. Garrik, grand dans sa douleur, m'a dit dans la ruelle des paroles impensables, imprononçables pour les interlocuteurs que nous étions. Sur quoi s'appuyaient-elles ? Sur le souvenir tardif que, même criminel, je demeurais un être humain ; et que, même criminelle, tu en étais un aussi. Et peut-être aussi sur ceci : que, même profondément secoué, il n'aurait rien perdu et se serait au contraire élevé s'il s'était maîtrisé, et que c'est dans cette maîtrise élevée de soi qu'il aurait dû te quitter, et que ce n'est pas une question de morale mais de netteté dans l'exécution, marque du génie ; et que, même si autrui est un instrument sur lequel on interprète son destin (ce qui est déjà horrible en soi), n'est-il pas bien placé pour savoir comment on traite les instruments ?

Quelle torture cela a dû être maintenant pour toi, après que toutes ces choses eurent été précisées, si tu m'aimes et si cela... s'est reproduit ! Alors si cela est arrivé, écoute-moi au plus vite, ma Lialia, ma Lialioussia ! Ce qui est arrivé, c'est comme si j'avais dû me séparer de cette lumière que j'ai en moi et qui explose par tous mes pores, de cette fidélité pour toi qui bat une chamade folle ! Alors que, maintenant, chacun de mes soupirs a des reflets brillants et que je me fais l'effet d'être devenu un morceau d'or pur, puisque tout ce que je possède est tien et que tout ce qui t'appartient est précieux ! Et on t'aurait imposé une telle douleur !

Alors cesse de te torturer, mon ange, tu n'es coupable de rien. Nous ensevelirons tout cela ensemble, nous le raccommoderons, nous le guérirons. Mais Garrik, Garrik, qui est donc en ce cas Garrik, si cela est arrivé ? Mais je parle d'une chose impossible, je n'arrive pas y croire, cela n'a pas pu être. Et je chasse, je chasse ces craintes : j'appréhende trop leur pouvoir d'attraction. Die Eifersucht ist eine Leidenschaft, die mit Eifer sucht, das Leiden schafft.

La jalousie est une passion qui recherche avec ardeur l'origine de la souffrance. Mieux vaut s'abstenir de regarder de ce côté-là. Mais quand arriveras-tu ? Je sais que tu n'as pas cédé, qu'il ne t'a pas mise à l'épreuve, que cela n'a pas été. N'est-ce pas ? Télégraphie-moi. Mon Dieu, que d'inquiétudes me lient à toi ! Sais-tu quel est ce jeu ? C'est celui d'une vie pourvue ou dépourvue d'ailes. Souviens-toi de toi, n'abandonne pas, tu es grande et ta vie est grande, ne renonce pas à toi. Lie-toi à lui si tu en éprouves la nécessité, mais que ce soit ailé et gigantesque, et complètement coupé de moi. Mais pas sans ailes, ni avec lui ni avec moi. Ah, qu'il est difficile d'expliquer pourquoi tes sensations sont les miennes, pourquoi il en est ainsi et pas autrement ! Écris, télégraphie. Sur ceci, par allusion. Donne la date de ta venue. Le 19 au soir, si je n'ai rien de toi, je serai chez Olga Serguieïevna *.

Tous ces jours derniers je t'avais écrit avec foi, d'une manière au plus haut point stupide et longue tant je débordais de bonheur. Et puis, soudain, je me suis heurté à cet angle aigu, à cette douleur intolérable. Mais je me trompe, n'est-ce pas ?

Lettre envoyée de Moscou à Kiev en 31 (note de Z. N. Pasternak).

[28 mai 1931]

Lialioussia, ma précieuse, il est minuit et je t'écris avant de m'endormir. Je revois ta paisible courette *, alors que sous mes fenêtres c'est le fracas délirant et poussiéreux de Moscou, même la nuit. Lialietchka, le soir sur le chemin du retour, j'ai été pris d'une tristesse insupportable d'être sans toi, et cela parce que l'après-midi avait été légère, nuageuse, et que nous traversions des forêts qui venaient d'être rafraîchies par des ondées, où les bouleaux répandaient des effluves capiteux et où les rossignols s'égosillaient, couvrant le bruit du train. Et voilà que la félicité d'un voyage pour une fois sans douleur, jointe à cette volupté pleine de sifflements, gorgée d'humidité et sonore jusqu'à des verstes, me pénétrait tout entier d'un sentiment de gratitude semblable à celui que j'aurais éprouvé à ton égard et je ne savais où me réfugier pour échapper à la tendresse que j'éprouvais pour toi : je pleurais presque sous l'effet de cette tristesse qui me donnait le vertige et qui, se redressant, épousait ta couleur, ta taille et ta voix, et j'ai pris ta lettre *, la seule que j'eusse reçue de toi avant de quitter Moscou (je l'avais emportée à Kiev) et, au moment de me coucher, je l'ai mise sous ma chemise contre ma poitrine.

Lialietchka, la passion que j'ai pour toi est une science immense. Ses yeux sont baignés de larmes et, sans qu'elle ait à parler, elle nous jette à genoux. Et lorsque l'on aime, c'est toi que l'on aime, et si c'est toi que l'on aime, cela signifie que l'on vit en mission, en mission de la nuit, de la forêt et des sifflements du rossignol. Douce vie mienne, tu es ma première vie péremptoire, comme l'était jusqu'alors ma solitude. Et lorsque je suis arrivé, j'ai trouvé sur ma table plusieurs lettres, dont les tiennes. Et il y en avait deux, tu ne me l'avais pas dit et je n'en attendais qu'une ! Que jamais, plus jamais ton écriture, *a fortiori* ta voix, ne te serve à écrire des lettres ! Tu sais, la première dans le temps m'a tellement secoué que, sans décacheter la seconde, je me suis précipité sur le téléphone pour implorer que l'on me libère de Magnitogorsk. Tu sais, je serais resté à Moscou, mais *seul avec toi,* sans compagnons de voyage importuns qui nous détournent l'un de l'autre ni impressions de route mille fois ressassées – Et mes prières leur ont fait un tel effet qu'ils ne m'ont pas immédiatement opposé de refus mais m'ont promis, avec quelque crainte pour ma raison, de faire tout leur possible et de me donner leur réponse dans la soirée – Je sais maintenant qu'on ne peut rien y changer : ils disent que toute notre brigade s'effondrerait et que personne n'irait. Ils mentent probablement et je n'y comprends pas grand-chose, mais il reste qu'ils ne m'ont pas rendu ma liberté. Ils m'ont cependant permis, *au cas où je n'y tiendrais plus,* d'interrompre mon voyage, et même de rentrer en aéroplane. On donne à ce projet une sorte de signification politique. Mais au cours de la conférence qui a suivi, j'ai prévenu que l'on n'attende de moi rien de « nouveau », que je partais avec une fidélité à la vie toute prête et très personnelle et que je n'avais pas l'intention de briser en moi (en toi) le poète, si grande que soit l'œuvre que je verrais là-bas.

Je n'ai encore reçu aucun télégramme concernant Préobrajénié *. Je ne t'enverrai probablement que trois cents parce qu'au cours de ces deux journées je n'arriverai pas à régler par courrier la question du reste ; en ce qui concerne les pourparlers pour la réunion, je les remets à mon retour de M[agnitogorsk] – Je suis allé chez Garrik mais je n'ai trouvé personne. À 11 heures il a téléphoné. Il était au conservatoire, et Lialik chez les Asmus : Alexandra Arkadievna a demandé deux jours de congé. De chez Garrik, que je continuais à chercher, je suis passé chez Arkhanguelski *. Ne l'ayant pas trouvé, je voulais et aurais dû rentrer chez moi mais V. A. m'a retenu quelques minutes et on peut deviner de quoi il a parlé. Il a critiqué tes projets, qu'il trouve d'un romantisme d'un autre âge, et m'a reproché de ne pas manifester ma volonté avec suffisamment de force. Je lui ai dit que je me pénétrais à un tel degré de tes désirs qu'ils devenaient miens et que je croyais à la possibilité de réaliser tout ce que tu voulais. Mais il s'est renseigné sur ton adresse, je n'ai pas vu de raison de la lui dissimuler et il est probable qu'il t'écrira. Cela m'inquiète un peu car je crains qu'il ne te cause de la peine pour telle ou telle raison. Il m'a demandé si tu avais totalement rompu avec Garrik, c.-à-d. qu'il se demande si ton désir d'habiter seule à la Troubnikov ne cache pas un secret espoir de retour, etc., etc. Je lui ai répondu qu'il me semblait que tu l'avais quitté. Ce « semblait » l'a étonné et lui a paru manquer de fermeté ; mais moi je considère que répondre autrement eût été grossier à ton égard et en dessous de l'« humain » : quelque chose de lié au « mâle » (ou à la fourmi, ou à la punaise).

J'ai une terrible envie de préserver toute ton exceptionnelle fraîcheur morale, qui est inséparable de toi et leur paraît une absurdité enfantine. Je suis allé chez le secrétaire de *Nos réalisations* * afin de connaître le sort d'une autre absurdité enfantine. Le manuscrit de *Sa[uf]-Co[nduit]* a déjà été envoyé à l'étranger par Gorki. Quand j'ai demandé en quelle langue on envisageait de le traduire, le secrétaire m'a répondu : « En toutes. » Je dois avouer que je ne comprends ni la réponse de celui-ci ni les formes mystérieuses de la sollicitude de Gorki pour moi. Ces effluves d'une énigmatique et lointaine toute-puissance qui nous parviennent par l'intermédiaire de son secrétaire constituent une sorte de fantasmagorie offensante. Je ne suis pas un gamin, des éditeurs étrangers (d'Allemagne et de France) se sont adressés à moi ces trois dernières années et c'est moi qui les ai détournés de l'idée d'entreprendre quoi que ce soit avec moi parce que je considérais (à bon droit) que je n'avais rien qui méritât un bien grand intérêt. Et *Sa[uf]-Co[nduit]* est la première chose qui semble déborder le cadre du hasard local. Mais que Romain Rolland est plus noble et plus grand avec la simplicité non feinte, véritable, de ses réponses, et qui va droit à la personne, sans secrétaires ni tout le reste !

Pendant que j'allais ainsi d'un lieu à un autre, on m'a apporté de nouveaux vers * qui m'étaient dédiés. Quelle averse ! Cette fois ils sont de S. N. Douryline, dont je t'ai parlé. Il commence en disant que j'ai été conçu pour être « une coupe que l'on boit à la ronde ». La vie façonne la coupe et voilà qu'arrive son heure et son triomphe, on se la passe de main en main, etc., etc. Extrêmement touchant.

Ma gentille, ma blanche *gentillerie,* insondablement pure, modeste, humble et égale d'humeur, digne, captivante et douce, douce, douce, ma précieuse ! Je fais tous mes efforts pour que Lialik parte avec vous. N'en parle pas pour l'instant. Je ne sais pas quand je reviendrai, ni comment tout s'organisera. On verra alors si c'est moi qui passerai te chercher avec lui à Kiev ou si c'est toi qui viendras ici nous chercher. En revanche, ce sera pour moi une vraie joie de voyager avec lui et tu verras comment je m'en acquitterai ! – Mais tes lettres * !! Comment te le dire, pour que tu me croies ! Même en rêve, je ne parviens pas à m'exprimer d'une aussi merveilleuse manière. Voilà comment je voudrais pouvoir le faire : avec cette économie dans la plénitude, cette retenue dans l'explosion, cette richesse mélancolique. Tu as bien des choses à m'apprendre. Nous sommes étonnamment destinés l'un à l'autre : il y a là un phénomène qui nous apparente à un degré tel qu'il me semble parfois que l'on va faire plus tard une découverte, comme dans ces drames à reconnaissances tardives où un détail biographique donne soudain une clef qui explique tout.

J'ai écrit cette lettre dans une hâte terrible, je l'achève en me dépêchant encore davantage. L'essentiel, c'est que je te remercie ardemment pour tes merveilleuses lettres, à cause desquelles j'ai failli annuler mon voyage. Je pars dans quelques heures. Il faut s'attendre à ce qu'il y ait une interruption *complète* dans notre correspondance : n'attends rien de moi, et je n'attendrai rien de toi. La raison en est que les cartes que j'écrirai pendant mon voyage mettront des semaines et arriveront lorsque je serai moi-même avec toi. Écris à Garrik. Je suis allé le voir. Lialik est devenu magnifique. Il fait des câlins, des grâces. Il est à moitié nu à cause de la chaleur épouvantable. On viendra le chercher ces jours-ci pour l'emmener à la campagne : soit les Asmus, soit M[ilitsa] S[erguieïevna]*, soit les Souvorov*, soit encore Alexandra Arkadievna : des masses de possibilités. J'ai demandé à trois ou quatre reprises à Garrik, en m'excusant mille fois, qu'il me permette de l'emmener avec nous au Caucase, ce qui est mon plus vif désir. Il me l'a refusé et il lui est aussi difficile qu'à moi de revenir sur la question. Aide-moi pour cela, c'est-à-dire *trouve du temps pour écrire à Garrik* à ce sujet (je veux dire Lialik et le Caucase), afin que les enfants soient ensemble et auprès de toi. Essaie de résoudre la chose au cours des trois, et *peut-être seulement deux*, semaines où je serai en route. Toujours pas de télégramme concernant Préobrajénié (nous sommes le 28) – Je suis inquiet mais il faut que dans trois heures je sois à la gare et, pour cette raison, je ne puis rien faire. J'ai prié Garrik d'aller au TSÉKOUBOU * déclarer que l'on mettait à ta disposition une des places du contingent moscovite, parce que si j'y allais cela entraînerait encore davantage de gêne pour lui, etc. – Au cas où tu ne serais pas à Préobrajénié : ne regarde pas à la dépense, ma *doussia,* alimente-toi aussi bien que le permettront les réserves alimentaires municipales kiéviennes. Nous avons et aurons assez d'argent pour Génia, pour Garrik et pour tout le monde. J'ai envie qu'il puisse se reposer. L'affreuse hâte où je me trouve m'empêche de te raconter convenablement les dernières nouvelles me concernant. À ce que l'on dit, Gorki se répand en déclarations sur mon compte, me témoigne un grand amour, etc., etc. Mais je ne l'ai toujours pas vu. Finalement, j'ai su la raison pour laquelle il avait demandé qu'on lui envoie mon manuscrit : touchante sollicitude de sa part. Il paraît qu'une traduction faite à l'étranger doit l'être d'après le manuscrit, avant la sortie de l'édition originale, pour que les droits d'auteur soient réservés et étendus au monde entier. Une traduction faite d'après un ouvrage imprimé ne donne pas de droits d'auteur. Autre nouvelle : Gorki avait proposé aux éditions de Léningrad de faire paraître une collection de poètes choisis, en commençant par Derjavine et en terminant par Blok et moi, mais on a écarté Pouchkine, Liermontov, Blok et moi-même parce que, cet automne, nous paraissons tous en œuvres complètes * aux mêmes éditions. C'est exprès que j'ai écrit dans un style goujatement familier « nous tous », afin que tu puisses apprécier le sel khliestakovien * de ce que je ressens.

J'ai téléphoné une vingtaine de fois aux Asmus mais personne ne décrochait. J'y renonce et partirai sans les avoir prévenus. Écris à I. S. et raconte-lui tout : comment être partout à la fois ? Et moi, écris-moi à la Volkhonka, comme si j'y étais. A mon retour je me jetterai sur tes lettres et, en elles, c'est toi que j'étreindrai. Je t'embrasse très fort, je t'embrasse très fort, très fort, très fort, Lialia, Lialia, Lialia, Lialia à moi.

Lettre envoyée à Kiev avant le voyage à Magnitogorsk (note de Z. N. Pasternak).

[29 mai 1931]

Ma chère amie ! C'est le matin et je te souhaite une bonne journée. Je suis très secoué, le crayon n'arrête pas de sauter dans ma main. Gentille compagnie, simplette, de braves gens. Nous voyageons avec vodka et provisions : on nous en a acheté pour quatre cents roubles. Le sort m'a envoyé comme compagnon de voyage le dessinateur et illustrateur Svarog *. C'est un merveilleux guitariste, qui joue les *Thème et Variations* de Mozart, la gavotte de Bach, divers Espagnols. Et aussi des fox-trot, dans des arrangements à lui : impossible de l'écouter sans se mettre à fredonner, tant on se sent emporté. J'ai même tapé du pied. Ce voyage est pour moi comme une succession de réceptions sur roues. Le responsable de la brigade a déjà été informé que nous n'aurions à nous produire nulle part. Ils devinent combien je m'ennuie de toi et, chaque fois que je cours chercher de l'eau chaude à l'un des arrêts, ils me soupçonnent de vouloir rester et rentrer en courant à Moscou. Nous n'aurons pas non plus à envoyer d'articles au journal et c'est pourquoi je t'écris comme d'habitude, sans considérations annexes mais sur le ton des cartes postales. Écris-moi à Moscou comme si j'y étais. Peut-être y reviendrai-je effectivement d'une quelconque gare, une bouilloire à la main. Je t'embrasse bien fort, avec Adik. J'ai bien dormi mais pas assez longtemps, environ six heures.

Une heure avant le départ, j'ai téléphoné à Ir. Serg. Elle passera effectivement par Kiev et ira s'installer (sur les conseils des Smirnov) du côté de Jitomir. Moi aussi, j'ai le sourire lorsque je pense à l'été. Bien sûr vous vous verrez, elle sera à Kiev entre le 7 et le 10. Je me sens parfois gêné, ces derniers temps, de ne pas savoir combien je gagne ni quelles sont mes dépenses ; les réflexions sur le prix des choses ne me viennent pas à l'esprit et ne modifient jamais mes plans. C'est ainsi qu'à la gare j'ai demandé à la femme de Polonski *, qui nous accompagne, quels étaient ses projets pour l'été. Elle m'a dit qu'ils resteraient probablement en ville parce que, cette année, tout était hors de prix : rien que le coût du voyage... Ils sont pourtant loin d'être pauvres. Ses paroles m'ont alors rappelé que ces choses-là existaient et que *ce n'était peut-être pas très bien envers toi,* de ma part, si je ne faisais pas de prévisions et ne pensais pas à tout cela. Et je suis devenu triste. J'ai quand même très envie d'aller au Caucase. Et si tu me soutenais, c.-à-d. si tu me disais que mon manque de sens pratique n'a rien de grave, que tu ne le redoutes pas et que l'on peut vivre malgré cela, *je serais heureux.* C'est une sensation bien étrange que de t'écrire en sautant quantité de mots qui seraient envisageables sous pli fermé.

Lettre envoyée à Kiev (note de Z. N. Pasternak).

[1ᵉʳ juin 1931] *

Ma vie, mon ardemment aimée, mon unique, toi plus grande et ultime chose de la vie, Zina, allégresse et tristesse miennes, enfin enfin je te retrouve – Je suis à Tchéliabinsk. De Magnitogorsk, plus loin sur notre itinéraire et où il nous faut encore passer, nous devions continuer vers le bassin de Kouznietsk, au-delà de Novosibirsk, là où Garry est allé cet hiver. Mais j'avais limité à Magnitogorsk les bornes de mon voyage et cette étape aussi semble maintenant en voie de suppression. Selon les membres de la brigade, il y a tant à voir sur chacun des sites que l'on ne peut même pas couvrir trois lieues par mois et ils ont décidé de rester à Tchéliabinsk non pas deux jours comme prévu mais quatre, d'augmenter dans une proportion équivalente la durée de leur séjour dans le Kouzbass et de renoncer complètement à l'idée du saut à Magnitogorsk. En sorte que je repartirai d'ici pour Moscou dans trois ou quatre jours (il y a environ quatre jours de route) et que je n'irai pas dans le Kouzbass.

Je sais désormais comment tout cela se fait. On construit effectivement d'énormes édifices. Les gigantesques espaces en construction, en se couvrant peu à peu de fragments de bâtiments, donnent une idée de projets cyclopéens et de la production qui y verra le jour une fois les usines édifiées. Quoiqu'on l'ait dit cent fois, la comparaison avec l'œuvre de Pierre * vient immédiatement à l'esprit. Tels sont les chantiers de Tchéliabinsk : une esplanade gigantesque, inembrassable au regard, qui s'étire sur une plaine nue de sable argileux derrière la ville, parallèlement à elle. Des nuages sales courent au-dessus, des nuages de poussière sèche la parcourent et elle est, sur des dizaines de kilomètres, piquetée d'interminables échafaudages, ravinée d'excavations, etc. C'est une usine de tracteurs en construction, dont un des ateliers s'étendra à lui seul sur plus d'une demi-verste, c'est-à-dire qu'il abritera sous son seul toit plus de deux kilomètres carrés. Cela d'une part.

De l'autre, la bêtise humaine ordinaire ne se montre nulle part sous une forme aussi moutonnièrement standardisée que dans le cadre de ce voyage. Rien que pour cela, cela valait la peine de l'entreprendre. Il m'avait toujours semblé que la stérilité de la « langue urbaine de choc » était l'écho déformé d'une autre langue, provinciale, peut-être celle de la vérité. Je me suis persuadé du contraire. Une raison supplémentaire de faire le voyage. Je vois maintenant clairement que, derrière tout ce qui m'a toujours rebuté par sa vacuité et sa platitude, il n'y a rien qui élève l'homme ou lui fournisse une explication en dehors de la médiocrité organisée, et rien à chercher nulle part, et si même auparavant je n'ai jamais craint ce qui m'était étranger, ce n'est pas maintenant que je vais faire preuve de couardise. Même si ce que je n'aime pas est appelé à triompher, l'aimer pour cette seule considération est au-dessus de mes forces –

Je t'écris cela sans avoir la moindre idée du moment où ma lettre t'atteindra. Je l'ignore et je ne suis pas sûr que mes lettres de Moscou ne l'auront pas rattrapée dans une semaine, au moment où j'y serai revenu. Si gentils que soient mes compagnons de route et proprement *idéales* les conditions dans lesquelles on nous a placés ici, j'ai un peu de difficulté à supporter ce cadre communautaire et la constante nécessité où nous sommes de toujours tout faire à cinq. Et cela, surtout maintenant.

Ce n'est, semble-t-il, que d'hier que date tout ce qui est nôtre, hier encore seulement que Génia est partie, hier seulement que je t'ai vue un matin au Continental *, hier seulement que j'ai écrit mes vers d'avril et rêvé de passer tout un été avec toi et avec un nouveau travail. Et soudain quelque chose, comme une année entière, m'a séparé de ces événements brûlants d'hier.

Je ne sais rien. Ni si tu es à Préobrajénié, ni comment les choses se sont arrangées pour Lialik ; je n'arrive à imaginer aucun des problèmes qui demeuraient en attente de solution au moment où je suis parti.

Je t'aime actuellement d'un amour inquiet ; à chaque

instant j'essaie d'apprendre du sort si tu m'aimes. Je ne connais actuellement rien au monde qui serait égal à toi et correspondrait d'une manière aussi pleine à ce que je veux de la vie et à ce qu'elle est en droit d'exiger de moi. Ce bonheur est si énorme que je n'arrive pas toujours à croire que tu ne me l'ôteras pas. Aujourd'hui où j'écris ces choses, je me sens envahi par les craintes les plus invraisemblables.

– Mais si tu veux vivre avec moi, je n'ai aucune raison d'avoir peur. Tout est clair, tout l'avenir m'est accessible. Et que je sois en ce moment ici est d'une bêtise, d'une faiblesse impardonnables.

Celles-ci, cependant, trouveront peut-être un jour leur justification – Je dois encore traîner ici quatre jours. Mais je me suis tellement empoisonné les sangs en écrivant cette lettre que je demanderai demain la permission de partir. Ce sera vraiment un miracle s'ils acceptent – J'embrasse ardemment tes pieds et tes yeux, et toute ta vie, et toi tout entière – À toi comme je n'ai jamais été à personne. Mais l'essentiel, c'est que tu avais mille fois raison en ne croyant pas à la nécessité de ce voyage !

Lettre écrite de Tchéliabinsk à Kiev, où j'étais allée de Moscou avec Adik (note de Z. N. Pasternak).

9.VI.31

Chose épouvantable que la poste. Où es-tu, comment vas-tu, que deviens-tu ? Je te dirai en attendant qu'avant-hier (le 7), dans la soirée, je suis revenu exprès en trombe de Tchéliabinsk à Moscou, sans être allé jusqu'à Magnitogorsk, afin de jeter un coup d'œil au télégramme dont nous étions convenus et savoir si tu étais à Préobrajénié ou si on t'avait refusé, et je n'ai pas trouvé de télégramme, et tu vas y voir un reproche, et plusieurs jours vont se passer et tu porteras en toi plusieurs jours ce reproche, et plusieurs jours seront consacrés à tes explications et plusieurs à mon repentir d'avoir pu te faire, fût-ce au prix d'un malentendu, de la peine, à toi à qui je souhaite de tout mon cœur, à chaque heure de mon existence, le meilleur de ce que l'on peut souhaiter à quiconque, et ce qui ordinairement explose en trois minutes et s'arrange en trois s'étirera sur quelque chose comme une semaine et demie – C'est pourquoi (si je me trompe, tant pis !) je préfère penser que tu ne m'as pas abandonné et que tu es telle que je te rêve, que je t'imagine avec ta haute taille, pour peu que je tourne aussitôt la tête derrière l'épaule (gauche), âgée de dix-sept ou de vingt-sept ans, mon aile, ma touffe arrachée à un esprit rapide et doux, ma blanche merveille, mon fier savoir, d'une évidence pénétrante comme lilas en rosée – Tu as raison. Où et à qui aurais-tu pu écrire ? Dans un appartement vide ? Mais je croyais à notre convention (pour le télégramme). Et puis n'oublions pas non plus que c'est une affaire pratique. Cela n'a pas marché ? Il faut entreprendre de nouvelles démarches. Peut-être qu'après tout L[ounatcharski] fera une conférence à Kiev ? On peut peut-être aller le trouver ? Mais je ne puis rien faire tant que je demeure dans l'incertitude où m'a placé – oh non, pas toi, pas toi que j'embrasse avec une brûlante, une mortelle tendresse – mais le hasard dû à la poste.

L'expérience de notre brigade, à Tchéliabinsk, m'a démontré que les télégrammes n'arrivaient pas, ou en retard, et que les lettres disparaissaient. Avant de partir, je t'ai envoyé un petit mandat. L'as-tu reçu ? Étant sans nouvelles de toi, j'ai essayé de me renseigner par des voies détournées. Je n'ai pas osé demander directement à Garrik. Choura * et Vl[adimir] Al[exandrovitch] * disent souvent que je devrais avoir pitié et ne pas me montrer à lui. Et tout est multiplié par deux. Dois-je me fier à l'attirance instinctive que j'ai pour lui, ou bien au bon sens de personnes objectives ? Avant le concert, j'ai décidé de les écouter et ne pas le troubler ; dans la salle de concert (j'en parlerai plus bas) j'étais complètement recroquevillé, caché derrière le dos des spectateurs assis devant moi, de peur que par malheur il ne m'aperçût, et je l'aimais comme le feu aime le feu, comme une flammèche aime une autre flammèche dans le même incendie. J'ai donc essayé de savoir. Mais lorsque Arkhanguelski m'a répondu qu'il te croyait en maison de repos, je me suis demandé si la source de ses suppositions n'était pas le fait que je lui en avais parlé à mon retour de Kiev. J'ai téléphoné aux Asmus. Même flou, dans un sens comme dans l'autre. Et en même temps la certitude (elle m'habite encore maintenant) que l'affaire n'a pas marché et que tu te morfonds toujours rue Stolypine *. Mais comment n'a-t-elle pas marché, et sur quel point ? Ah, si je le savais ! Ou bien devrais-je à nouveau, puisque la poste fonctionne de manière aussi épouvantable, louer un fiacre et filer pour vingt-quatre heures à Kiev ? J'avais tellement envie d'accomplir ton désir, et tu devais de ton côté m'aider, et voilà qu'un obstacle est intervenu et que je suis en attendant (que la poste accouche) complètement désarmé. Télégraphie-moi donc aussitôt. Et écris-moi. Écris, je t'en prie. Et même si ta correspondance avec Garrik est perturbée par la lettre que tu m'enverras et qu'elle en souffre, écris-moi à ce sujet : dis-moi que cela te fait perdre du temps et que tu n'écriras plus. Et si tu as cessé de m'aimer, si tu t'es réveillée, si le songe s'est dissipé, écris-moi : « J'ai cessé de t'aimer. » Mais écris. Sois avec moi ne fût-ce que par une ligne. Hors de ta présence tout me tombe des mains, dans les affaires matérielles comme dans mon travail d'écrivain – Si tu te trouves bien là-bas, continue, ne te soucie pas de l'argent ; si tu as besoin de quelque chose fais-le-moi savoir – Je voudrais rester ici jusqu'à la fin du mois, il le faudrait même, et ensuite ce sera comme tu voudras. Si tu m'écris, je rattraperai ces semaines perdues et ferai quelque chose. Je regrette terriblement d'avoir laissé s'émousser mon élan d'avril. Et écris-moi à ta manière, avec des faits, parle-moi de toi, de la vie courante. Seules des lettres comme les tiennes rappellent de loin la vie, ce qui fait ton charme et ce qui fait le sien. Ce n'est pas comme les miennes, qui essaient absurdement, pour la quarante millième fois, de remplacer tout le contact des mains, des yeux, de l'âme, tout en comprenant, pour la quarante millième fois, que les lettres ne peuvent y parvenir. Les larmes me montent aux yeux lorsque je relis les tiennes : elles me prennent, me poignent même le cœur. Tu es aimable, tu es merveilleuse ; quelle tristesse de se dire que je ne pourrai jamais trouver les mots pour te rendre ce charme total qui est le tien lorsque tu t'approches et qui exclut soudain le reste de l'univers. Tu entres et, au seul pas que tu fais, c'est la lumière.

Garrik a tout joué à merveille et la soirée a été un véritable triomphe. Mais dans certaines pièces (la deuxième des sonates de Scarlatti jouées par lui, l'op. 109 (?) de Beethoven, certains passages de la *Fantaisie* de Schumann et la *Ballade* en *la* bémol majeur de Chopin), il a joué avec une audace suprahumaine, divine, avec une puissance sans limites, avec une tendresse mélodieuse jusqu'à l'évanescence, avec immatérialité. Une énorme clameur s'est élevée après sa *Ballade,* les planchers tremblaient, on ne l'a pas laissé passer à Liszt pendant une dizaine de minutes. Alors, il s'est oublié et, faisant fi de ses habitudes, il s'est levé et a salué. C'est avec Liszt (une étude) que s'achevait son programme. Après être revenu une dizaine de fois sur scène en réponse aux rappels et demandes de bis, il a déclaré dans le silence revenu qu'il était souffrant et jouait à grand-peine, et qu'il allait exécuter une œuvre de sa composition. Il a joué celui de ses *Préludes* que j'aime tant et que je fredonne souvent, avec une vaste cantilène et un deuxième thème qui ressemble à des clochettes. Il l'a joué de manière remarquable et c'était pour moi un triomphe de l'entendre : exécuté en concert, sous les doigts de Garrik, en qualité de bis unique ainsi qu'il semblait l'avoir décidé, ce prélude était un signal depuis l'estrade, je veux dire la preuve que l'enthousiasme des auditeurs était entré en lui et, s'il ne s'est pas finalement jugé à sa vraie valeur, du moins a-t-il compris à quelle hauteur victorieuse son concert s'était situé : il n'aurait pas joué une œuvre à lui si son insatisfaction n'avait pas été vaincue. Il rayonnait, il riait presque à travers sa tristesse (on aurait dit Adik) et la salle faisait plus que l'écouter : elle l'écoutait et elle l'aimait. Si extrême était la sensation d'intimité avec le pianiste que, prise dans cette tension, la moitié de la salle, en souvenir de ses paroles sur son état de fatigue, s'est levée après le prélude et cette docilité de la foule qui s'éloignait, hypnotisée, en renonçant à de nouvelles exigences, m'a davantage frappé que la bacchanale déchaînée par ceux qui étaient restés. Je suis allé le trouver dans sa loge. Il savait et comprenait tout et il était joyeux. Nous avons bavardé sans faire de sentiments, avec la sécheresse cordiale de deux frères. Des Allemands s'étaient emparés de lui pour une heure et demie, après quoi il promit d'être entre minuit et une heure chez les Asmus, où je pus mieux faire la connaissance d'A[lexandra] Vass[ilievna], que l'on m'avait déjà présentée avant le concert. En attendant Garrik, on parla de lui et je racontai mon voyage.

Lorsque Garrik arriva, les propos le concernant reprirent avec une vigueur décuplée. Al[exandra] Vass[ilievna] fait plus que l'apprécier et le comprendre. Je crains de sous-évaluer la force du sentiment qui la porte vers lui, mais peu importe sa nature, il est si profond qu'on se sent gagné par lui. Tout cela ayant duré fort longtemps, le jour s'est mis à poindre. Ma fatigue sautait aux yeux : malgré trois jours de voyage, j'étais « allé au bal à ma descente de bateau ». Mais on me supplia de lire des vers de Tsviétaïéva et, à près de trois heures du matin, on tira d'un placard son *Charmeur de rats* *. L'œuvre dépassa l'attente de Garrik, qui se mit à pleurer et à répéter comme sous un charme que c'était « génial, génial ». Je fus moi-même frappé de constater combien est toujours plus immense que notre souvenir la taille des œuvres véritables, combien elles ne cessent de nous dépasser et nous paraissent toujours inattendues. À cinq heures du matin G[arrik] et moi avons débouché par la ruelle Skariatine dans la rue des Cuisiniers. Il faisait complètement jour. On balayait les rues. Et c'est seulement alors, juste avant que nous ne nous quittions, que j'ai osé te nommer et lui ai demandé s'il ne savait pas où tu étais. Il m'a dit que, dans une lettre reçue de toi, tu ne lui parlais pas de maison de repos mais que c'était une lettre remarquable, une lettre rare, qu'il t'avait écrite de son côté et qu'en réponse il avait reçu de toi un télégramme, avec la promesse d'une nouvelle lettre.

Tu perçois dans ces lignes une note de jalousie. Oh, qu'elle est naturelle ! Et ce sera toujours et cela doit être ainsi. Je ne puis moi-même ne pas le vouloir. Il est si admirable, si unique ! Et en plus de cet étonnement qu'il provoque, toujours neuf et envoûtant, il y aura éternellement entre vous ce cher passé qui resurgira, avec la masse immense des choses vécues et partagées à deux qui dresse un reproche muet et réduit en cendres, masse terrible, douloureuse et sacrée ; des hivers et des datchas estivales, des détails brûlants de secret que vous deux seuls connaissez...

Mais que puis-je y faire : je t'aime.

Si je t'ai devancée ce matin rue des Cuisiniers, si je figurais encore dans tes pensées comme étant en déplacement et suis revenu trop tôt, quand tu ne voyais que Garrik au coin de la ruelle Skariatine, s'il est vrai que j'aurais mieux fait de ne pas me hâter et qu'il fût en général préférable... ma chère, chère amie ! Mais tu m'aurais dit franchement tout cela, n'est-ce pas ? Prends garde, ma Lialioussia, nous sommes tous des êtres libres, avec des droits et des exigences à l'égard des autres et n'avons aucune raison de nous épargner mutuellement et de craindre la souffrance. J'ai reçu de mon père une lettre équivalant à une malédiction, longue de vingt pages. Et pourtant les médecins lui ont interdit la lecture ; il a soixante-dix ans et sa vue (des complications après une grippe) est constamment menacée. Déjà pendant le voyage Génia et

Génietchka * se sont dressés devant moi. Pendant quarante-huit heures, j'ai été l'unique passager du wagon, avec deux chefs de wagon, et j'ai relu tes trois lettres * : j'aurais perdu la raison sans leur secours.

Mais que puis-je y faire : je t'aime.

Oh, si je t'aimais avec la simplicité d'une dame cultivée venue dîner et qui, renonçant au fromage[1], donnerait des conseils tout empreints de lumière et de compassion, peut-être arriverais-je à surmonter tout cela ?

Mais cet amour ne peut être abandonné et rien au monde ne peut nous l'arracher. Il ressemble si peu à ce que deviennent les choses sublimes lorsqu'elles se retrouvent entre les mains de l'homme. Il n'a pas besoin qu'une brosse enlève sa poussière, ni qu'un chiffon le fasse briller, ni que des serments assurent sa survie : il a déployé sa voile au-dessus de la vie, en a fait une réalité incontestable et l'a parée d'un sens, et l'on peut sous cette voile naviguer jusqu'à la mort et l'on n'a rien à craindre : au souffle de la tendresse il a mêlé celui du voyage.

Tu es ce que j'ai aimé et vu et ce qui demeurera avec moi. Et cela suffit, suffit, sinon je t'ennuierai.

À toi, à toi, Lialietchka.

Pardonne-moi aussi cette pensée : je me suis demandé en chemin si tu avais été indisposée et si tu le serais en temps voulu. Ce n'est pas de l'inquiétude (tout se passera bien), c'est ma mémoire qui te suit, toi tout entière.

Je vais demander que l'on mette ma lettre à la boîte. Si elle te parvient par ce moyen, va ou envoie quelqu'un chez les Smirnov chercher du sucre et du thé. Je n'ai pas dit à Garrik que je les avais remplacés par les miens[1].

Lettre écrite de Moscou à Kiev (note de Z. N. Pasternak).

---

1. *Sic. (N.d.E.)*

13.VI.31

Ma *doussia* si précieuse, je te fais suivre la lettre de Paolo Yachvili*. Tout se déroule comme si les circonstances pensaient pour moi. Avant-hier j'ai reçu ta lettre me faisant part du refus pour Préobrajénié et je t'ai télégraphié dans la soirée ; hier matin cette lettre du Caucase est arrivée. Pour te faciliter la conversation avec I[rina] S[erguieïevna], je me suis moi-même rendu chez elle et lui ai dit qu'après des propositions aussi alléchantes ce serait un péché que de penser à Kiev, en sorte que les projets pour l'été qui n'étaient guère de ton goût ont aussitôt cessé, sur place, d'exister, avant même qu'elle ne te rencontre, et d'autre part I. S. pense que tout cela (en particulier le changement concernant Lialik) n'est que manigances émanant de moi. Elle t'en veut cependant de ne pas lui avoir écrit et j'ai beau lui dire combien tu es fatiguée, mes paroles n'atteignent pas leur but.

Voyons maintenant quand partir. J'aurai encore besoin d'environ une semaine pour régler mes affaires. Pas plus, je pense. Mais ce que nous désirions tant, toi et moi, s'est réalisé. Garrik et moi sommes de nouveau comme des frères. Et voilà que j'ai appris qu'il s'apprêtait à partir le 28 chez ses parents, à Yélisavietgrad*. Or il faut passer par Kiev ! Maintenant que je suis au courant, je dois en tenir compte. Non seulement nous ne pouvons pas quitter tous les deux Kiev avant cette date, mais il serait impossible que j'y arrive avant lui, ou en même temps que lui : la première hypothèse le scandaliserait, la seconde le ferait souffrir encore davantage. Je ne puis me permettre ni l'un ni l'autre dans l'état de tendresse où je me trouve à nouveau tout naturellement à son égard. Ce doigté est très difficile à exécuter, mais l'homme qui en est la cause le mérite actuellement. Je lui fais confiance et j'ai foi en lui. Depuis son dernier concert, il est méconnaissable. Terriblement inspiré, plein de projets, désireux de travailler. Il a parlé à nouveau de ta lettre, et cette fois de manière telle que j'ai ressenti des remords au sujet de mes propos précédents. Lorsqu'il a évoqué cette fois-ci l'élévation morale des lignes que tu lui avais adressées et qu'il ne peut relire sans pleurs, il m'a semblé que cela avait aussi sur moi un effet positif. Peu importe s'il l'a inventé : son sort me touche et me remplit de honte aux moments où je permets à la jalousie de m'envahir.

Le programme caucasien, maintenant. Voici quelques explications. Boris Nikolaïévitch, c'est Andrieï Biély* (mais il n'y sera pas, il est à Dietskoïé Siélo*). Grigori Robakidzé* est le leader de la renaissance poétique géorgienne, quelque chose comme Balmont ou Brioussov pour l'âge, l'importance et l'indifférence complète qu'il m'inspire. Je l'ai vu à Moscou il y a quelques années ; je ne m'étais senti à l'époque ni captivé par son talent ni pris pour lui d'une quelconque sympathie. Étrange, avec de tels antécédents, que nous dormions sous le toit de ce même homme ! Mais j'ai exposé mes doutes à I. S. et nous avons tous deux décidé que cela avait d'autant moins d'importance qu'il est à Berlin et que cela ne le concernera en rien. – La seule faiblesse des projets de Yachvili est qu'ils sont trop parfaits. Dès que je le pourrai, je diminuerai le degré de ma dépendance matérielle à leur égard, afin qu'il ne reste qu'une reconnaissance libre et amicale et que rien ne soit pour nous une contrainte. Mais pour ce qui est du programme, nous l'effectuerons : tout semble d'une majesté et d'une originalité à couper le souffle. Nous nous promènerons, à pied et en voiture, n'est-ce pas ? En fin de compte j'en suis extraordinairement heureux. Et toi ? Tous les hommes là-bas sont terriblement beaux, et chevaleresques. Je t'embrasse sans fin : tu me tromperas là-bas.

Tout à toi, B.

Je voulais t'envoyer ce mot avec I. S. mais j'ai eu peur de la déranger. Le 18 repart Ouchakov* ; j'abuserai de sa bonté. Rends-moi s'il te plaît la lettre de Yachvili (glisse-la dans l'enveloppe) : j'en aurai besoin pour répondre après tes commentaires.

De Moscou à Kiev (note de Z. N. Pasternak).

14.VI.31

Mon ange, mon ange, aime-moi plus fort, écris-moi, ne me laisse pas. Que serais-je sans toi ? C'est honteux, mais je ne puis le cacher : je ne fais rien, je me casse la tête sans le moindre talent et sans aucune raison d'être sur ce que j'ai déjà fait et que je t'ai lu ainsi qu'aux deux Asmus * (mon poème sur le 1er mai) ; je remplace des mots isolés pour revenir ensuite, comme le plus souvent, à ma première ébauche et tombe de temps en temps dans une débilité due à une nostalgie affreuse qui n'est pas née de moi, n'a pas mon odeur et m'a été inspirée, imposée de l'extérieur.

Telle est l'action des objets, des murs de la maison. Tel est le poids laissé dans mon âme par la lettre de mon père. Tel est l'effet de mes raisonnements concernant Génia et de ce que j'imagine du voyage de Garrik. Sans compter que je dors mal.

On ne peut pas expliquer cela dans une lettre, mais je ne veux pas le laisser inexpliqué. C'est pire qu'une nostalgie de toi. Celle-là ne me fait pas peur. J'aime la nostalgie de toi : tu y es présente, j'y suis présent et je ne sais lequel de nous deux y est davantage. Je ne peux pas t'oublier, je n'ai aucune raison de craindre un réveil du souvenir avec l'épouvante d'avoir oublié.

Mais sous ma nostalgie se dissimule un autre oubli, celui de notre signification commune et de mon droit à oublier ce qui me vient de toi, qui m'arme et qui me justifie et que je ne puis imaginer dans la solitude, sans toi, lorsque ne reste auprès de moi que mon sentiment pour toi et que cesse la connaissance nouvelle par laquelle tu nourris ce sentiment. Cependant si j'étais seul je viendrais à bout de cette nostalgie. Mais les gens me posent une question. Ils voudraient savoir comment nous nous organiserons. Ils attendent des projets pleins de bon sens. Mais le bon sens qui dresse sa table à déjeuner sur les lieux du bon sens précédent n'est rien d'autre qu'un assassinat sanctifié par la complaisance des philistins. En ce qui concerne Garrik et Génia, nous n'avons pas été des assassins et nous ne le serons pas. Cette vie-là n'est ni terminée, ni interrompue, ni *remplacée* par quoi que ce soit. Notre monde n'est même pas entré en contact avec elle. Les soleils couchants dont les horizons de l'hiver écoulé ont été illuminés n'ont rien à voir avec les conceptions humaines. Le bonheur qu'ils renferment n'est pas de leur ressort. Il est fait de deux choses : de ton immortalité de femme et de l'immortalité de ma compréhension de toi. Leurs questions pleines de bon sens auraient mérité une réponse. Nous serons heureux, ne vous inquiétez pas. Il ne nous manquera rien. Où nous nous installerons ? Partout, et pour toujours. Et si j'avais osé ainsi répondre à Choura, à Vl[adimir] Al[exandrovitch] et à Ir. Serg., je ne connaîtrais pas cette nostalgie.

Ce matin j'ai vu Gorki. Je n'avais pas pris de rendez-vous, cela s'est fait par hasard. Il m'a reçu avec presque de la tendresse : il était tout gai, frais et fort. C'était un vrai régal de le contempler. À propos de *Sauf-Conduit* : « Dense, violent, en un mot remarquable ! » C'est sa femme, M. I. Zakrievskaïa * (ex-baronne Budberg), qui le traduira en anglais. J'ai fait virer par l'intermédiaire de Gorki 3 000 marks à Génia : une amabilité sans prix, presque un cadeau, Lialietchka ! Je referme mes bras autour de toi et ne les desserre plus : tant pis pour le précipice ! Ah comme je t'aime, toi qui me guides !

Je voulais confier cette lettre à Ir. Serg., mais je vais plutôt la mettre au wagon postal.

Écrite de Moscou à Kiev (note de Z. N. Pasternak).

18.VI.31

Mon ardemment aimée, imagine un peu quelle punition ! Pendant plus d'une semaine je ne reçois pas un mot de toi, je perds figure humaine tellement je suis triste et ne puis rien entreprendre, et pendant tout ce temps la lettre que tu m'as écrite après la venue de

Smirnova (sur Génia, mon père, etc.) est en souffrance à la poste et c'est seulement il y a une demi-heure que je reçois un avis de la poste, je devine de qui, j'y cours à bride abattue, je paie une taxe de 20 kop., je rachète la main et la voix de Lialia, je lis et je ne sais plus que faire de la tendresse qui m'envahit.

Mon amie, mon amie, ma mortellement aimée, assez pour le sentiment. Je suis, je le sais, visible et clair pour toi. Parmi les affaires qui me retiennent à Moscou, il y a la suivante. Lorsqu'il aura déménagé *, Choura devra rendre sa surface habitable, en échange de celle qu'il aura obtenue, à la réserve immobilière de la ville (le Rouni). Cela peut se produire cet automne, à un moment où nous pourrions ne pas être là, et quelqu'un pourrait être installé très près de nous par affectation de logement. Je voudrais essayer d'avoir cette pièce, mais je ne sais pas comment faire. Je vais sans doute écrire à Kalinine *, dans la mesure où je n'ai aucun motif légal pour y prétendre. Je voudrais que tu y habites, après que je l'aurai obtenue, et que ce soit notre premier havre, ou au moins seulement le tien, après le Caucase. Si tu vois que notre vie, du fait de cette perpétuelle cohabitation, commence à s'écarter de ce dont tu rêvais, j'émigrerai quelque part à l'écart de toi, c'est-à-dire que je me trouverai ailleurs une autre chambre, mais il faut commencer par quelque chose de concret pour toi, faute de quoi tout reste suspendu dans les airs et rien n'est clair. L'hiver prochain nous commencerons à chercher un appartement en échange de celui-ci, rue Volkhonka, mais je ne peux rien entreprendre de tout cela sans toi car il s'agit d'un appartement pour toi et de ton organisation de vie à venir et que, jusque-là, je n'aurai de goût à rien parce que moi, c'est toi et qu'en dehors de toi je n'existe pas, si triste que cela soit.

Pourquoi me parles-tu dans ta lettre du retour de Génia ? N'est-il pas évident pour toi qu'à quelque moment qu'elle décide de revenir elle aura un toit et que nous nous en préoccuperons tous les deux ? Mais pourquoi m'avoir séparé de toi, même en pensée ?

Mon amie, notre séparation n'a que trop duré. Nous n'avons pas le droit de nous priver mutuellement de lettres : personnellement, sans les tiennes, je perds la boule, et c'est pourquoi nous nous écrivons. Je te répète trop souvent dans mes lettres qui tu es et combien cela me trouble et m'élève au-dessus de tout ce que je connaissais jusqu'alors. Lorsque je te le disais à quelques pas de toi, je le disais par étonnement, frappé que j'étais de la supériorité de la minute nouvelle, éternelle, avec toi sur celle qui l'avait précédée – Il y a eu deux ou trois nuits où j'en étais venu à pleurer de l'impossibilité d'être avec toi. Mais cela n'est rien et ne peut être comparé à ce qui n'est possible qu'à côté de toi et mieux vaut que je ne répète pas ce qui est clair en soi et n'a pas besoin d'être rappelé – Je suis retenu ici par de l'argent qui doit m'arriver de Léningrad. Si tu me le permettais, j'arriverais même avant le 28, dès réception de l'argent.

J'ai écrit cette lettre informe en me dépêchant épouvantablement : Ouchakov a accepté de la porter.

Les lettres pour les autres villes sont maintenant affranchies à 15 kop. au lieu de 10 comme avant. Je ne le savais pas non plus lorsque j'ai mis à la boîte la lettre chargée de Yachviliny. Est-elle arrivée ?

Lettre envoyée de Moscou à Kiev (note de Z. N. Pasternak).

[Deuxième moitié de juin]

Ma Lioubouchka, adorable comme il n'y en a jamais eu ! Je sais que, bien que je ne vaille pas Garrik (je n'ose même pas comparer à quoi que ce soit votre grande et authentique vie commune), ta rencontre avec moi replace ton destin dans un cadre mieux fait pour lui et qui l'exprime mieux, et ce n'est pas grâce à moi mais grâce au hasard qui veut que, depuis l'enfance, je suis dévoré par la matière dont tu es tout entière tissée, cette réalité vraie que l'on appelle par convention et après de nombreuses modifications la « poésie universelle », et qui est consacrée à l'écoute de la vie et de la femme dans leur profond engendrement originel, tout comme l'air est prédestiné à transmettre le son ! Je sais et il est pour moi indubitable que ce n'est donc pas erreur de ta part, mais quelque chose d'ancien, de primitif, quelque chose comme un leitmotiv inné qui se voit libéré en toi et hérite, dans le même temps, d'une puissance ; des choses qui semblaient être faiblesses ou erreurs et avaient déposé dans la vie une sorte de cicatrice se tournent de manière totalement inattendue dans la direction la meilleure et montrent soudain leur véritable sens, dont on peut se réjouir et respirer le parfum tout en se félicitant que la balance du destin, qui, le plus souvent, flotte dans toutes les directions sans que son mouvement exprime ou prouve plus jamais quoi que ce soit, se mette soudain chez toi à l'horizontale et oscille sur le même plan depuis que je suis à tes côtés, et devienne un paisible instrument de mesure tandis que ta vie commence à te refléter presque aussi fidèlement que dans ton enfance, toi et ton stupéfiant poids moral, que toi-même tu ignores et qui me frappe jusqu'aux larmes. Cela, je le sais.

Je sais aussi que, comme je t'aime, je n'ai non seulement jamais aimé *personne* mais n'ai jamais *rien* aimé davantage et que j'en serais incapable, que le travail et la nature et la musique se sont tellement révélés être toi et ont tellement été justifiés dans leur origine par toi que je n'arrive pas à imaginer ce que je pourrais encore aimer qui ne viendrait pas à nouveau de toi et ne serait pas toi. Que tu es un tel bonheur, une telle confirmation de ma capacité personnelle, depuis si longtemps oubliée, à aimer, une telle réponse aux énigmes de tout mon être et à ses épreuves passées, une telle sœur des dons que j'ai reçus, que le caractère miraculeux de mon bonheur, c'est que c'est toi, incroyable, incomparable et adorable (que d'années ont passé et tu *as quand même existé sur terre* ! Et je t'ai vue et je t'écris et je vais vivre avec toi de cette vie impensablement dorée et je mourrai avec ton nom sur les lèvres !), c'est *toi* qui, par ton unicité, me donnes pour la première fois le sentiment de l'unicité et de mon existence – Et cela, je le sais plus simplement et fermement encore que ce qui précédait.

Mais lorsque arrivent tes lettres (par exemple à l'encre verte, avec un supplément de Yachviliny), ton ingénuité et ta sincérité insondables dépassent mes attentes. Tu te trouves être tellement plus parfaite que tout le bien que je pensais de toi que je deviens triste et effrayé. Je commence à me dire que le bonheur qui me donne le vertige et qui m'élève est pour moi une limite, tandis que pour toi il n'est pas encore totalement achevé. Que je ne te saisis pas tout entière, que si mortellement belle que tu sois dans mon adoration, la réalité la dépasse encore. Que ce dépassement demeure hors de portée, en un lieu où tu es triste, parce que ta supériorité sur moi est abandonnée dans une solitude où je n'atteindrai jamais et où je ne pourrai projeter ma joie et mon désir de te servir comme homme et comme artiste. Que ce bonheur que tu me donnes et que tu vas me donner, je ne puis te le donner ! – Sauf si je grandis dans ma poursuite de cet ultime qui est toi.

Tu écris de manière remarquable mais tu te connais mal et ne t'apprécies pas comme il se doit – Jusqu'à présent je ne faisais que converser avec ta lettre, avec sa musique. Il fallait d'abord que je lui réponde, avant de te répondre à son sujet. Parce qu'elle aussi j'ai envie de l'embrasser et que je ne peux pas ne pas l'admirer, tout comme je t'admire. Mais à toi je répondrai en paroles lorsque nous nous verrons. Parce que dans mes lettres je tombe dans une épuisante logorrhée. Qu'elle soit impardonnable à l'écrivain n'est que demi-malheur : elle est intolérable à ton égard. Elle déforme tant d'éclairs d'authenticité, tant d'événements directement provoqués par toi ! Ces étincelles parlent du coup que tu portes et seraient susceptibles de te réjouir, mais mes lettres t'en apprendront moins à leur sujet que si je gardais le silence.

Mais soyons bref : la lettre de mon père m'a plongé dans l'abattement jusqu'à ce que j'apprenne que je pourrais doubler la somme déposée à l'étranger pour Génia. Il n'est plus alors resté trace de cette tristesse. En plus d'une amitié éternelle, il n'est rien de vivant que j'aie la force de faire pour Génia : je ne sais où je la prendrais. De ma vie maintenant décuplée je ne veux faire que toi ; et même si elle s'agrandissait au centuple, de tels moyens seraient de toute façon insuffisants pour un tel but et ils le resteront toujours – Tu as raison lorsque tu dis que quelque chose, dans mon âme, s'est déglingué depuis mon retour, mais si tu savais à quel point cela tournait exclusivement autour de toi, te revêtait encore et toujours de l'habit de mon tourment, de mes nerfs, de mes réflexions ! J'étais malade de toi et, récemment, j'ai guéri : je te le raconterai de vive voix. Mais pour que tu ne comprennes pas incorrectement le mot « guéri », voici ce dont il s'agissait. J'avais une période de loisir dans des conditions rares pour le travail et je me souvenais très clairement des mille roubles et plus que j'avais décrochés en avril sans presque m'en rendre compte. Il fallait que j'utilise de manière efficace cette période de loisir ; j'ai en outre une envie terrible d'accroître le nombre de tes vers et de voir ton livre en automne * ; or je m'apercevais avec effroi que cela ne marchait pas et que je ne pourrais pas tirer parti de notre séparation. Je me suis senti, je ne sais comment, matériellement coupable à ton égard et ce sentiment s'est mis à me poursuivre et à me torturer. J'ai compris que j'étais inséparable de toi et ce sentiment m'a rendu malade, tant que je le considérais comme une faute à ton égard, jusqu'à une époque récente, lorsque soudain ce même sentiment d'inséparabilité m'est apparu comme étant ma force et la preuve de mon bon droit vis-à-vis de toi, et tout en moi est devenu lumineux. C'est ainsi que j'ai guéri. Et à peine avais-je fourni à cet état une excuse que cette découverte est elle-même devenue un sujet et que la poésie est revenue, comme pardonnée, et je me suis mis alors à t'appeler fermement et pour toujours du nom d'épouse, ce nom qui provoque dans ta lettre une telle opposition et dont je ne puis aujourd'hui me départir parce que l'ai autant aimé sur toi que les sons Zina et Lialia. Et c'est le nom de ma guérison et il signifie que l'histoire est terminée et que nous débouchons tous deux par le biais d'une révolution sur une sorte de sens ultime de la patrie et du temps ; il signifie l'hiver que nous allons vivre en commun et, dans un an, notre voyage à l'étranger. Je t'aime, je t'aime, je t'étouffe dans mon étreinte, je termine en pleurs, je ne t'impose pas mon mot préféré et, dans toute notre organisation, je suivrai le rêve qui est le tien.

Télégraphie-moi pour me dire si ma lettre t'a atteinte, et pas seulement dans l'espace. Je reste ici à attendre mon argent et, dès que je l'aurai, je partirai. Sois heureuse et tranquille.

Envoyée à Kiev en 31 de Moscou (note de Z. N. Pasternak).

26.VI.31

Ma Lialia, à qui donc raconterais-je mes peines si ce n'est à toi ? Je parlerai et me sentirai à nouveau bien, comme si rien ne s'était passé. Mais je crains que toi aussi tu ne conçoives de l'inquiétude et ne t'attristes. Alors voici : ne le fais pas, Lialia, Lialioussia mienne, mon amie, mon souffle, mon merveilleux, mon prodigieux soutien. En repassant la liste de mes malheurs, tu te souviendras que ce sont justement les dernières tracasseries qui me plongent dans la mélancolie et, les trouvant insuffisantes pour qu'un homme raisonnable perde le moral, tu ne te mettras pas en quête d'autres raisons afin de t'expliquer mon humeur. Ne le fais pas, ma *doussia,* je te raconterai tout comme à confesse, de la façon la plus exacte et sans rien laisser de côté. Tu t'étonneras, tu souriras de la futilité de mes inquiétudes, et moi je rirai à ta suite.

Cela a commencé ainsi : vers le vingt du mois, après tes nouvelles lettres, je me suis tellement imprégné de ta présence que la vague d'avril a repris vie ; j'ai jeté sur le papier quelques vers et, tout en les jetant, j'ai vu ce qu'il convenait de faire aussitôt après. Et en plus, au même moment, tes remarquables lettres sont arrivées et mon regard se perdait jusqu'au vertige dans l'infini de ton âme, ma chérie, ma merveilleuse. Être avec toi dans le travail et les lettres quotidiennes que je t'adressais était devenu pour moi une nécessité jalouse de la vie. Et voilà qu'est survenue une contrariété, probablement bien plus grande pour moi qu'elle n'aurait dû l'être, lorsqu'on me dérangeait, qu'on m'arrachait à toi. Tu ne recevais plus de lettres de moi chaque matin, elles se sont faites rares, et c'est la première chose qui s'est mise à m'abattre. D'ailleurs l'élan poétique avait lui aussi été brisé et restait en suspens.

Ensuite tes lettres m'ont appris ce qui concernait Ira *. J'aurais facilement pu me douter de tous les moyens dont elle disposait pour te torturer, à partir du moment où elle avait décidé de *dire adieu* à sa conscience, à la vérité et à tout ce qu'elle prétendait être devant les autres. Et pour ne pas égrener tous les maillons de ma crainte grandissante à ton égard, j'aborderai simplement la conclusion qui a mis un terme à tout. V[alentin] F[erdinandovitch] m'a lu une lettre d'elle. Il craignait de la lire et, si je répète ses paroles lorsqu'il m'a dit qu'après m'en avoir appris le contenu j'allais lui casser la figure, c'est simplement pour ce qu'elles peuvent signifier : il sait ce que tout cela veut dire pour moi. Et elle le sait d'autant mieux, en ce qui la concerne. Elle écrit que je suis perdu pour elle et que je ne le lui pardonnerai jamais « parce que Zina, pour B. L., est un objet d'adoration ». Ce qu'elle a fait de plus affreux, *elle-même* considère que ce sont les conseils qu'elle t'a donnés de « ne pas t'ingérer dans l'œuvre de B. L. parce que tu ne comprends rien à la littérature ». Elle a raison : il eût été difficile d'imaginer machination plus basse dans sa haine de moi. Car c'est ton *ingérence,* et pas seulement celles de ta beauté et de ton âme mais aussi celle de ton goût, qui m'a éveillé à la réalité et refait poète. Me priver de cette ingérence, c'est me tuer.

Pour finir, elle assure V. F. qu'il y a toujours eu un malentendu entre vous. Elle prétend qu'elle n'a cessé de me disculper et de prendre la défense de mon honneur tandis que toi, tu ne voyais dans ses paroles que des saletés sur mon compte. Je sais, *doussia,* ce sont des mensonges et des absurdités. Non seulement je n'ai nul besoin d'être défendu contre toi (!), mais (ce qui est encore bien pire) elle le sait très bien elle-même. Elle sait que tout ce que j'écrivais sur Mayakovski, c'était sur moi et sur toi *. Elle sait que l'aptitude à vivre *ne fût-ce* qu'un an en exprimant totalement le sens de la vie, et ensuite mourir, ne peut pas procéder d'un acte de notre propre volonté et que cette possibilité doit nous être donnée par un autre être, rare comme un grand monument ; elle sait que cette géniale impulsion émane de toi. Elle sait que si l'on rassemble tout ce dont elle a rêvé pendant des années, qu'on l'additionne et qu'on le multiplie par l'infini, par le brûlant coefficient de la réalité, c'est toi que cela donnera. Elle sait qu'elle devrait *élever* sa « compréhension de la littérature » pour te rencontrer à un certain niveau dans n'importe quelle conversation traitant de moi et de toi et de nous deux l'un pour l'autre, alors qu'elle dérive dans Dieu sait quelle direction, et cela ne peut avoir d'autre explication que sa haine pour moi, parce qu'elle sait également (d'où la demande faite à V. F. de me montrer sa lettre) que, plus directement encore que toi, c'est moi que cela blesse. – J'avais, dans un premier temps, poussé un soupir de soulagement en apprenant que vous aviez parlé et qu'elle ne t'ennuierait plus. Mais, quelque temps après, j'ai été épouvanté par une idée qui, depuis, ne cesse de m'obséder. As-tu pu retirer tous ses dards et n'aurait-elle pas réussi dans l'aspect le plus terrible, le plus criminel pour moi de son entreprise : nous séparer en esprit ? Continueras-tu, avec autant de simplicité et de confiance que précédemment, à m'exalter et à me soutenir par ton aide et tes conseils, ou bien la circonspection, le calcul et la prudence vont-ils s'insinuer, après ses vils propos, dans ce que tu penses de moi ?

Mais j'ai le plus grand mal à croire qu'une contingence aussi lamentable puisse saper et ruiner mon bonheur.

Une dernière chose pour terminer. Je l'ai apprise hier et ce sera pour moi une leçon. Ma distraction et ma méconnaissance de mes affaires sont telles que je fais n'importe quoi. Non seulement je n'ai jamais noté combien j'étais payé mais j'en suis venu à cesser de prendre les copies de mes contrats avec les maisons d'édition. Une nouvelle édition de *Par-dessus les obstacles* doit bientôt sortir, en même temps que *Spektorski* *. Je dois toucher les 40 % restants à la sortie.

Il y a une semaine et demie, contre toute attente, j'ai appris que l'on ne me devait rien pour *Par-dessus les obstacles* car cette somme avait été affectée au remboursement des frais de l'action judiciaire du printemps dernier (tu te souviens ?). Restait le règlement de *Spektorski,* d'un montant de 1 300 roubles, pour lequel j'étais soutenu par une charmante et très efficace jeune fille du Département artistique, jusqu'au moment où l'on a envoyé mon dossier à la comptabilité afin que je sois payé, et l'on y a découvert hier que le montant dû avait déjà été utilisé par moi à diverses dates et que j'avais même un découvert d'un peu plus de cent roubles. Je n'ai aucun moyen de vérifier s'il en est réellement ainsi ; il y a dans ma tête un tel chaos concernant l'argent que les seuls îlots auxquels je me raccroche sont les chiffres et dates que l'on me cite, quoique je n'en aie pas moi-même le moindre souvenir parce que d'une façon générale, dans ce domaine, je ne me souviens de rien. – Hier, à cause de cela, je n'étais guère en forme. Mais ne sois pas triste : cela n'entraînera aucun changement dans nos projets pour l'été.

Heureusement que la proposition venue de Géorgie évoque un été financièrement léger plutôt que préoccupant. Mais je crains que tu ne manques toi-même dès maintenant d'argent et je dois m'attarder encore ici entre cinq et dix jours. En outre, comme je comptais sur *Sp.,* je n'ai cessé de prier Garrik d'accepter de moi quelque mille roubles ou plus pour l'été afin qu'il soit plus indépendant du conservatoire et, quoique je n'aie guère réussi dans mes offres, je lui ai quand même prêté une petite somme (cent roubles) car il a été victime de troubles gastriques aigus à la suite d'une beuverie chez N. I. Ignatova et Chpiet *, où j'avais amené (pour lui) Zamiatine *, et il est maintenant très étrange que j'aie cessé d'insister pour l'argent, mais lui parler de cette malchance est impossible. Tout comme il est impossible d'en parler même à Valia *, car bien qu'il soit exclu qu'il ne me croie pas, notre conversation, après votre querelle, rendra le son suivant : « Ah, voilà comment vous traitez l'objet de mon adoration ! Rends-moi mon argent ! » Quoique ces 300 roubles me rendraient bien service actuellement et que me les procurer en quelques jours, après être resté aussi longtemps stérile, ne me soit pas plus facile que cela le serait pour lui. Mais je viendrai à bout de tout cela, ma *doussia,* pourvu que tu me consoles. Dis-moi que tout cela n'a guère d'importance, que cette malchance ne va pas te faire craindre mon manque de sens pratique, ou douter de moi au plan du quotidien. Le plus important, c'est que tu dissipes mes doutes concernant l'influence d'Ira sur toi. – Il y a longtemps que je fixais mon départ en vacances au premier juillet. Mais de temps en temps j'espérais pouvoir l'accélérer. Sur ce point seulement je me suis trompé : ce ne sera pas le cas. Mais tu verras, il ne sera pas retardé de manière même sensible. Oui, ma *doussia,* je ne t'ai pas dit une chose très importante, qui explique que je t'aie épuisée avec cette analyse particulièrement ennuyeuse : lorsque j'étais à la comptabilité, il me fallait immédiatement imaginer une solution pour sortir d'embarras et j'étais si effrayé que je n'osais penser à aucune de mes sources de revenus de crainte que, là aussi, je ne fusse à découvert. Et soudain je me suis souvenu de ton travail et j'ai demandé, comme à une source on ne peut plus fidèle et sûre, une avance de 500 roubles sur ceux qui t'étaient dus pour ton travail de sélection de mes *Œuvres choisies* et j'ai eu le sentiment que c'était à toi que je les demandais, avec la certitude qu'on me les donnerait.

Ir. Serg. s'étonne de la renommée qui nous entoure et jette pour cette raison sur toi une ombre de la même manière que l'on m'accusait, pour pareille raison, au printemps dernier. Nouveau procédé meurtrier, d'une noblesse parfaite dans un cadre petit-bourgeois mais, dans le nôtre, humiliant et injuste, comme le serait un reproche adressé à la musique parce qu'elle se fait entendre. Notre fête est plus grande que l'humain et ne nous appartient pas : nous sommes la propriété du temps, qui nous réchauffe de son souffle maternel, si proche qu'il nous semble parfois le sentir. Maintenant à propos des bruits selon lesquels on aurait confisqué un numéro de *Novy Mir* contenant des vers de moi * (c'est sans doute moi aussi qui les répands ?) et où il y aurait eu chez Gorki une réunion d'écrivains * très bruyante, presque jusqu'à la bagarre généralisée, le plus bruyant de tous étant moi. Voici quelle est la réalité à l'origine du dernier canard : le 30 mai, alors que j'étais à Tchéliabinsk, il y a eu ici à Moscou, chez Gorki, une réunion effectivement bruyante. Pleins de fougue et désireux de provoquer les officiels, Alexieï Tolstoï * et Vsiévolod Ivanov ont porté un toast à ma santé, comme à celle de « notre poète n° 1 », tandis que tout le monde regardait du côté du commissaire à l'Instruction publique Boubnov *, lesquel a déclaré que je « n'étais pas avec eux », c'est-à-dire pas un révolutionnaire. Et Al. Tolstoï criait que, si on continuait comme cela, il deviendrait monarchiste, une déclaration assez audacieuse en présence du gouvernement. Etc.

Lialioussia, mon ange, voici pour toi en réponse aux vilenies d'Ira * :

....

Ces mauvais vers qui ne signifient pas grand-chose s'approfondiront et s'amélioreront lorsque d'autres les suivront et parleront de mon apprentissage auprès de toi et de ce que tu m'apprendras. Pardonne-moi ces horribles lignes. Je te serre dans mes bras.

Garrik vient de téléphoner. Il va mieux, viendra me voir demain et va se remettre au travail. J'ai envoyé un télégramme pour de l'argent à Léningrad *, j'en réclame aussi ici. Bientôt, semble-t-il, j'aurai tout arrangé, ne t'inquiète pas. Je te serre très fort dans mes bras.

Lettre de Moscou à Kiev (note de Z. N. Pasternak).

27.6.31 *

Chère Zinotchka ! Je n'avais pas achevé ma lettre par un baiser ni par ma signature, je te les envoie par exprès. Je crains terriblement que tu ne sois sans le sou. Pardonne-moi de t'envoyer aussi peu. En plus de ce que je t'ai énuméré, j'ai appris que Yélizaviéta Mikhaïlovna * avait eu de nouveaux ennuis. Il faudra l'aider mais c'est une affaire très délicate. Oh, comme j'ai envie d'être enfin avec toi, de t'entendre, de penser avec toi, de travailler. Ne m'en veux pas si par ma faute ton été s'est combiné de manière aussi stupide. Je réparerai tout, écris !

Chaleureux salut à R[aïssa] G[rigorievna] *, avec d'énormes remerciements. Je me dis souvent que je devrais lui écrire.

Ton B.

1932

[Début 1932]

Zinoucha, ma chérie, je brûle d'envie de te voir mais je suis arrivé chez Génia le jour où la bonne était de sortie. Vièra Vassilievna * n'est pas là, il n'y a personne dans l'immeuble et elle, elle a une crise de nerfs, elle sort en courant dans la rue, etc., etc. Je voudrais venir ne serait-ce que pour une minute. Ce sera p.ê. tard, peut-être même entre onze heures et minuit. Je te serre bien fort dans mes bras. J'ai eu tort de passer chez G. aujourd'hui.

[1932 ?]

Zinoucha, rien ne t'égale et je t'aime plus que tout au monde, et pourtant je te laisse toute la journée à te morfondre, rivé que je suis au galimatias de D *. Je pensais avoir fini de corriger ce crime contre l'art lorsque je me suis soudain aperçu avec horreur qu'il y avait encore en bas un chapitre en réserve que je n'avais pas examiné. Je cours renoncer à ce travail et vider mon sac devant lui, en ton nom et au nom du monde entier, parce que la contrefaçon du travail littéraire est un péché analogue à la contrefaçon de la vie, lorsqu'on en donne une version amoindrie, et je me libérerai sur lui de toute cette amertume.

Je t'en prie, quand j'arriverai, accueille-moi comme d'habitude, comme hier, comme autrefois. Je veux la même chose que toi* et tout, absolument tout, n'est que bêtises à côté de toi, ma chérie, ma pure, mon unique.

1933

[14.XI.33]

Lialietchka ma chérie ! Pas moyen de se concentrer, il y a toujours du monde et on est toute la journée les uns sur les autres *. C'est le matin du 14. Nous traversons le Donbass (entre Kharkov et Rostov). Trop de divertissements culturels : on ne se croirait pas en déplacement. Nous avons eu hier une séance de cinéma dans le train. Il y avait là le touchant organisateur de ce wagon-club (lui-même chef de notre wagon), le sans-filiste, le présentateur et un pianiste très convenable, qui a accompagné la séance. Et soudain, à l'heure du dîner, nous avons eu droit à l'irruption de tout un concert Chopin venu de Moscou, sans doute du théâtre de la Radio : des nocturnes, une ballade et même les variations sur *Là ci darem la mano* (du *Don Juan* de Moz.). À un moment où l'on donnait des études, je me suis figuré que c'était toi qui t'étais mise au piano, le soir, et je me suis mis à t'entendre. Cela ne ressemble absolument pas à un voyage. Et on passe son temps à boire. Je t'embrasse et te serre bien fort contre moi, ainsi qu'Adik et que Lialia.

Ton B.

Carte postale écrite dans le train vers la Géorgie (note de Z. N. Pasternak).

14.XI.[33]

Ma Kissa* chérie ! Nous sommes descendus à L'Orient. Je suis dans la même chambre que Tikhonov et Goltsev*. Je trouve Tiflis étonnamment mienne, c'est-à-dire bien plus familière et proche qu'elle ne l'était dans mes souvenirs. J'ai pris froid dans le train et suis arrivé avec de la fièvre, et bien sûr on nous a conduits directement de la gare à un dîner avec vin et discours. Paolo et Titien* sont proches de moi sans aucune affectation, sans effort, sans volonté qu'il en soit ainsi ; je les aime énormément. Il y a en eux une dose extraordinaire de ce dont nous avons observé récemment tous les deux l'absence ou la disparition (par exemple à la soirée chez An[na] Arn[oldovna]*). Nous nous sommes couchés hier à 5 heures et ce matin tout le monde s'est levé à 10 pour assister à une séance du Comité transcaucasien de culture et propagande. Je suis resté en prétextant ma faiblesse physique, quoique l'aspirine m'ait été hier d'un grand secours et que je sois parfaitement rétabli. Une fois terminée cette carte, je vais aller me promener en ville. Comme précédemment, on ne peut rien y trouver, comme précédemment les prix sont *sauvagement* élevés, mais comme précédemment aussi il y a sur la cité et sur toutes choses ici comme une patine européenne : on voit que les maisons et les rues sont faites pour des personnes vivantes et non pour des spectres ou des formules chiffrées. Hier sur le trajet à travers l'Azerbaïdjan (entre Bakou et Tif.) il faisait chaud comme en été ; à Gandja nous avons acheté du raisin, des figues, des pommes, des poires (je me suis rappelé Adik et le baiser des enfants) et cette journée d'été a tout bouleversé en moi : j'ai l'impression que l'hiver 33-34 est déjà passé et que c'est l'été 34. Ma Kissanka, je ne suis pas seul ici et notre brigade véhicule de « hautes » idées gouvernementales. J'ai beau me rebiffer, on me le fait comprendre à chaque pas. Ce ne sont pas les hommes ni les talents qui comptent, me disent-ils, mais le baratin organisationnel soviétique *. P.ê. serai-je pour ce motif empêché de t'écrire aussi souvent que je le voudrais. Je te serre très fort contre moi.

Ton B.

Écrite à Tiflis (note de Z. N. Pasternak).

21.XI.33 *

Ma Kissa chérie. Je t'écris sur le bloc-notes de Kolia * : je te le dis pour que tu ne t'étonnes pas en voyant le cachet des éditions. Je ne vais rien te décrire parce que je te raconterai tout à la maison. Nous avons vu bien des choses remarquables, et bu encore davantage. Au cours du déjeuner d'hier, à Koutaïssi, nous avons absorbé 116 litres !!! Avec une telle façon de passer le temps, presque tout le monde est malade. Nous sommes tout le temps entre hommes : je n'ai toujours pas vu Tam[ara] Guéorg[uievna] *, quoique cela fasse déjà cinq jours que nous sommes ici. Nina Alex[androvna] * nous a accueillis à la gare et, depuis ce soir-là, je ne l'ai pas revue. Nous sommes allés en Imérétie et sur le Rioni. Je n'ai toujours pas la moindre idée du temps que je resterai encore ici. Si les traductions littérales * étaient prêtes, je pourrais partir sur-le-champ mais je n'en ai encore obtenu aucune. Au milieu de ce bruit et de ce vacarme, je n'ai pas été seul une minute en dehors de ce matin où je t'ai écrit ma dernière carte. J'étais un peu grippé alors mais maintenant je suis parfaitement bien. Je m'ennuie de toi comme on s'ennuie de la pensée, ou de soi-même, et tu m'apparais le plus souvent comme le visage de ce silence que je ne retrouverai que lorsque je serai avec toi. Je sors à l'instant d'une séance du comité ; je croyais avoir trouvé une minute pour finir ma lettre, mais Tikhonov et Goltsev, qui viennent d'entrer dans la chambre, bavardent et me dérangent. Embrassons-nous, cela vaudra mieux, je vais laisser tomber. Je ne tiendrai pas ici au-delà du 1ᵉʳ décembre, si fortes que soient les exhortations de Titien et de Paolo. Ma Kissa en or, j'ai beaucoup de mal à écrire ; on m'adresse la parole à chaque instant comme si on ne voyait pas que je suis occupé. Je commence aussi à m'inquiéter : as-tu encore de l'argent ? Je ne sais pas pourquoi mais je ne suis pas trop sûr de la ponctualité de Sorokine*, quelque irréprochable qu'il ait été jusqu'à présent. Télégraphie-moi à ce sujet. Tes mains se sont-elles cicatrisées ? Joues-tu ? Je souhaite très fort que tu prennes une femme de ménage. Ce ne sont pas des paroles en l'air et je voudrais que tu ne remettes pas cela à mon retour. Les lettres d'ici mettent si longtemps que j'arriverai probablement avant celle-ci. On peut vivre, voyager avec la brigade, mais penser et sentir posent problème. Ne t'étonne pas pour cette raison de ne presque rien trouver de moi dans cette lettre. Je ne t'ai même pas quittée, à Moscou, avec la conscience que je partais seul et quand je m'en suis souvenu, il y a quelques jours, j'ai failli pleurer tant je me sentais vexé et plein de pitié pour toi. Je te serre dans mes bras, nous nous reverrons bientôt. Embrasse, s'il te plaît, Garrik et les enfants.

Tout à toi, B.

23.XI.33

Ma Kissa chérie, te souviens-tu encore de moi ? Il fait ici froid et humide ; sur les hauteurs qui avoisinent Tiflis (pas plus haut que Kodjory), la neige est tombée hier. On ne chauffe pas à L'Orient, et comme les baignoires sont liées au chauffage, impossible de prendre des bains. Et j'ai peur d'aller aux bains publics : on peut attraper du mal en sortant en vêtements légers par un froid pareil. Je voulais repartir demain, parce que rester plus longtemps n'a vraiment aucun sens, mais c'est Pavlenko qui doit se procurer les billets et il ne me lâche pas avant le 26. Non seulement je m'ennuie violemment de toi, mais j'ai aussi des raisons locales de ne pas me sentir dans mon assiette : parallèlement à la conviction où je suis chaque jour davantage que Paolo et Titien dominent en général le lot, je me heurte à la réalité de leur exclusion brutale des listes d'auteurs recommandés à la diffusion et assurés d'une protection officielle. J'aurais eu ici beaucoup de succès si j'avais renoncé à eux. D'autant plus vive sera ma fidélité à leur égard. Je t'embrasse sans m'arrêter ni compter.

Ton B.

J'ai envoyé un télégramme à L[éningrad] * ; je suis inquiet du résultat.

25.XI.33 *

Ma joie, ma merveilleuse Kissa, je m'ennuie *sauvagement* de toi et j'en suis presque à pleurer, à l'heure qu'il est : je devais partir demain et je m'étais déjà acheté un billet lorsqu'on m'a brusquement changé mes plans. Mitsichvili * est venu me trouver et m'a assuré que si je restais une semaine de plus, je ne repartirais pas les poches aussi vides que maintenant. Je ne vais pas entrer dans les détails parce que je te raconterai tout cela à la maison, mais ses arguments étaient si solides que je lui ai permis de retirer de ma poche mon billet et de le transférer dans la sienne. Je resterai donc encore ici jusqu'au 29 et, si j'en crois Mitsichvili, ce sera avec un certain avantage matériel pour moi. Oui, mais moi j'étais déjà en pensée avec toi, ou du moins j'allais vers toi, et tu peux imaginer maintenant combien je suis triste et malheureux. En revanche, je réussirai peut-être finalement à te trouver un foulard, sans lequel je serais reparti demain faute de temps et d'argent. Mais si seulement tu savais à quelle terrible inaction se résume notre journée ! Comme nous nous couchons régulièrement, presque chaque nuit, à 4 heures ou plus, nous nous levons tard en proportion. Et c'est dans le même esprit que se déroule le restant de la journée, avec l'inévitable saoulerie de la soirée. Tu ne me reconnaîtras probablement pas tant j'ai maigri par la faute de ce régime forcené. Mon chaton chéri, Kissa, Kissanka, je t'écris avec une tendresse folle et dans une tristesse invraisemblable, atteignant aux larmes, au sujet du billet que j'ai cédé. En revanche, tu auras peut-être ton foulard, et nous aurons de l'argent. Il m'est d'autant plus pénible de rester encore trois jours ici qu'il n'y a absolument aucune raison à cela en dehors de celles que je t'ai données : nous avons tout vu et revu, nous en avons plus qu'assez les uns des autres et nous allons passer ces derniers jours à mourir d'ennui. Je t'embrasse très fort, avec la douleur que ce ne soient que les mots d'une lettre et la crainte d'imaginer trop parfaitement ce que signifie t'embrasser : le chagrin pourrait me faire perdre la raison.

Ton B.

1934

16.VIII.34 *

Zinoucha chérie ! N[ikolaï] Ya[kovliévitch] * a télégraphié hier pour annoncer notre arrivée. Le voyage a été terriblement fatigant. Comme je me laisse toujours influencer par les événements extérieurs, j'ai été immédiatement pris ici d'une immense tristesse et je me suis maudit d'être venu. Je m'occupe de régler les affaires d'argent. Il y a une bousculade affreuse à cause du congrès et on a du mal à voir qui l'on veut dans les bureaux. Je n'ai encore vu personne mais j'ai réussi à parler au téléphone avec Paolo et avec Ehrenbourg *. Je loge chez Choura. Le télégramme t'a appris que le congrès était repoussé de deux jours. Nous ne repartirons pas, à mon avis, avant le 22, quoiqu'il soit bien tôt pour en parler ! Je ne suis pas allé chez les Neuhaus. Je t'écris le matin du second jour de notre séjour ici et ne puis rien te communiquer d'intéressant. Assieïev * m'a de nouveau pris le bras avec une extrême bienveillance, au point que j'ai dû faire mes démarches avec lui. J'ai été très heureux de rencontrer Fiédine *. Je suis allé chez Goltsev, à qui j'ai remis une lettre de la part de You[lia] S[erguieïevna] *, avec les messages qu'elle m'avait demandé de transmettre oralement. Je pense que l'essentiel du temps sera pris, comme à Svierdlovsk * (tu te souviens ?), par l'alimentation, pour laquelle j'ai déjà reçu des tickets et qu'il ne faut pas mépriser car elle est gratuite (semble-t-il, je n'ai pas encore vérifié) et de bonne qualité, mais assez loin dans la rue de Tvier. Je t'embrasse très fort. Ne m'en veux pas de t'écrire sur une carte postale * aussi médiocre et aussi pâle. Je te raconterai tout de vive voix. Salut à tous. Je t'embrasse très fort, ainsi que les enfants. Un salut affectueux à Toussia *. Ma révérence à tous nos amis de la Maison *. Je ne sais pas écrire de lettres.

Ton Boria.

22.VIII.[34]

Au congrès, séance du matin.

Kissa chérie, je t'écris de la table du présidium, dans la Salle aux colonnes * (nous sommes sur une estrade). Nous venons d'entendre une intervention d'une remarquable richesse de Marietta Chaguinian *. Hier, à la séance du soir, c'est moi qui ai présidé. Ensuite, à minuit, il y avait une soirée en l'honneur des délégués géorgiens, au cours de laquelle Kolia Tikhonov et moi avons récité nos traductions. Je me suis couché à 5 heures, en sorte que maintenant je suis complètement endormi. Hier, j'ai déjeuné au restaurant avec Garrik et Paolo. Je ne veux pas tout te raconter par lettre, mais je le ferai plus tard, de vive voix. Je suis constamment distrait : ce que j'achète, je l'oublie ; j'ai perdu hier trente roubles, l'autre jour j'ai semé mon chapeau je ne sais où, etc. J'ai constamment une envie terrible de rentrer à la maison et j'ai joué un mauvais tour à Nik. Yak. en obtenant de lui qu'il m'achète un billet (il repart aujourd'hui), mais je ne peux pas partir et d'ailleurs ce serait bête : c'est l'ouverture du congrès (les premiers jours) qui nous a effrayés par son ennui, tant c'était solennel et officiel. Maintenant, en revanche, chaque jour est plus intéressant que le précédent, depuis que les débats ont commencé. Hier, par exemple, Kornieï Tchoukovski * et Ilya Ehrenbourg ont parlé avec un énorme succès et de manière très intéressante. D'autre part il serait également mal venu que je parte avant les rapports de Boukharine et de Tikhonov*. Je pense, ma Lialietchka, que je me retrouverai auprès de toi et sous le ciel d'Odoïévo aux environs du 28. Si je devais être retenu deux ou trois jours de plus, je voudrais beaucoup que Toussia ne reparte pas sans moi et attende mon arrivée. Nous devrons passer septembre à Odoïévo pour une autre raison : on va entreprendre des réparations dans l'appartement de la Volkhonka. J'ai trouvé ici, outre les avis de loyer, une notification d'impôt selon laquelle, en plus de ce que l'on m'a déjà retenu, je devais payer près de 2 000 (1 955) roubles. Il va falloir régler cela car, pour une pareille somme, les pénalités de retard grandissent en un éclair et en d'énormes proportions. Kissa, je t'embrasse tendrement-tendrement. Et ne considère pas ce billet comme une lettre. Gros baisers aux enfants, salut affectueux à Toussia. Lorsque tu auras reçu le télégramme annonçant mon arrivée, essaie d'obtenir d'Iv. Al. Rabkov qu'on m'envoie une voiture à la gare, ou des chevaux s'il n'y en a pas. Mes salutations à Lydia Ivanovna et à tous, sans exception.

Lettre écrite à Moscou (note de Z. N. Pasternak).

1935

4.I.35

Ma Kissa chérie, une note triste et pure est restée en suspension dans l'air après notre séparation : nous y étions plus présents que dans le tohu-bohu de notre coexistence volkhonkienne. Je l'ai retrouvée à la maison en revenant de la gare. Pr[askovia] Pet[rovna] * a merveilleusement bien nettoyé les trois pièces et je ne dérange en aucune manière cet ordre qui a été obtenu : tout est triste, propre, tranquille et vaste. J'ai la chance d'être également fâché avec les Fr[ichman] *, en sorte que personne ne me prend la moindre parcelle de temps.

Je pensais pouvoir utiliser cette période avec le maximum de profit, mais deux choses m'en détourneront un peu : 1) Génia * a été accepté dans une école pilote, dans un groupe où l'on fait de l'anglais. Les autres ont eu le temps, en un semestre, d'apprendre un certain nombre de choses et il va falloir le mettre d'urgence à niveau, en quelques heures. Je devrai travailler avec lui une heure tous les deux jours, mais c'est pour moi une grande joie : je lui ai donné hier sa première leçon et j'ai été vraiment étonné par ses capacités. Il s'est immédiatement mis à lire, devinant d'instinct la prononciation (difficile en anglais, puisqu'il faut connaître d'avance la plupart des mots pour pouvoir les lire, dans la mesure où la prononciation ne correspond pas à l'écriture et où il y a davantage d'exceptions isolées que de règles générales). 2) Le 8 janvier, ce sera le premier anniversaire de la mort d'Andrieï Biély* et il y aura probablement une soirée en son honneur le 10, à la Maison des écrivains. Je devrai y prendre part et, en plus, contribuer à recruter d'autres participants. Il va donc falloir que je lise un peu et que je réfléchisse.

Malgré tout, en comparaison de la période précédente, j'arrive à faire pas mal de choses. Je me promène tous les jours. Le premier soir je suis allé à la Troubnikov. J'ai trouvé Garrik en train de jouer la *Sonate-fantaisie* de Scriabine. Il est grippé mais debout et travaille d'arrache-pied. À ce qu'il paraît, une voiture était bien arrivée l'autre matin, mais ils ne savaient pas s'ils devaient l'envoyer = s'il n'était pas trop tard.

Tu te souviens, peu avant ton départ, tu as essayé de te rappeler combien je t'avais donné d'argent pour décembre. Au début tu t'es trompée ; ensuite tu as retrouvé toute la somme et cela a donné un peu plus que cela n'aurait dû être en déduisant les 1 050 roubles rendus au Fonds littéraire. Maintenant tout s'explique. Lorsque j'ai demandé de l'argent au GIKhL* (après ton départ), j'ai été étonné que l'on ne m'envoie qu'un millier de roubles. C'est parce qu'on n'avait pas déduit en décembre la somme due au Fonds ; on va le faire maintenant.

Cela ne m'attriste pas parce que, si je travaille avec fruit pendant cette période (et s'il n'y avait pas eu l'anniversaire de la mort de Biély, toutes les conditions auraient été réunies), j'aurai des raisons de demander une avance en produisant un morceau de prose bien léchée. Cependant si cela n'a pas lieu, j'obtiendrai bien de l'argent quelque part : sois tranquille là-dessus.

Comment vous portez-vous là-bas, toi et les enfants ? Ne gelez-vous pas, avec le froid qu'il fait ? Vous nourrit-on bien ? Tu ne trouveras peut-être pas cela logique mais, vu les considérations qui précèdent, je voudrais justement te proposer de demander ici la prolongation de vos séjours jusqu'à la fin janvier. Si tu te plais à Abramtsévo *, cela te permettrait de te reposer davantage, toi qui en as tant besoin. Il me semble que cela ne ferait pas de difficulté pour Adik. Si on trouve à redire à l'école et que Garrik ne puisse pas arranger les choses, je m'engage à m'en occuper moi-même. Mais je ne pense pas qu'en deux semaines les autres auront tellement avancé qu'on ne puisse pas ensuite les rattraper.

Je voulais encore t'écrire quelque chose d'important et d'intéressant, mais j'ai interrompu ma lettre et j'ai oublié. Tu n'apprécieras p.ê. pas que ma lettre ne parle que de choses matérielles et ait été écrite à la hâte, mais c'est parce que ma journée est divisée en parcelles et que mon écriture elle-même s'en ressent.

Je ne vais pas me lancer dans la psychologie mais, je le répète, ce froid, cette pureté de l'air, ce silence et cette possibilité que j'ai de me lever tôt et d'un bond, de travailler, de lire, de me promener et d'arriver à faire à l'heure prévue tout ce que j'ai à faire me rajeunit et me permet de t'imaginer, toi aussi, aussi jeune, paisible et sublime que tu l'étais au début et que tu l'es toujours dans tes meilleurs moments. Je veux t'en remercier pour deux raisons. D'abord parce que tu es ce que tu es et que tu laisses après toi une telle image, et puis aussi pour le confort et le bien-être dont je jouis tant en ce moment : c'est en effet toi qui les a créés et me les a laissés pour ces quelques semaines.

Toi, de ton côté, tu es heureuse de plaire et tu plais et tu as du succès ; on peut facilement l'imaginer et mieux vaut ne pas le faire. Je m'efforce de ne pas y penser.

Salut aux Selvinski et aux Chestakov *. Embrasse Stassik et Adik.

Ton B.

P.S. (après notre conversation téléphonique). Est-il techniquement envisageable qu'Adik reste seul ici pendant ces deux semaines ? Il va s'ennuyer et aura nécessairement besoin de quelqu'un pour l'empêcher de faire des bêtises avec le feu, l'électricité, etc. On ne peut pas en effet le quitter des yeux. Je dis cela sans le moindre reproche à son égard, parce qu'il y a des caractères portés à la solitude et d'autres qui ne le sont pas.

7.I.34 (= 1935) *

Kissa chérie, en plus de tout le reste je m'ennuie beaucoup de toi, en sorte que si l'on ne peut pas retarder Adik de deux semaines, je suis heureux de profiter de l'occasion pour vous récupérer tous.

Il est vrai qu'il faudrait profiter de ce calme et de cette tranquillité et savoir vaincre la folie du cœur, mais je ne sais vraiment pas quel est l'ordre de mes préférences.

J'imagine ce que tu fabriques là-bas ! Les patins sont une excellente chose, mais, Kissa, ne me trompe quand même pas dans tous les domaines ! Il est vrai que je ne pourrai rien apprendre de toi, que tu vas me mentir et en rire, avec tes yeux effrontés !

Je souffre lorsque j'y pense, mais malgré tout je suis sûr que la vérité éclatera tôt ou tard. Je saurai les choses de manière indirecte et alors, naturellement, ce sera l'enfer entre nous !

J'ai commencé cette lettre dans la matinée. Tu viens de me téléphoner. Tu as, de loin, une voix si charmante ! Et j'ai tellement pris l'habitude, malgré ta cruauté et ton inhumanité, de t'aimer, je suis prêt à t'aimer, je le veux et je le voudrais.

En fin de compte on ne peut pas avoir raison de toi, ni pour ce qui est des patins (Kiev), ni sur un plan plus large (l'intérêt pour les autres et l'aptitude à se mettre à leur place). Fais ce que tu sais faire et porte-toi bien. Je t'embrasse. Et je t'aime.

Ton B.

P.S. Je suis allé chez Toussia et lui ai proposé de l'argent. Elle le refuse catégoriquement. Il semble qu'elle ait abandonné l'idée de s'occuper des garçons à votre retour. Que va-t-il bien se passer ? Cela m'inquiète beaucoup, car tu ne pourras pas en venir seule à bout. Voici ce que j'ai imaginé : je vais donner l'argent à Garrik, pour que cela semble venir de lui et qu'il la persuade de ne pas nous laisser tomber.

Demain ou après-demain, je vais régler la question des bons de séjour. Il faut pour cela que je trouve de l'argent. Je suis heureux que tu ailles mieux.

De nouveau tout à toi, B.

Embrasse Adik et Stassik. Mes salutations à tout votre état-major féminin.

Lettre envoyée à la maison de repos d'Abramtsévo (note de Z. N. Pasternak).

11.I.34 (= 1935)

Kissa chérie ! J'éprouve le besoin d'échanger de temps à autre un mot ou deux avec toi.

J'ai demandé aujourd'hui 1 000 roubles d'avance pour ma prose et suis allé au Fonds littéraire pour faire prolonger vos séjours. Mais Béliaïev* est malade, et gravement : une pleurésie. Lui m'aurait facilité toute cette procédure. Après-demain je téléphonerai à Rojdiestvienski* et je réglerai cela. On dit qu'il va à Abramtsévo les jours où il ne travaille pas. Si c'est vrai et que tu le voies, tu devrais lui demander qu'on vous transfère dans le bâtiment principal.

Aujourd'hui, je me suis levé tôt mais n'ai commencé à travailler qu'à 7 heures du soir. Prask. Petrovna s'est alitée dès la matinée : elle a plus de 39° de fièvre. J'ai allumé le poêle, fait du ménage puis je suis sorti pour mes affaires. J'ai donné à Génia sa leçon, ai déjeuné là-bas, suis revenu à la maison, puis suis ressorti acheter un médicament pour Pr. P. et prendre pour moi-même de l'eau (elle est coupée depuis hier) à l'Académie communiste.

À l'épicerie, j'ai rencontré Rita*, qui cherche du citron à travers toute la ville. J'ai appris qu'Anna

Fiod[orovna] * était malade depuis deux jours, avec une forte température. Ils ont attendu ce soir pour penser à appeler le médecin : c'est une bronchite.

Hier, j'ai perdu la moitié de la journée en coups de fil : aux Meyerhold *, à Vichnievski *, à Youdina * : je leur ai demandé de m'aider à mettre sur pied la soirée à la mémoire de Biély.

Mais de toute façon je ne peux pas passer tout mon temps à travailler : je n'ai plus l'âge. Je marche beaucoup. Au début, je faisais en même temps des visites (je suis allé chez Garrik, chez Toussia, chez Choura, chez Bougaïéva *) mais maintenant, comme même ces brèves visites me prennent entre une demi-heure et une heure, je me promène pour me promener.

L'essentiel, c'est que je me suis malheureusement heurté, dans mon travail, à un point qui nécessite des lectures complémentaires (sur l'histoire de la Guerre civile, etc.). Je me suis mis à la lecture mais il me faudrait deux ou trois jours pour avaler tout cela avant de me remettre à écrire et je suis loin de pouvoir le faire avec la soirée Biély, Prask. Pet. (sa maladie), les leçons données à Génietchka (un pur plaisir) et mille autres choses. Ce sont donc les circonstances qui m'empêchent de rester plongé dans les livres, ce qui me ferait sans doute du mal. D'ailleurs j'aime allumer le poêle, quand c'est indispensable et que d'autres que moi ne peuvent pas le faire.

Je suis bien heureux que tu ne sois pas là en ces jours de pénurie d'eau et de maladie de P. P. En ce qui me concerne, ne t'inquiète pas : j'arrive à tout faire avec une rapidité tranquille, silencieuse, calme et qui n'est interrompue par personne, et cela me procure une jouissance. On a téléphoné aujourd'hui de la maison des Écr. sov. pour demander si les enfants allaient continuer leurs leçons de français et de danse rythmique. J'ai dit que oui, à part un jour où ils manqueront en janvier : le vieux régime reprend à partir du 12, avec les cours les jours de repos.

Chtcherbakov * (le président de l'Union) et Balachov me demandent d'aller demain en voiture à Maliéyevka. On y a organisé des cours de deux mois pour les « meilleurs représentants de la jeunesse littéraire * » de toutes les républiques du pays. Des professeurs d'université vont leur faire des conférences ; moi, ils ont simplement envie de me voir. Et on dirait qu'ils insistent pour que ce soit bien moi qui vienne. Comme ces jeunes communistes sont un témoignage vivant de notre réalité, cela m'intéresse beaucoup et j'en aurais même eu besoin comme matériau littéraire. Voilà pourquoi j'ai d'abord accepté. Mais la nuit avance, il faut que je parte à 10 heures du matin et j'ai l'impression que je n'aurai pas le temps de faire mes bagages.

D'une façon générale, j'ai maintenant le désir de bien écrire ce roman *. Différentes situations que je voudrais décrire ont petit à petit été repérées, l'intrigue s'est nouée à différentes époques, le sujet s'est étoffé, la conception d'ensemble semble tenir debout. On pourrait l'exposer avec sérieux, comme faisaient les vieux. Tu sais combien d'années ils travaillaient ? Combien de temps, par ex., il a fallu pour écrire *Guerre et Paix* ? Combien de temps Gogol a travaillé aux *Âmes mortes* * ?

Ce travail va me prendre beaucoup de temps. Et plus il gagne en volume, plus se matérialisent de choses dans ce qui est déjà écrit, c.-à-d. plus il y a de morceaux bien définis qui remplacent des parties jusqu'alors générales et approximatives – et plus ce travail me rapproche du moment où je serai capable d'écrire mes vers d'une manière assez nouvelle. Je ne veux pas dire que cette poésie éventuelle différera radicalement de l'actuelle, mais qu'elle atteindra un stade ultérieur de simplicité, inconcevable tant que je n'aurai pas brisé le moule de mes habitudes acquises.

Bon, je te souhaite une bonne nuit. Je vais me coucher car il est tard.

Le 12.I

Ma nuit a été écourtée : à 7 heures j'ai été réveillé par les tramways, que l'on a rétablis aujourd'hui sur toute la longueur de la Volkhonka. Comme nous en avions perdu l'habitude et quel bruit, quel fracas, quels sons ! C'est maintenant que l'on apprécie l'époque où la rue était recouverte de montagnes de sable et où ils ne circulaient pas. Quel bonheur c'était ! Maintenant, pour un temps, adieu le sommeil, jusqu'à ce que je me réhabitue. Mais pour le calme, c'en est fini à jamais.

Pr. Pet. a 38° 8. Sans doute l'estomac. J'ai allumé le poêle, fait le ménage, me suis préparé à manger. C'est le troisième jour que nous sommes sans eau ; l'odeur, dans le couloir, est effroyable à cause des cabinets. Bien sûr que je n'irai pas à Maliéyevka, pour ne pas risquer de prendre froid : il ne manquerait plus que cela !

Je viens de recevoir ta carte. Mille mercis et baisers d'avoir pensé à moi. En ce qui me concerne, tu n'as pas à te plaindre. Si mes lettres sont écrites à la hâte, parfois peu compréhensibles et d'un contenu faible, il t'est peut-être agréable, au moins superficiellement, de recevoir souvent du courrier ?

J'ai tout reçu, ne t'inquiète pas. Demain le 13, j'arrangerai tout avec Rojdiestvienski. Pour ce qui est de ma venue, je ne peux rien dire actuellement, car chaque minute compte. Et pourtant ce serait un pur plaisir. Et comme ce doit être beau, je me l'imagine !

Je suis terriblement heureux pour toi. Repose-toi, prends des kilos, veille sur ta santé, je te serre dans mes bras. Tu es un formidable trésor si tu as vraiment des raisons de rejeter ma calomnie.

Lettre écrite de Moscou à Abramtsévo (note de Z. N. Pasternak).

[Fin juin 1935] * [Paris]

Ma chérie, ma Lialia, ma vie. Ne t'étonne pas de ne pas avoir reçu de lettres de moi. Cela fait deux jours que j'ai dans ma poche une lettre pour toi que je n'ai pas achevée, et que je ne pouvais pas achever. Tous ces derniers jours j'ai été comme dans le délire et dans un terrible état de faiblesse, non pas en raison de l'abondance des hommes et des impressions mais, comme je m'en étais douté, de la détérioration de mon état de santé pendant le voyage *. Un médecin est venu me voir hier et m'a donné un tas de médicaments en tout genre grâce auxquels, pour la première fois cette nuit, j'ai dormi de manière acceptable, environ huit heures. Mais jusqu'alors tout s'était passé de manière telle que j'étais retourné à l'état dans lequel Ogorodov * m'avait vu.

Chaque fois que je commençais à t'écrire, j'avais des vertiges dus à l'émotion et à la faiblesse mêlées et, que je le voulusse ou non, je reposais la plume. Cela a quand même été d'une grande cruauté de la part de tous (mais pas de la tienne) de m'envoyer dans l'état où j'étais. Pas de la tienne : je veux dire que tu n'es coupable de rien parce que tu t'es contentée de répéter ce qu'on te disait : tu es une merveilleuse enfant, une petite qui ne comprend rien à ces choses-là. Je ne peux te décrire la torture des nuits passées à me retourner d'un côté sur l'autre sans pouvoir dormir dans des wagons certes luxueux, mais surchauffés et étouffants. Dès la frontière passée, la seconde classe signifie seulement des places assises confortables et nullement des couchettes. Les frontières (polono-allemande, germano-française *) tombaient pendant la nuit. Il fallait se lever après avoir tout juste commencé à somnoler, etc., etc. Enfin, pour le contenu et le moment des repas, c'était à la grâce de Dieu et dans un complet désordre. Tantôt (par hasard) on ne mangeait pas assez et tantôt on s'empiffrait. Dans l'état où je me trouve, je suis véritablement effrayé à l'idée de faire le même chemin en sens inverse : j'arriverai dans un épuisement tel qu'un an ne suffira pas à me rétablir. Pense un peu à ce que cela signifie : cela fait trois mois que l'on me houspille et que je n'ai pas passé une nuit normale : n'importe qui y perdrait la raison.

Le médecin d'ici m'a dit qu'il s'engageait à me

remettre sur pied en deux ou trois semaines. Hier (parce que j'étais encore un neurasthénique à moitié dément épuisé par l'absence de sommeil), je ne voulais pas en entendre parler. Aujourd'hui par contre, sans même te demander ton avis, je serais heureux de profiter de l'occasion si cela était matériellement réalisable, c'est-à-dire si notre gouvernement me donne en quantité suffisante les devises dont j'aurai besoin. Chtcherbakov va se renseigner auprès de notre représentation. Si l'on accepte de me soutenir financièrement, je resterai ici pour une cure de sommeil et me rétablir, sinon je partirai le 4 pour Londres avec quelques camarades de la délégation et regagnerai de là le sol natal par mer, direction Léningrad.

Ma précieuse amie, que te dire de Paris ? C'est le berceau de toutes les villes. C'est tout un monde de beauté, de noblesse et d'une humanité constituée au cours des siècles d'où sont autrefois nées, comme par emprunt, les Berlin, les Vienne et les Pétersbourg. Je te raconterai une masse de choses lorsque je rentrerai, ma précieuse, mais je ne veux pas gaspiller dans ma lettre de mots en description parce que j'ai peur de me fatiguer. Nul besoin non plus de raconter (parce que cela prendrait trop de place et de temps) comment j'ai été reçu ici. Qu'est-ce que j'y gagnais, à ce que l'on me traite ici de génie et de je ne sais quoi encore, quand entre cette reconnaissance et moi se dressait en permanence un mur de faiblesse qui assombrissait tout et me séparait des gens, des impressions et de la réalité même de mon succès ? On m'a dessiné et photographié pour plusieurs revues d'ici. Je serais dans la consternation si une partie de cela te tombait sous les yeux : tu te souviens de la rosse en train de crever, à Ilyinskoïé ? C'est moi maintenant. – Cette lettre non plus, je n'arrive absolument pas à la terminer. Tantôt ce sont des accès de faiblesse (vertiges), tantôt les gens. Maintenant, par exemple, il y a dans ma chambre la fille de Mar[ina] Tsviétaïéva avec son père *. Ce sont eux qui m'ont proposé de finir ma lettre, qu'ils m'ont trouvé en train d'écrire. Aujour-

Brouillons de 2 x 2 strophes non inclues dans les recueils traditionnels de *Seconde naissance* (v. édition en 5 vol., Moscou 1989, t.2 p.133), sauf la 3ᵉ : *Excepté le crépuscule…* encadrant le début de l'Intermezzo op. 117 n°1 (et non op. 115 comme indiqué) de Brahms. *Indications de bas en haut, en bas à gauche* : « v. poème n°11 », et *sur la droite* : « Variante secondaire. Inquiétude pour Zina (conct. Garrik) et pour Génietchka et Génia. Kadjory (*sic*). Zina et Adik sont en bas dans la prairie ». (Inédit.)

Зинаиде Николаевне
Нейгауз

12. V. 30.
Москва

Б.П.

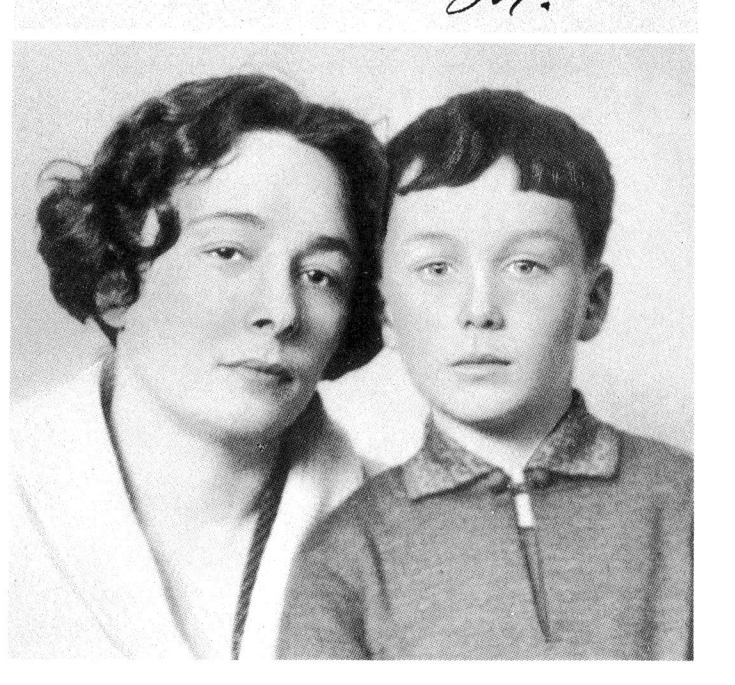

Page précédente, en haut :
« A Zinaïda
Nikolaïevna Neuhaus
(cœur transpercé).
12.V.30. Moscou. B.P. »
Dédicace de Pasternak
à sa femme sur la
couverture de *Boris
Pasternak : Deux livres
de vers.*
Moscou-Léningrad,
Ed. d'Etat, 1930.
(Inédit.)

En bas :
Yevguiènia Pasternak
et son fils Génia
(Yevguièni Pasternak),
1931. Photographie
prise pour l'obtention
de leur passeport
extérieur.

Ci-dessus :
Pasternak lisant Rilke,
1933. (Photographie
de A. Chternberg.)

Ci-contre :
Pasternak dans son
cabinet de travail,
ruelle Lavrouchine,
1948.

Pasternak dans son appartement de Moscou, 15 juin 1948.
(Photographie de L. Gornoung.)

Pasternak à Pérédielkino, 1954.

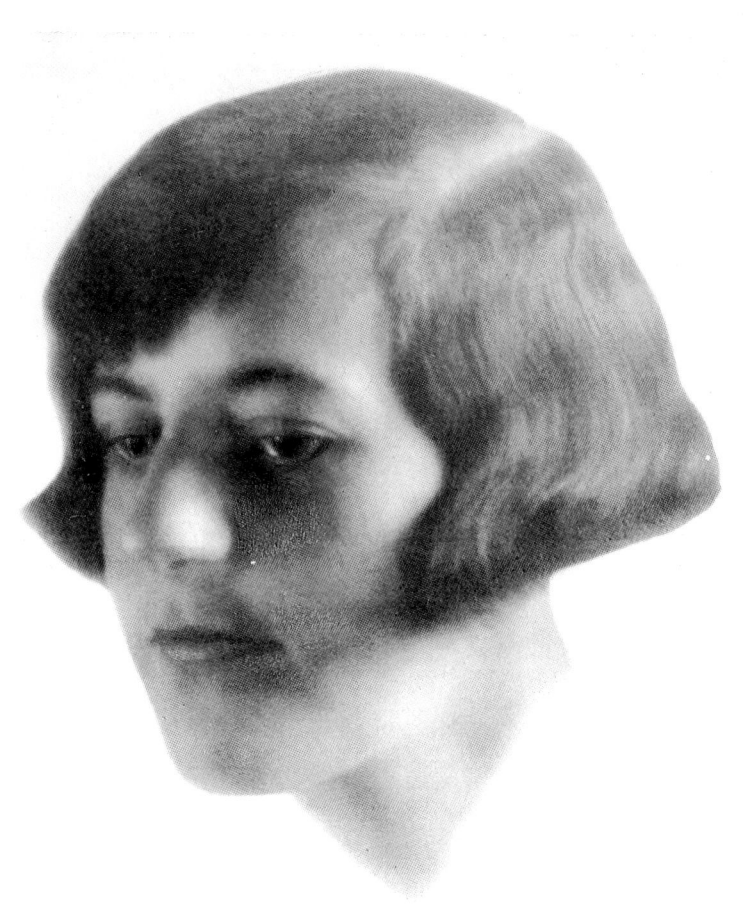

Henri Neuhaus.

Zinaïda Neuhaus et son fils Adik
(Adrian Neuhaus) en 1927. (Inédit.)

Page précédente, en haut : Zinaïda Neuhaus en 1926. (Inédit.)
En bas : Pasternak et Zinaïda Neuhaus avec son fils Adik (Adrian Neuhaus). Koboulèty, 1931. (Inédit.)

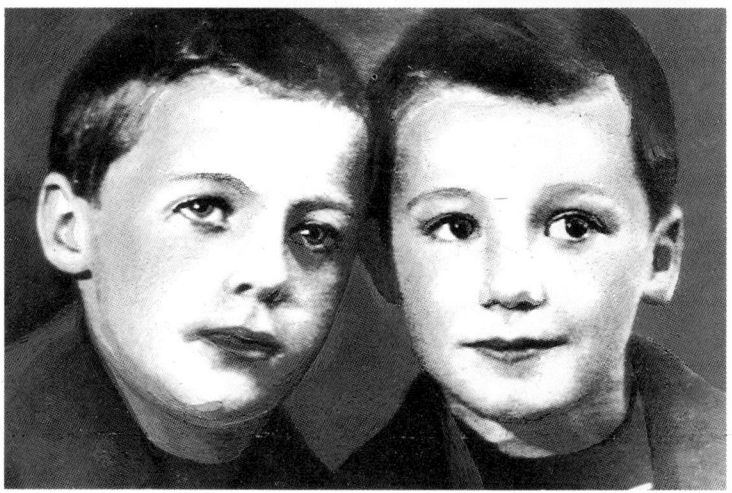

En haut :
Boris et Zinaïda Pasternak avec Stassik (Stanislav Neuhaus)
à Odoïévo, en 1934.

En bas :
Adik (Adrian) et Stassik (Stanislav) Neuhaus en 1936.

d'hui, lorsque j'étais dans l'antichambre de Potiomkine*, je me suis représenté restant encore un mois ici (fût-ce dans une maison de santé) et j'ai soudain changé d'avis et décidé de repartir via Londres, dans un état qui ne s'arrange pas. Je serai de la sorte à Moscou, je pense, vers la mi-juillet. Pourvu que j'arrive vivant, c'est la seule chose dont je rêve ! Je n'ai cessé de rencontrer des gens : Zamiatine* et sa femme, les peintres Larionov* et Natalia Gontcharova*, Youri Annienkov*, Tsviétaïéva*, les Ehrenbourg*, les Savitch*. Les Français m'ont encore davantage tiraillé et harcelé. Mais si je me suis assis pour t'écrire, c'était dans le but bien précis de te parler un peu de toi. Tu es la seule chose au monde qui soit vivante et chère pour moi. Tous ceux qui m'entourent ici me sont indifférents. Pire encore : je n'ai même pas vu mes parents*. Ils étaient à Munich lorsque j'ai traversé Berlin et seule ma sœur aînée avec son mari * sont venus me saluer à mon passage. Mes parents, je leur ai seulement parlé au téléphone. Je leur ai promis de passer par Munich à mon retour et d'y rester une semaine : tu peux voir avec quelle facilité je manque à ma parole sans même en avoir conscience. Mais toi tu es tout. Tu es la vie. Tu es très exactement tout ce que j'ai connu de vrai, de bon et de réel (de non imaginaire) sur terre. Et mon cœur est inondé de tristesse et je pleure la nuit dans mes rêves parce qu'une force maléfique que je ne connais pas t'enlève à moi. Et ce n'est pas seulement comme épouse et comme femme : elle t'enlève aussi comme souffle de la simplicité de ma pensée, de la tranquillité de mon corps. Je ne comprends pas pourquoi cela est arrivé et je me prépare au pire. Lorsque tu me trahiras, je mourrai. Cela se produira tout seul, p.ê. même sans que je sois au courant. C'est la dernière chose en laquelle je crois : que le Seigneur Dieu, qui a fait de moi (comme on me l'a une nouvelle fois rappelé ici) un véritable poète, m'accorde cette grâce et m'enlève quand tu m'auras trompé. Parce que tu n'es pas seulement Zinotchka, Lialietchka et ma petite femme à moi et un amour, mais tout, absolument tout. Et j'ai ennuyé tout le monde ici avec toi. J'ai failli déclarer à des journalistes français que rien au monde ne m'intéressait et que j'avais une femme jeune et jolie dont j'étais séparé depuis trois mois déjà en raison d'une maladie inconnue. Et comme tous ici m'aiment bien, ils commencent à comprendre, sur la foi de ce que je leur ai dit, quel incomparable amour tu es, ma merveilleuse amie. Mais même si quelque chose est arrivé, ne crains rien. Si tu es obligée de me faire des cachotteries, je le répète, quelque chose de très fort, de tragique et d'ennoblissant purifiera tout par ma mort et tu te souviendras de moi comme il faut que tu te souviennes après notre *seconde naissance* et notre *sauf-conduit*. Te rends-tu compte de la difficulté qu'il y a à écrire devant les autres ? (J'ai des gens chez moi.) Pour ce qui est des achats, ne t'en fais pas, je rapporterai tout ce qu'il faut ; je regrette seulement que mon mauvais état de santé ne me permette pas d'aller *moi-même,* joyeusement et les yeux bien ouverts, dans les magasins. Je ne reste donc pas à me faire soigner en Fr. mais je me sens bien mal, Lialia, je ne dors qu'avec des somnifères. Je te serre dans mes bras.

Ton B.

Lettre écrite de Paris à Moscou (note de Z. N. Pasternak).

12.VII.35 [Léningrad]

Je viens de t'envoyer un télégramme. Je crains toutes les possibilités moscovites : les maisons de repos, les datchas, l'appartement de la Volkhonka. Il ne me reste plus la moindre goutte de force pour rien de tout cela. C'est par hasard que je loge chez tante Assia *. Je suis arrivé à Léningrad dans un état d'hystérie avancée, c.-à-d. que je me mettais à pleurer dès que je commençais à parler à quelqu'un. J'étais dans cet état lorsque je me suis retrouvé dans le calme, la propreté et le froid de l'appartement de t. Assia et j'ai soudain compris que je pouvais échapper au kaléidoscope permanent, à la radio, au mensonge, à l'escroquerie, cruelle à mon égard, du gonflement de ma propre importance, à l'ambiance à moitié dépravée des petits hôtels qui me rappelait constamment cette chose à propos de toi qui est devenue ma blessure et mon malheur *, etc. Il faut bien enfin que je retrouve ce calme intérieur dont j'ai été privé pendant plus de deux mois par un sortilège qui m'a mis à la torture ! J'ai rêvé d'une conversation avec toi que je ne saurai rendre dans une lettre. Mais ne viens pas ici, cela me troublerait trop. C'est surtout pour toi que je me suis efforcé de rendre mon voyage intéressant ; pour moi, je n'ai presque rien acheté. Chtcherbakov a la liste * des objets qui ont été retenus à la douane de Léningrad. Demande-lui de t'aider à payer les droits et à te les faire remettre. Il n'y a pour Génia que quelques babioles, mais comme il y a quelque inconvénient à ce qu'ils pensent que je t'ai rapporté trois robes en tricot *(ce qui est le cas),* dis que ce sont des cadeaux : pour toi, pour ma belle-sœur, pour Génia et pour d'autres. La valise franç. neuve que j'ai ici est également pour toi. En outre, j'ai laissé à Londres quarante-deux livres sterling pour toi chez Lomonossova *, mais il ne faut le dire à personne. J'ai expliqué la pauvreté de mes achats par la nécessité de lui rembourser une dette : autant que l'on pense qu'il en est ainsi.

Écrite de Léningrad au retour de Paris vers Moscou (note de Z. N. Pasternak).

14.VIII.35

Bolchévo.
Soirée sans toi, qui viens de partir. Merci à toi d'être ce que tu es, de ce que je t'aime tant, de ce que tu répandes autant de joie autour de toi et que tu m'en donnes une telle quantité. C'est pénible et désagréable

de voir les Sokolov, qui n'étaient pas là quand tu y étais : ils me *rappellent ta présence ici,* ils sont en trop, je ne comprends pas à quoi ils servent.

Ma lettre à Kalinine *, il est vrai que j'en attends l'issue comme une chose qui nous est commune, comme un enfant : nous allons engendrer la liberté de Victor. Ou du moins une certaine amélioration de son sort. Quand donc apprendrai-je à vivre sans toi ? C'est plus difficile que la poésie, le poker ou le volley-ball. Tu es aussi évidente et mienne que ma vie, paradoxalement malade et incompréhensible. On t'a soudain arrachée à la nuit et elle est restée triste, douloureusement vide.

J'ai quand même réussi à t'écrire !

Ton B.

Ceci, c'est pour Selvinski * : [...]

Écrite à Bolchévo (note de Z. N. Pasternak).

[Août 1935]

Ma Lialietchka chérie. Je dors toujours aussi peu, mais je me suis remis au travail et l'enfer intérieur dans lequel je vivais depuis quatre mois a pris fin. Je ne sais dans quelle mesure cela est solide et si c'est définitif, mais si les choses prennent forme, je serai le même homme méthodiquement heureux que j'ai toujours été et je resterai ici, à Bolchévo, pendant tout l'hiver, au grand dam de tous les directeurs.

C'est la même prose hivernale. A nouveau et comme toujours c'est toi qui es au centre, mais je veux la réécrire à ma manière, dans l'esprit et le genre de *Sauf-Conduit* et de *Vagues.*

Il n'y aurait pas eu ce terrible été si je n'avais pas dérogé à une règle de vie que je croyais acquise, si je n'avais pas été, en avril, un lâche qui écoutait médecins et connaissances et si, au lieu de *produire,* je n'avais pas essayé de *me refaire une santé.* Quelle folie cela était, et quelle chance que je n'y aie pas perdu la boule ! Mais j'ai quand même effroyablement peu de forces en comparaison de l'année dernière et je ne comprends pas d'où cela vient. Du cœur ? Ou de l'énorme masse de sommeil à rattraper ?

Je voulais te réjouir avec cette lettre et je serai très triste si je n'y parviens pas. Ne te préoccupe pas pour moi. Voici ce dont je rêvais ce matin dans mon lit : à l'approche de l'hiver, je parviendrai en travaillant à une sorte d'équilibre qui ne sera peut-être pas celui d'avant mais qui sera à la fois plus neuf et moins jeune. Il faudra écrire au cours de l'hiver une chose somptueuse par la force de l'authenticité, la profondeur concise et la couleur. Et avant que le printemps ne débute, nous partirons quelque part à l'étranger (à Paris ou chez Romain Rolland), mais de manière à séjourner quelque temps chez mes parents au cours du voyage.

Pas d'inquiétudes donc à mon sujet ! Je vis par toi en permanence, mais comme cela était auparavant, lorsque je me réjouissais et m'égayais de ta présence permanente en mon âme et non telle une feuille de tremble sous ton souffle chaud, comme ces derniers temps.

Cet été, je n'étais plus de ce monde. Dieu fasse que personne d'entre vous ne connaisse les zones de folie embryonnaire où, me retenant d'y tomber et luttant contre elles, je me suis alors trouvé.

Embrasse Toussia, Ania et Anna Fiodorovna *. Raconte à Garrik que je refais ma prose en la rapprochant davantage de la musique et de la poésie que ce n'était le cas auparavant, et que je me sens mieux. Serre très fort les enfants dans tes bras. Salue tes amis. Je suis moins jaloux d'eux que conscient du fait qu'ils nous sont finalement étrangers : à moi et (tu t'en convaincras toi-même au fil des ans) à toi aussi. Et c'est justement parce qu'ils sont si différents de toi que je suis aussi peu à l'aise avec eux. Ils sont également à l'origine de mon été maudit, tout comme le sont les médecins avec leurs ordonnances. Un monde, un cercle de la bourgeoisie juive parasitaire aisée, qui se limite cyniquement à la parole et que la souffrance féconde n'a pas éprouvé.

Ainsi, pour la troisième fois, ne t'inquiète pas et sois toi-même en bonne santé. Viens me voir en te laissant guider par la commodité, c.-à-d. en faisant coïncider ta venue avec un voyage obligé à Moscou pour raison d'achats alimentaires.

Un grand nombre de personnes nouvelles est arrivé ici. De l'excès précédent je suis brusquement tombé dans son opposé : je suis devenu cassant et brutal, et j'ai même vexé une des estivantes lorsqu'elle s'est mise à bredouiller je ne sais plus quoi au sujet de l'inspiration. Le poète Sourkov * est des derniers venus. En ce qui concerne l'Anglais aux cheveux bruns ami de Kapitsa *, c'est en fait une sommité mondiale : c'est Dirac *, ce créateur de la micromécanique post-einsteinienne dont nous avions lu le nom avec Garrik dans le livre de Jeans * – Cette enquiquineuse de Gandolfi * m'a envoyé son gendre. Il est venu me trouver alors que je travaillais. Un jeune homme plein de vitamines, avec lequel il était difficile de parler tellement il sentait l'oignon. Je l'ai reporté à 7 heures, il nous servira pour le volley-ball.

Penses-tu à moi, Lialia, me connais-tu et m'aimes-tu ?

Toujours et tout entier à toi, B.

Cela fait deux jours que je prends des bains mais, lorsque j'essaie de faire de la gymnastique, je vois combien j'ai dégringolé par rapport à l'année dernière. Mais dans l'ensemble je vais mieux, enfin, je vais mieux, mon âme va mieux, hourra hourra et tra ra ra ra.

Lettre envoyée de Bolchévo, maison de santé des savants, à Zagorianka où j'habitais avec les enfants (note de Z. N. Pasternak).

1938

[Octobre 1938]

Kissa chérie ! Qu'est-ce qu'il t'arrive, ma pauvre ? En voilà un vrai malheur ! Je refuse de croire que ce soit la diphtérie et j'espère m'en persuader demain à 1 heure. Garde, je t'en prie, le moral.

Je serais parti aujourd'hui même, ce qui m'aurait permis de me rassurer, mais je traduis Chevtchenko* comme pour un pari, à raison de 300 ou 400 roubles de travail journalier, et je voudrais avoir fini au brouillon pour le 2.

Je n'abandonne quand même pas l'espoir que tu te sentiras mieux demain et que ce sera terminé. Couche-toi dans ma chambre, l'isolation sera meilleure même dans le cas d'une angine. L'essentiel, c'est que tu n'aies pas peur et ne craignes rien : nous avons connu d'autres malheurs et d'autres épreuves ! Je t'embrasse très très fort. Et moi qui espérais te raconter quelque chose et pensais que tu me ferais des compliments ! Je te serre dans mes bras. Tâche de guérir rapidement.

Quelle température as-tu ? Je n'arrête pas de demander à Stassik. Il me dit : « de la fièvre », mais il ne sait pas combien de degrés. Eh bien, à nouveau, rétablis-toi !

Je pense constamment à toi et je t'aime très fort.

1941

12.VII.41 (1)

Zinotchka ma chérie, ma *doussia* ! Les choses sont devenues beaucoup plus tranquilles. Je n'ai pas eu pendant longtemps de nouvelles de Génia *, qui n'écrit rien par honnêteté des lieux où il se trouve. Ses camarades ont fait savoir qu'il était sain et sauf. J'ai passé ces derniers jours (depuis le 10) au potager, qui est couvert de mauvaises herbes et dans un triste état. Rien qu'hier nous avons sarclé et ameubli toutes les pommes de terre. Nous sarclons carottes et concombres, nous fauchons et, chaque soir, nous arrosons. J'ai profité de ces circonstances exceptionnelles pour me débarrasser d'un tas de vieilleries, à l'appartement et à la datcha.

12.VII.41 (2)

Olienka, Génia * et d'autres vont venir ici : je fais travailler tout le monde ! Anna Rob[ertovna] * m'a adressé une demande de secours mais je n'ai pas eu le temps de lui répondre et je n'ai moi-même rien en trop. Maroussia * (celle de Lionietchka) est toujours chez moi ; elle lui transmet un grand bonjour. Olienka et Toussia vont probablement s'installer pour plusieurs jours à la datcha. Tout le monde autour de moi, en ville comme à la campagne, veille à ce qu'il y ait de l'ordre afin que rien ne fasse obstacle aux changements et déménagements. Écris-moi s'il te plaît avec force détails comment s'est passé votre voyage et si vous êtes bien, là où vous êtes arrivés. J'embrasse très très fort Lionia et Adik*. Je leur écrirai la prochaine fois. J'ai transmis des salutations orales par l'intermédiaire de Vièra Vassilievna*. Je te serre dans mes bras.

Ton Boria.

19.VII.41

J'attends avec impatience des nouvelles de toi. Vous avez sans doute la vie dure : la promiscuité, la grosse chaleur et p.ê. même des problèmes d'alimentation. Rassure-moi à ce sujet. Ne te tourmente pas à penser que vous êtes peut-être partis pour rien. Il est vrai qu'après votre départ il n'y a plus eu d'alertes mais on ne peut pas savoir ce qu'il y aura après. Je t'ai déjà écrit que j'avais décidé, pour une multitude de raisons, de m'occuper du potager. Il y a déjà des puces et des vers sur les choux ; je vais les exterminer. Les fraises commencent à mûrir. Lorsqu'il y en aura davantage, j'en porterai à Adik*. J'ai mis hier de l'ordre dans notre appartement de ville : que de choses inutiles !!! J'en ai été atterré. Je t'embrasse très fort, ainsi que Lionia et Stassik. Salue tous ceux que je connais.

Ton B.

20.VII.41

Zina chérie !
Génia a envoyé chez lui des lettres sous enveloppe dont aucune n'est arrivée. La censure n'a sans doute pas le temps de les lire toutes et, pour gagner du temps,

les détruit. En ce qui me concerne, je n'ai pas encore reçu de toi le moindre mot ; je t'ai envoyé plusieurs lettres et je crains que tu n'en reçoives aucune.

Je t'ai envoyé hier 400 roubles. Hier également, dans la matinée, je suis allé chez Adik pour lui faire mes adieux. On les déplace vers la ville de Plioss, sur la Volga. Adresse : obl. d'Ivanovo, Plioss sur Volga, ex-maison de repos du Syndicat, sanatorium « La Rose rouge ». Je l'ai trouvé en meilleur état que ce n'avait été le cas avant. Sa jambe ne lui fait absolument pas mal et sa température est presque tout le temps normale. Il s'est mis à mieux s'alimenter et se demande même avec inquiétude si leur transfert n'entraînera pas une détérioration dans la nourriture, dans la mesure où il a recommencé à prendre du poids. Comme je te l'ai écrit à plusieurs reprises, je ne pouvais pas laisser l'appartement, la datcha et le potager dans l'état où ils étaient parvenus à l'époque où nous nous sommes quittés. J'ai remis peu à peu de l'ordre dans tout cela en ne comptant que sur moi-même car Maroussia et Vassili * sont des canailles et pour ce qui est de Maroussia la nounou, il lui faut une journée pour repasser un mouchoir et le repas qu'elle prépare le matin est prêt aux environs de minuit. Les invités n'ont cessé de se succéder à la datcha : Toussia avec Olienka, Militsa Serguieïevna en compagnie de Garrik, Génia et Génia, mais ou bien j'étais en ville ou bien j'avais à peine le temps d'échanger avec eux quelques paroles car tout mon temps était pris par le sarclage de l'ensemble du potager et son arrosage quotidien, puis est venu le buttage des pommes de terre et l'extermination des vers du chou.

Nous sommes dimanche 20. J'ai le plus grand mal à me débarrasser de la Maroussia de Lionia. J'en ai besoin comme d'aller me pendre, je le lui ai dit et elle, la garce, me réclame deux semaines d'avance en attendant de trouver autre chose. Or ce que je voudrais avant tout, moi, c'est qu'après avoir reçu de moi tout ce qui lui est dû, elle retourne dans son village. Je vais porter un jour prochain quelques tableaux de papa en ville et m'y installerai peut-être moi-même pour plusieurs jours, quoiqu'en supplément à l'électricité et au téléphone qu'on y a débranchés, on y ait également coupé le gaz. Je m'ennuie comme une bête, à en hurler et à en pleurer, de toi et de Lionitchka. Lorsque j'ai vu Adik, je n'ai pu me retenir et ai passé mon temps à pleurer, au point que les larmes m'empêchaient de parler.

Je serai très étonné que ce vide et cette séparation n'entraînent pas de conséquences dans ma vie personnelle. La mélancolie, j'en ai l'impression, va me faire perdre l'esprit. J'ai toujours eu besoin, dans mon travail, d'une longue et solide période d'inertie. Je ne puis me figurer ce que je vais maintenant faire tant sont éloignées de moi toutes les exigences de l'actualité. Ce qui m'est en ce moment le plus proche et le plus cher est la dureté du travail physique, qui apporte l'oubli par la fatigue. Je t'embrasse ainsi que Stassia et Lionia.

21.VII.41

Ma Zinotchka chérie, ma *doussia* à moi ! Je ne pouvais rien te communiquer de nouveau en dehors de ce que je t'ai écrit hier et avant-hier, mais j'ai reçu une première lettre de toi adressée de l'embarcadère de Kazan * et c'est pour moi une telle joie ! Merci, merci, merci d'avoir écrit. Et de manière si vivante et intéressante ! J'ai tout vu comme si je m'étais trouvé à côté de toi. Je vous envoie mille embrassades : à Lionia, à toi et à Stassik. Je n'ai rien à t'écrire à propos d'Adik ; j'ai été traumatisé hier par notre séparation, lui qui ne m'est pas plus étranger que Génia. Ils sont encore à Balachikha * et n'ont toujours pas embarqué. Quel plaisir que ta lettre, tu ne peux pas imaginer. Comme toi, comme Stassik, je ne recherche le contentement que dans le travail physique. Génia a reçu un vrai baptême du feu ; il est venu nous voir avec tout son équipement. Vassili, à la datcha, ne quittait pas d'un pouce ce grand spécialiste de l'art militaire tout juste sorti de l'enfer des combats. Afinoguénov* va même composer à partir de ses récits toute une émission radiophonique pour les Anglais. Moi par contre, Génia m'a interdit d'écrire quoi que ce soit sur ce qu'il a vécu, par modestie et sens des responsabilités. Et pourtant il n'a raconté que des histoires sans importance. Même à moi, son père, il cachait certaines choses. Il est gai, mince, élancé et couvert de taches de rousseur. Il te salue et embrasse Lionia et Stassik. Je t'aime et t'embrasse infiniment.

Ton B.

24.VII. [41]

Ma *doussia* chérie !
Cela fait trois nuits que l'on bombarde Moscou. La première, j'étais à Pérédielkino, tout comme la dernière, du 23 au 24. Hier, du 22 au 23, j'étais à Moscou sur le toit (pas sur la terrasse, mais sur le *toit*) de notre immeuble, en compagnie de Vsiévolod Ivanov, de Khaltourine et d'autres*, pour la surveillance anti-incendies. Tu te rappelles cet Anglais qui avait raconté ses impressions à la radio : je t'en avais parlé ? Eh bien c'est ce que nous voyons maintenant chaque nuit de nos propres yeux et expérimentons dans notre chair. C'est un manque de sommeil chronique, sans parler du reste, que la rumeur publique te fera connaître et que ton imagination te suggérera : c'est épuisant. Que de fois, la nuit dernière, lorsque tombaient et explosaient à une ou deux maisons de moi fougasses et obus incendiaires, et que pendant une minute, comme par un coup de baguette magique, s'embrasaient des quartiers entiers, je t'ai fait mentalement mes adieux, ma petite mère et ma *doussia* ! Merci pour tout ce que tu m'as donné et apporté, tu as été la meilleure part de ma vie et nous n'avons vraiment pas compris assez ni l'un ni l'autre combien tu étais profondément ma femme et ce

que cela signifiait. Souviens-toi de moi, ma chère amie, au cas où par un malheureux hasard je tirerais le numéro mortel dans cette loterie fatale. Salue Tam[ara] Vl[adimirovna] * et dis-lui que, dans les conditions normales et lorsqu'on est loin, on ne peut pas se figurer quel soulagement représente, face au danger, la proximité ou la présence de quelqu'un que l'on aime et apprécie dans toutes les circonstances. Je parle de Vsiévolod, qui se tenait derrière le grenier, à quelques pas de moi. Tout autour de nous, c'était la canonnade et une mer de flammes.

Je vous étouffe dans mes bras tous les trois : toi, Lionia et Stassik. Tous ici sont sains et saufs. Adik est en sécurité.

30.VII.41

Zina chérie ! Indirectement, par une lettre de Natalia Constantinovna * à Pavlenko et par ta carte à Garrik, j'apprends de tes et de vos nouvelles à tous. Ici pour l'instant (pour longtemps ?) c'est plus calme. Pérédielkino est rempli de Moscovites couchant ici pour éviter les raids aériens. On m'a proposé d'écrire quelque chose pour le VOKS * et, Dieu voulant, je vais probablement travailler un jour ou deux à l'intérieur afin de m'intégrer à l'œuvre commune et gagner un peu d'argent. Il y a dans notre datcha un océan de fraises et presque autant d'éclats d'obus, après les tirs nocturnes. Une grande partie de nos nuits se passe au fond du trou. Tu es probablement affreusement fatiguée, mais c'est une bonne chose que vous travailliez tous. Gros baisers à toi, à Lionia et à St.

6.VIII.41

Zina chérie,
Je rassemble couvertures et draps pour vous les

envoyer. L'été se complique car la nuit dernière (je dormais à Pérédielkino) une fougasse a détruit le bâtiment de la poste, rue Ordynka, tandis que l'onde de choc abattait toutes les fenêtres de la ruelle Lavrouchine. Les pièces et les objets sont recouverts de minuscules débris de verre. J'ai longtemps battu la couverture d'Adik, que je t'envoie, mais secoue et bats-la à nouveau à l'arrivée. Remercie sans cesse le destin parce que vous n'êtes pas à Moscou, ni aux environs de Moscou. Ne te fâche pas si je ne t'envoie rien cette fois-ci, mais où prendrais-je l'argent lorsque mes œuvres n'ont pas le ton qui convient ? J'en aurai après le 10 et je t'enverrai un mandat, jusqu'à 500 roubles.

Ton B.

7.VIII.41

Zina chérie !

Je suis allé hier en ville rassembler pour toi couvertures et choses diverses. Il y avait tellement de débris de verre sur le sol de l'appartement que je n'ai même pas eu le temps d'en faire un tas complet, mais cela m'a pris tant de temps que, lorsque je me suis précipité pour aller passer la nuit à la datcha, je me suis rendu compte que je n'avais rien mangé de la journée. Or à la datcha il n'y a pas une miette de pain. Je n'avais pas eu le temps, dans ma grande hâte, de passer chez Génia pour savoir s'ils étaient en vie (chaque nuit des incendies et des destructions) et leur prendre un peu de nourriture pour la datcha. Une fois rentré, l'influence du tri effectué dans la journée parmi les jouets des enfants et toutes vos affaires, un estomac vide et l'étonnante pureté du silence vespéral dans les champs et les bois, sans oublier la détestable présence de Maroussia, ont engendré en moi une tristesse à pleurer. Aujourd'hui je suis à nouveau en ville et voilà que j'apprends que Génia et Génietchka sont soudain partis hier à

Tachkent, sans avoir eu le temps de me prévenir. Je vais probablement laisser Yéléna Petrovna * chez moi. Leur appartement est pour l'instant intact ; je vais peut-être jeter sur lui mon dévolu comme pied-à-terre, pour moi et pour Constantin Fiédine. Pardonne-moi de ne rien vous envoyer à manger : je n'ai rigoureusement pas un sou.

Nos affaires vont probablement de nouveau mal car l'exode a repris : on a proposé à Garrik et à Kostia Fiédine de partir pour Naltchik (c'est au Caucase), mais il faut pour cela beaucoup d'argent et ils ont refusé. Écris-moi, je t'en prie, une bonne lettre tendre, comme une femme en écrit à son mari. Tu ne peux pas imaginer sous quelle oppression (et dans quelle ignorance) nous nous trouvons ici. Je ne sais ce que je donnerais pour voir Lionitchka et le serrer dans mes bras.

Ton B.

11.VIII.41

Ma Zinotchka chérie !

Je suis complètement seul. Je me sens souvent comme reporté trois ans en arrière, à cet automne de la datcha où je mettais tout ce que je ressentais dans la *Maria* de Chevtchenko *. Le silence et le charme de la forêt, l'émerveillement de la terre si féconde et la rudesse de la vie que je mène m'emplissent tout entier. Cette paix se voit parfois rompue par l'arrivée de G[arrik] et de M[ilitsa] S[erguieïevna]. Je les aime beaucoup, ils sont très gentils, mais me sont étrangers sur ce plan fondamental où tu es comme moi, et si proche de moi. Ou bien ce sont d'autres invités qui arrivent : ils apportent plein de saleté avec leurs chaussures, font tourner sans fin leur moulin à paroles, mettent des miettes un peu partout et filent, après quoi je n'ai plus qu'à passer deux heures à nettoyer moi-même toute la maison. Je m'ennuie de toi, et de tout ce qui est détruit de nous, à en perdre la raison. Et comme cette solitude t'est et vous est dédiée, je m'enflamme de jalousie à l'intérieur de moi lorsqu'on vient me la rompre. Je pourrais probablement écrire quelque chose de très personnel et je regrette de ne pas avoir le courage d'envoyer tout promener et de m'y mettre (ne pense pas que ce serait sur la guerre et tout ce que l'on vit en ce moment, mais ce serait fort et véridique, et ainsi que mes yeux et ma conscience me le dictent). Cela te peine, que je ne connaisse pour l'instant que des échecs. Mais il y aura encore de l'argent pendant un certain temps. Quand on ne t'écrit pas, tu es furieuse parce qu'on t'a oubliée ; mais quand on te dit que tu es une lioubouchka et une lialia et qu'on ne peut pas vivre sans toi, tu es dépitée parce que ce ne sont que des sentiments et non la rémunération de quelques articles d'actualité. Je m'ennuie affreusement de toi et je pleure presque en écrivant ces lignes. Je me trouve actuellement dans une situation aussi fausse et stupide que lorsque tous avaient reçu des décorations * sauf moi et que tu avais été vexée pour moi et voulais écrire à Fadieïev *. Je sais quel mal tu te donnes et que tu n'arrêtes pas, mais je n'ai pas honte de ne pas pouvoir me vanter devant toi de mettre autant de zèle à mentir et à toucher de l'argent pour des platitudes imprimées que tu en mets à travailler à la cantine *. Tu sais que je travaillerais avec le même enthousiasme à tes côtés comme simple gardien et que j'œuvre avec passion et succès à des matières élevées du genre de Hamlet, alors que la création littéraire est dans toute sa force aussi privée d'artifices que le chauffage des poêles ou le travail au potager. Mais prends garde. Ne perds pas courage. Je t'en prie, écris-moi quelque chose de tendre. Je te serre dans mes bras.

Ton Boria.

17.VIII.41

Ma petite mère chérie, en or, chaude et belle, cela fait dix ans que nous sommes ensemble et je t'aime plus que tout sur terre, avec tes yeux, ton humeur, ta vivacité et ton absence de crainte devant ce travail grossier et brûlant qui est du même sang que moi par l'honnêteté et la simplicité, avec ce talent tien, inné, non appris dans les livres, qui t'emplit de la tête aux pieds, mon cher ange. Que de fois les circonstances, les mots prononcés par d'autres et les rencontres fortuites, les moments particuliers de la nature, les odeurs de l'herbe et de la forêt ou les petits détails de la vie me rappellent ton visage ruelle Troubnikov, à Kiev ou à Kodjory ! Ce sont là mes meilleurs souvenirs, si dorés qu'ils ne m'ont pas encore abandonné et ne sont pas devenus le passé. Ce sont des scènes et des pages d'une vie pure, sonore, incomparable, pour lesquelles j'ai vécu et vis tout le reste du temps, avant eux et pour eux. Ou bien c'est une foule qui me rend visite : Choura avec Irina, Garrik avec Militsa, et Richter* joue une étude ou le 4ᵉ scherzo, ces mêmes œuvres que tu jouais à notre retour du Caucase, et tout renaît devant mes yeux avec une authenticité si triste et ennoblie que la nostalgie m'aveugle et que je n'ai plus qu'un désir : que tout soit toi et qu'il n'y ait rien d'autre que toi, et que l'on ne m'empêche pas de te connaître, de t'évoquer et de n'être occupé que de toi. Je t'embrasse, mon cher ange : te souviens-tu de moi ? C'est la première fois que je t'écris véritablement : Const. Grigor. * n'est pas pour moi n'importe qui et je n'ai pas de crainte pour ce que je remets entre ses mains.

Dans tous les cas précédents (et je t'ai écrit beaucoup et souvent), j'étais gêné par les yeux de la censure ou par telle ou telle autre circonstance particulière, et je m'en tenais à une énumération pratique des faits. Venons-y donc. Adik est incomparablement mieux ces derniers temps : il est gai, mange pour trois, reprend du poids et t'écrit (tu reçois probablement ses lettres avec un mois et demi de retard). Non seulement il n'a pas ressenti d'amertume concernant les conditions de ton départ mais, bien au contraire, s'est étonné que nous ayons pu toi et moi, au moins en pensée, être prêts à envoyer Lionioussia sans toi et sans Stassik (qui, selon son expression humoristique, est plus petit que Lionia). Comme je te l'ai écrit et télégraphié, au moment où les Allemands avaient progressé et commencé à bombarder Moscou, on voulait les évacuer à Plioss, sur la Volga, mais ensuite les Allemands ont été stoppés et les bombardements ne concernent que Moscou, sans toucher les environs, en sorte que leur sanatorium est toujours à Balachikha. Au moment même où je t'écris ces lignes, l'offensive all. a repris. Smoliensk est tombée et l'avenir s'annonce sombre et inquiétant.

On propose aux personnes connues, décorées, âgées de partir avec leurs familles. Peut-être Garrik, s'il obtient des conditions de transfert convenables, prendra-t-il Adik avec lui et l'emmènera-t-il au Caucase avec toute sa maisonnée. Sans Adik, bien sûr, il ne partira pas. J'ai eu la surprise d'apprendre que, sans m'avoir fait d'adieux et sans que j'en sois informé, Génia et Génia le garçon avaient fait leurs paquets pour Tachkent. Si Kostia Fiédine, Paoustovski et moi restons à Moscou et ne sommes pas évacués dans vos parages, nous habiterons l'appartement du boulevard de Tvier*. Les fenêtres y sont intactes, Yéléna Petrovna (la femme de ménage) est une bonne maîtresse de maison et, si jamais la maison s'effondre suite à un raid aérien, il est plus facile de retirer qqch. de deux étages de gravats que de huit. La dernière fois où j'ai assuré la garde sur le toit ruelle Lavrouchine (dans la nuit du 11 au 12), deux fougasses sont tombées devant moi sur l'immeuble. La première a détruit quatre appartements de l'entrée n° 1, dont celui des Paoustovski, la seconde a atteint la maison de brique rouge qui est à gauche, dont elle a réduit un quart en miettes, en faisant cinq morts et huit blessés. Déjà avant cela, tous les carreaux sans exception avaient été soufflés. On me dit de me presser car Paoustovski va en ville et, de là, partira vers vous. Je t'envoie ce que je peux : 400 roubles – à moi. Bientôt, p.ê., Garrik t'enverra qqch. Il y a un mois, la même somme (dont 300 r.

de G.) t'avait été envoyée par la poste à Bersout. Bien que la menace d'attaque ait repris, je n'ai mis au point mon travail que tout récemment. Malgré l'ennui mortel où je suis de vous trois, et de toi en particulier, je n'ai pas envie de partir et je ressens une sorte de gêne et de crainte à me couper des événements. Il me semble que l'on peut, en agissant ainsi, se priver de sa part d'avenir, pour autant que l'on reste en vie. Au reste, tout cela s'éclaircira de soi-même. Je coupe ma lettre en pleine phrase. Tu peux faire confiance à Const. Grig. : c'est un homme excellent et un remarquable écrivain.

Je t'embrasse. Trouve quelqu'un pour me porter une lettre. As-tu reçu les vieilles choses chaudes que je t'ai envoyées ? Adieu, ma chérie, chérie, chérie. Je serre contre moi Lionitchka et Stassik.

Ton Boria.

[Après le 17 août 1941]

Ma *tioutienka* chérie, comme je m'ennuie de toi ! Merci de ta grande lettre circonstanciée, la première de Bersout *, à l'époque où il y avait de l'orage et où Lionitchka était malade. Comme tu écris de manière vivante et concrète, ma chérie si intelligente ! Un télégramme est arrivé de toi. Toujours aussi dévouée et prête à rendre service, tata Natacha (la femme d'ascenseur) a décidé de ne pas se contenter de me l'« emboîter » et l'a transmis pour moi à Khaltourine (le mari de Vièra Vassilievna Smirnova), qui était au bureau lorsque je suis allé en ville. Ensuite, à ma requête, on le lui a redemandé. Nouvelle surprise : on l'avait donné à quelqu'un pour qu'il me le remette à la datcha, en sorte qu'à ce jour je ne l'ai toujours pas vu ! Je bous, je ne tiens pas en place : comme il serait pour moi important et cher de tout savoir de tes besoins, et en plus un télégramme ! Mon seul espoir, petite mère, est que la lettre et les 400 roubles que je t'ai fait transmettre par Paoustovski t'aient atteinte. En voici encore 400 par cette lettre que te portera R. M. Bièlienkaya. C'est à nouveau de moi seul (pas de Garrik). J'ai reçu hier d'Adik * une lettre très affectueuse, sage et intéressante. Mais tu sais déjà que sa santé va mieux.

    Tu as probablement été, et vas à nouveau être, agacée par le contenu (la composition) de mes envois. Une bonne moitié du tout est probablement vieille et inutile pour toi. Mais que pouvais-je faire si, jusqu'à maintenant, j'ai totalement manqué d'argent ! Tout cela n'est pas par hasard et la fin n'en sera que plus heureuse. C'est tout récemment seulement que je me suis remis à gagner de l'argent. L'article pour le VOKS a été pris et j'en écris un autre pour eux (bien qu'ils ne me donnent chaque fois que 200 roubles). J'ai écrit quelques nouveaux vers * pour *Krasnaya nov'*, afin de remplacer ceux d'avant la guerre. Je voudrais écrire une pièce * et ai fait hier une demande préalable à ce sujet au Comité pour les affaires artistiques. Je suis agacé par les poncifs idiots qui subsistent en littérature, dans ce qui touche à la presse, au niveau de la censure, etc. On ne peut plus, maintenant que les gens ont respiré l'odeur de la poudre et de la mort, regardé le danger en face, longé l'abîme et bien d'autres choses encore, leur infliger plus longtemps cette absence obligatoire de contenu, stupide et lugubre, qui ne fait pas seulement l'affaire du pouvoir mais convient à ceux qui écrivent, êtres en majorité médiocres, d'une créativité chétive et à l'appétit inexistant, qui ne soupçonnent même pas ce que peut être le goût de l'éternité et se contentent de sandwiches au caviar, de ZIS, de M-kas * et de tartines doubles de décorations. Et c'est cela qui constituera leur biographie ! Et c'est pour cela que des gens sont nés, ont grandi, vécu ! Tu te rappelles quelle était mon humeur avant la guerre et combien je voulais tout faire d'un coup et m'exprimer au plus profond ! Maintenant, ce désir n'a fait que décupler. Je me suis fâché avec des tas de gens : avec Marchak *, avec Pogodine *, avec plein de menu fretin, et je crois bien avoir vexé Garrik et Mil. Serg. Ils me gênaient énormément avec leur air oisif et leurs manières d'estivants typiques, leurs banalités d'intellectuels désœuvrés, leur incapacité à nettoyer convenablement après eux, leur lecture vingt-quatre heures sur vingt-quatre, les pieds bien haut levés dans des hamacs, etc. Mais moi je ne suis pas un ange, il y a tout un enfer en moi ! Je n'ai pas le temps, et le critère, pour moi, c'est la capacité de quelqu'un à faire le travail le plus simple et le moins qualifié au monde : c'est moi qui fais les paquets, couds les ballots et porte tout sur mon dos pour te l'envoyer. Mais s'il y a des gens avec qui je file le parfait amour et la grande amitié, ce sont (à de rares exceptions près) tous mes voisins de Pérédielkino et, avant tout, Const. Alexandrovitch *. Avec lui et Léonov *, et peut-être aussi Korn. Ivan. Tchoukovski *, nous avons très envie de faire un saut d'une quinzaine de jours chez vous à Tchistopol et Bersout et de revenir ensuite à Moscou, si tant est qu'il y ait un endroit où revenir, ou bien d'accueillir sur place dans notre étreinte tchistopolienne l'Union des écrivains évacuée de Moscou, dans le cas où rentrer n'aurait plus de sens et serait trop tardif. C'est si sensé et si simple que je présente la chose sous cette forme élémentaire à l'Union des écrivains, qui doit nous donner des papiers pour que nous obtenions des billets et des facilités de déménagement, puis d'installation une fois arrivés à destination. Mais rends-toi un peu compte : l'Union nous refuse jusqu'à présent tout cela parce qu'il nous faut (au lieu d'afficher un vrai patriotisme sérieux et de montrer du sérieux dans nos vies) faire les pitres dans une comédie infantilo-patriotique qui exige que nous autres écrivains, et en particulier Kostia Fiédine, restions présents à Moscou. Je pense quand même qu'ils finiront par nous laisser partir. Je n'ai pas de soif, de rêve égalant ceux-ci : étreindre mon petit misanthrope bêta et maussade de Lionia, voir Stassik fondre en larmes devant toi, ma *doussia* et ma travailleuse en or, mon ardente *doussia,* quoique tu ne mérites pas ma tendresse, *vilaine garce* * qui ne m'aimes pas ! Léonov a presque perdu la boule par nostalgie familiale : il pleure, il prie et nous essayons chaque jour, Kostia et moi, de le rassurer ; il a quelque chose qui ressemble à mon insomnie de 1935.

Mais cela suffit, ma petite mère. Couvre très très fort de baisers les enfants de ma part. Si l'on conclut un contrat pour ma pièce et que l'on me donne un peu d'argent (on ne donne plus ni *beaucoup* ni *immédiatement*), j'enverrai des cadeaux aux enfants et à toi aussi. J'ai demandé à Mil. Serg. de trouver des chaussures de pointure 40 pour Stassia, mais j'ai abandonné toute espérance * et confié cette tâche à Yél. Petrovna (la femme de ménage de Génia). Bon, que tout, tout, tout soit pour le mieux pour toi, ange et amie mienne, ma *tioutienka,* mon enfant chéri, ma *doussia.*

Ton B.

26.VIII.41 *

Zinoucha chérie !
Je viens de t'écrire une lettre détaillée et tendre où je dis que je t'envoie de l'argent et des vêtements et voilà soudain (à l'Union, où j'écrivais ma lettre) qu'un jeune homme que je ne connaissais pas est venu vers moi et m'a dit qu'il pouvait te transmettre la lettre. Je regrette déjà de la lui avoir donnée et je ne sais si tu la recevras, mais voici les 400 roubles promis. Pour ce qui est des vêtements, le Fonds littéraire dit que je les ai apportés trop tard et ne veut pas les prendre, mais j'ai bon espoir de les convaincre. Je te salue donc à nouveau, puisque je viens de t'écrire.

Ton B.

[27-28 août 1941]

Ma chère petite mère, que je t'aime ! Quel bonheur que, parmi une multitude d'attachements, de bons sentiments et d'engouements parfaitement authentiques, il m'ait été donné de connaître la joie de la découverte et l'intimité d'une personne qui me plaît tant par elle-même, en permanence et sans que cela diminue ! Quel dommage que, depuis quelques années, tu ne le saches plus !

Je suis très alarmé d'apprendre que se multiplient, à Tchistopol et chez vous, des épidémies de maladies infantiles. Lorsque tu recevras cette lettre, télégraphie-moi S.T.P. comment vont les santés de Stassia et de Lionia. Réponds-moi aussi sur ceci : je t'ai envoyé à trois reprises de l'argent, 400 roubles chaque fois. Une fois par la poste, une autre avec Paoustovski, la troisième hier avec Bièlienkaya (je t'enverrai la même chose le 10). Sur ces sommes, il y avait la première fois 300 roubles de Garrik. Il y a eu deux envois de vêtements : le 8 août par bateau avec Stroutsovskaya (2 objets : une valise de linge et un baluchon avec des couvertures chaudes) et, hier, un autre baluchon avec une couverture et des petites choses chaudes. Fais-moi savoir, je te prie, ce que tu as reçu de tout cela.

Je suis très ennuyé de la disparition du télégramme arrivé en ville à mon nom il y a une dizaine de jours et qui, depuis, passe de mains en mains par excès d'amabilité des voisins. Si on m'avait moins aimé, on l'aurait mis dans ma boîte aux lettres et j'aurais su de qui il était et ce qu'il contenait. Or ce qui s'est passé, c'est qu'on se l'est transmis de l'un à l'autre et je ne sais pas maintenant qui l'a, la trace en est perdue. J'essaie de me persuader, pour diminuer mon amertume, qu'il n'est pas de toi.

Il ne faut jamais rien regretter. Si vous n'étiez pas partis, nous passerions actuellement ici une semaine merveilleusement calme. Bien que Smoliensk ait été prise, que l'ennemi approche et que Moscou soit menacée, la pression des Allemands s'est faite si forte au Nord et au Sud qu'une accalmie provisoire s'est produite chez nous.

Cela fait une semaine que Moscou n'a pas été bombardée, ce qui m'a permis de passer près de dix jours sans quitter Pérédielkino et de travailler un peu. Jusqu'au 15, il y avait des bombardements toutes les nuits. Dans ces périodes-là, les voisines d'escalier montrent un intérêt exceptionnel pour savoir quand on a été de garde la dernière fois, si l'on ne va pas laisser passer la fois suivante et « si cela va à la datcha ». Mais dans des périodes calmes comme celle-ci, l'intérêt pour nous autres, possesseurs de datchas, disparaît totalement.

Les mots manquent pour dire comme nous sommes bien à la datcha. Il y a de ces courgettes, de ces choux ! Je suis particulièrement fier de ces derniers : ce que j'ai pu les soigner contre les vers et les pucerons ! Les têtes de chou se sont mises à friser, cette année, avec un mois entier d'avance sur l'année dernière. On peut déjà en manger. Les concombres par contre ne font que commencer et les pommes de terre sont tardives : nous n'en avons pas encore goûté chez nous de nouvelles. L'été a été sec, sans pluies. J'ai arrosé, ou fait arroser, chaque jour le potager. Grâce à cela je ne dépense rien en nourriture pour moi en dehors du pain et du sucre, que je consomme en quantités microscopiques. La Maroussia de Lionia est toujours là. Je ne lui ai pas parlé un mois durant, mais on ne peut pas continuer ainsi indéfiniment. Je me suis mis à admettre sa présence, mais pour le travail c'est la Maroussia de Vassili qui compte pour moi. Vassili a de nouveau été convoqué, pour de bon semble-t-il cette fois. Nous nous faisons cuire pour deux jours, avec les deux Maroussia, du chou maigre que nous cueillons dans tout le potager. Parfois, comme second plat, nous y ajoutons des haricots, ou bien des pommes de terre. Mais même ce travail si simple leur paraît au-dessus de leurs forces. Alors, ou bien elles oublient l'heure et ne s'en souviennent qu'à la tombée de la nuit, ou bien disparaissent mystérieusement sans laisser de trace et je dois, comme si j'étais étudiant, me contenter de pain et de thé. Je vais sans doute partager les légumes avec quelqu'un. Si la situation est devenue stable à l'approche de l'hiver, je salerai des concombres, couperai du chou et entasserai des pommes de terre dans la cave, comme l'an dernier. Dans le cas contraire, j'agirai en fonction des circonstances de manière à être utile aux autres. Tout change à chaque instant, et de quelle manière ! J'avais proposé à Permitina * et à ses deux garçons d'occuper le bas de la datcha, mais Choura me l'a soudain demandé et j'ai dû laisser Permitina dans le vague et accorder la préférence à Choura.

Mais les bombardements en ville, comme je l'ai dit, ont cessé pour un temps et voilà que je n'ai en bas ni Choura ni Permitina, ce qui est encore mieux. Si tu savais quel paradis c'est ici ! Blanc, clair quoique chaud mais léger pour l'œil : tel est le soleil d'août, ou même déjà de septembre. Des papillons volent ; concombres, courgettes et pommes de terre sont en fleur ; la maison est vide, calme et propre. En faisant le tour du potager pour aller prendre de l'eau au réservoir, j'ai aperçu sur la route trois galettes laissées par des chevaux. Je vais suivre ton exemple et les porter sur la plate-bande de carottes la plus maigrichonne. Yéléna Petrovna (de Génia) devait travailler chez moi. Elle n'est restée qu'une demi-journée ; à 2 heures elle avait taillé et lié toutes les tomates, m'avait fait le ménage à l'intérieur et préparé à manger pour deux jours, et voilà soudain qu'elle a disparu dans je ne sais quel village des environs de Moscou.

Oui, chaque jour je m'apprête à te le demander et j'oublie toujours : est-ce que tu fumes toujours, ou bien as-tu cessé ? Je suppose qu'il est aussi difficile de se procurer des cigarettes que toutes les autres provisions. Ce serait une occasion merveilleuse de s'épargner des tracas. Et quelle occasion de repousser la vieillesse, de faire le plein de santé et de forme physique ! Si tu as cessé de fumer, je t'embrasse très fort et tu es une femme formidable !

Ne t'étonne pas si, la prochaine fois que quelqu'un ira chez vous, je t'envoie tes robes d'indienne, tes chapeaux légers et autres choses semblables, inutiles en hiver. Elles tiennent très peu de place et ne pèsent presque rien mais chez toi, en Orient, elles se conserveront parfaitement tandis qu'ici, que ce soit à Pérédielkino ou à Moscou, elles risquent de brûler dans un incendie ou d'être détruites si la maison s'effondre. Sache que tout était parfaitement conservé chez moi, nettoyé et repassé. Mais en me rendant visite, on a tout mis sens dessus dessous et chiffonné dans le coffre. Mil. Serg. et Garrik ont mis ton manteau et ta robe de chambre et s'en sont couverts pour dormir. Il y a longtemps que j'avais tout rangé dans le débarras et les coffres : j'aime qu'il y ait, à Pérédielkino, de la place dans les pièces et la penderie. Lorsque j'ai à nouveau tout retiré hier pour te préparer un envoi, j'ai accroché ta robe d'été marron (à petites fleurs) à un cintre de la penderie afin de la réunir à ce qui est à Moscou et de te l'envoyer à l'occasion, et puis je l'ai oubliée. Il faut te dire que je ne pratique pas le black-out : les fentes des portes laissent passer la lumière et cet été il a fait nuit assez tard. Je me couche quand il fait sombre, vers 10 heures, plus tôt les jours de mauvais temps, et tout habillé. À l'aube je me déshabille et dors encore deux ou trois heures sous la couverture. Je te vois souvent en rêve, mêlée aux tristes soucis du jour, aux affaires, etc., dans la déformation fantastique du rêve ou bien l'idéalisation heureuse du passé. Ce matin, à l'aube, un mouvement a provoqué l'ouverture de l'armoire. Je me suis levé pour refermer la porte et j'ai poussé un cri. Un bref instant, je t'ai vue dans un coin au fond de la penderie. Bien sûr je n'ai pas cru un instant que c'était toi. J'ai aussitôt adapté mes yeux à la longue robe largement étalée qui était pendue là et que je n'avais pas l'habitude d'y voir. C'était l'embryon d'une illusion d'optique, saisie au moment même de sa naissance. Mais j'ai dû retenir au fond de mon cœur, au moment où elle montait vers la surface, une exclamation du genre « ah », ou bien « zi ».

J'avais mis de côté des caramels pour vous et, au moment où j'en aurais eu le plus besoin, lorsque j'attachais la couverture avec des ficelles et la cousais dans un sac, j'ai oublié le petit paquet. Écris-moi si tu as encore besoin d'oreillers, je t'en enverrai. Pour les taies, je les ajouterai aux vêtements d'été.

Je termine ma lettre en ville, le 28. Hier sont venus Gar., Mil. Serg. et Milotchka *. Ils ont passé la nuit ici et je les ai priés de rester encore une journée à la datcha. Il va nous falloir (moi, Kostia F., Léonov, Panfiorov * et quelques autres) nous rendre chaque soir en ville pendant deux semaines afin de suivre des cours d'instruction militaire accélérée. Cela commence aujourd'hui. Je m'intéresse paisiblement à tout ce que le destin m'envoie et je crois en lui de toute mon âme, comme s'il était quelque chose dans ton genre. Je n'ai pas l'intention de disparaître pour un rien et je saurai défendre ma peau. Je t'embrasse très fort et sans fin.
Ton Boria.

Oui, l'affaire de l'évacuation de la « Rose rouge * » revient sur le tapis. On va, semble-t-il, les transférer sur la Kama où vous êtes vous-mêmes, mais un peu plus haut en allant vers Perm. Dès qu'on y verra plus clair, nous t'enverrons un télégramme *.

1.IX.41 *

Chère Zina ! Je commence ma lettre à la datcha, je la finirai en ville. Les Tréniov sont arrivés *, Maroussia les a vus. D'après elle, tu ne m'envoies ni bonjour ni bonsoir : pas le plus petit salut ! Un Tchistopolien envoyé par l'Union est également là. Si lui non plus n'a pas de lettre pour moi, c'est horrible. As-tu réfléchi combien je serai triste et vexé après cela ? Et en quoi l'ai-je mérité ?

Je n'ai pas arrêté de t'écrire. Est-ce ma faute si la poste ne fait pas parvenir les lettres, et les retient aussi longtemps ? Je t'ai pourtant écrit et envoyé de l'argent et des paquets par diverses personnes de passage (Stroutsovskaya, Paoustovski, Biélienkaya et d'autres) : cela aussi aurait-il disparu ?

Je ne vis que de vous et en viens à être comique aux yeux des autres : les Garrik eux-mêmes doivent le penser en secret. Tu continues à te plaindre, m'apprend Maroussia, de ne rien savoir d'Adik. C'est monstrueux. Je t'en parle dans chaque lettre, je t'ai envoyé des télégrammes à ce sujet, Adik lui-même t'écrit. Que pouvons-nous y faire, si tout cela n'atteint pas son but ? Il n'est malheureusement pas en notre pouvoir d'établir avec toi une ligne téléphonique...

Je ne me plains pas de mon sort, car j'aime les destinées difficiles et je ne supporte pas l'inaction. Je ne me plains pas, dis-je, mais j'éclate littéralement à cause de la nécessité de me partager entre les deux appartements vides et la datcha, les soucis pour vous, la garde sur le toit, mes travaux alimentaires et l'instruction militaire. L'attitude officielle à mon égard est révoltante. Avant même que les Allemands ne s'intéressent à moi, mes compatriotes m'auront fait mourir de faim. Au cours du printemps dernier, quand j'en ai eu fini avec *Hamlet*, j'ai écrit les meilleures choses jamais sorties de ma plume *. Cette phase de créativité dure encore aujourd'hui. Je fais tout ce que les autres font et ne refuse aucune tâche : je suis dans une équipe de surveillance anti-incendies, je participe à des cours de tir et d'ordre serré et tu as vu ce que j'ai écrit dans un journal au début de la guerre * : c'est tout simple, sain et concret, et tout le reste. On m'a demandé de compléter pour *Krasnaya nov'* mes vers civils par qqch. de militaire. J'ai écrit quatre poèmes : on m'a pris le plus faible *. On m'avait promis 250 roubles. Lorsque je suis allé demander si on pouvait pousser jusqu'à 300, j'ai appris qu'on ne m'en avait ordonnancé que 100, et encore ne me les a-t-on pas payés. Entre-temps j'avais donné pour les souliers de Stassik (on ne trouve nulle part de chaussures montantes) les derniers 65 roubles que me permettaient mes tickets. Et tu vas encore être mécontente.

2.IX.41

Ma *doussia* chérie, si je n'étais pas aussi pressé, je détruirais ce que j'ai écrit et je recommencerais. Je suis infiniment heureux : on m'a apporté une lettre de toi * où tu écris à la fin que tu m'aimes. Je te crois comme un imbécile, ma toute bonne, et je n'ai plus besoin de rien. Passons donc brièvement au plus important.

Adik et tout l'hôpital ont été évacués hier vers un endroit encore inconnu de nous, quelque part entre Tchéliabinsk et Oufa ; on nous donnera l'adresse plus tard. Garrik et Militsa lui ont deux fois rendu visite sur les voies (leur convoi a été immobilisé pendant deux jours). Ils m'ont dit qu'il était en grande forme et qu'on lui avait donné dans le wagon une bonne place. Cela a été une terrible privation pour moi de ne pas pouvoir l'accompagner. L'instruction militaire quotidienne prend à plusieurs d'entre nous d'autant plus de temps que nous habitons à Pérédielkino et suivons les cours à Moscou. Je me lève à l'aube, j'écris quelques lignes pour gagner mon pain (j'ai dû à cause de toute cette *racaille* * en revenir à des traductions de poètes lettons, géorgiens), je file à Moscou : déplacements, tramways, affaires, courses, à partir de 4 heures le pas de tir et le polygone d'entraînement, derrière la barrière de la Presnia ; je ne mange rien de toute la journée et m'alimente le soir dans l'obscurité, lorsque je suis rentré à Pérédielkino. Et malgré tout c'est merveilleux si tu m'aimes pour de bon. Eh bien, j'ai été d'autant plus malheureux de ne pas faire mes adieux à Adik que nous ne nous étions vus en tout que deux fois et avions pleuré, liés que nous étions l'un à l'autre par un amour sensible et par une correspondance intéressante (il m'a écrit des lettres et des cartes magnifiques, je t'en joins un échantillon) et lui aussi a certainement regretté de partir sans m'avoir revu. Mais il m'était complètement impossible de réussir à faire tout : au reste s'était rajouté ce jour-là la nécessité de faire la queue, de courir boulevard de Tvier chercher les chaussures de

Stassik et de prendre du pain pour moi, et aussi de réunir et préparer ce que je voulais t'envoyer avec Larissa Ivanovna *. Pauvre Stass ! Comment se peut-il qu'on lui ai fauché son pantalon ? Quel étourdi ! Je t'en envoie un vieux : il fera peut-être l'affaire ? Et quelle chose terrible que cette incapacité de Lionitchka à te quitter, en voilà un martyr ! C'est de moi qu'il tient cela, j'en ai terriblement conscience. Le pauvre Génia en souffrait lui aussi : il se sauvait des jardins d'enfants et s'ennuyait tellement de sa mère en colonie de vacances qu'on nous demandait de venir le chercher ; c'était un vrai drame. – Je ne leur ai pas encore écrit la moindre ligne à Tachkent et cela fait un bon bout de temps que je ne leur ai pas envoyé un kopeck, mais comment viendrais-je à bout de tout et où en trouverais-je la force et le temps ?

Je t'ai écrit que Fiédine, Léonov et moi nous apprêtions à nous rendre sous vos cieux. Je pourrai le faire, mais pas avant que ne me le permettent : l'occasion, la conscience, l'honneur et la raison. Je considère en outre comme absurde et impossible de me montrer à vous si je n'ai pas à la main quinze cents ou deux mille roubles.

4.IX.41

Mon cher ange, les jours passent, déments tant il y a de choses à faire. Je t'écris quand je trouve un moment et, pendant ce temps, les circonstances changent. Après le 10 du mois se présentera à nouveau une occasion pour te faire un envoi. C'est probablement alors que partira aussi cette lettre, et une autre en plus s'il est nécessaire. Ah oui, au fait. S'il t'arrive d'envoyer des lettres par la poste, ne referme pas l'enveloppe *avec un objet caché* : c'est interdit par la censure militaire et on ne les achemine pas. Je ne le savais pas et, de la sorte, plusieurs de mes lettres se sont probablement perdues.

Hier c'était mon jour de chance. Le matin, j'ai tiré mieux que tous les autres dans la compagnie * (tous

mes impacts ont atteint la cible) et j'ai obtenu la note
« parfait ». J'ai pensé que ce serait bien si j'avais la
main aussi heureuse avec Tchaguine* et Khrap-
tchenko*, avec qui je devais parler affaires dans la
journée. Et voilà que le résultat de mes tirs, chez eux, a
dépassé toutes mes espérances ! Nos affaires, ma *doussia,* reprennent des couleurs. Je vais signer chez Tchaguine un contrat pour une traduction de Slowacki*.
Pour obtenir immédiatement 800 roubles en liquide, il
faut maintenant s'engager dans un travail d'un million
minimum. Les tarifs ont à nouveau été abaissés à
quatre roubles, quoiqu'on m'en donne cinq. Mais chez
Khraptchenko cela a été plus remarquable encore. Il ne
peut rien dire pour la pièce tant que je ne lui aurai pas
fourni un bref résumé. Mais comment pourrais-je le
faire quand l'heure et demie, les deux heures parfois
qu'il me reste de libres en dehors de l'instruction militaire, des affaires en ville et des courses à caractère
matériel sont maintenant intégralement absorbées par
de nécessaires traductions à deux sous qui me rapportent, en tout, cent ou cent cinquante roubles ? C'est
alors que je l'ai interrogé sur *Hamlet* et que je n'ai pu
croire, et ne crois toujours pas, à ce qu'il m'a répondu.
Selon lui, on va continuer à le jouer à Kouznietsk, où a
été transféré le théâtre de Novosibirsk, et il ne voit rien
qui empêcherait le théâtre d'Art* de préparer une mise
en scène. Mais alors, Kissa, nous atteignons le faîte de
la béatitude, nous n'avons plus besoin de rien ! Il s'est
étonné en outre que j'aie laissé en plan la traduction de
Roméo. C'est une autre source de joie, car il n'y a rien
que je souhaite autant que d'achever cette traduction.
Venons-en à l'essentiel. Je vais, semble-t-il, avoir la
possibilité de t'envoyer avec les Tréniov entre mille et
deux mille roubles, c'est-à-dire l'argent que je rêvais de
t'apporter moi-même. Je ne veux pas soumettre l'argent
à l'incertitude dans laquelle va se trouver pendant
encore un certain temps la question de notre voyage.
Mais de toute manière, même lorsque je me pénètre de
la plus solide des confiances dans la possibilité de ma

prochaine rencontre avec toi et avec les enfants, je me rends compte que je n'abandonnerai à leur sort ni les appartements, ni la datcha, ni, à plus forte raison, la récolte du potager. Heureusement il y a quelqu'un à qui je peux laisser ces soins de la récolte des légumes, de leur conservation, etc., pendant les deux ou trois semaines de beau temps où je serai absent, si tant est que je parvienne à partir. Yéléna Petrovna m'aide énormément à tous points de vue : c'est elle qui a trouvé des chaussures pour Stassik ; elle fait selon mes instructions tout ce dont j'ai besoin et c'est une personne étonnamment honnête, consciencieuse, intelligente et connaissant une quantité de choses, quoiqu'elle ne sache ni lire ni écrire. Je la mettrai en contact avec Il[ya] Andr[ieïévitch] * en ville, et avec Gennadiy A[lexandrovitch] * à la datcha, et je me déchargerai sur elle de tout si jamais je pars. Hier, quand je suis revenu tard de la ville, j'ai trouvé chez nous Toussia et Olienka. Elles sont ici depuis deux jours et te saluent. Garrik est invité avec toute sa famille à partir pour Svierdlovsk, et maintenant qu'Adik se trouvera quelque part pas très loin dans l'Oural, je pense que Garrik partira. Je te propose de nous embrasser et de nous quitter jusqu'à la prochaine lettre, sinon ces pages ne prendront jamais fin. Je te serre très fort dans mes bras, avec les enfants.

Ton Boria.

Maroussia est toujours chez moi. Je ne lui verse pas de salaire mais je la nourris et je suis gentil avec elle. Elle a parcouru tout Moscou à la recherche d'un petit ensemble en tricot pour Lionioussia, mais a trouvé seulement une culotte longue et des moufles. Les galoches sont bonnes pour des bottes en feutre mais à mon avis, même employées ainsi, elles seront trop grandes.

Je n'envoie pas cette lettre par la poste : d'où l'enveloppe.

8.IX.41

Zinoucha ma chère, ma merveilleuse amie ! Tu trouveras dans le paquet une lettre écrite par moi la semaine dernière. Pour l'essentiel, elle avait été écrite avant que je n'aie reçu ta lettre envoyée avec le courrier du Fonds littéraire. Mais j'avais achevé de l'écrire et l'avais cachetée lorsque j'en ai reçu une autre de toi, mon ange, et celle-là était si intime, si pleine de toi *, qu'il n'y a pas au monde d'expressions propres à te récompenser d'une même joie. Je l'ai embrassée comme si c'étaient tes propres mains.

Comme je me dépêche, j'en viens tout de suite à l'essentiel. J'ai connu des conditions matérielles affreuses. Elles sont actuellement en train de s'améliorer radicalement, et cela va continuer. Mais cela ne se fait pas tout seul. En plus du travail effectué en vue d'être rétribué, je déploie encore plus d'efforts à essayer d'obtenir cette rétribution, à courir les administrations, à passer des coups de fil, etc. Et ce n'est pas au moment où les affaires dont je t'ai parlé commencent à promettre le succès qu'il faut les abandonner. Voilà pourquoi Fiédine et moi n'envisageons pas encore cette semaine de faire le voyage de Tchistopol. Mais le plus vraisemblable est que nous arriverons vers le début d'octobre, et cela à coup sûr car, si je ne te revois pas, j'en mourrai, et j'ai fermement décidé de partir. Cette lettre ainsi que l'argent qui y est joint (si je n'obtiens aujourd'hui rien en plus, ce sera à nouveau seulement 400) te seront remis par Ivan Ignatiévitch Khaltourine, le mari de Vièra Vassilievna *. Il m'a un peu vu les deux ou trois nuits que j'ai passées à Moscou et a fait intrépidement le guet *toutes* les nuits où il y a eu des raids aériens sur Moscou en qualité de chef de la protection anti-incendies de notre immeuble. Interroge-le : s'il veut, il peut te parler de moi, de l'état de nos différentes pièces et, plus généralement, de l'apparence extérieure de Moscou et de la façon dont vivent, en moyenne, les écrivains de notre catégorie. Je n'ai pas payé le loyer depuis que vous êtes partis, je vais maintenant le faire et ranger l'appartement avant mon éventuel départ. Il y a eu de cassé 15 vitres carrées (comme chez moi et, en haut, chez Stassik) et 5 grandes (comme en bas, à la cuisine). Boucher cela avec du verre ou avec du contreplaqué coûtera au minimum deux cents roubles. Voilà donc en ce qui concerne notre voyage. Oui, il faudra prendre quelques précautions lorsque nous partirons pour l'appartement, la datcha, l'appartement du boulevard de Tvier, les réserves de légumes, les meubles et tout ce qui restera sans surveillance car les appartements de ceux qui partent sont, dans un grand nombre de cas, occupés par des familles restées sans logement après les destructions dues aux bombardements, ou évacuées des villes occupées par les Allemands.

Mon colis, maintenant. Ne t'étonne pas s'il y a dedans tant de choses stupides et superflues. Quand on n'a pas énormément d'argent, et comme on ne peut rien acheter sans tickets, il est très difficile de réjouir les autres ou de leur être agréable comme on le voudrait. Un exemple : la livre de bonbons que Yéléna Petrovna devait acheter et pour laquelle une place était prévue dans la casserole moyenne de la cantine. Elle se les est procurés, mais *après* que j'ai tout personnellement remis et cousu pour l'envoi. Si tu as cessé de fumer, fais cadeau du tabac à quelqu'un d'autre. Si Stassik n'est pas très courageux pour lire beaucoup de Dickens, qu'il prenne les livres que j'ai envoyés. Mais j'ai vécu trois jours dans la préparation de ces cadeaux : ne riez pas de mon assortiment. Pour un des pantalons j'ai dû aller gare de Koursk * à 9 heures du matin. Garrik n'était pas là, il passe son temps dans les datchas de ses différentes connaissances. Mil. Serg. m'a dit qu'il n'y en avait qu'un trop petit. Je lui ai dit de me le donner même trop court. C'est Maroussia qui a aidé à trouver les cadeaux pour Lionietchka ; pour toi et pour Stassik, c'est Petrovna. Je voulais envoyer des chemises mais elle a réfléchi que ce serait mieux et plus avantageux d'acheter huit mètres de tissu. La confiture de pétales de roses est pour toi, ainsi que le tabac. Les confiseries sont pour vous tous. Je voulais acheter trois tablettes de chocolat mais je n'avais pas assez d'argent. Pour Stassia : les chaussures, les chaussettes, les livres. Pour

Lionia : le bonnet fourré, le manteau d'hiver, les chaussettes montantes, la culotte et les gants. J'écris de mémoire, j'ai p.ê. oublié quelque chose. Oui, les galoches pour bottes en feutre sont pour lui ; c'est pour cela qu'elles sont aussi grandes. Maroussia s'apprête, semble-t-il, à lui trouver de la cotonnade pour faire du linge chaud et à l'envoyer en supplément avec Lar. Iv.

10.IX.41 au matin

Hier soir Fiédine m'a dit que Marina se serait suicidée*. Je refuse de le croire. Elle est quelque part à proximité de vous, à Tchistopol ou à Yélabouga. Tâche s'il te plaît de savoir et écris-le-moi* (les télégrammes mettent plus de temps que les lettres). Si cela est vrai, quelle horreur ! Préoccupe-toi alors de savoir où est son garçon* et ce qu'il devient. Comme je suis coupable, si c'est la vérité ! Parlez-moi après cela de « soucis mineurs » ! Cela ne me sera jamais pardonné. J'avais cessé de m'intéresser à elle cette dernière année. Elle était extrêmement bien vue dans le milieu des intellectuels et par tous ceux qui s'y connaissaient, elle devenait à la mode, mes amis personnels y prenaient part : Garrik, les Asmus, Kolia Viliam*, enfin Assieïev. Comme il était devenu très flatteur d'être considéré comme son meilleur ami, et pour de nombreuses autres raisons, je m'étais éloigné d'elle et je ne m'imposais pas, mais cette dernière année s'est passée comme si je l'avais complètement oubliée. Et vlan ! Que c'est terrible. J'avais toujours su, au fond de moi, que je vivais pour toi et pour les enfants, mais que le souci des autres sur terre, ce devoir de quiconque n'est pas un animal, prenait pour moi la forme des visages de Génia, de Nina* et de Marina. Ah, pourquoi cette négligence ?

Je termine* au crayon chez les Afinoguénov* qui achèvent leur petit déjeuner : nous allons partir en ville ensemble. Ils te font leur plus cordiales salutations. J'ai oublié de t'écrire l'essentiel. Que nos enfants sont heureux d'avoir une mère telle que toi ! Ta gloire parvient jusqu'à moi d'un peu partout ; les enfants comme les adultes ne savent comment te rendre hommage dans leurs lettres et ceux qui viennent ici évoquent ton œuvre. Tu es une femme formidable et je suis fier de toi. Mais sois équitable à ton tour : j'ai gardé la tête froide et je viendrai à bout de tout, malgré ce ton adopté par la majorité des gens, considéré comme obligatoire dans la presse et qui est encore plus éloigné de moi et me répugne encore plus qu'avant la guerre, et malgré la résistance féroce d'une infinité d'êtres vils et nuls présents dans les rédactions, les secrétariats, et aussi plus haut.

Oui, la dernière nouvelle : ton ami et favori Fadieïev a été privé de toutes ses fonctions *. Au plan humain et amical, j'ai vraiment pitié de lui. De retour du front, il s'est saoulé et a disparu pendant seize jours. Ces choses ne se produisent pas par hasard et il a sans doute lui-même voulu se débarrasser des fardeaux et de la situation fausse qui ont été les siens ces dernières années. Je ne sais pas qui le remplacera à l'Union, mais à l'Informburo (une sorte de censure centrale et d'instance distribuant à l'étranger les matériaux imprimés), ce sera Afinoguénov * et on nous invitera (moi, Kostia, Vsiévolod Ivanov et quelqu'un encore) à collaborer plus activement avec eux.

À Moscou tout est parfaitement calme : rien à voir avec la situation d'il y a un mois. Je vous embrasse sans fin, ma *tioutia,* Lionia et Stassik.

Ton B.

Je n'envoie pas cette lettre par la poste : d'où l'enveloppe.

Si quelqu'un a écrit à l'encre et abîmé le paquet que j'ai cousu, ce n'est pas ma faute. J'avais demandé de ne pas tacher les objets à envoyer avec de banales inscriptions et, tant que j'étais présent, j'ai veillé à ce qu'on ne le fît pas. Mais je ne sais pas ce qui s'est passé ensuite.

12.IX.41

Le mari de Vièra Vassilievna n'ira pas à Tchistopol. On l'a convoqué la veille de son départ. À l'heure actuelle il est mobilisé, et se trouve probablement dans une caserne. Aux 400 roubles que je voulais envoyer avec lui je rajouterai 600 : je donne ce millier à Larissa Ivanovna. Tout cet argent est à nous, il ne vient pas de Garrik.

Je n'ai pas l'adresse exacte d'Adik mais Benditski *, à Svierdlovsk, a reçu de lui un télégramme annonçant qu'il était parfaitement *bien arrivé* à Nijni Oufalieï (c'est entre Svierdlovsk et Tchéliabinsk). Adik n'a pas télégraphié ici, à Moscou, mais à Svierdlovsk parce qu'il supposait que Garrik, qui a été invité par le conservatoire de Svierdlovsk, était déjà en route vers cette ville avec les siens. Mais Garrik est toujours ici. J'étais hier d'une humeur noire : journal vide, sans information, ville fatigante. Il faisait un temps effroyable, avec une pluie d'automne accompagnée de vent qui durait depuis deux jours. Pendant la nuit, la pluie et le hurlement du vent ne m'avaient pas permis de dormir. Il semble que cela aille très mal à Léningrad, Kiev et Odessa. Il y a quelques jours, on parlait déjà d'un déplacement global de l'ensemble des habitants, petits et grands, de la république des Allemands de la Volga * (près d'1 million d'hab.) vers l'Asie centrale ou au-delà de l'Altaï, et voilà que les Allemands de Moscou ont soudain été concernés, y compris par exemple une personne comme Rita Viliam *. Et c'est au cours de cette même nuit de pluie que les Kaiser et les Elsner, des personnes propres, honnêtes et travailleuses qui habitent chez Pavlenko, l'ont appris à Pérédielkino. Elles doivent partir demain pour le Kazakhstan, plus loin que Tachkent. Toute la nuit, j'ai senti cela qui pesait sur moi. Que les misères, que le mal sont grands autour de nous, que de montagnes s'accumulent de détresse humaine, que de comptes à régler se recouvrant les uns les autres la rancune humaine ne dissimule-t-elle pas en son giron, que de décennies il faudra à l'avenir pour que les uns et les autres tirent un trait !

Ensuite il y a la désolation sans cesse croissante de l'absence de liberté intérieure. On fait quelque chose d'authentique, on y fait entrer sa pensée, sa personnalité, sa responsabilité et son âme. Les rédacteurs mettent des notes sur les manuscrits, les émaillent de points d'interrogation, écarquillent les yeux. Dans le meilleur des cas, si une petite partie de ce que l'on a fait est accepté, on est payé 5 roubles par ligne. Mais moi, j'ai aligné en deux jours plusieurs pages de traductions on ne peut plus ordinaires de poètes lettons et géorgiens pour la *Gazette littéraire* * et j'ai été payé dix roubles pour ces âneries ! Dis-moi où est la logique ? Ou bien l'on se heurte à l'incompréhension des choses les plus simples, et ce sont plusieurs rédactions qui discutent avec Fiédine à propos de choses pour lesquelles il faudrait saluer bien bas et dire merci au lieu de plisser le front et de réclamer des corrections. Toute cette nuit de pluie, je n'ai pensé qu'à cela. Que faire, à quoi devons-nous tendre, que nous faut-il sacrifier ? J'ai un désir indicible, incomparable à aucun autre, de la victoire de la Russie. Mais puis-je souhaiter la victoire de la stupidité obtuse et la pérennité de la médiocrité et du mensonge ? – Et lorsque Tania Ivanova * m'a donné ce matin une lettre de toi, j'ai pleuré avant de la décacheter : je craignais, après la nouvelle concernant Tsviétaïéva et les impressions de cette nuit d'automne, d'y trouver l'annonce d'un malheur qui vous aurait frappé, toi ou les enfants.

Ma *doussia,* ma Lialietchka ! j'ai beau m'efforcer d'être tendre, c'est insuffisant pour exprimer combien tu es adorable et quel bonheur c'est de t'avoir. Pardonne-moi d'avoir été aussi maussade au début de cette série de lettres : je n'avais encore rien de toi à part des reproches. Pardonne l'amertume de mes paroles concernant la malheureuse Marina : si je suis en quoi que ce soit coupable vis-à-vis de sa mémoire, cela ne te concerne pas : tu es, devant elle, pure comme un ange.

Et en ce qui nous concerne, je n'ai à ton égard rien d'autre que la conscience que toi et moi sommes identiques et que l'impossibilité de te séparer de moi. Merci de ta lettre intelligente et pleine d'entrain. Tu es une merveilleuse amie et une personne remarquable. J'ai pris des mesures pour faire réparer l'appartement et versé dans ce but de l'argent à la gérance. Chez moi, à la datcha, tous les livres et les objets avaient été mis au débarras (ton abri antigaz). Hier, pour la première fois, j'ai remis l'encyclopédie à sa place sur l'étagère. Nous avons remporté un grand succès à Yelnia (près de Smoliensk). S'il se confirme et que nous passions à l'offensive contre les Allemands, si nous assistons à un véritable tournant dans le bon sens et que l'amélioration persiste suffisamment longtemps, alors peut-être cet hiver, ou à l'approche du printemps, sera-t-il possible de vous faire revenir à Moscou. Mais je vous reverrai de toute manière avec Léonov et Fiédine avant le début de l'hiver. Je te serre très fort dans mes bras, avec les enfants. S'il y a dans ma lettre quelque chose que tu ne comprennes pas ou qui ne te plaise pas, sache et rappelle-toi l'essentiel : que je t'aime comme ma propre vie et que je veux vivre longtemps, longtemps heureux avec toi *.

Ton B.

[Fin septembre 41]

Ma chère petite mère !
Je ne t'écris jamais que des âneries. Comme je t'aime ! Si mes lettres sont telles, c'est parce que je suis affreusement occupé par mes gains à trois sous, par des démarches constantes et par mes allers et retours entre les ruines de l'appartement (les fenêtres n'ont toujours pas été posées) et la datcha. Kissa mon amie, peut-être en sera-t-il effectivement comme tu l'écris dans ta dernière lettre (notre installation à Novosibirsk) mais il faut tout préparer lentement et intelligemment, pru-

demment, sérieusement et de loin. Même chose pour ma venue. Je fais tout pour cela. Mais que de forces et de soucis cela va encore coûter ! Accroche-toi autant qu'il est possible au centre pour enfants et à la cantine, aux collectivités qui valent ce qu'elles valent et qui sont approvisionnées, même si ce n'est pas toujours fameux, ma chérie intelligente qui comprends toi-même parfaitement tout ! Je te serre dans mes bras, je t'embrasse, je te serre à nouveau contre moi. Il me semble que je peux oser, sans offenser Dieu, te dire à bientôt, ce que je ne pouvais ni n'imaginais possible l'été dernier.

La situation est épouvantable. Kiev est tombée*. Tout semble annoncer une fin rapide, inconnue et terrible. Mais pourquoi n'y a-t-il pas de crainte en mon âme ? Pourquoi regardé-je de l'avant avec de plus en plus de passion et de foi ? Au revoir, mon ange. Embrasse les enfants, ma Lialietchka, et prends courage : fin octobre nous serons ensemble. Pardonne-moi s'il y a parfois parmi mes envois de telles vieilleries, mais qu'y puis-je ?

Ma Kissa en or, écris-moi *chaque fois que tu le peux*. Tous ces temps derniers je suis séparé de toi, cela a commencé l'automne passé : tu me manques tant ! Mais dans tes lettres tu t'exprimes avec une telle plénitude que cela me rappelle ta présence.

[31 décembre 41. Tchistopol *]

Zinotchka, il est dit que nous ne pourrons pas être ensemble aujourd'hui. Il va falloir que je reste couché. J'ai fait un faux mouvement et mon dos commence à me faire mal. C'est une plaisanterie si on le prend à temps et que l'on permette au muscle de se reposer. Je n'ai besoin de rien de toi aujourd'hui, d'autant plus que vous allez tous être terriblement occupés. Mais demain le 1er, amène-moi s'il te plaît Lionitchka * après le petit déjeuner pour qu'il soit un peu chez moi avant son déjeuner. Si tu es prise, demande que qqn s'en charge : p.ê. pendant la promenade ?

Je te souhaite de commencer l'année avec d'heureux pressentiments et sous de favorables augures et, pour l'année, je te souhaite le meilleur : qu'Adik se rétablisse, que Stassik travaille bien et que Garrik soit libéré*. Salue tout le monde au centre. Remets à F[anny] P[etrovna] * le mot ci-joint. Je t'embrasse.

Ton B.

1942

[Après le 17 octobre 42]

Zinotchka chérie ! En partant, je vous avais mentalement fait, à toi et à Lionia, mes adieux pour un an. Je n'arrive pas maintenant à croire à la possibilité que nous nous voyions bientôt. Je crains de songer à un tel bonheur.

Je t'envoie, avec Berta Yakovlievna*, des cigarettes, et pour Lionia du chocolat. Je l'ai payé 300 r. Je souffre de ne rien avoir pour Stassik. Peut-être lui céderas-tu deux boîtes de ma part ?

Le contrat pour *Antoine et Cléopâtre** a été conclu. Je t'envoie demain deux valises par le Fonds littéraire. Ne t'étonne pas qu'il y ait autant de vieilles choses. Que faire ? Tout peut servir pour un échange.

Ma valise repart demain à peu près dans l'état où je l'avais apportée ici. Tu peux même ne pas déballer mes affaires avant que je n'arrive. Mais à tout hasard je t'envoie dans une enveloppe la clef de ta valise parisienne. On a fauché la pelisse d'Adik en même temps que ce que Génia avait de mieux. La même chose lui serait arrivée si elle était restée ruelle Lavrouchine. Tout ce qui a été sauvé se trouve sous bonne garde chez Yéléna Petrovna. Le linge chaud et le bonnet fourré, c'est elle qui me les a achetés l'hiver dernier après mon départ.

J'ai donc, apparemment, décidé de revenir. Il me semble qu'il nous faut essayer de toutes nos forces de vivre en bonne harmonie, en préservant nos santés et en étant productifs, et cela n'est possible qu'à Tchistopol, auprès de vous. Peu importe si la paix est conclue en janvier, comme on l'entend dire ici (je te raconterai cela quand nous nous verrons), ou si au contraire l'évolution des opérations militaires fait que la guerre s'éternise et étende sa menace sur Tchistopol, je veux être avec vous et, tant que cela sera possible, vivre au chaud, bien m'alimenter et bien travailler ; mais si par malheur cela devient impossible, partager avec vous les privations qui s'annoncent.

Je t'enverrai probablement par la poste deux ou trois mille roubles au cours des jours qui viennent et en apporterai avec moi autant, ou un peu plus. Je voudrais régler mes affaires d'argent de manière à compter, dans deux ou trois mois, sur la rétribution de mon nouveau contrat, l'opération s'effectuant, comme l'an dernier, de Tchistopol par l'intermédiaire de Khessine*. La seule chose, c'est qu'on m'a fixé pour *Antoine* un délai très court : quatre mois seulement. Némirovitch* est emballé et pousse les feux pour la mise en scène. Il faut que je le rencontre mais, avant cela, je voudrais relire *Antoine,* et je suis constamment occupé par des affaires d'appartements, de tickets d'alimentation, d'argent, etc.

Ce serait bien si, après avoir fait bouger les choses (il faudra p.ê. de l'argent pour cela ?), tu faisais des provisions de miel et de beurre. Et ce serait un vrai conte de fées si tu confiais à l'homme grossmanihinien* le soin de transporter, scier et fendre du bois de chauffage pour moi. Est-ce que je ne pourrais pas me construire un petit poêle supplémentaire dans ma chambre ? Ou bien, peut-être, m'en mettre un en fer ? Cela résoudrait le problème du samovar, on pourrait se faire sa cuisine et, au cas où l'on devrait reprendre Lionitchka au jardin d'enfants, cela assurerait notre indépendance de fonctionnement. Le problème, c'est que, même avec la générosité du chauffage « vavilovien* » de l'an dernier, il faisait froid pendant les périodes de gel en raison des portes grandes ouvertes à toute heure du jour et de la nuit (ici, quand je pars, je les ferme !). Je n'ose naturellement pas rêver que tout cela soit fait avant mon arrivée mais, si ce bonheur m'arrivait, je me mettrais avec une force décuplée à faire jaillir de nouvelles sources d'argent.

J'ai déjà envoyé 500 roub. à Vièra Kouzm. *C'est un cadeau.* Si elle se chargeait elle-même du soin du bois ou du poêle, donne-lui ce qu'il faudra d'argent pour les frais, mais cela, c'est sa propriété.

Je ne t'écris rien sur Moscou, sur les Asmus, sur Choura. Tout cela, je te le raconterai quand nous nous verrons : nous avons de quoi parler. Moscou est aussi éloignée du véritable secret des événements que l'est Tchistopol ; par contre, Tchistopol est plus proche des vaches, des poules et des chevaux, ce que l'on ne peut pas dire de Moscou, morte et stupidement bouffie d'orgueil.

Ce qui me retient ? La signature définitive des contrats, la poursuite du versement de ce qui m'est dû, l'enregistrement permanent de mon domicile à Moscou*, la proposition qui m'a été faite de lire au VTO * ma traduction de *Roméo* (il faut absolument le faire car personne n'est au courant de l'existence d'une nouvelle traduction *), l'arrangement de nos affaires d'appartement. Cela aussi, nous en parlerons quand nous nous verrons : il me semble que de tous les points de vue (je pense au toit et au cadre de vie) nous devrons recommencer notre vie et il est possible que Tchistopol soit une halte plus longue (peut-être dans le genre d'un nouveau Pérédielkino) qu'on n'aurait pu le penser, mais je suis très heureux de tout cela car cela se mettra en route dans un style complètement différent de la stupidité à trois sous dont nous aurons été privés. Je demande par télégramme à Barto *, qui est à Svierdlovsk, si elle est d'accord pour me prêter une pièce de son appartement afin que j'y transporte le peu de meubles qui reste des étages supérieurs et y habiter, s'il me faut rester là début novembre, ou revenir à Moscou au cours de l'hiver. Si elle refuse ou met du temps à me répondre, on me trouvera une pièce en bas dans un autre corps de bâtiment.

Si tu dois me faire savoir quelque chose en urgence, sers-toi de ceux qui viennent ici (Kazine* et Zenkiévitch* sont-ils déjà partis ?), ou télégraphie. Je trouverai sans faute un cadeau pour Stassik : je lui donnerai probablement toute la partie sucrée de ma ration, si je la perçois. Je n'ai pas pu jusqu'à maintenant obtenir de tickets d'alimentation. Mon enregistrement de domicile à Lavrouchine n'est que provisoire. Varvara Ivanovna est morte. Militsa Serg. n'a pas fait la moindre allusion à l'argent reçu. Choura me doit plus de mille. Je n'ai pas encore vu Toussia. Je me nourris grâce aux déjeuners du club ; le matin et le soir je me contente d'eau chaude teintée et de pain. Si quelqu'un poursuit un tel régime une année entière, il reste à la fin peu de chose de lui. Je te serre très fort contre moi, ainsi que les enfants. Pardonne mon écriture peu lisible : je me dépêche. Je suis extrêmement tenté de faire un saut à Pérédielkino pour aller chercher les grands jouets de Lionia, mais aujourd'hui est le dernier jour de réception des colis, sans compter que je crains les sensations fortes à la vue des destructions, et aussi Maroussia qui s'accrochera à moi comme la bardane, ce qui ne me procurera que peu de joie.

Je te serre sans fin dans mes bras. Boria.

28.X.42

Zinoucha chérie !

Tu es une *cochonne** épouvantable et je suis sûr que tu ne t'es pas souvenue une seule fois de moi, tandis que moi, je m'ennuie affreusement non seulement de toi, de Lionitchka et de Stassik mais aussi de Tchistopol et de l'emploi du temps tchistopolien.

Les circonstances m'ayant obligé à m'atteler à la correction de *Roméo* (d'après les remarques de Morozov *) et à donner mon accord pour une lecture le 23, je suis resté bloqué plus longtemps que je ne l'aurais voulu et j'ai sans doute laissé échapper la fin de la période navigable, tout comme j'ai dépassé le cadre alimentaire d'octobre. Il est donc probable que je m'attarderai ici jusqu'à début novembre. Télégraphie-moi s'il te plaît, aujourd'hui même, s'il y a pour moi un espoir de loger au chaud dans ma chambre, c'est-à-dire s'il y a du bois et si l'on peut espérer me mettre un poêle en fer, ou m'en monter un petit en pierre supplémentaire. D'ailleurs, vaut-il la peine que je vienne ? Je le souhaiterais beaucoup.

Tu demandes dans ton télégramme que j'apporte la pelisse d'Adia. Mais elle a été volée ! Il n'y a pas ici de lampes à pétrole. Pour ce qui est des manuels scolaires, pour Adia et son sanatorium, je m'en suis déjà occupé. En ce qui concerne les partitions, j'ai reçu ton télégramme après avoir envoyé par colis les objets pesants. L'interruption du transport par bateau m'obligera à n'emporter que peu de bagages afin d'avoir la possibilité de prendre l'avion, si j'y suis obligé et si l'occasion se présente.

Je t'ai viré 2 000 roubles par la OuAPP *, et 3 000 par la poste. Je t'en transmets 1 000 par Tréniov (en tout : 6 000). J'espère en apporter autant, ou à peu près autant. La seule chose que j'ignore, c'est si cela a un sens que j'apporte du travail à Tchistopol : les conditions matérielles le rendront-elles possible ? J'aimerais beaucoup être à côté de toi et des enfants. Achète de toute façon autant que tu le pourras de miel et de beurre, si tu en as la possibilité. Explique-moi, s'il te plaît, par télégramme comment je dois agir, car mon désir de revenir vers vous était si grand que j'ai renvoyé la valise contenant mes affaires, ce par quoi je me suis compliqué grandement la vie ici au cas où je devrais rester.

Je te serre très fort dans mes bras en même temps que Lionioussia et Stassik. Je vais désormais renoncer au sucre et aux choses sucrées afin de leur obtenir à tous deux du chocolat. N'oublie pas de m'envoyer un télégramme : ils arrivent très bien ici !

19 novembre 42

Zinotchka, ma petite mère, ma joie précieuse ! Tout était déjà prêt pour que je parte le 18 avec Yavitch*, et soudain j'ai décidé d'aller au front avant de revenir vers toi. J'ai téléphoné à Fadieïev pour le lui expliquer. Je ne sais pas comment cela s'arrangera, mais il m'a promis de me remettre entre des mains sûres. Tout cela s'éclaircira les jours prochains. Si je m'y rends, et si Dieu le veut, mon voyage sera repoussé de deux ou trois semaines et je m'apprêterai avec son aide à te rejoindre, avec les enfants, au mois de décembre. Khmara* s'apprêtait à s'y rendre à la même époque. Nous partirons peut-être ensemble.

Je m'ennuie impensablement de toi et de Lionia et Stassik. Je m'ennuie même de Tchistopol, comme d'une vie plus véritablement mienne que celle de Moscou. Je brûle à en pleurer de l'envie de retourner dans les ténèbres et la barbarie de cet hiver des bords de la Kama auquel je suis redevable de tant et tant.

J'ai un tas de choses à te dire. Commençons donc par les affaires, et d'abord par celles qui concernent l'argent.

Je t'ai viré via Khessine 2 000, ensuite par la poste 3 000, ensuite je t'ai envoyé avec Natacha Pavlenko 1 000 et hier j'ai à nouveau demandé à Khessine de te virer 10 000, en tout 16 000. Je n'aurai plus de grosses rentrées d'ici la fin de ma traduction d'*Ant. et Cléopâtre*, à laquelle je ne me mettrai que lorsque je serai chez vous à Tchistopol, c'est-à-dire pas avant mars ou avril. Mais efforce-toi de faire provision de choses indispensables ou utiles : du miel, du beurre, du bois ou des pommes de terre. Pour les petites dépenses, au cours de ce délai hivernal, je me débrouillerai toujours.

Mon rêve consiste à passer avec toi ces mois d'hiver de la manière la plus productive et la plus utile. Habite ma chambre et préserve-la, afin qu'elle ne s'envole pas. Paye Vièra Kouzminitchna et maintiens de bonnes relations avec elle. Il me semble que vers la fin de l'hiver, avant même que le fleuve ne redevienne navigable, nous devrons tous les deux, sans Liona ni Stassik, faire un saut à Moscou afin de poser les premières briques de notre retour estival, enfants compris, dans notre patrie. Ce sera parfait si je travaille de manière efficace dans l'intervalle et si je n'arrive pas là-bas avec toi les mains vides. Travailler de fond en comble n'est possible qu'à Tchistopol. Je te supplie donc de faire de la sorte : préserve ma chambre et, si tu entends quelqu'un dire que je ne viendrai peut-être pas et passerai l'hiver à Moscou, sache que je crains plus que tout que ne se crée pareille opinion. Je serais dès maintenant venu chez vous si je n'avais pensé qu'un jour au front me serait très profitable au tout début de mon travail hivernal et me donnerait un statut moral tout à fait différent. Si je suis resté ici jusqu'à maintenant, c'est parce que je réunissais, petits gains par petits gains, la somme que je t'ai nommée, mais je n'ai plus rien à faire ici et n'ai nulle part où habiter. Salue, s'il te plaît, Vièra Kouzminitchna. S'il me reste du temps, je lui écrirai. J'ai un cadeau tout prêt pour elle : du parfum. J'étais persuadé que, dès la fin novembre, je m'installerais rue Volodarski.

Tu sais sans doute déjà que la cargaison de colis du Fonds littéraire est bloquée dans l'anse du Sauveur, à quatre-vingt-dix kilomètres de Tchistopol. C'est pour nous une vraie tragédie. Il y a deux valises à nous dans cette expédition : la mienne, avec tout ce que j'avais rapporté de Tchistopol à Moscou (bottes en feutre, costumes, papier, livres, manuscrits) et ta valise parisienne (dont Fiédine ou Selvinskaya devaient te remettre la clef), qui contient les restes de notre camelote de ménage, des petits livres pour Lionitchka, etc. Il dépend de l'énergie de Yakov Fiodorovitch * que la cargaison soit libérée. Les télégrammes correspondants ont été envoyés d'ici. J'espère que nos affaires ne disparaîtront pas. Mais si tel est le cas, je reste ici comme je suis venu au monde, complètement nu.

J'ai acheté des chaussures pour Stassik, j'apporterai du chocolat pour les enfants et, pour toi, des cigarettes.

Aux environs du 7 novembre, lorsque le froid est arrivé sans crier gare et que j'habitais chez Choura, l'eau a gelé dans les canalisations dès le deuxième ou le troisième jour. J'ai émigré pour ce que je croyais être peu de temps chez les Asmus et j'y suis resté. Chez eux non plus on ne chauffe pas. Les consommations d'électricité sont strictement limitées, Ir. Serg. a fait monter dans sa chambre à coucher un poêle de brique mais il ne tire pas et, lorsqu'on l'allume, l'appartement s'emplit d'une fumée âcre et de suie, en sorte qu'il faut ouvrir la porte de l'escalier et le vasistas d'une des fenêtres. J'habite à la cuisine, dans un coin, et je suppose que je dois leur créer une grande gêne en les privant d'un endroit clair et relativement chaud, des choses qui comptent par un hiver comme celui-ci, où l'on est à l'étroit et au froid.

Choura vit d'une manière affreuse : pauvrement, sans espoir ni volonté d'en sortir. Il est épouvantablement paresseux et je ne peux pas penser sans douleur à lui et à Fiédia *. Ils gèlent et se tournent les pouces. J'ai viré une grande quantité d'argent, peut-être trois mille roubles en tout, à nos proches dans le besoin : Yélizaviéta Mikhaïlovna *, Liéna, Choura et d'autres. De temps en temps, la misère et la stupidité qui m'entourent me plongent dans une affliction mortelle. Les nerfs sont tendus à rompre, les choses les plus insignifiantes prennent un temps considérable. Ces jours-ci, Mil. Serg. est venue me voir. À peine avait-elle commencé à parler d'Adik que je n'ai pu y résister : j'ai dû sortir en hâte de la pièce parce que j'avais éclaté en sanglots *. En guise d'adieu, elle m'a demandé de l'argent.

J'ai lu ta lettre, que Serg. Vassiliev * m'a apportée, et

j'ai pleuré. Si tu savais comme je ne tiens plus en place d'envie de te voir, combien j'aime Stassik et quelle nostalgie démente j'ai de mon gentil marmouset Lionitchka !

29.XI.42

Zinotchka, ma petite fille chérie et ma joie !

Comme je m'ennuie de toi ! Quelle torture, de vivre loin de sa famille !

Voici pourquoi je traîne ici. Quelques possibilités commencent à éclore pour *Roméo et Juliette.* Il est encore trop tôt pour en parler, mais le Maly * s'y est intéressé. La Philharmonie envisage un spectacle de variétés, sans costumes ni décors, et veut en commander la musique à Chostakovitch. C'est bien compliqué et cela ne rapportera guère : on ne peut pas répéter un spectacle de variétés comme on le fait pour une pièce de théâtre. Voici donc l'essentiel : la prolongation de mon séjour ici n'est pas sans utilité puisque c'est maintenant seulement que la réalisation dramatique de ma traduction peut commencer.

Autre raison : le début de chaque mois nouveau est marqué par des distributions alimentaires. Lorsqu'un mois parvient à son terme, partir avant qu'elles n'aient lieu est déraisonnable : les cigarettes pour toi, le chocolat pour les enfants sont en train de s'accumuler.

J'avais demandé à Fadieïev de m'organiser un voyage au front. Il s'y est mis avec beaucoup d'enthousiasme mais tu peux voir que je suis toujours à Moscou. J'ai maintenant adressé la même demande à la rédaction de *L'Étoile rouge,* le journal de l'armée, et je partirai probablement ces jours-ci, et jusqu'au 20 environ, dans ladite direction. Cela me sera utile sur tous les plans et renforcera ma position.

Je ne me suis pas soucié jusqu'à maintenant d'avoir une autorisation de résidence permanente et ai vécu avec une *propiska* provisoire. Il faut que je m'en occupe. Cela sera nécessaire pour mes prochaines venues à Moscou. Après ma première visite ruelle Lavrouchine, les pitoyables reliques de nos biens familiaux ont continué à être pillées. Le plus horrible, c'est le sort réservé aux archives paternelles. Même ses tableaux ont pratiquement tous été décrochés. Je suppose qu'on s'en est servi, faute de carton et de contre-plaqué, pour boucher çà et là des fenêtres restées sans vitres. D'ailleurs c'est un appartement maudit. C'est là qu'Adik a commencé à être malade. Toutes les amertumes et les horreurs que nous y avons vécues se lèvent dans mon esprit lorsque je tourne au coin de cette terrible ruelle. Et si ces pièces, même dans leur état actuel, étaient quand même habitables, après tout ce que nous y avons vécu et ce qui s'y est passé au cours de cette année, je ne voudrais pas y loger.

Il faudra construire notre vie sur des bases complètement différentes. Il faudra gagner beaucoup d'argent, considérablement plus que nous n'y sommes habitués tous les deux. Je reviendrai avec toi à Moscou au printemps. Nous descendrons quelque part à l'hôtel et entreprendrons d'organiser notre nid d'une manière totalement nouvelle. De toute façon il le faudra. Tu m'y aideras.

Mais d'une façon générale, je continue à vivre dans mon vieux rêve. Dieu voulant, l'opération accélérera le rétablissement d'Adik. Si la chose est possible, nous partirons tous les quatre en Angleterre, mais si cela présente des difficultés, alors seulement avec Adik et Lionitchka. J'ai déjà écrit à mes sœurs à ce sujet. Je leur ai envoyé d'ici un télégramme et ai reçu d'Oxford une réponse joyeuse. Papa a quatre-vingts ans. Il est vivant et continue à travailler *.

J'avais fermé à clef notre appartement : peine perdue. Maintenant j'ai cloué des planches sur les portes. Tout cela est indescriptible, irracontable à distance. Ne m'en veux pas.

Khmara m'a joué un mauvais tour en partant brusquement, alors qu'il l'envisageait à la mi-décembre. Je voulais faire route avec lui. Depuis que le mouvement des bateaux s'est interrompu, personne ne prend de colis, ce qui est normal puisqu'on ne peut pas être chargé en avion.

Pourquoi ne m'envoies-tu pas de télégramme et n'utilises-tu pas de voyageurs de passage (il y a eu Popovski*, Gliébov* et d'autres) pour me faire remettre une lettre ? As-tu reçu tout l'argent que je t'ai envoyé : 2 000 par Khessine, 3 000 par mandat postal, 1 000 par Natacha Pavlenko et 10 000 par Khessine, en tout 16 000 ? Télégraphie-moi aussitôt après avoir reçu cette lettre, à l'adresse de Choura ou à celle des Asmus, pour me donner des nouvelles de vos santés, de l'argent, des affaires matérielles.

Préserve la chambre et vis-y le plus possible. Je n'ai pas fait ici une seule ligne d'*Antoine,* tout cela ne sera possible qu'à Tchistopol, mais Shakespeare est le plus drôle de ce que je pourrais faire en ce moment. Même sans être monté au théâtre, il trouve le moyen de nous soutenir. Que sera-ce lorsqu'il commencera vraiment ! Conserve ma chambre et attends-moi. Ma raison d'être sur terre, c'est d'être avec ma famille, et tu es ma famille. Je voudrais que toi, les enfants, moi, mes souvenirs et les traces matérielles laissées par mon père soyons à l'avenir mieux et plus à l'aise que nous ne l'avons été jusqu'alors.

J'embrasse sans fin mon doux et merveilleux Lionitchka et je vous serre tout aussi fort dans mes bras, Stassik et toi. Écris et télégraphie, et n'abandonne pas la chambre afin qu'elle ne s'envole pas.

Ton Boria.

6.XII.42

Ma chérie ! Je suis épouvanté par mon manque de volonté et mon absence de caractère. Seuls les êtres doués d'une volonté ferme vivent de leur propre vie, d'une manière authentique et libre. Les autres sont pour eux un spectacle ou une matière à divertissement.

J'ai exprimé il y a trois semaines, à Fadieïev et dans les locaux de *L'Étoile rouge,* mon désir de passer quelque temps au front. La nouvelle en a été reçue avec un enthousiasme tel que j'ai ressenti quelque appréhension : allait-on me laisser une demi-heure pour le minimum de préparatifs ? Depuis quinze jours, je téléphone chaque nuit (la rédaction travaille la nuit) à *L'Étoile rouge* à propos de mon voyage et, chaque fois, on me répond que l'on va m'équiper dans les jours qui viennent.

Ces derniers jours, j'ai décidé que cela suffisait. Les trois semaines que j'avais affectées à ce projet se terminent. Je m'ennuie de vous à en mourir. Ma place est là où tu es avec les enfants. Lorsque je me représente mentalement le nouveau sapin des enfants, l'anniversaire de Lionia et le Nouvel an, les larmes me montent aux yeux. Leytiess* se rend à Tchistopol dans une semaine : je me suis mis d'accord avec lui pour que nous fassions route ensemble. C'est en ce sens que j'ai répondu hier, le 7, à différentes personnes qui me faisaient des propositions pour les fêtes de fin d'année. Après quoi j'ai appelé le réd. en chef adj. de *L'Étoile rouge* pour lui dire que je les libérais de ma demande parce qu'il s'était passé beaucoup de temps et qu'il était temps que je rejoigne les miens. Il ne m'a même pas laissé achever. Une avalanche m'est tombée dessus : « Pas d'excuses ! Nous vous avons trouvé l'homme qu'il vous fallait et nous avons réparé une voiture. Nous vous expédierons après-demain sur le front de Briansk. » Mes objections ne rendaient pas un son valable car je ne sais pas refuser. Je me suis laissé convaincre et j'ai accepté d'attendre encore deux jours mais, au cours de la nuit qui a suivi, je n'ai pas dormi tant j'étais abattu à l'idée que cela m'empêcherait à nouveau d'être avec vous pour Noël*, alors que je m'étais déjà fait à cette idée. Ce qui se passe, c'est que si mon voyage (à Tchistopol) n'est pas possible avant les derniers jours du mois, il faudra le repousser, pour cause d'enregistrement du domicile, d'attestation d'envoi en mission et de ration alimentaire, à la deuxième décade du mois suivant. Quand donc tout cela prendra-t-il fin ? Il me semble que le destin, les circonstances, mes amis et tous ceux qui me veulent du bien, en affectant de me montrer de la sympathie, se moquent de moi. Comme me l'a justement dit Toussia, si l'on veut faire un voyage, le front est la direction la plus banale. Aller vers toi et vers Lionia me donnerait infiniment plus. Ta fête, ton anniversaire se sont passés sans moi. Ce seront maintenant les fêtes de fin d'année et l'anniversaire de Lionia ! Je rêve chaque nuit de vous. Il est temps que je me mette sérieusement au travail. Tout traîne terriblement en longueur : la *propiska,* les relations d'affaires, les moindres petits détails.

Ce matin encore, alors que je commençais de t'écrire cette lettre, je m'apprêtais à te reprocher ton complet silence. Je comprends que cette fausse attente, qui t'a trompée plusieurs fois, ait pu t'ôter l'envie d'écrire des lettres : tu attendais de jour en jour mon arrivée. Mais que de fois tu aurais pu trouver le temps de m'envoyer un télégramme !

C'est ce qui s'est produit ce soir. Tu me fais savoir que tu as reçu dix mille et cela ne permet pas de savoir si tu as reçu les trois mille que je t'avais envoyés par la poste (Natacha t'a certainement remis le millier que je t'ai envoyé par son intermédiaire). Mais je t'avais écrit au sujet de tout cet argent et s'il y avait eu une divergence avec mon information, en ce sens que tu n'aurais pas reçu quelque chose, tu me l'aurais certainement fait savoir.

Tu me demandes d'apporter toutes les photos d'Adik. Il faut pour cela que je demande au gérant de l'immeuble d'ôter les scellés de la chambre d'Adik au septième, où la DCA s'est installée, puisque nos affaires, pour cette moitié de l'appartement, y sont réunies. Je crains d'effleurer tout ce qui est lié à l'appartement de Lavrouchine comme s'il s'agissait d'une blessure à vif, à peine cicatrisée. Ce qui y est arrivé, avec les toiles de papa, me vaut une condamnation sans appel et que je n'oublierai jamais ; c'est aussi un coup dont la trace ne s'effacera pas. En outre chaque incursion à l'intérieur de ce nid dévasté est un nouveau prétexte à poursuivre le saccage : vous êtes entré, nous dira-t-on, nous ne sommes pas au courant. Mais je demanderai qu'on ôte les scellés et je chercherai le coffret aux photos, quoique cela risque de nous coûter l'armoire à glace, le lit et le peu qui s'y trouve encore.

Mil. Serg. m'a bien rassuré en me montrant, ces jours derniers, la lettre de Garry après sa visite à Adik*. La seule chose que je ne comprenne pas, c'est qu'il ne soit pas resté avec lui jusqu'à l'opération. D'après ce qu'il dit, il s'attendait au pire, mais l'état d'Adik, son apparence et les explications des médecins l'ont grandement rassuré.

Et à nouveau et une fois de plus, je te prie de préserver ma chambre et de lui donner un air habité. Je crains beaucoup que mon arrivée sans cesse différée ne ruine la croyance en mon retour et que l'on ne nous la prenne. C'est pourquoi il faut qu'elle soit liée à ton enregistrement de domicile, comme si c'était toi qui y habitais. Mais toi, tu sais bien naturellement que mon retour n'est pas fictif et que seuls s'élèvent sur sa voie des obstacles hypocrites nés de la médiocrité et de la désorganisation actuelles, auxquels je dois payer tribut en vous quittant pour aller à Moscou, tribut que je continue à verser en acceptant comme un idiot ce voyage au front.

Leytiess n'est pas encore à la veille de partir et je rajouterai sans doute qqch. à cette lettre. Mais pour l'instant j'arrête. Bonne nuit. Je te serre fort dans mes bras, et Lionia, et Stassik. Sans fin, sans fin, je vous embrasse.

Ton Boria.

12.XII.42

Ma chérie ! Me soutiendras-tu ou trouveras-tu, toi aussi, que j'aurais dû agir autrement ? On me téléphone avant-hier de *L'Étoile rouge* pour me dire que je vienne chercher une capote et des bottes et que je serai envoyé deux jours plus tard, à ma demande, avec un militaire. Eh bien, qu'aurais-tu fait ? Les Asmus me disent : « Partez pour le front ! Tchistop. sera toujours là et vous aurez l'occasion d'y retourner. » Mais j'ai une telle envie désormais de vous voir ! Et il faut tellement que je me mette au travail ! Cela fait déjà deux mois que le contrat pour *Antoine* a été signé. Il me faut y travailler au moins six mois et la remise est prévue pour mars. Alors que faire ? Et tout qui se dédouble à l'intérieur de moi. Tu me blâmeras peut-être et ne seras pas contente, mais c'est vous que j'ai choisis et j'ai téléphoné à *L'Ét. r.* en leur demandant de reprendre cette conversation au printemps * parce que je partais maintenant rejoindre ma famille. Mais je vous aime tellement, toi et les enfants, et je ne peux pas vivre sans vous ! C'est pourquoi, Dieu voulant, je me retrouverai très bientôt dans les rues de Tchistopol, une joie à laquelle je ne peux pas encore suffisamment croire.

Tu es une *cochonne* qui n'éprouve certainement rien de tout cela, et cela t'est bien égal, mais moi, j'ai si longtemps retardé le moment de vous voir que cela m'est devenu intolérable. Je te serre interminablement dans mes bras, et les enfants avec toi.

Ton Boria.

1945

[Octobre 45] (1) *

Pour la comptabilité (K0-39-84 *)
Demander Prask[ovia] Nikolaïevna ou Anaïda Irvandovna * tous détails conc[ernant] l'argent (pour Chevtch., j'ai touché en liquide ; pour Shakesp., qu'on me le vire tout de suite). Cherche le num. de tél. d'*Octobre*. Ont-ils une caisse à eux, ou faut-il passer par le Goslitizdat ? Téléphoner à Nina Markovna *, rédactrice à *Octobre*. Demande où en est Baratachvili *. Tout leur donner ? Pourrait-on toucher un peu d'argent ?
Demander à Khitarova * ou à Riabinova * (K-36-92) si qqn ira en Géorgie pour la commémoration, afin de donner un manuscrit à porter.
Peut-ê. Vict. Vict. Goltsev * ?
Lui téléphoner, demande pour sa santé, etc.

[Octobre 45] (2)

Tél. dim. soir à Goltsev Vict. Vict. (elle, c'est Youlia Serguieïevna), s'il n'est pas *encore* parti. Y a-t-il chez lui un exemplaire *approuvé* de Baratachvili, pour lui à la radio et pour la Géorgie ? *L'a-t-il lu et quel est son avis ?* Quand part-il ? Y aura-t-il encore après lui, vers les 10-12, *quelqu'un en partance pour la Géorgie et pouvant prendre quelque chose* ? (S'il le sait, *qu'il dise qui* et ait la bonté de prévenir la personne de ne pas partir avant d'avoir pris un paquet.) Cela permettrait d'envoyer le reste de Baratachvili (il sera prêt vers les 10-12). Le téléphone de Goltsev, chez lui, est le G1-50-79. Au travail (radio), le K0-27-50, poste 4. Qu'il embrasse pour nous Nina * et les deux Tchikovanes *.

Même chose pour Khitarova. Lundi matin, vers 11 heures, trouver moyen téléphoner Khitarova Sofia Mossiessovna K3-63-92 mêmes questions qu'à Goltsev : 1) Que pense-t-elle de Baratachvili, son avis ? 2) Quand part-elle ? Salut de nous deux à Tchikovani. 3) À qui remettre le reste de Baratachvili (il sera fini dans trois jours, il reste la fin d'un long poème) ? Personne ne va-t-il après elle en Géorgie * ? 4) A-t-elle ordonnancé de l'argent pour Baratachvili, et combien ? Qu'elle n'oublie pas qu'il faut porter en Géorgie l'original pour Tchikovani, c'est-à-dire l'exemplaire recopié par toi (Zina). A-t-on recopié pour le Goslitizdat et Goltsev, et l'a-t-on approuvé ? Je lui souhaite bonne route.

1948

4 juin [1948]

Zinotchka chérie !

J'ai attendu chaque matin ton coup de téléphone et je suis triste que tu ne m'aies pas appelé. Si cela est trop difficile pour toi, envoie-moi par Maria Edouardovna, au cas où tu ne viendrais pas toi-même en ville, un mot où tu me ferais savoir les choses suivantes :

Où en est ton abcès au ventre, comment vont tes dents et, plus généralement, comment te portes-tu ? Que devenez-vous, Lionitchka et toi ? Quelles nouvelles de la datcha ? (Mais ne te ronge surtout pas les sangs à ce sujet. Si, Lionia et toi, vous vous reposez bien là où vous êtes, c'est tout ce dont mon âme a besoin pour l'instant et dans les circonstances présentes.)

Il a fait étouffant ici et je m'ennuyais tellement de toi et de Lionia, avant-hier jeudi, que j'ai failli m'enfuir pour aller vous retrouver à Pérédielkino. C'est probablement ce que je ferai lorsque je saurai que nous ne risquons pas de nous croiser et que j'aurai obtenu le feu vert d'Iskousstvo * pour le deuxième volume de Shakespeare et celui du Dietguiz * pour *Henry IV*, mis au point deux morceaux de mon roman et achevé les chapitres sur la guerre. *Tout le reste,* c'est Mar. Edouardovna qui te racontera. J'ai vu deux fois An. Andrieïevna *.

Je voudrais terriblement te voir et aller avec toi ce soir au concert de Garrik à la Maison des savants (début à 8 heures !). Demain soir, par contre, je n'irai nulle part.

Écris-moi absolument et de manière compréhensible tout ce qui te concerne, dans le cas où tu ne viendrais pas, et si ni toi ni Mar. Ed. n'avez l'intention de revenir avant le soir, téléphone-moi à 4 heures pour que je sache quoi faire à propos du concert.

Je t'embrasse sans fin, et Lionietchka avec toi.

Ton B.

[9 juin 1948]

Zina, je t'écris à la hâte. Réponds-moi à tout ce qui suit par Maria Edouardovna* : elle viendra te voir demain jeudi.

J'ai pris trois mille sur le livret. J'en donne un à Anna Nikandrovna*, je t'en envoie un pour Stassik et Galia*, qui s'apprêtent à venir chez toi le 12, du troisième millier je garde 200 pour moi et je t'envoie 800. Écris-moi demain comment vont les choses.

Ton B.

[11 juin 1948] (1)

Zinotchka chérie, où en est donc la datcha* ? A-t-on réparé le vélo de Lionia et comment vont vos santés à tous deux ? Le 12 (samedi), Stassik et Galia veulent vous rendre visite. Je leur ai donné la veille (le 11) 1 000 roubles parce qu'ils n'ont rien reçu de Garrik. Tonia (de la caisse d'épargne) dit qu'il faut échanger les obligations* contre d'autres. Combien en avons-nous, de quelle sorte et où se trouvent-elles [1]? S'il est possible et si tout va bien (avec mon travail), j'arriverai lundi 14*.

---

1. J'ai trouvé une enveloppe contenant un paquet de nouvelles obligations et un très petit nombre d'anciennes. C'est tout ? Celles qu'il fallait échanger, je l'ai déjà fait.

11 juin 1948 (2)

Zina chérie,

Il fait probablement aussi chaud chez vous qu'ici, mais dans la maison (surtout à l'étage inférieur, au septième, où il n'y a pas de fenêtre en face et où la cuisine donne un coup de main au soleil, et aussi parce que la porte de la terrasse, qui laissait jusqu'à maintenant filtrer un courant d'air, est toujours fermée à clef) on ne peut survivre qu'en observant de manière stricte et *pédantiquement* russe le rythme du ménage, de l'aération, du camouflage des lumières, etc. L'idée très simple que l'on pourrait émigrer à l'étage supérieur (au huitième) vient naturellement à l'esprit. Mais je conserve cela en réserve pour le mois de juillet, lorsque cela sera devenu pire encore.

Parce que, même si la datcha a été libérée, elle est perdue pour l'été. Cela, je le sais et la seule chose à faire, c'est de ménager ses nerfs, toi en particulier, afin qu'après avoir perdu la datcha tu ne perdes pas aussi ton énergie morale. Et la chose que je te demande le plus, c'est de garder ton calme au sujet de ce qui va arriver et qui t'attend encore. Parce que cela est tellement aisé à prévoir ! Les réparations, ils les font en rêve et en paroles tant qu'ils n'ont pas évacué les lieux : cela leur fait un sujet de conversation. Par contre, lorsque la datcha sera effectivement libérée, ils auront le sentiment d'en avoir déjà tellement fait qu'ils peuvent se reposer et ne pas s'occuper de toi. Et ce n'est pas que ce soient des crapules et des paresseux exceptionnels, mais parce que ce sont l'absurdité, le mensonge et le désastre généralisés de bas en haut et qu'il ne reste aux gens qu'à mentir et périr. Bien sûr, c'est pire que la guerre, parce que la guerre est une catastrophe mortelle et qui s'achève vite, tandis que cet ordre des choses est une catastrophe mortelle qui traîne sans fin. Et tu es, toi aussi, une *sauvage idiote** qui ne comprend pas qu'étant liée à moi tu es délivrée du malheur principal : de la nécessité de mentir et de te laisser abuser et de *tresser* d'obligatoires stupidités à la suite des autres ; tu n'apprécies pas à sa juste valeur la source à laquelle tu pourrais puiser le bonheur spirituel. Mais c'est ton affaire. Comme je l'ai également déclaré à Viélitchko *, l'essentiel pour moi dans tout cela, c'est toi. Je ne crois pas en la datcha. J'ai dit en partant, l'an dernier, que j'avais le sentiment que nous n'y habiterions plus. Je viendrai probablement lundi (mais il n'est pas nécessaire de demander un supplément pour la nourriture : ce sera seulement pour le déjeuner). Je t'avais moi-même conseillé de ne pas épargner d'argent s'il s'avérait nécessaire de graisser la patte de quelqu'un, pour la datcha. Mais c'est comme pour les nerfs et l'énergie morale : il y a le risque de gaspiller et de perdre tout pour rien. Il faut absolument examiner d'un regard lucide si cette possibilité existe vraiment ou si c'est un de ces mythes soviétiques typiques, un *trou* qui s'est ouvert lorsque la datcha a été laissée à d'autres pour l'hiver. Ces « trous » peuvent survenir dans notre réalité imaginaire et illogique absolument à propos de tout : de notre santé, de notre vocation, de notre destinée. Il suffit pour cela d'emprunter la voie des sots et des menteurs.

Ton B.

P.S. Maria Edouardovna m'a rappelé que votre bon de séjour allait jusqu'au 15. Dans ce cas je vous achèterai une prolongation d'encore deux semaines, afin que tu n'aies pas à venir exprès en ville, et je vous l'apporterai lundi, ou bien mardi si j'ai été retenu. En faut-il un ou bien deux ? (Je ne pose pas la question pour moi car cela n'a vraiment aucun sens que je m'installe, même à l'avenir et lorsque je serai plus libre, dans une maison de repos où tout m'irritera, mais un bon suffira-t-il pour toi et pour Lionia ?) Il n'est donc pas totalement sûr que ce soit lundi. Si tu es intéressée par mon humeur et que la tienne puisse, dans une certaine mesure, en dépendre, sache qu'elle est magnifique. Je sais fermement ce que je veux, ce que j'aime et ce que je ne supporte pas et je considère l'été qui s'est créé pour moi en ville comme une marque de l'augmentation obligée de ma résistance dans la lutte contre mes contemporains méprisables, et c'est pour cela que la chaleur et les punaises me sont une joie et je ne fais que siffloter.

Je te serre dans mes bras ainsi que Lionia.

C'est une grande chance que vous soyez, Lionia et toi, dans la verdure et que l'on vous nourrisse pour très peu cher. Merci rien que pour cela. Je vous embrasse très fort tous les deux.

16 juin (1948)

Zinoucha chérie !

Je me suis beaucoup plu chez vous aujourd'hui. Voici la colle. Étant donné que je donnerai quand même, probablement, 1 500 roubles à Yél. Alex. * pour son bon de vacances et que je serai ainsi coupable vis-à-vis de toi d'un millier et demi, je devrai en conséquence me justifier devant toi avec de forts intérêts, et grâce à cette dépense une idée merveilleuse a brillé en moi. Je vais proposer à Yartsev * un recueil de petites traductions de diverses littératures pour un contrat d'une vingtaine de milliers (rien que des rééditions).

Tout cela constituera un chaînon entre les sommes dont nous disposons actuellement et les perspectives financières de l'automne. La seule question est de savoir si Écr. sov. acceptera ma proposition. Je t'embrasse très fort.

J'ai passé la journée à essayer de faire obtenir (et j'y suis parvenu) 3 000 roubles à Anna Andrieïevna *, mais pour qu'on les lui donne il faut qu'elle fasse une demande écrite et elle ne veut pas. Puis j'ai passé tellement de temps au Fonds musical pour Scriabina que vers le soir j'étais presque devenu musicien, mais heureusement je me suis retenu *.

Ton B.

[Mi-juin 1948]

Je t'embrasse, Zinotchka. On m'a apporté aujourd'hui un paquet de l'Union des écrivains avec *Dix-neuf cent cinq*** en tchèque et le message reproduit ci-dessous. Ma pauvre, ma pauvre petite montagne, mon cher animal sauvage, Zinotchka, ma pauvre *doussia* !

Communication
En dépouillant les livres envoyés à la Commission étrangère de l'UES, je suis tombé sur la traduction tchèque que Bohumil Matezius vous envoie de votre poème Dix-neuf cent cinq, *avec sa dédicace personnelle.*

C'est pour moi un agréable devoir de vous faire parvenir ce livre et je vous propose, si vous en avez besoin, mes services pour la traduction des commentaires accompagnant la traduction. Je vous prie de faire connaître votre choix à la Commission étrangère.

12.VI.48.

Avec mes respects, Boris Chouplietsov, conseiller pour les littératures de Tchéquie et de Slovaquie.

[17 juin 1948]

La *Pravda* indique aujourd'hui dans un entrefilet* que le théâtre du Drame donne une représentation de *Rom. et Jul.* Ne t'imagine pas, je te prie, comme le font beaucoup de gens, que ce soit dans ma traduction. C'est une très ancienne mise en scène (antérieure à 1930), qu'ils se sont contentés de reprendre.

Ayant décidé qu'il n'y avait plus de punaises, je me suis remis à dormir en appuyant mon oreiller contre la commode. Des hordes se sont mises à ramper et je me suis battu toute la nuit. C'était donc bien dans la commode.

Livanova* a de nouveau téléphoné pour rappeler

qu'elle partait le 21 pour Riga et que je n'oublie surtout pas de venir le 20. Tu te joindras peut-être à moi ?

22 juin (1948)

    Zinotchka chérie.

    Les Pogodine ne se sont pas montrés et M[aria] E[douardovna] transporte à pied les choses demandées. Elle a cherché à acheter d'autres bocaux en verre mais n'en a pas trouvé. Graisse ce qu'il faut comme pattes à la maison de repos car ils achètent des concombres, des salaisons, etc., en grandes quantités et ils ont peut-être des bocaux ou des pots carrés à vendre. Si tel est le cas, prends-en le plus possible.

    Retéléphone-moi avant vendredi (disons jeudi matin), ou fais-moi savoir par écrit avec Maria Edouardovna ce que tu désires ou ce que tu as décidé. Si la maison est complètement prête pour qu'on y emménage samedi, j'aimerais bien que nous le fassions ensemble, malgré les courses restantes en ville, les Shakespeare, le recueil de traductions pour L'Écr. sov. (cela marchera sans doute). Par contre, si la maison n'est pas prête, je donnerai la priorité à ces considérations (les courses à faire en ville) et j'y resterai quelques jours de plus (le 3 juillet, si on enfonce le clou et qu'on le leur rappelle chaque jour, il me semble que je pourrai obtenir le premier versement d'Écrivain soviétique pour le nouveau contrat, qui sera alors rédigé).

    Comme toujours, rappelle-toi l'essentiel : ne t'inquiète pas. Je comprends que tu sois débordée par ta récolte de fraises, mais que faire ? Prends ce que tu auras la force de prendre et ne t'afflige pas si une partie de cet océan se déverse et se perd.

    Pour acquérir, il faut savoir perdre et renoncer à quelque chose : c'est la condition n° 1. J'ai *obtenu que l'on donne à An. Andr. du travail dans toutes les maisons d'édition* *. Je t'embrasse très fort ainsi que Lionitchka.

                                            Ton B.

Hier, en m'engouffrant dans le métro alors que les portes se refermaient, je me suis meurtri très fort le bras presque à l'aisselle. J'ai eu très mal, maintenant c'est passé.

24 juin 1948

Zinouchenka chérie !

Galia se rend chez toi uniquement pour te faire savoir que Stassik a une angine et qu'il ne pourra probablement pas sortir au cours des jours à venir. À mes obstacles et aux tiens vient ainsi s'en ajouter un autre, qui repousse l'emménagement au moment (de la semaine prochaine) où la maison sera prête, où je le serai moi-même et où tout le monde sera rétabli. Mon « objectif principal » est le 3 juillet, jour où l'on fait les comptes à L'Écr. sov. et où j'espère pouvoir rembourser, grâce à une somme d'environ 10 000 roubles, l'argent dépensé entre-temps pour ton bon de séjour, ceux de Stassik, d'Anna Nikandrovna, de Scriabina, l'achat par Mar. Ed. de provisions pour l'été, etc. Des 47 000 qu'il y avait le 10 juin et jusqu'à aujourd'hui, on a dégringolé à 43. Et maintenant que je vais encore en prendre 2, partie pour toi (1 500) et partie (500) pour les dépenses de Mar. Ed., cela descendra à 41, où je voudrais m'arrêter et repartir en arrière.

Je vais te dire pourquoi je dois rester ici jusqu'au 3 : parce que si l'on ne rappelle pas au moins tous les deux jours à ces voyous ce qu'ils vous ont promis, on n'obtient rien d'eux. Je n'ai envoyé qu'hier *Henry IV* au Goslitizdat et au Dietguiz (je me suis fâché avec Irina Vladimirovna *).

J'ai maintenant en main le *Lear* pour le Goslitizdat. Ce que j'ai fait récemment pour Iskousstvo avec tout Shakespeare, et notamment avec ces pièces, ne leur suffit pas. Il faut que les rédacteurs en chef de chaque maison d'édition montrent un zèle particulier et exagéré, comme tout ce qui est simulé et fait pour la galerie. Et puis, pour contrôler Morozov *, ils font preuve de vigilance en envoyant tout à Smirnov *. J'ai travaillé de cette manière pendant 3 ou 4 mois cette année. Pour rien.

Il me semble que, même si l'on suppose que l'on emménage n'importe lequel des jours qui te conviennent, il faut que tu prolonges ton bon de séjour d'une semaine ou deux après le 1er juillet. Ces choses qui restent à faire, on pourra les ajouter et les engloutir même après notre retour à la datcha. *Pour le bon de séjour,* et aussi *si tu as besoin d'autre argent ces jours-ci,* réponds-moi aujourd'hui même par Galia. Tu peux m'appeler quand tu veux chaque matin, je branche le téléphone à cause du grand nombre de choses à régler et de personnes avec qui parler, mais le plus sûr est entre 8 et 9.

Dans l'ensemble tout va très bien. Je ne pense pas que ton problème de sang présente un danger. Reste allongée. Mais aussi pourquoi te donner autant à fond pour tout ce que tu fais (le verger, la datcha, etc.) alors qu'il fait aussi chaud ? Tu auras toujours le temps.

J'avais trouvé au Fonds musical un bon de séjour pour Scriabina et je lui avais donné l'argent pour qu'elle l'achète : il lui suffisait de mettre ce fruit dans sa bouche, mais même cela, elle n'a pas su le faire.

J'ai obtenu au Fonds littéraire une allocation de 3 000 r. pour Anna Andrieïevna. Il faudrait qu'elle fasse une demande mais elle refuse.

Le Comité central et l'Union ont permis aux maisons d'édition de lui donner des traductions. J'ai téléphoné à Golovientchenko *. Ton de voix ennuyé et hautain. Vous dites ? Akhmatova ? Oui, on m'en a parlé. Il va falloir vérifier si elle est capable de traduire. Je l'ai envoyé au diable et j'ai raccroché. C'est aujourd'hui son anniversaire. Donne si tu peux quelques fruits à Galia, je les lui apporterai comme cadeau si j'ai le temps de passer chez elle ce soir.

Je t'embrasse très fort. Ne te fais pas de mauvais sang et n'aie pas l'impression que notre emménagement est en péril ou qu'il n'aura même jamais lieu parce qu'il est constamment repoussé. Tout est, au contraire, plus aisé et mieux que l'année dernière. Le fait que l'on ait libéré et réparé la datcha est proprement *incroyable* ! Être arrivé à cela vaut un miracle. En outre votre existence à tous deux aux frais de l'État ainsi que la modestie de mon train de vie actuel constituent une économie temporaire des plus utile. Et en ce qui concerne les conditions concrètes de ma vie ici il se produit une chose étrange : la chaleur n'a rien à voir avec celle des années précédentes, il y a dix fois plus de poussière, de punaises et de corvées qu'il n'y en avait et pourtant je me sens parfaitement bien, je travaille bien, j'arrive à tout faire, bref, il n'y a pas sur terre de limite aux forces humaines et il n'y a ni nerfs ni fatigue. Je t'embrasse à nouveau. Gornoung * m'a à nouveau photographié, et encore mieux.

B.

Serre dans tes bras et embrasse Lionitchka. À ta place je viderais ta valise haute (je transférerais le contenu ailleurs) et je l'enverrais vide ici avec Pogodine pour faciliter les nouveaux rangements. Hein ? Ou bien est-ce une idée stupide ?

[Fin juin 1948]

Zina chérie !
J'ai oublié de te demander, lorsque nous nous sommes parlé au téléphone, s'il fallait prolonger ton bon de séjour et tu ne m'en as rien dit toi non plus. Donne-moi *absolument* la réponse avec Stassik. Il faudrait naturellement que vous habitiez encore au minimum deux semaines à la maison de repos ; n'oublions pas en outre que c'est une économie dans notre budget. Les prochaines arrivées d'argent importantes s'éloignent jusqu'à l'automne ; les diverses éventualités éditoriales traînent et les théâtres ne nous offrent guère qu'un millier de roubles par mois.

Quel sens y a-t-il à ce que j'aille à Pérédielkino puisque tu dois venir mardi soir à Moscou ? C'est là que je t'attendrai mardi, après avoir probablement été occupé dans la matinée.

À qui Constantinov* doit-il donner le blanc de céruse et qui le portera ? Sois plus claire en pareil cas.

Je veux utiliser le retard lié à la datcha, c.-à-d. la nécessité de rester plus longtemps en ville, pour accumuler davantage de travail. Si je participe à la fièvre des réparations et que je me laisse gagner par elle, nous subirons un krach financier.

Je t'attends donc mardi après-midi, c.-à-d. à partir de 4 heures. Avant cela je serai peut-être au Goslitizdat.

Je t'enverrai Maria Edouardovna mardi, tôt dans la matinée.

Ton B.

P.S. Voilà qu'après tout ce que je t'ai exposé (ta venue mardi après-midi et l'envoi tôt dans la matinée de mardi de Maria Edouardovna), Maria Edouardovna a exprimé d'autres hypothèses : ce ne serait pas, selon elle, mardi que tu as l'intention de venir à Moscou mais mercredi matin, avec quelqu'un qui t'aiderait à acheter tes couleurs, et tu aurais supposé que je te remplacerais à Pérédielkino. Démêle-moi s'il te plaît cet écheveau. Ce qui compte, c'est que mardi est le jour du Goslitizdat et que *je ne suis pas libre mardi avant 4 heures.* Ensuite voici ce que dit Maria Edouardovna : que le magasin refuserait de marquer lui-même le numéro de compte et le prix et qu'il faudrait leur faire une commande (d'où ? du bureau ?), en laissant la place pour inscrire le numéro du magasin, après quoi, munis de la commande, ils marqueraient le prix de la marchandise et l'inscriraient au débit du compte.

Pour Constantinov, le nécessaire a été fait. Dès hier (il n'était pas là), j'ai fait la commission à Zinaïda Kapitonovna*. Je t'embrasse, tout est très bien, je suis heureux pour toi et pour la victoire que tu as remportée.

Ton Boritchka.

1) Maria Edouardovna demande à nouveau que tu lui fasses savoir quand elle doit partir : mardi matin, mardi soir ou mercredi matin.

2) Le bon de séjour.

Écris, ce sera préférable.

À propos de la céruse, j'ai téléphoné aujourd'hui même à Constantinov, à l'Union. Zin. Kap. lui fera la commission demain.

[Juillet-août 1948]

Ma petite mère chérie !

Lorsque je suis rentré à la maison, j'ai regretté de n'avoir pris que 10 mètres, et non 12, de ce tissu double face, mais on m'a induit en erreur en m'assurant que tu avais parlé de tissu simple, alors que celui-ci est *double*. Si le tissu te plaît et s'il faut en racheter (peut-être, pour l'allure générale du salon, mettrons-nous des rideaux des *deux* côtés, c'est-à-dire également côté forêt ?), fais-moi savoir je te prie, en donnant un mot à un de ceux qui viennent ici (par exemple à la liftière), combien il en faudrait encore : je l'achèterai et te l'enverrai. J'ai pris 1 000 r. pour toi, mais je voudrais en donner 300 à Toussia et ce tissu m'a coûté bien cher.

Or c'est maintenant le soir et Stassik part tôt dans la matinée. Je ne peux te faire porter que les 400 roubles que je possède actuellement. Cependant s'il t'en faut encore avant mon arrivée, fais-le-moi aussi savoir et je t'en enverrai.

Il faudra que je reste encore 2 ou 3 jours ici mais je te jure que, dès samedi, je serai à Pérédielkino et que je pendrai avec toi la crémaillère dimanche dans notre maison repeinte de frais et certainement très jolie.

Je t'embrasse ainsi que Lionitchka ; mon salut à tous. À mon avis on n'a pas besoin que cela aille jusqu'au sol, mais seulement un peu plus bas que les appuis de fenêtre. Par contre ce serait mieux des deux côtés. Écris-moi sérieusement et j'en achèterai d'autre.

Mais on a peut-être besoin d'autre chose, dans le genre d'une nappe ou d'un couvre-lit pour le divan ?

22 sep[tembre 1948]

Zinotchka chérie !

Étant donné que l'on vit depuis le milieu de la semaine dans l'attente de votre venue, ce serait bien si vous arriviez quand même samedi. Malgré la mélancolie et le froid qui règnent ici, on se sent dans l'ensemble tranquille ici, et c'est bon pour la santé. C'est visiblement une faiblesse profondément enracinée en moi : j'aime allumer les poêles, c'est-à-dire que lorsqu'il fait froid et que l'on a du bois, j'aime me sentir le maître de la situation, j'aime la chaleur que mes mains ont procurée, j'aime ne dépendre de personne dans ce domaine. C'est pour cela que je suis toujours resté ici sans bouger pendant l'automne et ai aimé y passer l'hiver. Lorsqu'il fait froid, les conditions sont propices pour la santé : la chaleur du foyer, l'excellence de la table, le sommeil long et réparateur, la lumière de la lampe et le travail fécond, tout cela acquiert de la noblesse et se pénètre d'une sorte de sentiment poétique supérieur que l'on ne connaît pas en été.

En outre la semaine en quinze, consacrée à d'humiliantes corrections, m'a tellement vidé que j'ai travaillé la semaine dernière (avant votre arrivée et à nouveau sur *Faust* *) de manière médiocre, brisée et molle, et ce n'est que ces jours-ci que tout a recommencé comme avant. Bref, si le froid ne s'accentue pas trop et que le bois suffise à ces considérations, je resterais encore volontiers une semaine et demie afin que pour le dimanche qui suivra (dimanche en huit) nous ayons rangé tout ce qui ne nécessite pas ta participation ; tu pourrais achever ces rangements dimanche avant que nous ne déménagions lundi.

Si je n'ai pas de lettres, écris-moi au moins, toi, une paire de mots ! C'est une telle *cochonnerie,* de ne rien recevoir de personne !

N'accroche pas les tableaux. Je n'envisage pas moi-même de les accrocher tous d'un coup. Je porterai à Olga Alexandrovna *, avec ceux qui sont cassés et nécessitent des verres, un certain nombre de cartons de papa afin qu'ils prennent cinq ou dix de ses meilleurs dessins et qu'ils les encadrent. Il y a là des choses remarquables, comme « L'alimentation », et même encore mieux.

Si Kun téléphone *, demande-lui sous une forme polie si l'on ne peut pas accélérer la préparation du recueil de Petöfi chez Dietguiz.

Si Baranovitch * téléphone et qu'il s'avère qu'elle a fini de recopier mon roman (elle avait interrompu la copie de plusieurs exemplaires avant de partir en vacances à Koktibiel et ne l'avait presque pas reprise), dis-lui ma reconnaissance et prie-la de ma part de revoir tranquillement et lentement son travail, pendant plusieurs jours, et qu'elle attende ensuite ma venue. Elle ne nous doit plus rien ; ce travail éteint sa dette envers nous. Raconte-lui ce que Nikolaï Nikolaïévitch * a dit de *Faust*. Si Olga Nikolaïevna (d'Iskousstvo) téléphone, dis-lui que, si elle a du temps pour la lecture et si cela l'intéresse, je lui laisserai mon roman à lire pendant plusieurs jours.

Demain 23 (jeudi), c'est l'anniversaire de Génia (garçon) *. Ce serait extrêmement magnanime de ta part si tu lui téléphonais au K1-47-26 afin de lui transmettre mes meilleurs vœux.

C'est aujourd'hui qu'arrive le corps de la pauvre Jenny *. On l'a annoncé ici et nombreux sont ceux qui se sont rendus à Moscou (peut-être as-tu toi-même assisté à l'accueil des cendres ?), mais il vaut mieux que je travaille : chaque minute compte pour moi.

Si quelqu'un d'autre a téléphoné ou qu'il y ait eu quelque chose d'intéressant, envoie-moi s'il te plaît un mot. Je t'embrasse ainsi que Lionitchka.

Ton B.

[Fin septembre 48]

(Pour maman *).

Zina et Lionitchka, mes adorables, je vous aime très fort. C'est quand même une torture et une désolation de toujours devoir se dépêcher pour le travail afin de rattraper les contraintes du temps, qui risquerait de s'emparer de nous et de nous asservir. Comment va ton dentier ? Il te paraîtra nécessairement mal adapté au début : il faut que tu le portes deux ou trois jours avant de t'y habituer.

Si tu accroches les tableaux, ne répète pas ma disposition antérieure, motivée par la présence dans la pièce de la bibliothèque et de la commode, qui ne sont plus là. Tu peux faire par exemple la chose suivante : disposer tous les tableaux sur la même ligne dans un rapport numérique quelconque (pourvu qu'il soit rigoureusement appliqué) avec la ligne de la bordure, soit que leur partie inférieure s'appuie sur cette dernière, soit que la moyenne de leurs hauteurs passe par elle, ou autrement encore (le mieux serait pour cela de prendre conseil d'Irina *). Il faut aussi que la distance les séparant au plan horizontal soit plus ou moins la même, ou bien proportionnelle, c'est-à-dire quelque chose ressemblant à peu près à ceci : sur deux ou trois murs, une succession de ce type * : [...]

Il faudra bien sûr l'adapter aux petits tableaux : je ne parle ici que des grands. Téléphone à Choura et à Irina, reçois-les à table et demande-leur de t'aider, au moins de leurs conseils.

Appelle le K3-64-71, demande Tarassenkov * et persuade-le de conclure au plus vite avec moi le contrat pour mes traductions choisies, faute de quoi nous nous trouverons obligatoirement devant un trou fin oct. ou début nov. Si tu apprends quoi que ce soit sur la possibilité de signer le contrat et le moment prévu pour cela, fais-le-moi savoir à l'occasion d'un des raids de Stassik. Je viendrai m'entendre pour le déménagement à la fin de la semaine prochaine. Je t'embrasse très fort.

B.

1954

29 juillet 1954

Zinotchka chérie ! Tout continue à aller parfaitement bien. La seule chose qui m'attriste, c'est Michka. Une espèce de guerre des chiens a lieu actuellement dans tout Pérédielkino. Michka revient à la maison la tête couverte de morsures, enflé, ensanglanté, fourbu, et à peine a-t-il récupéré du sang, des vomissements et de tout le reste qu'il court à nouveau se venger et se battre. Je ne sais pas s'il survivra jusqu'à votre retour. Les deux fillettes se sont fait pincer sur le lieu du crime à cueillir sur l'arbre des pommes vertes. Je les ai menacées toutes les deux, après quoi Larichka et Annotchka * passent leur temps à accourir vers moi et à enserrer avec une tendresse rare mes genoux de leurs petits bras. Nous avons à nouveau des journées très chaudes accompagnées d'orages. C'est parfait. As-tu suivi mon conseil au sujet des pièces ? Bravo d'avoir réussi l'examen de déménagement. Un bonjour affectueux à la chère Larissa Ivanovna *. Je t'embrasse très fort.

B.

Mes salutations à tous les membres du voyage, ainsi qu'à Lionia.

Lettre écrite de Pérédielkino à Yalta (note de Z. N. Pasternak).

30 juillet 1954

Zinotchka chérie !

Nina garde un silence si obstiné que je n'exclus pas qu'elle nous prépare une surprise et nous arrive soudain, sans avoir prévenu, en compagnie de Titien *.

Fiédine est passé hier et a raconté des choses inattendues. On réexamine l'« affaire » Babel et des renseignements attestent qu'il est vivant et va être remis en liberté *. Il affirme que l'on a vu Tcharents de retour *, lui que l'on croyait fusillé. Pourquoi cela ne pourrait-il pas arriver pour Titien et pour Pilniak * ?

Je vous vois en pensée au bord de la mer et c'est ce qui me réjouit le plus pour vous. Parce que vous allez vous trouver au milieu des rochers, des crabes et des galets et mangerez peut-être du poisson grillé, peut-être même du turbot.

On annonce de chaudes journées en août. Ces jours derniers ce n'étaient que pluies et orages. Les citrouilles des plates-bandes sont grosses comme des demi-carrosses. J'ai aujourd'hui la visite de Toussia et de Nina Ianokievna *. Je t'embrasse très fort ainsi que Lionietchka. Mes salutations à Larissa Ivanovna, Andreï Dmitriévitch et Mikhaïl Yéfimovitch.

Ton B.

31 juillet 1954

Ma chère et tendre ! Je t'écris souvent de crainte que tes cartes ne te soient soudain défavorables, que tu ne casses un miroir et que, te rappelant ma maladie de l'an dernier, tu ne t'inquiètes soudain en te demandant si tout va bien ici pour nous.

Samedi dernier Maroussia * est venue, a posé en douce sur le lit de Lionia un paquet de bonbons et, sur la tablette du coin, une petite brioche de Pâques : elle ne savait pas, la pauvre, qu'il était à Yalta. Quel drôle de garçon, il aurait pu lui parler de ce projet la dernière

fois qu'il l'a vue ! Ce soir, probablement, You. Mikh. *
amènera Irina et Choura. Ici, à la datcha, tout n'est que
propreté, calme, agrément, clarté, espace. Nous mangeons à en éclater. On nous a donné la note d'électricité
pour juillet, qui a fait un bond à 526 roubles : cette
dépense est probablement due à l'utilisation permanente de la tension maximale, par exemple pour le
réfrigérateur qui est toujours en position d'urgence
exceptionnelle. Mais T. M. * dit qu'autrement il ne
marche pas.

Au nom du Créateur : ne rapporte rien de Crimée.
Tout a mûri ici et beaucoup se perd.

Fiédine a laissé entendre que, dans un éditorial de la
semaine dernière (environs du 27 juillet) de la *Gazette
litt.* *, on aurait mentionné que certains, à l'étranger,
s'intéressaient aux raisons du silence de plusieurs
d'entre nous, notamment Cholokhov et moi, et que nos
noms (toujours selon Fiédine) seraient placés côte à
côte. Je n'ai pas redemandé, par décence, et je ne sais
absolument pas si c'est vrai ni ce que cela signifie.

J'avais l'intention de t'écrire de bon matin pour te
parler de quelque chose de concret et c'est pour cela
que j'avais pris la plume, mais j'ai oublié de quoi il
s'agissait : cela ne fait rien, je te l'écrirai dans ma prochaine lettre.

Michka est impossible : tout est arraché jusqu'à l'os
suite à des morsures au-dessus de son œil droit et sur sa
joue droite, et à peine entend-il au loin un aboiement
qu'il se précipite au-dehors comme un possédé pour
aller rejoindre les autres.

Mon salut affectueux à Larissa Ivanovna. Je ne travaille pas de manière éblouissante. Quand tu étais là,
c'était quand même parfois plus tranquille.

Je t'embrasse très fort, et j'embrasse Lionia et tous
les autres.

*Lettre écrite de Pérédielkino à Yalta (note de Z. N.
Pasternak).*

2 août 1954

Ma chérie !

C'est la dernière lettre que je t'écris. Elle arrivera probablement au moment où vous serez déjà en train de vous apprêter à rentrer et continuer à écrire n'aurait pas de sens. Envoyez, lorsque vous partirez, un télégramme pour faire savoir quand vous comptez arriver, si tu souhaites que nous le sachions. Mais si tu ne le souhaites pas, arrivez par surprise, à l'improviste.

Hier dimanche j'ai eu ici Choura et Irina, qui sont restés coucher, et Rosa* et Maricha Viliam*, qui ne sont pas restés.

Valia la petite, qui était de sortie, a vu dans le métro de Moscou la scène suivante : il y avait un homme avec sa femme, un petit enfant et un grand nombre de valises. En descendant à l'arrêt, il a tout d'abord sorti l'enfant sur le quai, puis, sans se retourner, s'est précipité à l'intérieur du wagon pour prendre ses valises. L'enfant, pendant ce temps, a fait un pas en direction du wagon et a glissé jusqu'à la moitié du corps dans l'espace situé entre le wagon et le rebord du quai. Beaucoup de cris, d'agitation, mais on l'a retiré sans conséquences graves et Valia s'est contentée de raconter quelle peur avait étreint les voyageurs devant ce spectacle.

En l'écoutant, je t'ai revue en pensée dans la même situation à la station Komintern*, lorsque je voulais bondir vers toi et que je n'avais pas vu comment, sans le moindre dommage pour toi, on t'avait sortie du trou. Mais la rame était partie et, lorsque j'étais revenu de l'arrêt suivant, tu n'étais plus là. Les années ont passé mais j'ai revu avec la même clarté ton visage désemparé et pâli, et éprouvé le même choc et la même épouvante.

Tout le personnel féminin, Zinaïda Mikhaïlovna comprise, te prépare des miracles de l'art horticole dans le coin des fraisiers. Les L. n'ont pas encore rendu le restant de leur dette. Il m'est soudain venu à l'esprit que Stassik, Galia et toi n'étiez peut-être pas restés à Yalta et aviez pris le bateau pour Sotchi, en sorte que j'ai noirci en pure perte tout ce papier.

Je t'embrasse très fort ainsi que Lionia, et envoie mon salut affectueux à Larissa Ivanovna et à tous les autres.

Ton B.

Lettre écrite de Pérédielkino à Yalta (note de Z. N. Pasternak).

1957

6 févr[ier] 1957

Ma pauvre chère petite mère Zinoucha, comme nous avons été heureux de recevoir ta carte ! Le redoux, la pluie, les routes glissantes... De Proyart est arrivée hier soir * ; elle nous a transmis le bonjour de Nina * et des Goudiachvili * (qui lui ont beaucoup plu). Nous avons vidé avec elle et Lionia une bouteille de bordeaux. Ce matin Lionia a accepté de la conduire à la gare, mais la neige n'avait pas été déblayée sur les bords de la chaussée et nous avons vu en bas Tamara Vladimirovna * qui approchait en voiture. Lionia s'est arrêté à la grille pour la laisser passer, elle a fait de même pour qu'il puisse sortir. Mais après l'arrêt, notre voiture s'est mise à patiner et s'est provisoirement enlisée. Le bref arrêt se compliquant quelque peu, on est sorti de voiture, on a fait connaissance et échangé conseils et coups de main. Puis tout s'étant arrangé, on s'est séparés et, en revenant de la gare, nous avons trouvé ta carte.

On t'a télégraphié hier pour te dire que, si tu avais besoin d'argent, tu pouvais essayer d'en demander à l'*Aube de l'orient,* comme avance sur le livre qu'ils ont l'intention de publier. Mais le contrat pour ce livre n'est probablement pas encore prêt et cela ne donnera rien. Il faut demander à voir (essayer de voir) le dénommé Béboutov, Garéguine Vladimirovitch *, un homme charmant mais totalement inefficace. Ou bien, si toi ou Nina avez besoin d'argent, ne pouvons-nous pas vous en envoyer d'ici par mandat télégraphique ? Ramène-moi ensuite Nina comme cadeau.

J'ai été très retardé par la correction (volontaire, pour moi-même) de *Marie Stuart* *. J'ai refait environ un quart du texte, ne me suis guère promené et ne suis absolument pas allé en ville.

Le matin, au théâtre d'Art, on répète la tragédie. Comme chaque minute des répétitions matinales est capitale pour eux, Stanitsyne * m'a proposé de venir un soir à la datcha afin de travailler aux nouvelles réductions de texte qui sont réclamées, mais je n'avais pas envie de couper mon propre travail, sans rapport avec ce que l'on demande, et je les ai priés d'attendre ton retour ou de faire coïncider notre rencontre avec un de mes voyages en ville. Je m'y rendrai pour la première fois mardi 12, et encore je ne sais pas : j'annulerai peut-être.

C'est demain que recommencent pour Lionitchka les cours à l'université. Il joue beaucoup, c'est un garçon formidable, je suis heureux de ce que je vois lorsque je l'observe et je bavarde parfois, brièvement et agréablement, avec lui.

Les Richter * et les Livanov * s'apprêtaient à venir chez nous dimanche 3. Je les ai priés de remettre à une autre fois et ce dimanche s'est passé sans invités, comme ceux qui l'avaient précédé. Nous vivons paisiblement et l'argent que j'ai pris nous suffit pour l'instant. Une soupape de la chaudière a été endommagée, ce qui a permis de purger plusieurs fois tout le circuit. Une fois nettoyés, les radiateurs sont devenus deux fois plus sensibles à la montée en chaleur et, lorsque le thermomètre indique 50-60 degrés et qu'il faisait auparavant presque froid, il fait maintenant parfaitement chaud en bas, et même dans le salon de musique. Un grand bonjour à Nina et à Berta Yakovlievna *. Tout est très bien réglé à la maison pour les tâches domestiques. Tatiana invente toutes sortes de plats. Aujourd'hui elle nous a offert des brochettes cuites sur la braise. Chez les Neuhaus aussi tout va parfaitement bien. Je t'embrasse très fort.

B.

J'ai vu pour la première fois, en me promenant, la petite-fille des Selvinski. Une jolie enfant, qui vous scrute du regard hardiment, en plein dans les yeux.

Lettre écrite de Pérédielkino à Tskhaltoubo (note de Z. N. Pasternak).

7 février 1957 *

Zina chérie. Après l'université, Lionia a rapporté aujourd'hui un avis de réception de plus de 3 000 r. envoyés par *Aube de l'orient*. Je t'envoie une partie de cet argent dans l'espoir que tu le recevras avant ton départ.

8 fév[rier] 1957 *

Remplacement proposition précédente pour éditions t'envoie quelque argent mandat poste sommes bonne santé saluons embrassons Boria.

9 fév[rier] 1957

Mamoussia chérie !
Nous avons ôté le sapin de ta chambre car il perdait ses aiguilles. Chaque matin, j'avais dans les oreilles des fragments des préludes que tu jouais, car Lionia est à l'université dans la journée et il n'y a pas de musique dans la maison jusqu'au soir : c'est le silence.
Je t'ai envoyé aujourd'hui par la poste 2 000 à Tskhaltoubo. Si tu as encore besoin d'argent dans une semaine, télégraphie à notre appartement : Lionia y vient désormais et nous maintenons le contact.

Tu as trop gâté nos connaissances avec nos réceptions. Tous se ruent maintenant chez nous et je dois dresser chaque dimanche des ouvrages défensifs pour contenir leur poussée. Cela a réussi trois dimanches et j'ai pris des mesures pour que personne ne vienne non plus dimanche prochain le 10, mais cela devient de plus en plus difficile et j'abaisserai sans doute le pont-levis le dimanche d'après (17).

Tout marche parfaitement bien chez nous. Mardi, j'assisterai à une répétition de *Marie Stuart* : on va, semble-t-il, la donner avant la fin de la saison. Cela m'est moins indifférent que les fois précédentes. C'est quand même un théâtre qui a un grand passé et ses membres, quoi qu'en dise Boris *, sont des êtres gâtés par le sort qui ont beaucoup vu et beaucoup fait. Je me sens très bien avec eux : c'est un milieu qui m'est cher et familier. Quand tu reviendras, amène sans faute avec toi Nina et Yéfimia Alexandrovna *. Avec leur participation nous ferons comme l'hiver dernier : un boucan de tous les diables.

C'est très gentil de ta part d'envoyer aussi souvent des cartes postales à Lionitchka ; c'est une manière si affectueuse et naturelle de s'adresser à toute la maison que les commentaires seraient superflus. Comme on dit, je suis parmi les salutations et n'ai pas de mal à me retrouver.

Yéfimia Alexandrovna m'a envoyé de Tskhaltoubo un télégramme de vœux. Je l'en remercie chaleureusement. Montrez-lui, Nina et toi, que je me suis, moi aussi, souvenu d'elle et l'ai mentionnée * dans un essai bref et parcimonieux où j'ai nommé bien peu de gens et évoqué bien peu de chose.

Je t'embrasse très fort. Tous te saluent. Je suis heureux que Yé[fimia] A[lexandrovna] soit avec vous.

10 fév[rier] dimanche 1957

Zinoucha chérie !
Merci beaucoup pour la lettre reçue hier (sur les ban-

quets et les beautés de la nature à Tskhaltoubo *) et qui m'était adressée. On y trouve tant de renseignements intéressants et elle est si bien écrite ! Pas plus tard qu'hier, je t'ai écrit que dans tes cartes à Lionietchka je décelais une adresse à la maison tout entière et que j'y trouvais, naturellement et sans avoir à me forcer, un souci et une pensée me concernant.

Et soudain une lettre que tu m'as écrite spécialement ! Je craignais tout bonnement de la décacheter, pensant que qqn t'avait dressée contre moi (et probablement avec raison) et que j'y trouverais tristesse et reproches. Et soudain un contenu aussi merveilleux, au souffle libre et à la joie aussi imméritée ! Merci infiniment pour cela.

Je t'ai déjà écrit que de l'argent était arrivé par télégraphe de Tbilissi. Encore avant, j'avais eu le temps de te suggérer de mettre à profit le désir exprimé par *Aube de l'orient* de rééditer mes traductions, et de prendre chez eux un peu d'argent pour ton retour. Au moment où j'ai reçu l'argent, j'ai d'abord pensé qu'il venait d'*Aube de l'orient,* en sorte que la proposition que je t'avais faite, avec procuration en ta faveur, n'avait plus de sens. Mais aujourd'hui je me suis demandé ceci : et si cet argent avait été envoyé en paiement de l'article publié dans le journal géorgien * ? Encore que, pour un article, ce serait beaucoup trop d'argent et que ce soit finalement impossible. Qui a traduit l'essai autobiogr. ? C'était une tâche bien difficile au plan artistique ! Et les vers de Rilke * ? Serait-ce Simon ? Ce serait alors un tel honneur pour moi !

Tu peux effectivement ne pas t'en faire pour la maison. L'usage a été créé par toi avec une force telle, et ses fondements enfoncés si profondément, que même en ton absence tout va comme sur des roulettes. Mais tu as eu tort de t'exprimer à notre propos en disant que tu voulais nous permettre de nous reposer de toi. L'amour ne fatigue pas, nul besoin de se reposer après lui et nous n'arrêtons pas, Lionia et moi, de parler de toi avec dévouement et reconnaissance.

J'aurai des choses intéressantes à t'écrire après-demain mardi, quand je serai revenu de la répétition de *Marie Stuart* au théâtre d'Art. Pour l'instant je n'ai rien d'important à te communiquer.

Quoique j'eusse pris toutes les précautions pour que personne ne vînt chez nous aujourd'hui 10 *, deux personnes sont arrivées sans prévenir et j'en ai été très heureux. Il s'agit de Jean Neuvecelle * et de Michel Gordey *, les bras pleins de livres magnifiques apportés en cadeau, et pour Lionia de disques enregistrés à Bayreuth. Lionia, le pauvre, ne savait où se mettre tant il était touché et heureux. Puis est arrivé Asmus. Ensuite, quand nous avions déjà dîné, Génia avec sa nouvelle femme * (petite-fille de Chpiet *) et Yevg. Vlad. avec des fleurs et des chocolats. J'ai particulièrement apprécié de rencontrer Dmitri Viatcheslavovitch et Michel Gordey ; nous avons passé le temps de manière vivante et passionnée.

J'écrirai ces jours-ci à Nina ; j'en éprouve le besoin et c'est mon grand désir. Je lui parlerai peut-être justement du théâtre, afin de remplir ma lettre de quelque chose d'intéressant. En attendant, quelque indépendants que soient les sentiments, directs et sans aucun rapport avec moi, que Nina et Yéfimia Alexandrovna te portent, je ne puis m'empêcher de leur adresser des remerciements chaleureux et émus pour la douceur affectueuse qu'elles épanchent sur toi, les soins et la chaleur dont elles t'entourent. Mon salut affectueux à Berta Yakovlievna. Je t'embrasse très fort.

Ton B.

Ne te presse pas de revenir, évite de t'ennuyer, ne pense pas à la maison. Procure-toi des partitions en ville et joue dans ta chambre d'hôtel, puisque tu as la chance d'avoir un piano.

12.2.57 *

Avons écrit nombreuses lettres arriveront tout va bien santé aussi écris datcha lettres arrivent très bien embrassons étreignons prends temps repos ramène Nina Yéfimia Alexandrovna Boria Lionia.

13 fév[rier] 1957

Zinotchka chérie !

Je suis très attristé, dans les lettres et télégrammes que je reçois de toi, par l'expression de ton étonnement ou de ton mécontentement concernant notre silence. Nous avons commencé à écrire tard, vers le 6, mais depuis nous écrivons souvent. Nous ne pensions pas que tu t'inquiéterais aussi vite après ton départ et, lorsque nous avons commencé à écrire, cela n'a pas été parce que nous supposions que tu avais besoin de nos lettres mais en raison du besoin que nous éprouvions nous-mêmes de t'écrire.

En outre, lorsque tu es partie, j'étais occupé de la manière la plus intense par la révision fondamentale du texte de *Marie Stuart,* sur lequel j'ai passé des journées entières sans presque me promener et sans aller du tout en ville. J'ai à nouveau fait un travail que non seulement personne n'exigeait de moi mais qui, au contraire, va m'éloigner encore davantage du milieu des rédacteurs et traducteurs et de leurs conceptions terre à terre et médiocres de ce qui est possible et nécessaire.

Je t'ai déjà écrit qu'il m'était difficile de contenir la poussée de ceux qui veulent venir à la datcha et nous aurons des invités dimanche 17. Une chose qui devient une particularité stupide de *notre* existence, nous entrave et exige de nous beaucoup de sacrifices, c'est mon amitié avec Boris *. Il est fâché avec tout le monde et en même temps c'est le meilleur ami de la maison. On ne peut pas ne pas l'inviter et, en son honneur, on organise des réunions du dimanche où l'on se prive d'autres personnes intéressantes. Sans cet obstacle, je voudrais et devrais inviter dès ce dimanche Stanitsyne et quelques autres acteurs du spectacle, justement de ceux qui jouent un peu moins bien, afin qu'ils mettent à profit cette conversation agréable et animée à beaucoup autour d'une table, sur les sujets les plus divers et l'art en général, pour se libérer des chaînes particulières qui les entravent et les retiennent. Et on ne peut pas le faire à cause de Boris, ou bien il faut les faire venir tous sans lui, en lui cachant le fait même de la rencontre. La vie est pleine de ce genre d'absurdités. Au début, quand nous sommes jeunes, nombre d'entre nous, ou même tous, quittent la gare de départ. La majorité arrive seulement à mi-parcours, avec l'illusion que le voyage a été effectué, et reste à une gare intermédiaire sans même sans apercevoir. Faut-il reprocher aux quelques-uns qui vont plus loin d'être des amis infidèles ou de mauvais camarades, parce qu'ils auraient dû eux aussi, par sens de l'amitié, se contenter dans la vie de faire beaucoup de bruit et de donner peu de fruit ?

Je me suis enfermé hier au théâtre d'Art, de dix heures du matin jusqu'à trois heures. Tarassova * joue avec beaucoup de noblesse et d'élégance. Elle maîtrise totalement le type de Marie et s'en est pénétrée, en sorte que l'idée que je me fais de la Stuart est maintenant inséparable d'elle. Stépanova * joue encore mieux qu'elle, en ce sens qu'elle utilise les possibilités offertes par le texte, mais ce n'est encore qu'un rôle tandis que Tarassova est déjà un être réel, elle est l'Histoire. Toutes les deux sont de grandes, de magnifiques artistes. Nous nous habituons trop facilement à tout et oublions tout trop vite. Les autres aussi jouent bien. Deux ou trois scènes sont déjà bien ficelées. Il n'y a que deux rôles d'une certaine importance, ceux de la nourrice Kennedy et du jeune Mortimer (qui périt pour Marie) qui soient encore joués de manière insuffisante. La forme versifiée d'un texte appris par cœur exerce son pouvoir sur les interprètes et ils déclament leurs répliques et se les renvoient avec une emphase rhétorique, comme s'ils étaient en classe. On dirait que ce sont les seules paroles dont ils disposent et qu'ils les prononcent non pas parce qu'ils les ont sélectionnées parmi un grand nombre d'autres, mais parce qu'ils n'ont en tête que ces phrases-là, la peur de se tromper en répondant et le désir ardent d'obtenir la meilleure note.

En revanche, Stépanova, dans le rôle d'Elizabeth, parle tout le temps lentement, avec des pauses, en choisissant, comme si elle avait la possibilité de dire autre chose, ou autrement, mais qu'elle ait préféré s'exprimer ainsi. Même moi qui connaissais par cœur de nombreux passages de ses monologues, il me semblait que c'étaient ses paroles à elle, et elle qui les avait inventées.

Ne te préoccupe pas, je t'en prie, pour nous. Il faut croire davantage en soi, en ses forces, en son droit au bonheur et en ses droits en général : tu auras alors de l'assurance pour tout le reste et en particulier pour la maison, où tout va bien, et aussi pour ce qui nous concerne.

Je suis persuadé que Selvinski a commencé à écrire à B[erta] Ya[kovlievna] dès le soir de son départ, qu'elle a commencé à recevoir des lettres avant toi et que c'est de cette comparaison involontaire que sont nées tes impressions. Mais maintenant nos lettres sont certainement arrivées depuis longtemps chez toi et tu vas continuer à en recevoir. Je t'embrasse très fort. J'ai très envie d'écrire à Nina. Si j'y arrive, je le ferai aujourd'hui, sinon un jour prochain.

Ton Boria.

17 fév[rier] 1957 dimanche

Mamoussia chérie ! Je voudrais toujours écrire à Nina mais tout ce que j'ai mis en réserve pour elle, c'est devant toi que je le dépose, au lieu d'elle. On ne m'a toujours pas donné de réponse pour le livre de Titien et je suis dans la même incertitude pour lui que pour mon roman et mes autres affaires en cours au Goslitizdat.

C'est aujourd'hui la foire chez Tatiana : elle fait rôtir, cuire à la vapeur, met au four pour tout un régiment.

Or Dieu fasse que viennent, en tout, six personnes ! Cela a commencé la semaine dernière, lorsque Simonov * a exprimé l'urgence de notre rencontre avec une flamme telle qu'il a failli faire griller les fils du téléphone. Les Richter ont également montré un pareil enthousiasme pour venir et c'est en leur honneur que j'ai fait tous ces préparatifs pour aujourd'hui dimanche. Mais comment s'exprime donc Livanov ? « J'espère qu'il n'y aura personne du théâtre d'Art. » Et on ne peut, à cause de lui, inviter personne du théâtre. Et voici le résultat : les Simonov ont ce soir *Filumena,* Ricther n'est pas prêt pour son concert du 19, etc.

Je pense, tenant compte de la lenteur de leur acheminement, que c'est la dernière lettre que je t'écris. Nous nous expliquerons désormais par télégrammes.

En me réveillant ce matin avant le jour, je suis longtemps resté allongé à penser combien tu fais tout de manière exemplaire et comme il se doit : tu prends une décision, tu l'exécutes, tu prends le train, tu te soignes, tu écris des lettres sur la montagne, la nature, les pauvres malades qui prennent leurs bains dans la rivière. J'étais allongé dans l'obscurité et ne cessais de me répéter : excellentes lettres, excellente femme. Et il est vrai que je t'admire.

Lionia mettra demain matin cette lettre à la boîte en ville. S'il faut rajouter quelque chose, je le ferai ce soir.

Ton Boria.

Les invités sont tous partis. Il y avait : les Livanov, le peintre Vérieïski * avec sa femme et P. Vassiliev, qui est metteur en scène au théâtre Yermolova. Andrioucha * a récité avec un grand succès des poèmes de sa composition. J'en ai récité aussi. Nous avons bu cinq bouteilles de cognac et deux de vodka. Les Livanov m'ont fait une grande frayeur en me rapportant un bruit selon lequel la première de *Marie Stuart* aurait été fixée au 8 mars. C'est trop tôt, ils ne sont pas encore prêts. Le livre de Titien est à l'imprimerie *, les choses vont se faire, mais Starostine * ne sait rien en dehors de cela.

Lettre écrite de Pérédielkino à Tskhaltoubo (note de Z. N. Pasternak).

18.II.57

Télégraphie urgence appartement si nécessaire envoyer argent et combien sommes bonne santé baisers ne te presse pas tout va bien Lionia Boria.

Zinaïda Pasternak

Souvenirs

ENFANCE

Je suis née en 1897, à Pétersbourg. Peu de temps après, ma mère m'emmena à la datcha que nous avions en banlieue, gare de Sablino, sur la Tosna. Des événements de cette époque je n'ai retenu que très peu de chose.

Mon père construisait, car il était ingénieur, une papeterie sur l'autre rive de la Tosna, en face de notre maison. À droite, il y avait un barrage avec un pont. La datcha avait été bâtie sur la rive haute et surplombait la rivière, peu profonde à cet endroit. Enfants, nous dévalions la pente et ramassions de grandes quantités de lamproies que nous salions ensuite pour l'hiver et préparions avec du vinaigre, du poivre et autres condiments. La maison était en bois et à un étage. Un escalier muni d'une rampe menait à l'étage supérieur. Un matin, après que l'on eut mal refermé le bocal où on les enfermait vivantes et où le sel les tuait petit à petit, je vis la rampe constellée de lamproies qui se tordaient dans d'affreuses souffrances et remuaient comme de leur vivant. On ramassa les lamproies, on referma convenablement le bocal et on mit même dessus une grosse pierre. Les lamproies devaient y demeurer ainsi plusieurs jours, après quoi on les faisait frire puis mariner.

Lorsque je suis née, maman avait vingt-cinq ans et mon père cinquante. Il était veuf lorsqu'ils se marièrent et avait, de sa première femme, trois fils à peine plus jeunes que maman. J'avais de mon côté deux sœurs. L'aînée avait quatre ans de plus que la seconde, et celle-ci quatre de plus que moi. Mon père avait donc épousé maman lorsqu'elle était âgée de dix-sept ans.

Les deux plus jeunes frères faisaient leurs études dans des collèges militaires et ne venaient à la datcha que pour les vacances ; par contre, l'aîné, qui avait achevé le gymnase, habitait en permanence à la maison et ne travaillait pas, pour cause de maladie grave. À dix-sept ans, il avait essayé de se suicider par amour pour la sœur de maman. La balle s'était logée dans le cerveau et on n'avait pu l'en extraire. Elle se déplaçait à l'intérieur et, lorsqu'elle appuyait sur un nerf important, mon frère perdait connaissance. C'était un très gentil garçon, cultivé, ami des livres et d'opinions très révolutionnaires. Je l'aimais beaucoup. Il me faisait souvent la lecture, se promenait avec moi et remplaçait ma nounou lorsque celle-ci était ivre. Mes sœurs aînées étaient davantage liées aux deux autres frères.

Je me rappelle notre terrain devant la datcha. Il y avait autour de la maison un jardin d'agrément avec un parterre de fleurs, puis venait une allée de sable qui menait directement dans une merveilleuse forêt pleine de champignons. En automne, on cueillait aussi des baies, canneberges et airelles, dans le marais où s'achevait la forêt. On trouvait toujours à la cave des tonnelets de champignons salés et marinés, d'airelles et de canneberges macérées. On n'achetait en ville que le saucisson et le beurre.

J'aimais beaucoup aller avec maman à Pétersbourg. L'omnibus nous menait en vingt minutes à la gare, après quoi nous faisions encore près d'une heure en train. Mon père n'utilisait jamais l'omnibus : il allait presque chaque jour à Pétersbourg pour affaires de service et avait à sa disposition un cheval et une calèche de fonction.

Il arriva, au début du printemps, que le barrage fut emporté par les eaux ; il y eut des victimes. On ne me laissait pas sortir mais je vis, en allant à la fenêtre, un horrible spectacle. La rivière roulait des flots déments et ces derniers charriaient des corps. Toute la nuit, on alluma des feux et on rechercha en barque les noyés, que l'on repêchait avec des crocs avant d'essayer de les ramener à la vie, une fois déposés sur la rive. Mon frère porta une des victimes jusque chez nous et entreprit de la ranimer sous le toit de notre grange, malgré mon père qui protestait. Moi, j'étais ravie, j'aidais mon frère à s'occuper d'elle et je lui apportais de la nourriture. On parvint à la tirer d'affaire et elle reprit son travail à l'usine.

Je ne peux pas ne pas dire deux mots de mes relations avec ma famille. J'adorais ma mère. Elle était belle, bonne et tous les enfants l'aimaient, même ceux des autres. Mon deuxième dieu était ma nounou, un ange lorsqu'elle ne buvait pas. Mais je n'aimais pas mon père, malgré tout son amour; j'étais la plus petite et lui, de ce fait, m'adorait. Avant chaque fête, il me rapportait des cadeaux de Pétersbourg, mais comme il n'avait pas la force d'attendre le matin, il me réveillait en pleine nuit afin de me les montrer. Je dormais en haut, avec mon père et ma mère, et chaque soir il me mettait mon gros manteau et m'enveloppait de fichus pour me transporter en haut dans ses bras jusqu'à ma chambre, car il ne faisait confiance à personne pour cela.

Ma chambre se trouvait juste à côté de celle de mes parents. Un jour, j'entrai en courant chez eux sans avoir frappé et il me sembla que mon père battait maman. Je pleurai et souffris longtemps à cause de cela et je conçus au fond de mon âme de la haine pour lui, avec un sentiment de révolte. Je m'étais probablement trompée car maman m'affirma plusieurs fois par la suite, alors qu'il était déjà mort, que mon père ne l'avait jamais battue mais qu'au contraire il la vénérait.

Nous avions un médecin d'une fidélité sans défaut lorsque nous étions malades, un véritable saint à mes yeux car il venait chez nous et ne fermait pas l'œil de la nuit lorsque mon père était malade. Mon père le méprisait parce qu'il était juif et ne le laissait pas entrer dans sa chambre, ce qui blessait terriblement le médecin.

Lorsqu'on dressait le sapin, on ne laissait pas entrer ma nounou dans la pièce et elle restait sans aucune raison dans l'embrasure de la porte. Je poussais des sanglots, je voulais me précipiter vers elle et mon père me retenait sévèrement par le bras, ce dont j'étais vexée à mort.

Tout cela détermina ma relation avec mon père et lorsqu'il mourut (j'avais alors sept ans), je restai derrière la porte à me signer et à me réjouir. Voici ce que je me disais : ma nounou sera maintenant toujours avec moi, personne ne battra plus ma maman et le docteur que tout le monde admire recevra des marques de respect.

C'est tout ce dont je me souviens à propos de mon père, qui mourut du cœur dans d'affreuses souffrances en 1904.

Nous demeurâmes encore un an à la datcha après sa mort car la capitale était agitée par les troubles liés à la révolution de 1905. Mon frère aîné s'était installé à Pétersbourg et nous fûmes très inquiets pendant toute cette période car nous ne savions pas où il était. Nous apprîmes par la suite qu'il avait passé ce temps à dresser des barricades et aider les révolutionnaires.

L'INSTALLATION À PÉTERSBOURG

Après avoir enterré mon père au cimetière de l'agglomération de banlieue où il était né et obtenu une pension de veuvage de 150 roubles-or, maman emménagea à Pétersbourg. Le premier appartement fut loué pour 5 roubles par mois rue du Relais-de-poste*, non loin des Cinq-Coins. Nous avions cinq pièces, dont une

« à lanterne », d'où l'on pouvait apercevoir d'un côté la rue dans toute sa longueur et de l'autre les Cinq-Coins.

Mon père étant mort avec le grade de général, ma mère nous fit entrer toutes les trois aux frais de l'État à l'institution secondaire du prince Oldenbourg. Nous étions externes : quittant la maison vers six heures du matin, nous y revenions à six heures du soir. Nous faisions nos devoirs et puis nous nous couchions.

Maman avait sa pension comme seule source de revenus et, avec trois filles, la vie n'était pas facile pour elle. Mais sa sœur aînée, qui était riche, ne lui ménageait pas son aide, tout comme mon cousin Nikolaï Militinski, qui devait jouer plus tard dans ma vie un rôle important.

C'est ainsi que nous commençâmes nos études. Cinq années s'écoulèrent sans le moindre incident, sans que nous vissions la vie ni n'eussions de société à nous.

Il y avait dans notre salon un piano à queue (qui avait joué dessus, et quand ?) ainsi qu'un gramophone que l'on actionnait les jours de fête, lorsque des invités rendaient visite à mes sœurs aînées et que l'on dansait. Pour ce qui est de moi, on m'envoyait le plus souvent au lit. C'étaient des disques de danse : des galops, des valses, des polkas. Mon occupation favorite consistait à mettre un disque et à jouer un accompagnement au piano. J'avais quinze ans lorsque mon cousin Militinski me surprit ainsi occupée. Il fut enthousiasmé par mon oreille et persuada ma mère de m'enseigner la musique. Il se mit à se procurer des billets pour les concerts de toutes les célébrités : Rachmaninoff, Hofmann, Chaliapine, à fréquenter notre maison de manière assidue, à me mener au concert et à s'occuper de moi.

Peu à peu notre amitié devint de l'amour ; nous nous sentîmes attirés l'un vers l'autre et un beau jour, alors que nous étions seuls à la maison, je m'unis à lui.

Il avait un peu plus de quarante ans et moi pas encore seize. Il avait une femme et deux enfants. Je sentais que c'était très mal mais je ne pouvais me maîtriser et, comme toujours avec le premier amour, celui-ci me semblait devoir être le dernier et durer éternellement. Lui-même ressentait la même chose. Je cachais tout cela comme un crime à ma famille, mais lui raconta tout à sa femme. Elle vint me trouver, tenta à plusieurs reprises de me persuader de l'épouser, affirmant qu'il lui était désormais égal de ne pas vivre avec lui, qu'elle accorderait le divorce, et ainsi de suite. Je crus voir en elle une sainte. Je pleurai sur son sein, je lui promis de rompre avec son mari, mais rien n'y fit. Nos rencontres se multiplièrent. Quittant l'institution en uniforme et la tête recouverte d'un voile, j'allais le rejoindre. Il dut louer une chambre où nous passions dès la matinée presque toutes nos journées.

J'étais en terminale et âgée de dix-sept ans lorsque la Première Guerre mondiale éclata. Les blessés se mirent à affluer à Pétersbourg. On ouvrit à l'institution des cours pour infirmières. Le rez-de-chaussée était transformé en hôpital ; nous nous occupions des blessés et faisions les gardes de nuit. C'étaient des blessés graves et je me souviens aujourd'hui encore de l'odeur caractéristique, mélange d'iode et de sang, qui régnait dans les chambres lorsque j'y entrais. Dans le réduit où j'assurais la garde, lorsque la nuit était calme, et cela arrivait rarement, je buvais du thé fort pour chasser le sommeil et je préparais mes examens de sortie.

La même année, je commençai à étudier la musique avec un professeur femme que Nikolaï m'avait envoyé et qu'il rétribuait. Je travaillais avec beaucoup d'enthousiasme et de réussite. Après que j'eus quitté l'institution avec la médaille d'argent, je passai l'examen d'entrée au conservatoire et fus immédiatement admise au cours moyen dans la classe du professeur Lemba*, un élève de Blumenfeld* chez qui tout le monde s'efforçait d'être pris parce qu'il était le meilleur. C'était Blumenfeld en personne (oncle de Henri Neuhaus, que je devais épouser par la suite) qui faisait passer les candidats. Après l'examen, Blumenfeld vint vers moi, me félicita gentiment, me recommanda d'étudier avec Lemba et me promit de me prendre dans sa classe pour le cours supérieur.

Mon succès dans le domaine musical me frappa par sa soudaineté et je me mis à travailler ferme. L'amour, ma passion pour Nikolaï furent éclipsés par la musique et je me jurai de ne jamais me marier et de lui consacrer ma vie. Un an plus tard (en 1916), je passai dans le cours supérieur.

J'étais encore en sixième* lorsque nous avions emménagé dans un appartement plus proche de l'institution, rue de la Noblesse*. Nous faisions face au palais Krzesinska*, au balcon duquel Lénine et d'autres chefs de la révolution allaient prononcer des discours en 1917. Le 21 février 17, je me rendais en tram au conservatoire. Soudain notre wagon et le tram qui nous précédait s'arrêtèrent. Comme j'étais pressée, je voulais monter dans le tram de devant, mais lorsque je m'en approchai je vis un étrange spectacle : la wagon gisait sur le flanc, une foule énorme attroupée autour de lui. J'appris qu'une grève des conducteurs avait été décidée ; comme le conducteur du tram qui nous précédait s'en était désolidarisé et avait continué à travailler, on avait flanqué le wagon par terre. Je gagnai le conservatoire en courant. À mon retour, après le cours, des manifestations s'étaient formées et avançaient dans ma direction. Des pancartes portaient, en grosses lettres : « Du pain ! » et : « À bas les bourgeois ! » On entendait au loin une fusillade. Je regagnai avec difficulté la maison, où maman avait une crise de nerfs. A ma vue, elle m'ordonna sévèrement de ne plus remettre les pieds dehors tant que les choses ne se seraient pas calmées.

Nous avions alors en visite chez nous Kolia, le plus jeune de mes frères. Il était officier du génie auprès de l'état-major du général Alexieïev, basé à Moguiliov. Sa permission étant terminée, il devait rejoindre dans les délais son unité. Nous lui mîmes des habits civils et l'accompagnâmes à pied, avec maman et l'une de mes sœurs, jusqu'à la gare de Tsarskoïé Siélo où nous arrivâmes, puis d'où nous revînmes, vivantes par miracle tant la fusillade était vive.

Rue de la Noblesse, nous avions un salon rond avec

un balcon qui formait en façade un demi-cercle. Notre cuisinière recevait souvent la visite d'un sergent de ville, et ce fut à cause de ce dernier que nous fûmes obligées de quitter Petrograd. Huit fois nous fûmes perquisitionnées : on cherchait chez nous des armes, que l'on ne trouva point, et l'on affirmait que quelqu'un avait tiré de notre balcon. C'était visiblement la cuisinière qui cachait son bien-aimé sur le balcon, où il pouvait aisément se rendre de la fenêtre de la cuisine qui donnait à côté. On finit par s'emparer de lui et de son armement et on l'emmena. Pendant toute cette période, on frappait presque chaque nuit à notre porte. Je me souviens que mon cœur cognait contre l'oreiller et, pour ce qui est de ma pauvre mère, elle était si inquiète qu'elle eut une attaque de paralysie qui la priva de la parole ainsi que de l'usage du bras et de la jambe gauches.

Nous racontâmes tout cela à la sœur de maman, qui habitait à Yélisavietgrad (actuel Kirovograd) où son mari commandait une école de cavalerie et où l'État leur avait alloué un vaste appartement de huit pièces. Lorsque maman se mit à aller mieux et put de nouveau se déplacer, nous abandonnâmes appartement et meubles, ne gardant que ce que nous pouvions emporter avec nous, et allâmes nous installer à Yélisavietgrad. Nikolaï Militinski vint nous faire ses adieux. Il essaya de me persuader de rester à Petrograd, afin que je pusse finir mes études de musique, mais je lui promis de revenir à l'automne. Il nous aida à partir et nous assura qu'il garderait notre appartement. Lorsque notre train se mit à s'éloigner lentement de lui, il avait les yeux emplis de larmes. Moi aussi je pleurais : un pressentiment me disait que nous nous quittions pour toujours. C'était comme si, avec cet être qui lui était si intimement lié, c'était ma musique que l'on m'avait arrachée du cœur !

À YÉLISAVIETGRAD

Nous crûmes arriver dans un autre monde. A Yélisavietgrad tout était calme. Sur la place d'armes des élèves officiers caracolaient et faisaient exécuter à de merveilleux chevaux des tours équestres comme on n'en voit que dans les cirques : on pouvait les admirer de la fenêtre. Ils n'avaient pas le droit de s'approcher de nous mais je me fis des amies de plusieurs jeunes filles chez qui ils venaient et nous en connûmes ainsi plusieurs. L'un d'entre eux me plut beaucoup ; il s'appelait Arkadi Romanovski.

Nous étions arrivées à Yélisavietgrad au cours de l'été 1917. Il y avait dans la rue principale, dénommée rue du Palais, un café d'où parvenait de la musique. Le long de la rue du Palais, les élèves officiers déambulaient en compagnie de leurs belles. J'y rencontrai un jour Arkadi, qui m'invita au bal avec loterie de bienfaisance de son école. Le bal devait avoir lieu un mois plus tard, avant la reprise des cours. Me promenant avec lui dans la rue du Palais, je vis une affiche annonçant un concert donné par Henri Neuhaus. Le programme comprenait Chopin, Bach et Schumann. En quittant Arkadi, je m'en fus acheter un billet pour le concert mais il n'y en avait plus un seul de libre. J'interrogeai toutes mes amies sur Neuhaus et appris que ses parents possédaient ici leur propre école de musique et vivaient en permanence en cette ville, où ils avaient une maison avec un jardinet. Tout le Yélisavietgrad musical y étudiait ; ils étaient considérés comme les meilleurs professeurs de la ville et avaient un nombre considérable d'élèves. Quant à Henri, il avait un poste de professeur au conservatoire de Tiflis, ne faisait ici que de brefs séjours et avait un grand succès comme musicien et comme pianiste.

En rentrant, je demandai à ma tante si elle ne connaissait pas les Neuhaus. Elle me dit qu'elle ne les connaissait pas mais qu'elle les voyait tous les jours, et par n'importe quel temps, se promener de quatre à cinq le long du chemin qui faisait le tour de la place et me promit de me les montrer par la fenêtre le jour même. A quatre heures pile, un couple fit son apparition, un homme tenant une femme par le bras et devant lequel courait un blondinet à chevelure abondante, bras dessus bras dessous avec une dame. J'appris par la suite que c'était la fille d'un propriétaire foncier de Yélisavietgrad, une certaine Militsa Borodkina. On disait d'elle en ville qu'elle était la fiancée de Henri Neuhaus.

Le concert devait avoir lieu trois jours plus tard et une de mes amies me céda sa place. La salle était bondée. Il faisait extrêmement chaud et c'est pourquoi Neuhaus avait abandonné l'habit pour une tenue tout en blanc : chemise blanche et pantalon blanc. Ayant déjà été séduite par des interprétations de Rachmaninoff, de Hofmann, de Slivinski, j'avais de grandes préventions lorsque je me mis à l'écouter mais dès le premier accord je compris que ce pianiste ne le cédait nullement, et même sur certains plans se montrait supérieur à tout ce que j'avais entendu auparavant. Le concert terminé, j'étais comme dans un rêve. Le son mélodieux, le tempérament, la conception d'ensemble : tout en lui m'avait conquise. Je rentrai chez moi débordante de bonheur à l'idée que cet homme vivait bien tranquillement à Yélisavietgrad et qu'il y accomplissait de telles choses. Je décidai en mon for intérieur, et sans l'avouer à personne, que je le prierai de travailler un peu avec moi afin de m'initier à son grand talent.

Le lendemain matin, je me rendis dans leur maison et sonnai à la porte. Dans une pièce on faisait des gammes, dans une autre on travaillait des études de Chopin. Terriblement émue, je demandai à la femme qui m'ouvrit si je pouvais voir Henri Neuhaus. Elle me dit qu'il partait travailler chez des amis car il y avait trop de musique chez lui et qu'il ne pouvait pas se concentrer. Elle me conseilla de revenir à deux heures précises, au moment où ils se mettaient à table. Je m'assis sur un banc et attendis les deux heures nécessaires sur la place : je ne voulais pas revenir chez moi, j'avais trop peur de changer d'avis. J'étais en proie à une vive émotion. A deux heures moins cinq très précises, je sonnai à nouveau chez eux. Ce fut Henri lui-même qui m'ouvrit, apparemment mécontent qu'on fût venu le voir sans prévenir. Mais après m'avoir toisée, il m'invita à entrer. Je lui racontai que j'étais élève au conservatoire de Petrograd, que j'avais dû partir sans l'achever et que mon rêve était de prendre quelques leçons avec lui pendant qu'il était là. Il me pria de venir le lendemain chez des amis chez qui il travaillait et qui possédaient un bon piano. Je lui jouerais quelque chose et ensuite on verrait.

Je me rendis le lendemain à l'adresse indiquée. Il regarda ma main, fronça un peu le sourcil et dit que j'avais l'auriculaire trop court, puis il me montra la sienne, qui était petite, et ajouta : « Moi aussi, j'ai une main peu réussie, mais si on s'en accommode habilement et intelligemment, on arrive à tout. » Je lui jouai deux études de Chopin et, je crois, le premier mouvement d'une sonate de Beethoven, mais je ne sais plus laquelle. Il me dit que j'avais un excellent sens musical et que je me sortais avec pas mal d'adresse des problèmes techniques, mais que la position de mes mains sur le clavier n'était pas parfaite (on se demande comment elle aurait pu l'être puisque j'avais commencé à étudier sérieusement le piano à l'âge de dix-sept ans) et il accepta de me donner des leçons pendant qu'il était à Yélisavietgrad. Il lui fallait cependant repartir bientôt pour Tiflis, où il enseignait au conservatoire, mais il n'en avait guère envie et souhaitait plutôt aller à Kiev, où il avait été invité.

Je ne sais comment, l'impression m'était aussitôt venue que ce qui le séduisait en moi était moins ma musique que mon apparence physique. Et l'ayant compris, cela m'était désagréable. Mais je pensai : « Que m'importe, au fond ? J'ai autre chose en moi et cette autre chose, je ne la lui donnerai pour rien au monde. Je lui emprunterai, comme musicien, tout ce dont j'ai besoin et je lui dirai au revoir. » En me quittant, il me jeta un regard caressant, me baisa tendrement la main et m'enjoignit de revenir trois jours plus tard.

En rentrant à la maison, je vis que ma mère et ma tante étaient en train de me confectionner une robe blanche pour le bal. Tout cela me sembla soudain superflu, quoique ce fût seulement le deuxième bal de ma vie (le premier avait été pour fêter notre examen de fin d'études à l'institution). Les leçons commencèrent donc. J'allais travailler avec lui comme on va à l'église. Je ne cessais de découvrir dans la musique des choses nouvelles ; que de minutes de bonheur je vivais pendant mes leçons ! C'était une révélation continue et tout cela était si fort qu'il me semblait que j'oubliais tout et que je n'avais pas le trac lorsque je jouais devant lui.

Le bal des élèves officiers eut donc lieu en août. Le matin du bal, Nikolaï Militinski fit son apparition, entre deux trains : il venait de Petrograd, se rendait chez sa femme à Anapa* et était passé me prévenir qu'à son retour il m'emmènerait avec lui à Petrograd. On l'avait dépouillé en route et il n'avait plus que le costume qui était sur lui. Je le persuadai de m'accompagner au bal. Mon oncle lui donna un costume et du linge à lui et nous partîmes. Le bal était somptueux ; je n'arrêtais pas de danser et de m'amuser en vendant les billets de loterie. J'avais beaucoup de succès et on me faisait la cour. Nikolaï, de son côté, restait sombrement assis à m'observer. Il me faisait vraiment pitié. Parfois j'allais vers lui pour échanger quelques mots ; il me regardait alors sévèrement et je sentais qu'un esclandre allait éclater. Il y eut à un moment une figure d'un quadrille où trop d'hommes se tournèrent en même temps vers moi : je vis alors qu'il quittait la salle. Quand je rentrai chez moi, j'appris qu'il était allé dormir à l'hôtel. Au matin, il me fit porter un mot dans lequel il exigeait ma présence immédiate.

Il y eut alors une explication pénible. Il criait que, si je ne repartais pas avec lui, il raconterait tout à ma mère, qu'il avait une lourde part de responsabilité dans la mauvaise voie que j'avais prise et qu'il devait m'en préserver en m'épousant. Les reproches, comme toujours, tombaient à côté. L'essentiel, que je ne pouvais pas lui révéler, c'était que je m'étais très sérieusement éprise de Neuhaus. Par contre le bal, les danses, les élèves officiers n'avaient aucune importance : ce n'était que du divertissement. Je me jetai à ses pieds et lui promis de repartir avec lui lorsqu'il retournerait d'Anapa à Petrograd. Il s'apaisa peu à peu et, lorsque je l'accompagnai trois heures plus tard à la gare, tout était rentré dans l'ordre. Mais au moment où le train venait de se mettre en route, il m'entraîna à l'intérieur du wagon. Je réussis à m'arracher à lui et à sauter en marche à faible allure.

Plus jamais je ne le revis. Un an plus tard, il contracta le typhus exanthématique, qui faisait alors rage dans le Midi, et mourut. J'étais déjà mariée pour la deuxième fois, avec Pasternak, lorsque sa fille Katia retrouva ma trace et m'apporta une photo de moi, avec des tresses et un gros nœud blanc d'écolière dans les cheveux. Elle me dit que son père, en mourant, avait demandé que l'on me remît cette photo, qui était ce qu'il avait de plus cher.

A l'automne, Neuhaus repartit à Tiflis et je continuai à travailler avec sa sœur*, elle aussi excellente pianiste. Les troubles avaient commencé. En un an il y eut à Zinovievsk (nouvelle dénomination d'Yélisavietgrad) onze coups d'État. Mes souvenirs sont tout confus. Tout ce dont je me souviens, c'est que nous avons quitté l'appartement de ma tante : maman avait loué une chambre et nous nous y sommes installées. Ma troisième sœur s'était mariée.

Neuhaus revint de Tiflis pendant l'été 1918 et nos leçons reprirent. Mais la vie était devenue angoissante : chaque semaine le pouvoir changeait de mains. La ville était proche du nœud ferroviaire de Znamienka et toutes les bandes armées – Makhno, Zéliony, Marouska Nikiforova, les grigoriéviens – faisaient des incursions en ville et fusillaient les grands propriétaires. Les grigoriéviens restèrent trois jours et massacrèrent tous les Juifs qui n'avaient pas réussi à se cacher. C'était l'été, il n'y avait personne pour emporter les cadavres et il régnait en ville une odeur atroce. Je n'avais jamais vu semblable barbarie et ces pogromes me marquèrent pour la vie entière. De nombreux élèves des Neuhaus étaient juifs; ils les cachèrent dans leur cave et, heureusement, on ne les trouva pas.

A l'automne 1918, Neuhaus se prépara à partir pour Kiev et me persuada de faire de même. Il me promit de me trouver des élèves, en sorte que je pourrais gagner quelque argent*.

[À KIEV PUIS À MOSCOU AVEC NEUHAUS]

Je décidai d'aller étudier au conservatoire de Kiev. C'était pour moi une question vitale, mais je n'avais pas les moyens du voyage. Je vendis alors mes bijoux. Cet argent ne pouvait me suffire que pour un mois, un mois et demi, mais ainsi qu'il est propre à la jeunesse, je pensais peu à l'avenir. Je me rendais chez ma tante (la sœur cadette de maman) et j'étais au moins assurée d'un toit.

Je quittai la ville début 1919. C'était encore l'hiver et les Blancs étaient au pouvoir. J'avais des connaissances parmi les militaires et ceux-ci me trouvèrent une bonne place dans le train.

Je ne savais pas si Neuhaus partirait vraiment pour Kiev car je ne croyais pas trop à ses promesses. A Darnitsa, je sortis sur le quai pour me dégourdir les jambes et soudain je l'aperçus. Il s'était appuyé contre un poteau et dormait dans cette position. Je courus vers lui toute joyeuse et il me raconta qu'il avait passé la nuit debout dans un wagon de marchandises chauffé, mais bondé. Je lui demandai d'attendre et, revenant dans mon compartiment confortable, je parlai avec mes compagnons de route qui acceptèrent aussitôt d'aider ce grand musicien. Et s'emparant de toutes ses affaires, ils nous l'amenèrent.

Nous voyageâmes trois jours (alors qu'il n'y a que quelques heures de route). Pendant tout le trajet, nous restâmes ensemble. Une fois arrivés à Kiev, j'allai m'installer chez ma tante tandis que Neuhaus se rendait rue Luthérienne chez son ami musicologue Piotr Petrovitch Souvtchinski*. Mais il vint ensuite très souvent chez nous.

Les temps étaient difficiles. Le pouvoir changeait souvent, on manquait d'eau, de nourriture, l'argent se dépréciait et mes économies fondaient à vive allure. Ma tante entendit dire un jour que, si nous allions acheter du millet à Mirgorod, nous gagnerions de l'argent et pourrions subsister quelque temps. Il n'y avait pas d'autre solution si je voulais terminer mes études au conservatoire et j'acceptai sans longtemps hésiter. Nous nous habillâmes pauvrement et prîmes le train pour Mirgorod, où nous achetâmes à bon marché cinq sacs de millet chacune à des paysans. Tout marchait pour le mieux et nous pûmes charger nos dix sacs sur une charrette. Mais en arrivant à la gare de Mirgorod nous nous aperçûmes soudain, ma tante et moi, que nous avions perdu nos deux passeports. Que pouvions-nous faire ? A cette époque les Blancs multipliaient les pogromes antijuifs et nous avions toutes les deux le type méridional. Mon père était russe mais ma mère à moitié italienne (mon grand-père s'appelait Giotti) et nous ressemblions toutes les deux à des Juives. Accusées de faire du marché noir, avec en plus un air juif, nous pouvions nous faire jeter à bas du train en marche. Mais comme cela arrive souvent aux moments critiques de l'existence, la tension et la peur firent fonctionner notre cervelle. Nous allâmes trouver le chef de gare et lui racontâmes notre mésaventure. Vous pouvez imaginer avec quelle méfiance il accueillit le récit de deux femmes mal fagotées et barbouillées de glaise. Il nous traita de trafiquantes et assura qu'il allait nous faire fusiller... C'est alors que je me raccrochai, comme un homme en train de se noyer le fait à un fétu de paille, à l'idée qui nous sauva. Je priai le chef de gare de téléphoner à Zinovievsk et de demander mon oncle Karpenko, le commandant de l'école de cavalerie. Sans nous croire encore totalement, il appela Zinovievsk et j'entendis alors pour ma plus grande joie la voix de mon oncle en personne. Le chef de gare et lui se tutoyaient : il se trouvait qu'ils avaient été ensemble au régiment ! Et aussitôt, en remplacement de nos passeports égarés, on nous délivra des papiers en bonne et due forme, en sorte que nous nous retrouvâmes bientôt à Kiev avec nos sacs. Nous revendîmes de manière satisfaisante notre millet à la gare même et cela nous permit de subsister encore deux mois.

A la maison, j'appris que Neuhaus était passé deux fois par jour en mon absence. Il était fort irrité que je fusse ainsi partie sans l'avoir prévenu. Je remis de l'ordre dans mes vêtements et allai le trouver au 32, rue Luthérienne. Il me fit faire la connaissance de P. Souvtchinski, qui s'apprêtait à partir à l'étranger et lui laissait deux pièces. Dans le même appartement logeait la cantatrice Boutomo-Niezvanova*. C'était une femme qui s'intéressait à tout, passionnée de poésie et bonne connaisseuse de la littérature, et qui aimait réunir chez elle les célébrités du monde artistique.

Neuhaus* et moi continuions à nous rencontrer, chez lui ou chez moi, et ce faisant nous risquions notre vie car, à Kiev, le pouvoir changeait presque chaque jour de mains et on tirait dans les rues.

Un mois plus tard ma tante me proposa de recommencer notre équipée et je refusai net, ce que je regrettai par la suite. Elle partit en effet seule et revint elle aussi avec le typhus exanthématique. Qui sait si cela serait arrivé si j'avais été avec elle ? A la maison on gelait et il n'y avait rien à manger. Malgré l'aide de

Neuhaus, nous ne parvînmes pas à la sauver : elle mourut dans mes bras une semaine plus tard. Il faisait un froid terrible le jour où nous la chargeâmes tous les deux sur une charrette et allâmes l'enterrer dans un cimetière. En rentrant à la maison, je pris ma température : j'avais 39°8. Neuhaus et moi pensâmes que j'avais attrapé à mon tour le typhus. Malgré mes prières instantes qu'il ne vienne pas pour ne pas être à son tour contaminé, il refusa de m'écouter et tint à me soigner sans penser à lui. Il réussit même à m'amener un médecin, lequel diagnostiqua que je n'avais heureusement pas le typhus mais une néphrite. Le même jour Neuhaus me transféra chez lui, rue Luthérienne, et s'occupa de moi avec un soin touchant tout au long de ma maladie. Lorsque je me rétablis, j'entrepris de consacrer toutes mes forces à préserver, en ces temps difficiles, la vie et la santé de ce grand musicien. Et c'est ainsi, dans les maladies, les privations et la faim, que commença notre vie commune. Éprouvant de grands sentiments, je me sentais obligée de faire de grands sacrifices et j'y puisais des forces afin de poursuivre la lutte pour une vie chaque jour plus dure.

En voici un exemple. Neuhaus devait donner ses concerts avec des gants coupés aux doigts, et en manteau de fourrure. Le public y assistait, lui aussi, en gros manteaux et la tête enveloppée. Je pensai un jour que je ne serais pas moi si je ne changeais pas cet état de choses. J'allai trouver Constantin Mikhaïlov, le vice-directeur du conservatoire, et lui demandai s'il avait du bois. Il me répondit qu'il en avait en grande quantité mais que l'on ne pouvait chauffer la grande salle parce que le poêle n'était pas en état de fonctionner. Nous passâmes dans la salle de concert. Il me montra les nombreux trous du poêle et m'affirma qu'il était dangereux de chauffer en raison du risque d'incendie. Je lui demandai, en plaisantant à moitié, s'il chaufferait dans le cas où je réparerais le poêle. Il toisa ma silhouette efflanquée et partit d'un grand rire : même des fumistes professionnels, me dit-il, n'avaient pas été capables de le remettre en état. Néanmoins, tout en prédisant que j'échouerais, il me donna l'autorisation d'essayer. C'était deux jours avant le concert de Neuhaus. J'avais alors une domestique âgée, énergique et, quoique octogénaire, de constitution solide. En rentrant à la maison, je lui demandai, à l'insu des autres, de mélanger dans un seau de l'argile avec du sable et de me préparer quelques briques. Le lendemain de bonne heure, alors que Neuhaus dormait encore, nous traînâmes tout cela au conservatoire. Nous passâmes, elle et moi, la moitié de la journée à mettre en place les briques et à les enduire de glaise. Notre travail fini, je réclamai un fagot et allumai le poêle avec la grand-mère. Le tirage était magnifique. En quittant Mikhaïlov, je lui dis pour lui faire honte que si on le voulait vraiment, même en ces temps abominables, on pouvait créer des conditions d'existence décentes.

C'est alors que je commis une erreur. J'aurais dû chauffer la veille du concert ; or je le fis le jour même. En me rendant au conservatoire avec Neuhaus, je mis une robe élégante et légère et insistai auprès de lui pour qu'il revêtît son habit. Il renâcla, affirmant que de toute façon il jouerait en manteau et que l'habit passerait inaperçu mais, désireux de ne pas me faire de la peine, finit par me céder. Au conservatoire, je me postai à l'entrée et priai le public de passer au vestiaire, demande assez inhabituelle pour l'époque et à laquelle ne purent accéder que ceux que cela ne prenait pas au dépourvu. Le concert ne fut pas une réussite totale : Neuhaus baignait dans la sueur et le public étouffait. Mais je pus prouver que j'avais raison et Mikhaïlov remit un peu d'ordre dans sa maison.

Les concerts étaient d'un excellent rapport. Nous en repartions avec de pleines valises de billets, mais cela ne suffisait qu'à acheter deux bottes de fenouil. Nous vendions tout ce que nous pouvions pour ne pas mourir de faim.

Un jour de l'été 1920, nous partîmes nous baigner dans la rivière en compagnie de Valentin et Irina

Asmus, dont nous venions de faire la connaissance et qui allaient être nos amis pour la vie. Neuhaus avait la peau très fragile. Il attrapa un coup de soleil, se couvrit de cloques, sa température monta jusqu'à 40° et si un tiers du corps n'avait pas été exempt de brûlures, il y aurait sans doute laissé la vie. Il demeura alité un mois et demi à souffrir horriblement ; nous devions au début le soulever pour le retourner d'un côté sur l'autre. Les médecins l'autorisèrent enfin à sortir pour un concert symphonique où il devait exécuter le deuxième concerto en *la* majeur de Liszt. Neuhaus était encore très faible mais nous n'avions plus un sou et il lui fallait jouer. J'avais très envie de l'aider d'une quelconque manière. J'allai en secret au marché, le matin du concert, et y vendis mon unique valise. Puis je me rendis chez des connaissances qui possédaient un merveilleux Bechstein. Neuhaus aimait travailler sur ce piano, ce que l'on ne pouvait pas dire du piano du conservatoire. Je demandai aux propriétaires du piano s'ils ne me permettraient pas de le transporter pour une soirée au conservatoire. Haussant les épaules, ils acceptèrent. Je louai un chariot et des porteurs : j'avais juste assez pour payer l'aller-retour. On ôta le mauvais piano et on le remplaça par le Bechstein.

Le soir, en se rendant au conservatoire, Neuhaus était nerveux. Il disait que, s'il avait disposé d'un bon piano, il aurait pu tant bien que mal régler son compte au concerto, mais que jouer sur cette vieille casserole était rigoureusement impossible. Mais dès les premiers accords il reconnut son instrument bien-aimé et joua mieux que jamais. Lorsqu'il découvrit que c'était moi qui avais fait apporter le piano, il en fut touché aux larmes.

Peut-être ne devrais-je pas rapporter de tels faits, que je pourrais multiplier à volonté, mais j'ai envie de montrer comment l'amour peut déplacer des montagnes, même lorsqu'on est encore très jeune (je n'avais alors que dix-neuf ans[*]).

Les temps difficiles, la disette, les fréquents changements de pouvoir n'empêchaient pas les salles de théâtre et de concert d'être pleines. On sentait dans la littérature et l'art un essor et une vie remarquables. Un grand nombre de musiciens en renom se rassemblaient à Kiev. Blumenfeld, l'oncle de Neuhaus, avait été invité à donner des cours au conservatoire de Kiev (c'était ce même Blumenfeld qui m'avait fait passer l'examen d'entrée à celui de Pétersbourg). Agé de seize ans, Vladimir Horowitz*, un des meilleurs pianistes de notre époque, y achevait le conservatoire dans la classe de Blumenfeld. Jamais je n'oublierai son examen de sortie. Il y avait tellement de monde qu'on se tenait debout entre les sièges, et même sur l'estrade. Horowitz était un virtuose exceptionnel. Lorsqu'il exécutait des études à caractère technique, on se levait dans la salle pour mieux voir ses mains.

Nous devînmes amis et ne cessâmes dès lors d'aller les uns chez les autres. Vladimir Horowitz avait une sœur prénommée Guinia, une pianiste pleine de talent. Ils tiraient comme nous le diable par la queue et je décidai avec Guinia d'organiser un concert à deux pianos avec Neuhaus et Horowitz. Elle imprima des billets et de mon côté, avec la vieille qui m'avait déjà aidée à réparer le poêle du conservatoire, je m'en fus coller, armée d'un seau et d'un pinceau, des affiches à travers la ville.

Le succès fut inouï. Il vint tellement de monde que ceux qui n'avaient pu entrer écoutaient le concert debout dans la rue. Inexpérimentées comme nous l'étions, nous pensions, Guinia et moi, pouvoir empocher l'argent aussitôt après le concert. Mais un inspecteur des finances était assis à la caisse. Il nous déclara qu'il avait effectué une saisie sur recette et que nous ne toucherions pas un sou car les impôts du concert auraient dû être versés d'avance. Nous revînmes à la maison bien marries et les poches vides. Mais nous allâmes trouver le lendemain le percepteur qui nous pardonna, parce que c'était la première fois, et tout se termina bien.

Le pouvoir soviétique s'était alors solidement implanté à Kiev. Malgré la faim et les nombreuses privations, tous les gens avaient foi en l'avenir et éprouvaient une sensation d'essor général. Nos amis Asmus se trouvaient être des personnes intéressantes et cultivées et nous organisions avec eux, à tour de rôle, des soirées musicales et littéraires.

Neuhaus consacrait beaucoup de forces à son enseignement : il avait une classe nombreuse. Lui-même passait toujours peu de temps à jouer : la technique était chez lui de nature spontanée et tout dépendait de son état intérieur. Lorsqu'il revenait du conservatoire, il m'installait à un piano, s'asseyait lui-même devant l'autre et nous jouions en chœur des études de Chopin. Cela m'apportait plus que n'importe quelles leçons. J'en assimilais davantage, à regarder ses mains, que si l'on m'eût donné quantité d'explications. Ce qui me frappait le plus, c'était l'habileté et l'intelligence avec lesquelles il tirait parti de sa main malencontreusement trop petite.

Nous vécûmes ainsi trois ans. Je continuais à prendre soin de lui et à vaquer aux affaires domestiques, sans abandonner pour autant la musique. Je ne sais si nous étions heureux, mais il nous semblait que la vie nous donnait tout ce dont nous avions besoin.

En 1922 Neuhaus et Blumenfeld furent invités à enseigner au conservatoire de Moscou et nous déménageâmes. L'un et l'autre reçurent une pièce rue des Cuisiniers*. Les Asmus nous y rejoignirent*, ce qui me réjouit fort car Irina Serguieïevna était ma plus proche amie.

En 1925 j'eus un fils, Adrian, et un an plus tard j'attendais un second enfant. C'est alors qu'Irina Serguieïevna vint m'annoncer une nouvelle qui me stupéfia : Militsa Serguieïevna Borodkina, la fiancée de Neuhaus à l'époque où nous avions fait connaissance, lui avait donné deux ans plus tôt* une petite fille. J'en fus épouvantée, surtout parce qu'il avait été capable de me le cacher. Prenant mon petit Adik dans les bras, je quittai la maison. J'errai longuement avec lui à travers la ville, pensant à me suicider et à tuer mon fils. Mais le sentiment de maternité, la pitié pour l'enfant prirent le dessus et, à cause de lui, je rentrai.

Il y eut une explication pénible, avec moi qui pleurais amèrement et Neuhaus qui implorait mon pardon, que je finis par lui accorder. Son attitude avec moi, après cette scène, fut plus douce et affectueuse, mais une fêlure était apparue dans nos relations. Mon fils Stanislav naquit en 1927. Au fond de moi, je ne pus jamais oublier qu'il m'avait trompée. Ce fut comme une lourde pierre que je me mis à porter en mon cœur et je ne trouvais de consolation que dans mes enfants.

Nous habitions à quatre dans une seule pièce. Les enfants dormaient derrière un rideau et, de l'autre côté, il y avait les deux pianos à queue. Les élèves affluaient sans cesse et la maison était emplie en permanence d'un grondement musical. De temps en temps nous avions en visite Horowitz (et le violoniste Milstein*), en provenance de Léningrad, et l'on ne refermait pas les pianos pendant douze heures de suite. Je jouais parfois à quatre mains avec Horowitz et cela me causait un intense plaisir. Parfois aussi je jouais avec Neuhaus et c'était à cela que se limitaient mes études musicales : les soins et les joies de la maternité me prenaient tout mon temps. Nous restâmes six ans dans cette unique pièce de la rue des Cuisiniers et, en 1928, pûmes nous installer dans un trois-pièces ruelle Troubnikov.

[PASTERNAK – L'ÉTÉ D'IRPIÈGNE]

Pendant toutes ces années nous avons passé l'été, avec nos enfants encore petits, dans une datcha des environs de Kiev. Les Asmus, dont nous étions très proches, nous y accompagnaient toujours. Irina Serguieïevna aimait la poésie et ne comprenait rien à la musique, mais cela ne l'empêchait pas d'être en bons termes avec Neuhaus, car celui-ci connaissait bien la littérature et savait beaucoup de vers par cœur. C'était d'ailleurs un homme cultivé dans tous les domaines et qui parlait cinq langues. Par rapport à lui, je me considérais comme un enfant, je faisais de ma vie son marchepied et je n'avais plus guère le temps de lire ; j'avais même renoncé à la musique.

Un jour, je m'en souviens (c'était en 1928), les Asmus vinrent chez nous ; Irina Serguieïevna nous avait apporté un recueil de vers de Pasternak : *Pardessus les obstacles**. Neuhaus, Asmus et elle déliraient d'enthousiasme à son propos. Nous avons passé toute la nuit assis, à le lire à voix haute. Je dois dire en ce qui me concerne que j'étais beaucoup plus réservée qu'eux à l'égard de la poésie de Pasternak ; de nombreux vers de lui me paraissaient obscurs, et l'enthousiasme de mon mari et des Asmus forcé. Leur passion pour Andrieï Biély m'était également incompréhensible, car ma conception de la poésie moderne s'arrêtait à Blok, que j'aimais beaucoup.

Un an plus tard Irina Serguieïevna accourut chez nous toute joyeuse pour nous annoncer qu'elle avait fait la connaissance de Pasternak, et ce d'une manière originale. Ayant reconnu Pasternak, dont le visage n'était guère courant, d'après un portrait de lui, elle l'aborda à un arrêt de tramway et se présenta. Elle lui dit que son mari et elle étaient d'ardents admirateurs de sa poésie et l'invita aussitôt à leur rendre visite. Il lui promit de venir quelques jours plus tard. Irina Serguieïevna voulait absolument que nous fussions de la partie. Persuadée que Pasternak ne viendrait pas, je priai Neuhaus d'y aller sans moi tandis que je restais à la maison avec les enfants. Or Pasternak vint en dépit de tout et passa même la nuit entière avec eux. Ce fut alors, chez eux tous, une sorte de fureur à son propos ; de jour comme de nuit il n'était question que de lui. Il leur avait donné l'impression qu'un feu sortait de lui, mais un feu qui allait de pair avec une grande intelligence. Une semaine après, Pasternak invita les Asmus à lui rendre visite rue Volkhonka, dans une maison qui faisait face au temple du Christ-Sauveur* et où il habitait avec sa femme et son fils. Je n'avais pas du tout envie d'y aller, probablement parce que j'avais une sorte de peur intérieure à l'idée de me retrouver en face d'un personnage aussi remarquable. Je refusai longtemps, mais Irina Serguieïevna insistait ; elle l'appelait « la merveille » et était complètement possédée par lui. Je cédai.

Cet homme produisit sur moi aussi une forte impression. Il se trouva qu'il était également bon musicien, et compositeur. Neuhaus joua beaucoup devant Pasternak, qui fut enthousiasmé par ses interprétations, et le poète récita ensuite certains de ses poèmes. J'ai toujours été quelqu'un de direct et de sincère, et lorsqu'il me demanda si ses vers me plaisaient, je répondis qu'à les entendre je n'avais pas très bien compris et qu'il me fallait les relire moi-même à la maison. Cela le fit rire et il me dit qu'il était prêt à écrire de manière plus simple, phrase à laquelle je ne prêtai guère attention. Extérieurement il me plut : ses yeux brillaient et il était comme embrasé par l'inspiration. J'étais conquise par l'homme, mais le poète me demeurait peu accessible. Il me fallut du temps pour m'accoutumer à ses vers anciens, et à les clarifier ; plus tard encore je commençai à les aimer. Mais sur le moment il me sembla que sa personnalité l'emportait sur son œuvre. Ses déclarations sur l'art ou la musique avaient à mes yeux plus de valeur que ses vers hermétiques. Nous restâmes longtemps chez lui. Malheureusement, la femme de Pasternak me déplut beaucoup, sentiment qui se reporta inconsciemment sur lui et je décidai de ne plus retourner chez eux. Neuhaus et les Asmus continuèrent à fréquenter sans moi la rue Volkhonka ; je donnais la nécessité de vaquer aux soins domestiques comme excuse de mon absence. Finalement, Irina Serguieïevna avoua que le seul homme qui l'eût jamais captivée était Pasternak et qu'elle en était amoureuse. Elle se montra impitoyable avec son mari. C'était un homme charmant, qui souffrait beaucoup, et c'était moi qui devais empêcher Irina Serguieïevna d'afficher haut et fort les sentiments qu'elle éprouvait pour le poète.

Un an plus tard, alors que, comme nous le faisions chaque année avec les Asmus, nous nous apprêtions à prendre nos quartiers d'été du côté de Kiev, Irina Serguieïevna annonça que les Pasternak voulaient également louer une datcha aux environs de Kiev. Sachant combien j'aimais voyager, on me pria de m'occuper sur place de ces locations. Ayant arrêté notre choix sur Irpiègne, nous réunîmes l'argent des arrhes et je me mis en route. Je louai quatre datchas : pour nous, pour les Asmus, pour les Pasternak (Boris Léonidovitch et sa femme Yevguiènia Vladimirovna) et pour le frère du poète (Alexandre Léonidovitch et sa femme Irina Nikolaïevna).

Deux semaines après tout était prêt pour le départ et nous nous mîmes en route avec nos deux enfants (Adik avait alors quatre ans et Stassik trois), notre bonne, nos pots et nos couches. Les Asmus nous accompagnaient. Nous avions inscrit les adresses de toutes les datchas sauf la nôtre, en sorte que nous errâmes longtemps sur notre carriole avant de la trouver, à la grande irritation de Neuhaus. Nous devions encore, comme toujours, chercher un piano pour lui à Kiev et le rapporter sur la charrette à Irpiègne.

La datcha d'Alexandre Pasternak et la nôtre étaient contiguës, tandis que j'avais volontairement loué un peu plus loin celles de Boris Pasternak et des Asmus. Je ne me rappelle pas avec certitude ce qui m'y avait poussé : probablement un pressentiment du danger qu'il y avait pour moi à le voir trop souvent. Deux semaines plus tard, Boris* arriva à son tour, avec sa femme et son fils.

Notre première rencontre à la datcha fut amusante. Pieds nus et en négligé, je lavais la véranda lorsque

Boris entra soudain. Je fus étonnée de l'entendre me dire : « Quel dommage que je ne puisse pas vous prendre en photo et l'envoyer à mes parents, qui sont à l'étranger. Mon père est peintre. Il serait enthousiasmé par votre aspect. » J'avais l'impression qu'il se moquait de moi et je lui fis part de mes soupçons à cet égard.

Cet été-là vivaient à Irpiègne nos amis Pierline : le professeur de littérature Yievguiéni Isaacovitch et sa famille, qui y louèrent une datcha plusieurs années de suite. Pierline, entre autres choses, possédait d'étonnants dons météorologiques. Il pouvait annoncer par ciel clair qu'il allait pleuvoir dix minutes plus tard. On ne le croyait pas, on se moquait gentiment de ses prédictions mais elles se réalisaient chaque fois. Il y a toujours, dans la vie, des dates mémorables où l'on se souvient à la fois d'un événement et du temps qu'il a fait ce jour-là. Il se rappelait le temps de chacun des jours de l'année et nous jouions même à lui demander quel temps il faisait tel ou tel jour mémorable pour l'un d'entre nous et il nous le disait avec exactitude. Il était cultivé, aimait la poésie et était intéressant en société. Il me plaisait beaucoup et il y avait entre nous une sorte de flirt. Pierline entrait souvent chez les Asmus, mais rarement chez nous car il sentait que Neuhaus était jaloux. Nous nous rencontrions le plus souvent tous les deux chez les Asmus. Nous nous fixions même parfois des rendez-vous et allions nous promener. Il aimait la musique et venait chez nous lorsque Neuhaus jouait et réunissait ses connaissances.

Irina Serguieïevna était de plus en plus éprise de Boris et insistait comme précédemment pour que je l'emmenasse chez les Pasternak, tandis que Boris avait de plus en plus envie (ce que je sentais en tant que femme) de venir. Neuhaus et lui s'étaient mis à se tutoyer et il se retrouvait sans cesse, et comme par hasard, sur mon chemin. J'aimais ramasser des branches sèches dans la forêt. Il entra un jour chez moi et me proposa de m'aider. Il se passionna tellement pour cette tâche que le combustible ainsi réuni nous suffit pour l'été. Je fus étonnée qu'il fût aussi habile de ses mains. Il me semblait qu'un grand poète comme lui ne devait rien entendre aux choses matérielles et ménagères. Neuhaus, par exemple, affirmait toujours que le summum de ses talents consistait à savoir refermer une épingle de nourrice. Un jour, pendant la Guerre civile, il avait dû mettre en route un samovar : il avait versé le charbon de bois là où l'on verse l'eau, et l'eau dans le tuyau. Dès qu'il touchait à quelque chose dans la maison, les objets lui déclaraient la guerre. J'étais gênée de voir Pasternak traîner chez moi des fagots de petit bois. Comme j'essayais de le persuader d'abandonner, il me demanda : « Vous avez honte ? – Oui, je crois », lui répondis-je. Il me fit alors une véritable conférence, m'expliquant qu'une nature poétique devait aimer la matérialité du quotidien et qu'à cette matérialité on pouvait toujours trouver un charme poétique. Les observations qu'il avait faites lui avaient montré que je devais en être consciente car j'étais capable de passer du piano à mes casseroles, qui dégageaient selon lui un véritable parfum de poésie. Il me raconta qu'il adorait allumer les poêles. A la Volkhonka, où ils n'avaient pas le chauffage central, c'était toujours lui qui mettait les poêles en route, non qu'il pensât qu'il le faisait mieux que les autres, mais parce qu'il aimait le bois et le feu et qu'il trouvait cela beau.

Je pensais alors qu'il essayait de gagner ma sympathie mais ma vie ultérieure me démontra que c'était un trait de sa nature. Il aimait, par exemple, l'odeur du linge fraîchement lavé et le décrochait parfois lui-même. Ce genre d'occupations s'accordait parfaitement chez lui avec l'inspiration et la création. La vie de tous les jours, disait-il, est la réalité, et la poésie aussi est la réalité. Il eût été impensable qu'elle fût tirée de la seule imagination.

J'évitais, à Irpiègne, d'aller chez eux car Yevguiènia Vladimirovna me plaisait de moins en moins. Elle était constamment désœuvrée, paresseuse, et il me semblait qu'elle n'avait guère de dons à faire valoir pour se montrer aussi gâtée. Nous avions des natures complètement opposées et ce qui me semblait blanc, elle le tenait pour noir. Me trouver chez eux signifiait tolérer que l'on foulât aux pieds, parfois d'une seule phrase, mes principes moraux et mes idéaux. Maintenant que tout cela appartient au passé, je me pose une question : n'est-ce pas cette divergence des habitudes et des goûts qui fut à l'origine de leur séparation ? Peut-être aussi ma répugnance à aller chez eux ne faisait-elle qu'accroître l'attirance de Boris pour moi.

L'été passa en un éclair.

Boris se tenait toujours à proximité de moi, cherchant le moyen de m'aider dans mes tâches domestiques. Nikolaï Nikolaïévitch Viliam-Valmont*, qui habitait lui aussi Irpiègne cette année-là, se souviendra plus tard d'avoir vu Boris m'aider à retirer du puits avec une perche un seau qui s'était décroché et de l'air heureux que celui-ci avait. Boris adorait littéralement le jeu de Neuhaus et celui-ci était amoureux de ses vers, qu'il me lisait souvent à voix haute en essayant de m'initier à leur sens.

Un jour, Neuhaus joua à Kiev, en plein air, le concerto en *mi* mineur de Chopin dans un parc de la ville où l'orage grondait et des éclairs luisaient, en sorte que nous étions inquiets de voir le public se disperser ; la pluie, heureusement, ne se déchaîna qu'une fois le concert terminé. Le poème de Boris *Ballade* (n° 1)*, dédié à Neuhaus, a été inspiré par cette journée.

Irina Serguieïevna avait commencé à deviner les sentiments que Boris me portait. Cela lui faisait mal et elle souffrait. Je m'efforçais de la persuader qu'il ne venait chez nous aussi souvent qu'à cause de mon mari, et non à cause de moi, et que je n'accordais aucune importance au béguin qu'il avait pour moi et qui me semblait assez superficiel. Un jour où il était là, oubliant que sa femme était également présente, Irina Serguieïevna essaya de me blesser en déclarant que je ne comprenais pas ses vers. Ce à quoi je répondis fièrement qu'elle avait entièrement raison et que je me reconnaissais ce défaut. Boris prit alors ma défense, ajoutant que c'était une telle salade qu'on ne pouvait rien y comprendre et que c'était pour lui une raison de me respecter.

Ces bourrasques durèrent tout l'été. Yevguiènia Vladimirovna n'avait alors aucune raison d'être jalouse de moi ou bien inquiète car je me conduisais avec modestie et n'encourageais en rien les avances de son époux.

L'automne venu, tout le monde regagna Moscou. Irina Serguieïevna, toujours aussi malheureuse, repartit devant avec Asmus tendit que nous faisions route avec les Pasternak. Neuhaus et moi, avec nos deux petits enfants, occupâmes un compartiment tandis que Boris et les siens s'installaient à côté. Le train quittait Kiev à vingt et une heures. Ayant couché les enfants, je sortis fumer une cigarette dans le couloir. Neuhaus dormait déjà. Une porte s'ouvrit et Boris fit son apparition. Nous restâmes à peu près trois heures à bavarder près de la fenêtre. Je remarquai pour la première fois une certaine gravité dans ses propos. Lorsqu'il m'adressait des compliments, ce n'était plus seulement pour mon apparence physique mais aussi pour mes qualités réelles. Mais lorsqu'il déclara qu'avec ma noblesse et ma modestie je représentais à ses yeux l'idéal de la beauté, je lui répondis aussitôt avec ma franchise coutumière : « Vous ne pouvez pas vous imaginer quelle mauvaise femme je suis ! » Il se mit alors à insister longuement, désireux de savoir en quoi j'étais mauvaise. J'avais envie de couper court à cette conversation qui n'avait que trop duré et je finis par lui dire que j'avais couché à quinze ans avec mon cousin âgé de quarante-cinq, qu'il me semblait à l'époque que c'était le grand amour, qui permet tout, mais que je me le reprochais depuis et que j'en souffrirais le restant de mes jours. Je lui disais les choses exactement telles qu'elles avaient été et il me semblait que cet aveu serait de nature à refroidir ses sentiments. Je craignais ces derniers, quoiqu'il ne m'en eût pas touché un mot. Ce fut hélas le contraire qui arriva : « Comme je savais tout cela ! me dit-il. Vous aurez bien sûr du mal à croire qu'en entendant pour la première fois ce que vous m'avez dit, j'avais deviné la nature de vos souffrances. » Je lui souhaitai alors bonne nuit.

Peu de temps après notre arrivée à Moscou il vint chez nous ruelle Troubnikov. Il entra dans le bureau de Neuhaus, referma la porte et bavarda longtemps avec lui. Lorsqu'il ressortit de chez nous, je vis au visage de mon mari que quelque chose était arrivé. Le manuscrit de deux « ballades » était posé sur le piano. Une des deux m'était dédicacée, l'autre l'était à Neuhaus. Les deux poèmes m'avaient énormément plu. Neuhaus referma la porte à clef et m'annonça qu'il avait à me parler sérieusement. Voici ce que Boris était venu lui dire : qu'il était tombé amoureux de moi et que ce sentiment demeurerait à jamais en lui. Il ne voyait pas encore très bien comment tout cela prendrait concrètement forme mais il était peu probable qu'il pût désormais vivre sans moi. Tous deux étaient restés assis à pleurer parce qu'ils avaient l'un pour l'autre beaucoup d'affection et d'amitié.

J'affirmai en riant à mon mari que tout cela n'était pas sérieux. Je le priai de ne pas accorder d'importance à cette conversation ; je lui dis que je ne croyais pas à ces propos et que si c'était vrai, cela passerait rapidement.

Comme toujours dans les périodes difficiles de la vie, je me consacrai entièrement à mes enfants, dis à Neuhaus d'éviter Boris et d'aller le moins souvent possible chez eux. Il me répondit que cela ne servirait probablement à rien car Boris reviendrait lui-même fréquemment.

Irina Serguieïevna était à la torture notre amitié se défaisait et je vivais cela avec tristesse car c'était mon unique amie. Je l'accusais de manquer de charité envers son mari et lui conseillais de se contenir. Je commençais à éprouver de la pitié pour tous ceux qui étaient autour de moi.

Nous rencontrions peu Boris, surtout chez les Asmus qu'il continuait de fréquenter. Tout était terriblement difficile et complexe. Je sentais qu'en moi s'éveillaient des sentiments grandioses pour lui et que tout cela était cruel à l'égard de ma famille, des Asmus et de la famille de Boris.

[BORIS ET ZINAÏDA : « SECONDE NAISSANCE »]

En décembre, Neuhaus partit pour une grande tournée en Sibérie. Boris commença à me rendre visite trois fois par jour. C'est alors qu'il me dit toute la vérité. Il ne voyait pas comment les choses s'arrangeraient mais peu importait ce que j'en penserais : il quittait sa femme car il ne pouvait pas vivre un jour de plus avec elle. Je lui dis qu'il exagérait, que nous devions tous les deux combattre nos sentiments et que je ne quitterais jamais Neuhaus ni mes enfants. Mais tout ce que je faisais pour le repousser avait l'effet inverse. Il partit et j'appris bientôt qu'il avait emménagé chez les Pilniak, rue de Yamskoïé Polié. Il venait de là chaque jour chez moi et m'apportait de nouveaux poèmes, qui allaient former plus tard le recueil *Seconde naissance*.

Un jour de la fin décembre, il vint me voir très tard et je ne le laissai pas repartir à Yamskoïé Polié. Cette nuit-là, il resta chez moi. Lorsqu'il s'en alla au petit matin, je m'assis sans perdre un instant et écrivis une lettre à Neuhaus, dans laquelle je lui expliquai que je l'avais trompé, que jamais je ne pourrais poursuivre notre vie familiale et que je ne savais pas comment les choses s'arrangeraient mais que je considérais qu'il serait malhonnête, et moralement malpropre, d'appartenir à deux hommes, et que mes sentiments pour Boris étaient les plus forts. Ma lettre était très cruelle, impitoyable. J'étais persuadée qu'il n'en mourrait pas et je lui avais écrit sans rien dissimuler en pensant que c'était plus honnête. Ma lettre lui parvint un jour où il allait donner un concert. Comme me le raconta plus tard son imprésario, Neuhaus avait rabattu le couvercle du piano au beau milieu d'une interprétation et s'était mis à pleurer devant le public. On avait dû annuler le concert. Le même imprésario déclara par la suite que je n'avais pas le droit de traiter ainsi un grand musicien.

Neuhaus annula tous les concerts ultérieurs de cette tournée et revint à Moscou. En voyant son visage, je compris que j'avais non seulement eu tort de lui écrire une telle lettre, mais aussi de faire ce que j'avais fait. Boris arriva alors et nous restâmes tous les trois assis à bavarder, chacune de nos paroles se déposant en nous comme sur une plaie vive. Tous deux me demandèrent comment je voyais l'avenir. Je répondis que, pour faire le point sur moi-même, je devais d'abord prendre un peu de recul. J'avais gardé un grand nombre d'amis à Kiev et, trois jours après cette conversation, je pris Adik et partis là-bas avec lui. Je descendis chez mon excellente amie Pierlina, la belle-fille du professeur. Ma vie devint affreuse. Le bruit que je quittais Neuhaus avait fait le tour de Kiev. D'anciens élèves à lui vinrent me trouver pour m'exhorter à rester. Ils me disaient que je n'avais pas le droit de briser la vie d'un aussi grand musicien, que j'étais une cruelle et une sans-cœur, que si je le quittais il périrait et que je serais responsable de sa mort. La mère de Gutman, l'élève préféré de Neuhaus, me dit des choses qui me firent une forte impression. Elle me prédit une vie épouvantable avec Boris car, quels que fussent son amour et son adoration pour moi, il avait déjà une famille et il y aurait toujours une fêlure dans nos relations. Elle me dit qu'elle avait eu dans sa propre vie une expérience de ce type et qu'aucun amour n'avait pu cicatriser les blessures laissées par la famille précédente. On organisait parfois chez moi des sortes d'assemblées générales et la pression était alors si forte que j'étais prête à céder et à étouffer en moi mes sentiments pour Boris.

Boris m'écrivait des lettres de cinq ou six pages et ne

cessait de me subjuguer toujours davantage par la force de son amour et la profondeur de son intellect. Deux semaines plus tard, il vint en personne et s'installa lui aussi chez mon amie. Il me fit de grands discours pour m'amener à divorcer et à vivre seulement avec lui. J'étais alors complètement captivée par lui et par sa passion. Il dut repartir au bout d'une semaine* car Neuhaus était arrivé à Kiev pour donner une série de concerts et Boris ne voulait pas nous gêner.

Comme toujours après un concert réussi, il me sembla que j'étais éperdument amoureuse de Neuhaus et que je ne me résoudrais jamais à lui faire du mal. Il vint me trouver après le concert et nos rapports conjugaux reprirent. Ce fut épouvantable.

Lorsqu'il repartit pour Moscou, au bout de vingt jours, il me dit : « C'est vrai que tu ne m'as jamais aimé que lorsque j'avais bien joué, alors que dans la vie de tous les jours j'étais impossible et te faisais souffrir, parce que je suis un âne bâté pour les choses ordinaires. Boris est bien plus intelligent que moi et il est parfaitement compréhensible que tu m'aies trompé. » C'était la cruelle vérité. En quittant Neuhaus, je lui promis de tout oublier et de revenir à lui s'il me pardonnait et oubliait ce qui s'était passé.

Comme s'il sentait à distance le drame qui se déroulait, Boris m'envoyait des lettres pleines d'inquiétude. Puis il revint à Kiev et m'annonça que Paolo Yachvili, le remarquable poète géorgien, était à Moscou et qu'il lui avait suggéré de venir me chercher et de partir ensemble en Géorgie, lui-même promettant de nous prêter sa chambre. Et comme toujours, dès que je vis Boris, je me soumis à sa volonté et acceptai tout ce qu'il proposait. Trois jours plus tard, nous trouvions des billets et partions pour Tiflis.

Je craignais d'écrire à Neuhaus. Il m'aurait naturellement taxée de perfidie et n'aurait pas compris si je lui avais écrit avant mon départ. De mon côté, il me semblait alors que je ne faisais rien de criminel, que cet épisode n'avait rien de définitif et que je pourrais toujours lui revenir [...].

[KODJORY, KOBOULÉTY]

On nous avait installés dans les montagnes dominant la capitale, à Kodjory où il faisait toujours frais. La demi-année* que nous passâmes en Géorgie prit l'apparence d'une fête permanente. Boris et moi voyions pour la première fois le Caucase et ses paysages, d'une beauté à couper le souffle. En outre, nous étions entourés de personnes remarquables, de grands poètes nommés Titien Tabidzé, Paolo Yachvili, Nikolo Mitsichvili, Guéorgui Léonidzé. On ne cessait de nous faire parcourir en voiture la Route militaire de Géorgie, en nous montrant les moindres recoins du pays, et pendant le voyage on récitait des vers. L'alliance de la nature sublime et des sonorités poétiques produisait une impression si étourdissante que je n'avais pas le temps de penser à ce que j'allais devenir. Nous voyageâmes ainsi dans toute la Géorgie.

En août, nous allâmes nous installer à Kobouléty, au bord de la mer Noire, où nous fîmes la connaissance de Simon Tchikovani et de Besso Jguenti. Nous partagions le même hôtel. C'est là que Boris écrivit « Les Vagues* », qu'il nous lut à haute voix. Je fus étonnée de voir qu'en trois jours tous les poètes géorgiens, malgré leur connaissance imparfaite du russe, avaient retenu par cœur ces vers magnifiques. Ils aimaient Pasternak plus qu'aucun autre poète contemporain, étaient aux petits soins avec lui et leur amour se reportait aussi sur moi et sur Adik. Mon fils, qui avait cinq ans, ne pouvait pas toujours être présent à nos festins et les poètes s'occupaient de lui, jouaient avec lui, après quoi leurs femmes l'emmenaient pour le coucher. Je me liai d'amitié avec Nina Alexandrovna Tabidzé, la femme de Titien, qui est aujourd'hui encore une grande amie de notre maison.

Nous passâmes septembre et octobre à Kobouléty. J'oubliai tout ce qui concernait notre vie passée. Neuhaus se rappela deux ou trois fois à notre souvenir par des lettres pleines d'anxiété : il rêvait que nous nous écrasions, Adik et moi, dans des précipices et me suppliait d'écrire. Nous lui envoyâmes deux ou trois télégrammes pour lui dire que tout allait bien. Je lui promettais de le rencontrer et d'avoir une conversation à mon retour.

Il faisait encore bon le 15 novembre*, tout le monde se baignait et Paolo Yachvili nous accompagna à la gare tout de blanc vêtu. A Moscou il faisait – 15°. J'avais laissé toutes mes affaires d'hiver chez Neuhaus et il fallut lui envoyer un télégramme lui demandant de nous accueillir à la gare avec nos gros manteaux. Boris et moi étions d'une insouciance complète et n'avions pas la moindre idée de l'endroit où nous allions atterrir à Moscou. Je me rendais compte qu'après cette équipée je n'avais pas moralement le droit de me présenter chez Neuhaus. Boris me persuadait d'aller rue Volkhonka, puisque sa femme était encore à l'étranger et parce qu'il ne voyait pas d'autre endroit où nous puissions habiter. Il me semblait gênant de m'installer chez lui en l'absence de sa femme. Il insistait en disant qu'il allait immédiatement exiger qu'on me donne Stassik, mon second enfant, et que nous devions habiter tous ensemble. Il espérait par sa bonté, et avec mon aide, adoucir les souffrances des deux autres : Yevguiènia Vladimirovna et mon mari.

[RETOUR À MOSCOU – DRAMES]

Ce fut la gouvernante de Stassik qui nous apporta les manteaux et nos affaires. Elle nous fit savoir que Stassik était en bonne santé et très gai. Je ne m'attendais à rien d'autre, persuadée que j'étais que Neuhaus ne viendrait pas lui-même nous accueillir. Lorsque nous fûmes installés rue Volkhonka, il nous rendit visite. *Seconde naissance** venait de paraître et ce recueil, d'une certaine manière, avait tracé aux yeux de Neuhaus une frontière entre lui et moi. En grands hommes qu'ils étaient tous les deux, Pasternak et Neuhaus avaient une langue qui leur était propre ; ils se rencontraient fréquemment et Boris pria mon mari de me rendre Stassik, ce qu'il fit par la suite.

Nous habitions rue Volkhonka depuis un mois déjà lorsque le bruit que Boris vivait maritalement avec moi parvint enfin aux oreilles de sa femme, alors en Allemagne avec leur fils, et elle envoya un télégramme annonçant son retour. Il nous fallait immédiatement quitter les lieux et nous dûmes nous installer boulevard Gogol, chez son frère Alexandre.

Nous y étions à l'étroit et dormions à même le sol. Et comme toujours, ce fut Neuhaus qui vint le premier à notre rescousse. Il vint chercher Adik et Stassik, et la vie qui commença alors pour moi fut très dure, physiquement et moralement. Je me rendais de bon matin ruelle Troubnikov afin d'habiller et de nourrir les enfants, je me promenais avec eux et, le soir venu, je les laissais à la gouvernante. Cela m'était très pénible et j'étais étonnée de voir Boris conserver une humeur aussi optimiste. Il prenait tout à la légère et disait en plaisantant que nous donnions la preuve de la vérité du proverbe selon lequel, « même dans une hutte, on est heureux à deux ».

Yevguiènia Vladimirovna était à la torture. [...] Je rassemblai mes affaires et m'engouffrai dans un fiacre après avoir dit à Alexandre de faire savoir à son frère que, malgré mon grand bonheur et tout l'amour que j'avais pour lui, il fallait que je le quitte afin d'apaiser les souffrances générales. Je le priai de lui préciser qu'il ne devait pas venir chez moi mais retourner chez sa femme.

Je ressentais une gêne douloureuse envers Neuhaus, mais il avait fait preuve envers nous d'une telle noblesse, et d'une telle hauteur de vues, qu'il me sembla possible de revenir chez lui. Je lui dis de me traiter comme la bonne de ses enfants et rien de plus, que je l'aiderais pour les tâches matérielles et qu'il ne pourrait qu'y gagner. Il savait se dominer et dissimuler ses souffrances. Je fus frappée par son tact et sa retenue. Je lui dis que, selon toute vraisemblance, ma vie serait désormais la suivante : j'habiterais seule avec les enfants et je me chercherais une chambre. Nous nous promîmes mutuellement de ne pas parler du passé. Je trouvais une consolation dans mes enfants, auxquels je me consacrais de toute mon âme, et il me semblait alors que cela était bon et moral.

Mais au bout d'une semaine des visiteurs apparurent. Les premiers furent Alexandre et sa femme. Ils me dirent que Boris me priait de revenir, que de toute façon il ne pourrait plus vivre avec sa femme (il était revenu à ma demande chez Yevguiènia Vladimirovna, mais n'avait pas tenu plus de trois jours). Je les suppliai de me laisser tranquille ; il me semblait qu'avec le temps tout s'apaiserait et que je parviendrais à me dominer [...].

Le frère de Boris me donna alors un conseil étonnant : celui de m'éloigner à nouveau, tant de Neuhaus que de Boris, vers un quelconque lieu de refuge, et d'y demeurer le temps qu'il faudrait pour faire le point sur mes sentiments. Mais je n'avais pas besoin de faire le point. J'avais déjà décidé de sacrifier mes sentiments pour Boris, car mon couple et mes enfants s'étaient révélés plus forts que le plus grand amour. Il repartit les mains vides. Le beau-frère d'Alexandre (et de Boris), Nikolaï Viliam-Valmont, lui succéda deux jours plus tard. Comme il ne voulait pas bavarder avec moi en tête à tête, il appela Neuhaus et nous parla à tous les deux. Il me dit que Pasternak était son poète préféré et qu'il ne permettrait pas qu'on lui fît autant de mal, que Boris n'avait plus figure humaine et ne cessait de répéter qu'il ne pouvait pas vivre sans moi, et qu'il fallait imaginer une forme d'existence possible. Valmont avait également de l'affection pour Neuhaus et avait été conquis par sa grandeur d'âme. Il le priait de recevoir Boris. Neuhaus protesta au début, disant que lui aussi était un être humain et que, dans une atmosphère brûlante comme celle où nous nous trouvions, il ne répondait pas de ses actes. Je gardais le silence, Valmont ayant déclaré à peine entré qu'il n'avait jamais vu une femme aussi cruelle que moi, paroles que j'expliquai par son manque de discernement.

Lorsqu'il fut parti, Neuhaus me demanda comment je voulais organiser ma vie. Je lui répondis que ce que je désirais avant tout était habiter séparément et avec mes enfants : ma vocation de mère l'avait emporté sur toute autre considération. Quelques heures plus tard arriva Nina Tabidzé. Elle resta longtemps assise à répéter qu'elle ne comprenait pas pourquoi je m'étais séparée de Boris et que cela lui semblait monstrueux. Je ne sais si c'était elle qui lui avait demandé de venir ou s'il arriva de lui-même, mais la porte s'ouvrit et Boris en personne entra. Il avait une mine épouvantable. On lisait sur son visage non seulement une souffrance terrible, mais aussi une sorte de folie*. Il passa sans s'arrêter, entra dans la chambre des enfants et referma la porte ; on entendit comme un glouglou. Je me précipitai à l'intérieur et constatai qu'il avait eu le temps d'avaler tout un flacon de teinture d'iode. Un médecin habitait heureusement en face de notre appartement, sur le même palier. Avant même d'avoir vu Boris, il s'écria : « Du lait ! Faites-lui boire au plus vite une grande quantité de lait froid ! » J'en avais toujours en réserve pour les enfants et je le forçai à boire les deux litres qui se trouvaient à la cuisine. Tout se passa bien : le lait entraîna des vomissements et sa vie fut épargnée. Je l'allongeai sur le canapé et, quelque temps après, il fut en mesure de parler. Assise à ses côtés, Nina s'efforçait de le calmer ; elle lui jura que je lui reviendrais. Neuhaus était abasourdi par ce qui s'était passé ; il dit à Boris qu'il me cédait définitivement à lui mais qu'il devait [...] imaginer une forme d'existence me permettant de vivre tranquillement et sans éprouver de crainte.

Comme on ne pouvait pas transporter Boris, il resta chez nous pour la nuit. Il ne cessait de répéter que je devais habiter avec les deux enfants et avec lui et me donna sa parole d'entamer immédiatement les démarches pour obtenir un nouvel appartement. Dès le lendemain matin nous nous installâmes derechef chez son frère et Boris commença à s'occuper de notre logement. Je ne sais pas comment il s'y prit mais, deux semaines plus tard, on nous attribuait boulevard de Tvier un appartement de deux pièces avec tout le confort. Mais il fallait le meubler un minimum et Neuhaus, toujours aussi magnanime, nous donna une partie de son propre mobilier. Nous achetâmes pour nous un lit bon marché. Malgré la pauvreté de notre cadre de vie, nous étions très heureux. Il y avait à côté de la maison un petit jardin où je me promenais avec les enfants et nous prenions nos déjeuners à la cantine du Fonds littéraire, tout près de chez nous. Je pouvais de la sorte me passer de toute femme de service.

Ainsi vécûmes-nous tranquillement trois mois de suite, après quoi Yevguiènia Vladimirovna réapparut. L'appartement lui plut beaucoup et elle nous demanda de l'échanger contre le sien. Je n'avais pas du tout envie de quitter ce petit nid douillet, sans compter que je ne lui faisais pas confiance et que je craignais de devoir à nouveau déménager. Mais la surface locative, à la Volkhonka, était supérieure et Boris sut me persuader.

Je constatais avec douleur que, si Boris vivait avec mes enfants, il était séparé de son propre fils. [...] On peut comprendre, au plan humain, que des remords de conscience l'aient fait souffrir. (Ces souffrances seront plus tard très clairement retracées dans le passage de son roman où Lara vient avec sa fille Katia chez Jivago, qui n'a pas du tout envie que Katia couche dans le lit de son fils.)

Lorsque nous eûmes emménagé rue Volkhonka, les choses devinrent un peu plus calmes. Yevguiènia Vladimirovna nous laissait chez nous. Mais j'entendis bientôt dire que Neuhaus s'était mis à boire et que sa vie était devenue un gâchis. Ses élèves venaient nous voir et nous demandaient d'agir sur lui. Je dus écrire à ses parents afin de leur raconter ce qui se passait, en les priant d'accélérer leur installation à Moscou, prévue pour un avenir proche. (Quand j'avais quitté Neuhaus, son père m'avait écrit une lettre sévère qui contenait cette phrase : « Garry dit que Pasternak est un génie. Personnellement je doute fort qu'un génie puisse être une crapule. ») Mais tout le monde fut très étonné lorsque ce même père vint à la Volkhonka voir ses petits-fils et, faisant la connaissance de Boris, aussitôt tomba sous le charme de ce dernier; du coup il n'hésita pas à accomplir tous les jours à pied le trajet de la ruelle Troubnikov, malgré ses quatre-vingt-dix ans et quelques, sans se préoccuper de la distance.

Il fallait, pour que Neuhaus puisse épouser Militsa Serguieïevna, que je lui accorde le divorce. Boris s'en montra ravi. Maintenant tout devait rentrer dans l'ordre : il accordait le divorce à Yevguiènia Vladimirovna, moi à Neuhaus et nous irions lui et moi à la mairie.

C'est ce que nous fîmes*. On me demanda à la mairie quel nom de famille je voulais porter. Je voulais conserver celui de Neuhaus, à cause des enfants, mais Boris me prit à part, me dit qu'il était superstitieux et ne pouvait consentir à cela, et me pria d'être Pasternak. Je dus revenir et déclarer que j'avais changé d'avis.

Tout était arrangé désormais. Je trouvai une école maternelle pour les enfants. Boris travaillait beaucoup, composait des vers, ou bien en traduisait. Des Géorgiens venaient souvent chez nous et nous organisions des dîners de vingt-cinq couverts.

[VOYAGE DANS L'OURAL]

En 1932* Boris fut invité à se rendre dans l'Oural afin de voir les usines et les kolkhozes, se familiariser avec la vie de la région et écrire quelque chose sur l'Oural. Le voyage était prévu pour durer deux ou trois mois. Boris avait posé comme condition que je l'accompagne avec les enfants. Nous proposâmes d'emmener aussi Toussia Blumenfeld, fille du célèbre compositeur et chef d'orchestre Félix Blumenfeld, et cousine de Neuhaus. Elle aimait beaucoup les enfants et s'entendait fort bien avec eux.

Au début nous vécûmes à l'hôtel Oural de Svierdlovsk. Nous prenions nos repas à la « cantine » du comité régional du Parti. Ensuite on nous emmena au bord du lac Chartach, aux environs de la ville, où l'on nous attribua une petite maison de quatre pièces. C'était une époque de grande disette et l'on nous inscrivit à nouveau à la cantine du comité régional, où la chère était excellente : on y servait des gâteaux chauds et du caviar noir. Dès le premier jour, des paysans demandant l'aumône et un morceau de pain vinrent rôder à nos fenêtres. Nous prîmes l'habitude d'emporter dans nos poches du pain de la cantine pour les paysans affamés. Un jour, Boris passa par la fenêtre un morceau de pain à une paysanne ; celle-ci posa un billet de dix roubles et s'enfuit. Mais Boris la rattrapa et le lui rendit. Nous eûmes du mal à tenir un mois et demi dans cette région. Boris était en ébullition. Il ne pouvait plus supporter la famine qui nous entourait ; il avait cessé de manger des plats raffinés et refusait de parcourir davantage la région, déclarant à tous qu'il en avait assez vu ainsi. Malgré tous mes efforts pour le convaincre que son attitude ne profiterait à personne, il était terriblement indigné qu'on l'eût invité à venir contempler cette famine et ces souffrances dans le seul but de lui faire écrire des mensonges, puisqu'il était impossible d'écrire la vérité. Je m'efforçais de lui faire oublier ces problèmes en organisant des promenades en barque.

Cela faillit nous coûter la vie. Le temps était clair et serein lorsque nous étions passés sur l'autre rive du lac. Nous nous y étions longuement promenés en ramassant des framboises et des champignons. Soudain, de manière totalement inattendue, des crêtes d'écume firent leur apparition sur le lac et Boris nous proposa de rentrer immédiatement à la maison. Il s'empara des rames et Toussia du gouvernail, tandis que je restais assise sur le banc avec les deux enfants. Au milieu du lac, les vagues se mirent à déferler par-dessus bord et la barque à prendre l'eau. L'adresse de Boris à manœuvrer une barque fut ce qui nous sauva et nous parvînmes par miracle jusqu'à la rive. Mais la tension que nous avions vécue avait laissé des traces : Boris tremblait de tous ses muscles et il était blême. Épuisés, nous eûmes tous l'impression de revenir de l'autre monde.

Boris était impatient de rentrer à Moscou. Je comprenais combien il était pénible pour lui de vivre dans une telle atmosphère et de voir quotidiennement la faim et les malheurs des paysans. Ayant pris prétexte de l'indisposition de Boris, nous demandâmes des billets pour Moscou. On nous proposa d'attendre encore une semaine afin d'avoir un wagon de première. Mais Boris était inflexible et répondit qu'il voyagerait en seconde. On nous apporta à la gare un énorme panier de victuailles. Il n'en voulait pas mais j'insistai auprès de lui car les buffets des gares, sur la ligne, n'avaient presque rien à proposer et notre voyage allait durer quatre jours. Nous arrivâmes à Moscou le ventre à peu près vide : Boris avait interdit d'ouvrir le panier et promis de tout distribuer à nos voisins de wagon si j'enfreignais ses consignes. Je comprenais parfaitement son point de vue mais j'avais avec moi des petits enfants, si bien que je sortais en cachette un peu de nourriture du bord du panier et allais les nourrir dans les toilettes.

Je fus frappée, et encore plus conquise, par ce trait de caractère que je ne connaissais pas encore chez Boris : sa profonde compassion pour les malheurs des autres. Et même s'il m'arrivait de contester ses initiatives, je les justifiais toutes au fond de moi. Il sortait en courant à chaque arrêt du train, achetait des espèces de beignets aigres et nous en régalait, Toussia et moi. Une fois arrivés chez nous, nous ouvrîmes le panier. Il y avait tellement de nourriture dedans que cela nous suffit pour un mois entier.

Boris se rendit presque aussitôt à l'Union des écrivains, où il déclara qu'il s'était enfui épuisé de l'Oural et n'écrirait pas une ligne car il avait vu là-bas des souffrances terribles : des files interminables de paysans que l'on chassait des villages, des hommes et des femmes affamés qui erraient dans les gares la main tendue afin de nourrir leurs enfants. Mais c'était surtout la « cantine » du comité régional qui l'avait révolté. Il se montra inflexible sur ce sujet et exigea qu'on ne l'invitât plus jamais à effectuer de telles missions. Il me fallut déployer de grands efforts pour lui faire oublier ce voyage, qui laissa des traces durables dans son esprit.

[RÉUNIONS ET CONGRÈS]

Ses liens avec la Géorgie n'avaient fait que se renforcer. Il était enthousiasmé par ses poètes et traduisait Tabidzé, Yachvili, Tchikovani, Léonidzé. En 1934, nous nous rendîmes à Léningrad pour assister à une réunion plénière des écrivains géorgiens*. Nous descendîmes à l'hôtel du Nord (devenu aujourd'hui hôtel d'Octobre). Yachvili, Tabidzé et sa femme étaient avec nous. Ce fut pour Boris une fête ininterrompue. On le portait aux nues, comme poète et comme traducteur des poètes géorgiens. Nous avions constamment autour de nous Nikolaï Tikhonov (qui, lorsqu'il venait de Léningrad à Moscou, logeait chez nous) et Victor Goltsev.

C'était la première fois que je me retrouvais à Léningrad depuis 1917. Nous montrions aux Géorgiens la ville, nous les traînions partout avec nous. Ce séjour était particulièrement cher à mon cœur car il me rappelait ma jeunesse et ma première liaison avec Nikolaï Militinski. Un jour je dis à Nina Tabidzé : « C'est quand même extraordinaire, que le destin m'ait ramenée dans cet hôtel où je venais encore gamine, à quinze ans, y retrouver Militinski, en uniforme d'écolière et couverte d'un voile. » Jamais je n'aurais pensé qu'elle répéterait cette conversation à Boris. J'étais prudente, vigilante même avec lui pour ce qui était de mon passé car, dès les premiers jours de notre liaison, j'avais senti de sa part de la jalousie et une hostilité irréconciliable envers mon cousin. C'était une chose que je n'arrivais pas à comprendre : je n'éprouvais quant à moi aucune jalousie envers son passé. Une circonstance m'avait particulièrement frappée, lorsque nous habitions rue Volkhonka. La fille de Militinski, Katia, était venue du Caucase pour me rapporter une photo de l'époque où je portais des tresses. Cette photo était la seule à avoir survécu de mon passé et j'y tenais beaucoup. Katia avait eu l'imprudence de me dire devant Boris que son père, en mourant, l'avait priée de me la remettre et de me faire savoir que j'avais été la seule femme qu'il eût jamais aimée. Quelques jours plus tard la photo disparut, et je la cherchai longtemps. Boris dut m'avouer qu'il l'avait détruite parce que cela le faisait souffrir de la regarder. Alors, si cette photo avait eu une action aussi puissante sur lui, on peut imaginer comment il réagit lorsque Nina lui raconta que je rencontrais autrefois cet homme dans cet hôtel.

Après son retour à Moscou, Boris fut victime d'un dérangement nerveux : il perdit le sommeil, cessa de vivre normalement. Souvent il pleurait, ou parlait de la mort. Je lui fis commencer un traitement avec le docteur Ogorodov, mais rien n'y faisait. En 1934*, je l'emmenai à la campagne, à Zagorianka, et fis tout mon possible pour le calmer et le soutenir, mais son état ne cessait de se dégrader. Je n'arrivais pas à comprendre qu'un homme pût autant souffrir à cause de mon passé.

Nous entendîmes alors dire qu'un congrès antifasciste allait se tenir à Paris et qu'une délégation soviétique était en partance. De tous les écrivains importants, seuls restaient ici Babel et Pasternak*. Deux jours plus tard, on vint chez nous de la part de l'Union des écrivains pour demander à Boris de partir d'urgence au congrès. Il était malade et refusa net, mais son refus ne fut pas pris en considération et on continua à insister. Il lui fallut aller à Moscou afin de téléphoner à Poskriobychev, le secrétaire de Staline, et prier qu'on le dispensât de ce voyage. J'étais présente à cette conversation téléphonique. Boris avança sa maladie comme excuse ; il déclara qu'il ne pouvait pas voyager et n'irait pour rien au monde. Poskriobychev lui demanda alors : « Et s'il y avait la guerre et que l'on vous ait mobilisé, partiriez-vous ? – Oui. – Eh bien, considérez que l'on vous a mobilisé. »

J'avais très peur de le laisser partir dans cet état et cependant je fis tous mes efforts pour le persuader dans l'espoir que le changement de cadre contribuerait à son rétablissement. En outre, nous apprîmes que l'ouverture du congrès avait été retardée à cause de l'absence de Pasternak et de Babel. Si j'insistais auprès de lui, ce n'était pas par peur de Poskriobychev, mais parce qu'il me semblait que Boris aurait beaucoup de succès à Paris et guérirait de sa maladie. Le lendemain de sa conversation avec le secrétaire de Staline, on vint le chercher en voiture, bizarrement de nuit, à Zagorianka. On ne me permit pas de l'accompagner. Comme j'étais inquiète et que j'expliquais qu'il était malade et qu'on ne pouvait pas le laisser partir seul, on me répondit qu'on le menait s'habiller chez un tailleur, où un costume neuf avait été prévu pour lui, avec un manteau et un chapeau. Je le crus car cela n'avait rien d'étonnant : tel qu'il était vêtu ordinairement, Boris pouvait difficilement se rendre à Paris. Il partit donc.

Lorsque Boris fit son apparition à la tribune du congrès, ainsi que me le racontèrent des personnes qui se trouvaient dans la salle, les trois mille participants se levèrent d'un seul mouvement pour lui faire une ovation. Il resta sans voix pendant un long moment.

Je ne reçus de Paris qu'une lettre, mais de treize pages*. Il m'y écrivait qu'il serait bien resté en France afin de se faire soigner mais qu'il repartait avec tous les autres à Moscou, en passant par Londres. Toutes les épouses, dont moi, se rendirent à la gare pour les accueillir à leur arrivée à Moscou.

Je fus terriblement effrayée lorsque je constatai que Boris n'était pas avec eux. Chtcherbakov me prit à part afin de m'expliquer que Boris était resté à Léningrad. Le chef de la délégation soviétique avait l'impression que Boris n'avait plus toute sa tête et estimait que je devais le rejoindre sans tarder. Quand je lui demandai si c'était Boris qui me priait de venir, il me répondit par la négative tout en répétant qu'il me conseillait d'y aller. Il m'aida très aimablement à me procurer un billet et me donna pour la direction locale du commerce extérieur une lettre où il priait celle-ci de me remettre toutes les marchandises achetées à Paris par Boris et retenues en douane. Chtcherbakov me raconta que Boris n'avait acheté là-bas que des vêtements de femme, ce qui avait paru suspect, alors qu'il ne s'était même pas offert un mouchoir.

Je partis très troublée à Léningrad. Après la lettre tendre qu'il m'avait envoyée de Paris, j'étais très étonnée qu'il ne voulût pas me voir*. J'arrivai chez sa cousine Olga Freidenberg, qui habitait au bord du canal Griboïédov, en face de la cathédrale de Kazan. Je m'attendais à le trouver dans un état anormal, et j'étais inquiète. Je m'étais demandé pendant tout le trajet si le mieux était de le ramener à Moscou ou de le faire soigner sur place. Mais lorsqu'il sortit pour m'ouvrir la porte, très amaigri, et qu'il se jeta à mon cou en fondant en larmes, je ne lui découvris rien d'étrange et, malgré sa cousine qui faisait la tête, je l'emmenai sur-le-champ s'installer à l'hôtel Europe.

Il retrouva aussitôt la gaieté et le sommeil. Nous restâmes une semaine à nous promener en ville. Peu avant de partir, je lui fis une surprise et lui montrai la lettre de Chtcherbakov pour les services du commerce extérieur. Il en fut très heureux mais émit la crainte que nous n'ayons à payer de gros droits de douane.

A notre arrivée à la douane, on nous fit entrer dans une pièce où la table principale était en effet totalement recouverte d'objets exclusivement féminins, des chaussures au nécessaire de toilette. On nous dit que nous pouvions tout emporter sans taxes. Nous fîmes nos valises et repartîmes la nuit même pour Moscou.

Boris ne cessait de me parler de Paris, de Zamiatine, de la famille de Marina Tsviétaïéva et d'écrivains français dont il avait fait la connaissance. Il me disait qu'il avait donné à tous l'impression d'être fou, que lorsqu'on entamait avec lui une discussion littéraire il répondait à côté et faisait dévier sur moi la conversation.

Il allait mieux maintenant, mais ses brulûres d'estomac m'inquiétaient et je le persuadai de se faire faire des analyses. Son acidité gastrique était en fait nulle. Le médecin me révéla sous le sceau du secret que cela ne se produisait qu'en cas de cancer. Je le menai sur-le-champ passer une radio de l'estomac et de l'œsophage, mais on ne découvrit aucune tumeur. On lui prescrivit une solution à base d'acide chlorhydrique à prendre avant les repas, ses douleurs cessèrent au bout d'un mois et ne reprirent jamais plus. L'été suivant*, nous allâmes à la maison de repos d'Odoïévo, près de Toula. Nous avions à nouveau avec nous Toussia Blumenfeld, qui s'était prise d'une vive affection pour les enfants. Cette maison destinée à faciliter la création était une réussite, avec sa propre production alimentaire, et nous y restâmes près d'une demi-année.

C'est en août 1934 qu'avait eu lieu le premier congrès de l'Union des écrivains et Boris avait quitté seul Odoïévo afin de s'y rendre. Deux semaines plus tard, il en était revenu d'excellente humeur. Il avait eu un immense succès au congrès et avait été nommé membre du présidium. Seul Sourkov* l'avait critiqué. Tout en fournissant de multiples exemples de son talent, il l'avait rabaissé en disant qu'il était incompréhensible pour les masses et qu'il n'écrivait rien pour le peuple. Boris avait fait un discours.

Puis, en 1936*, eut lieu à Minsk, au cœur de l'hiver, une réunion plénière des écrivains. Boris ne voulait pas y aller sans moi et me fit accepter avec la plus grande difficulté dans le groupe, car les épouses n'étaient pas prévues (deux femmes seulement, en plus de moi, assistèrent à la réunion : la femme de Selvinski et Nina Tabidzé). On nous traita, pour l'époque, de manière royale ; Boris s'indignait de voir dépenser de telles sommes pour des écrivains qui, selon lui, ne méritaient pas de tels égards de la part du gouvernement.

Les écrivains, au cours de la réunion plénière, se divisèrent en groupes. Nous eûmes, Boris et moi, la grande joie de retrouver nos amis géorgiens : Paolo Yachvili, Titien Tabidzé (et sa femme), Léonidzé, Tchikovani. Nous étions tout le temps ensemble et restions assis jusqu'à minuit à lire des vers. Ce qui me frappa le plus fut que chacun des intervenants, lorsqu'il commençait à parler de littérature, sortait petit à petit du sujet et glissait vers Pasternak. La plupart disaient que Pasternak était le plus grand poète de son époque. Lorsque Boris monta sur l'estrade, toute la salle se leva et l'applaudit longuement, en l'empêchant de parler*. Mais il avait aussi des ennemis dans la salle, par exemple l'écrivain hongrois Hidas, qui affirmait que, loin d'être le premier poète de son époque, Pasternak était un poète ordinaire. Il y eut aussi Eideman*, un écrivain letton, qui déclara : « Pasternak est effectivement un grand maître, mais il tire un seul wagon alors qu'il pourrait conduire tout un convoi. »

Comme toujours, le discours de Boris fut passionné, et parfois risqué. Dans le train qui nous ramenait à Moscou, il s'emporta contre les banquets, contre tout l'argent dépensé pour nous nourrir, uniquement pour résoudre la question du rang qu'il occupait dans la littérature. Il me dit ne jamais s'en être préoccupé. Un véritable artiste ne devait d'ailleurs pas avoir conscience de son rang, en sorte qu'il ne comprenait pas les discours des camarades.

Peu après notre retour à Moscou, il y eut une réunion à l'Union des écrivains à laquelle j'assistai. Boris prit à nouveau des risques dans son intervention. Il déclara entre autres choses qu'il était temps de mettre fin aux banquets, que tout n'était pas aussi gai qu'il pouvait le sembler et que l'État n'était pas dans une situation telle qu'il pût dépenser pour des écrivains autant d'argent.

[L'INSTALLATION À PÉRÉDIELKINO
ET RUELLE LAVROUCHINE]

L'année 1936 venait de commencer. On proposa aux écrivains des datchas en construction à Pérédielkino et, parallèlement, des appartements coopératifs dans la ruelle Lavrouchine. Nous avions peu d'argent, car les traductions des poètes géorgiens rapportaient peu et le travail proprement dit avait été interrompu, sur ordre des médecins, depuis le retour de Paris. Mais nous avions quand même des économies et pûmes payer notre part pour la maison de la ruelle Lavrouchine. Pérédielkino, de son côté, ne coûtait rien puisque c'était l'État qui construisait les datchas.

La nôtre se trouvait en face de celle de Pilniak ; de l'autre côté il y avait la maison de Tréniov. Les datchas étaient construites avec munificence : cinq ou six pièces principales, et toutes dans une forêt de pins. Mais notre secteur ne me plaisait pas. Il était humide et sombre à cause des arbres et on ne pouvait même pas y planter de fleurs. Nous trouvions également la maison trop grande, avec ses vérandas et ses halls en plus des six pièces, en sorte que lorsque l'écrivain Malychkine* mourut, en 1939, nous réussîmes avec l'aide de Pogodine, alors à la tête du Fonds littéraire, à emménager dans une petite datcha merveilleuse comportant un jardin superbe, ensoleillé et dégagé.

La construction de la Maison des écrivains, ruelle Lavrouchine, avait commencé sur ces entrefaites. Une coopérative avait été constituée, pour laquelle il fallait payer une certaine somme. Si nous voulions un appartement de cinq pièces, nous devions verser entre 15 000 et 20 000 roubles, alors que nos économies se montaient à 8 000, ce qui ne suffisait que pour un 2 pièces. Je commençai par échanger avec Fiédine notre 5 pièces contre un 3 pièces, que nous dûmes finalement échanger lui aussi contre un 2 pièces. Le conférencier Garkavi vint me trouver et m'apprit que l'on construisait au huitième* un 2 pièces en duplex pour célibataires, avec en haut de l'escalier intérieur un bureau et une salle de bains et en bas une chambre à coucher avec une cuisine. Garkavi me proposa un échange. Boria, de son côté, me conseillait de renoncer complètement à l'appartement en ville dans la mesure où l'on pouvait, selon lui, se contenter de la maison de campagne. Mais je devais prendre soin des deux garçons de Neuhaus, qui grandissaient, et je voulais aménager ce coin pour eux, afin qu'ils pussent aller à l'école à Moscou. J'allai aussitôt inspecter l'appartement en compagnie de Garkavi et compris que l'on pouvait se passer de la rampe du duplex et communiquer par l'extérieur (par la cage de l'escalier) après avoir condamné l'ouverture du plafond intérieur. La suppression, à chaque niveau, de l'entrée et de la rampe permettait de grignoter deux petites chambres, en sorte que cela nous fit un petit 4 pièces très pratique. L'écrivain était coupé du bruit des enfants et du piano de Stassik; les garçons héritaient du niveau supérieur, et nous de celui du bas.

Mettre tout cela au point ne fut pas aisé car il nous fallait l'autorisation de l'ingénieur en chef et l'accord de la mairie de Moscou, mais Garkavi avait des relations. Nous fîmes avec lui toutes les démarches nécessaires et parvînmes finalement, mais non sans mal, à nos fins.

Si je décris cet événement de peu d'importance, c'est parce que jusqu'à maintenant tout le monde s'étonne de cet appartement aménagé sur deux étages. Ce fut surtout le cas en 1937 et en 1938, lorsque les arrestations commencèrent et que certains se mirent à demander si ce n'était pas dans un but *conspirateur* que nous avions un tel appartement. La maison passa d'ailleurs ensuite sous la juridiction du comité d'immeubles, si bien que tous les actionnaires de la coopérative furent remboursés et que nous comprîmes que nous avions eu bien tort de renoncer à un grand appartement.

[ÉCRIVAINS — PASTERNAK ET STALINE — L'ANNÉE 37]

Pendant toute la construction des datchas et de la Maison des écrivains, nous continuâmes à habiter à la Volkhonka. Anna Akhmatova, Nikolaï Tikhonov, Irakli Andronikov* et son frère Eleuthère nous y rendaient fréquemment visite, parfois même restaient pour la nuit. Les arrestations avaient commencé. Akhmatova arriva un jour chez nous toute décomposée et nous raconta que son mari Pounine venait d'être arrêté à Léningrad*. Elle disait qu'il n'était coupable de rien, qu'il n'avait jamais fait de politique et son étonnement devant ces arrestations était sans limites. Boria était très affecté. Pilniak vint déjeuner chez nous ce jour-là et s'efforça de persuader Boria d'écrire une lettre à Staline*. Il y eut une grande discussion mais Pilniak n'en démordait pas : une lettre de Pasternak aurait bien plus d'effet qu'une lettre venant de lui (on avait d'abord envisagé une lettre collective). Boria, qui ne demandait jamais rien pour lui, n'avait jamais écrit de lettre de ce genre. Cependant, voyant la détresse d'Akhmatova, il décida d'aider la poétesse, dont il estimait grandement le talent. Cette nuit-là, Akhmatova eut des problèmes cardiaques. Nous prîmes soin d'elle, lui donnâmes notre lit et, au matin, Boria porta lui-même la lettre, qu'il mit dans la boîte aux lettres du Kremlin, près de la guérite d'entrée, aux environs de quatre heures de l'après-midi. Nous nous couchâmes plus calmes et, le lendemain matin, reçûmes un coup de fil de Léningrad : Pounine avait déjà été libéré et se trouvait chez lui. Boria dormait encore. Tout heureuse, j'entrai en trombe dans la chambre d'Akhmatova pour me réjouir avec elle de la bonne nouvelle. Sa réaction me fit une profonde impression : « Très bien », me dit-elle, après quoi elle se retourna sur l'autre flanc et se rendormit. Ne sachant que faire de mon trop-plein de bonheur, je réveillai Boria. Il fut très heureux de la nouvelle, mais non moins étonné que sa lettre ait pu avoir un tel effet. Je ne pus m'empêcher de lui dire combien j'avais été frappée par l'indifférence d'Anna Andrieïevna. « Est-il possible, lui demandai-je, que tous les poètes accueillent les événements avec une telle froideur ? – L'important, me répondit-il, est-il vraiment qu'elle ait ainsi pris les choses, ou que la lettre ait eu de l'effet et que Pounine soit en liberté ? » Nous l'attendîmes longtemps pour le petit déjeuner, mais elle ne venait pas. Craignant qu'elle ne se sentît mal, j'allai sur la pointe des pieds écouter à sa porte : elle dormait. Lorsque enfin elle émergea pour le déjeuner, elle nous dit qu'elle repartirait le lendemain pour Léningrad. Nous l'exhortâmes tous deux à ne pas attendre, et elle finit par accepter. Lui ayant trouvé un billet, nous l'accompagnâmes jusqu'à la gare. De nombreuses années après, je lui fis part de ma perplexité concernant sa froideur d'alors. Elle me répondit que la création littéraire absorbait l'essentiel de son tempérament, de ses soucis et de ses pensées, et qu'il restait peu de chose pour la « vie ».

Nous recevions parfois la visite d'Ossip Mandelstam. Boria reconnaissait l'élévation de son talent poétique mais, en ce qui me concernait, il ne me plaisait pas. Il se conduisait comme un jeune coq, agressait Boria, critiquait ses vers et ne cessait de réciter les siens. Il venait peu chez nous. Je ne pouvais supporter son ton lorsqu'il s'adressait à Boria : on aurait dit un professeur avec un élève. Il était arrogant, lâchait parfois des insolences. Leurs divergences étaient non seulement de nature politique mais aussi poétique. Boria convint finalement avec moi que la conduite de Mandelstam était déplaisante*, mais ne cessa jamais de rendre hommage à son talent.

Un soir où une nombreuse compagnie était assemblée chez nous, Mandelstam nous rendit visite. Il y avait là des Géorgiens, ainsi que Nikolaï Tikhonov ; ils avaient abondamment récité de mémoire des vers de Boria et presque tous les invités demandaient maintenant au maître de maison de le faire lui-même. Mais Mandelstam leur coupa la parole et se mit à réciter à la file des vers à lui. J'eus alors l'impression, dont je fis ensuite part à Boria, que Mandelstam connaissait mal son œuvre. Il ressemblait à une jolie fille trop gâtée : vaniteux et jaloux des succès des autres. Nous ne devînmes pas amis et ses visites se raréfièrent. Quelque temps après, nous entendîmes dire que Mandelstam avait été arrêté*. Boria se précipita incontinent chez Boukharine*, alors rédacteur en chef des *Izviestia*, et lui déclara avec indignation qu'il ne comprenait pas que l'on pût tenir rigueur à un aussi grand poète de quelques vers stupides* et le mettre de ce fait en prison. Le printemps était là et nous nous apprêtions à nous installer dans notre nouvelle datcha, mais résidions encore rue Volkhonka. Dans l'appartement que les parents de Boria lui avaient laissé, ainsi qu'à son frère, nous n'avions que deux pièces, les trois autres étant occupées par des étrangers. Le téléphone se trouvait dans le couloir commun. J'étais alitée pour cause de pneumonie. Soudain la voisine entra en coup de vent et nous annonça que « le Kremlin demandait Boris Léonidovitch ». Je fus étonnée de voir à Boria un visage aussi calme : il ne semblait absolument pas ému. Je me sentis en feu lorsque je l'entendis dire : « Bonjour, Yossif Vissarionovitch. » N'entendant que les réponses de Boria, j'étais frappée de l'entendre converser avec Staline comme il l'aurait fait avec moi*. Dès les premiers mots de leur entretien, j'avais compris qu'il était question de Mandelstam. Boria disait qu'il était étonné de son arrestation et que, bien qu'ils ne fussent pas amis, il reconnaissait en lui toutes les qualités d'un poète de premier plan et lui avait toujours rendu justice. Il priait Staline d'adoucir son sort dans la mesure du possible et, si cela se pouvait, de le faire relâcher. D'autre part et d'une manière générale, il aurait aimé le rencontrer – lui, Staline – afin de discuter avec lui de choses plus importantes, telles que la vie et la mort. Boria parlait avec Staline en toute simplicité, sans prendre de précautions particulières et sans aborder le terrain politique, de manière très directe.

Revenant dans ma chambre, il me raconta les détails de la conversation. Le fin mot de l'affaire était que Staline avait voulu contrôler l'affirmation de Boukharine selon lequel Pasternak avait été bouleversé par l'arrestation de Mandelstam. Boria conservait un calme parfait, alors qu'un tel appel téléphonique aurait tourné la tête à n'importe qui. La seule chose qui l'inquiétait était que les voisins aient pu entendre ses propos. Il téléphona au secrétaire particulier de Staline pour lui demander s'il devait tenir secret cet entretien, en précisant bien que l'appareil se trouvait dans le couloir d'un appartement collectif, où l'on entendait tout. Poskriobychev lui répondit que c'était son affaire. Je demandai à Boria ce que Staline avait répondu à sa proposition d'avoir avec lui un entretien sur la vie et la mort. Il me dit que Staline ne demandait pas mieux mais qu'il ne voyait pas concrètement comment. Boria lui avait alors proposé de le convoquer au Kremlin. Mais la convocation n'eut jamais lieu.

Quelques heures plus tard, tout Moscou savait que Pasternak avait parlé à Staline. A l'Union des écrivains, bouleversement complet. Avant cela, lorsque nous arrivions au restaurant pour déjeuner, personne ne nous ouvrait particulièrement la porte, ni ne nous mettait nos manteaux quand nous repartions : nous le faisions nous-mêmes. Mais lorsque nous fîmes notre apparition après le fameux entretien, le portier nous ouvrit la porte à deux battants et se précipita pour nous prendre nos manteaux. Dans la salle, on se mit à nous servir avec une attention particulière et à se répandre en amabilités, au point que, lorsque Boria invitait à notre table des écrivains nécessiteux, la maison les prenait à sa charge. Ce changement d'attitude à notre égard de l'Union des écrivains, simplement parce que Staline nous avait téléphoné, nous fit une très profonde impression.

Mandelstam sortit aussitôt de prison* et fut envoyé à Voronièje, où il était libre de ses mouvements, pouvait travailler pour lui et faire des traductions. Il aurait ainsi continué à vivre et à travailler, n'eût été sa conduite provocatrice. Je ne me rappelle plus combien de temps il resta à Voronièje, mais des bruits nous apprirent plus tard qu'il avait été arrêté une deuxième fois pour quelque nouvelle incartade et déporté à la Kolyma*, où il mourut de la dysenterie. Des bruits coururent plus tard, selon lesquels Boria était responsable de la mort de Mandelstam parce qu'il n'avait pas pris sa défense devant Staline. C'était monstrueux : j'avais moi-même été témoin de son entretien avec Staline et l'avais entendu de mes propres oreilles intercéder pour lui et dire qu'il se portait garant de lui.

Le 24 octobre 1936*, nous étions réunis à la datcha pour célébrer la sainte Zinaïde. Les invités étaient nombreux : les Asmus, des Géorgiens, les Selvinski étaient venus de Moscou. Boria voulait inviter Pilniak mais j'avais des préventions à son égard car son orientation littéraire me paraissait étrange. Tantôt il venait chez nous et admonestait Boria, coupable de ne rien écrire pour le peuple, tantôt il se mettait soudain à dire que Boria avait raison de se renfermer en lui-même car ce n'était pas une époque pour écrire. Fiédine était son grand ami, nous nous rencontrions souvent ensemble, mais j'exigeai ce jour-là que Pilniak ne fût pas des nôtres : après tout, c'était mon anniversaire et l'on devait me ménager! Mais comme Boria objectait de son côté que Pilniak verrait par la fenêtre que nous étions tous réunis et se vexerait, nous allâmes dans la soirée du lendemain chez les Pilniak afin de nous faire pardonner. Pilniak s'était alors remarié avec Kira Andronikachvili*, la sœur de Nata Vatchnadzé*. Ils avaient un petit Boria* de trois ans tout noir, surnommé pour cette raison Scarabée. Nous étions chez eux lorsque arriva soudain une voiture d'où sortit un militaire que Pilniak connaissait visiblement bien puisqu'il l'appelait familièrement Sérioja. Celui-ci déclara qu'il devait conduire Pilniak en ville pour une affaire qui prendrait deux heures. Nous nous levâmes et partîmes.

Au petit matin Kira Guéorguïevna accourut chez nous et nous apprit que Pilniak avait été arrêté pendant la nuit et qu'on avait perquisitionné chez eux. Elle était persuadée qu'on l'embarquerait bientôt aussi (on arrêtait alors toujours les épouses) et voulait remettre à sa propre mère le petit Boria. Elle n'arrivait pas à comprendre pourquoi ce « Sérioja », avec lequel Pilniak était à tu et à toi, n'avait pas présenté de mandat d'amener et l'avait emmené en catimini. Je vis moi-même plus tard dans la matinée que l'on perquisitionnait aussi dans leur garage et que l'on confisquait des objets.

Tout cela était horrible et je m'attendais à chaque instant à ce que l'on vînt également cueillir Boria. Il en était de même des Selvinski et des Pogodine, qui habitaient juste en face de chez nous. L'année 1937 était là. Des nouvelles effroyables étaient arrivées de Géorgie : Paolo Yachvili, que nous aimions tous les deux beaucoup, s'était tiré une balle*, et peu de temps après on avait arrêté Titien Tabidzé. L'atmosphère, chez nous, devint indescriptible. Lorsque nous eûmes vent des raisons de l'arrestation de Yachvili, ainsi que de l'arrestation de Tabidzé, Boria se mit à crier, avec une grande indignation, qu'il était aussi sûr de leur pureté morale que de la sienne propre et que ce n'étaient que des mensonges. Mais dès ce jour il commença à aider matériellement Nina Tabidzé et à l'inviter chez nous. Il n'éprouvait pas de peur et, là où d'autres hésitaient à tendre la main à la femme d'un homme arrêté, il lui écrivait des lettres pleines de compassion où il se disait révolté par les arrestations à répétition.

A Pérédielkino, vingt-cinq écrivains furent arrêtés. Nous étions très proches d'Afinoguénov, pour qui Boria nourrissait une réelle affection. Il avait été exclu du Parti et les siens s'attendaient à chaque instant à le voir arrêter*. Tous craignaient d'aller chez eux. La tête fièrement levée, Boria persistait à les fréquenter en ma compagnie. Sa fermeté, son courage continuaient à faire mon admiration. Il disait alors que le climat était tel qu'on ne pouvait pas savoir sur la tête de qui la prochaine pierre allait tomber, en sorte qu'il n'avait pas une once de peur, allait écrire une prose d'un type inouï et serait heureux de partager le sort général. Rencontrant d'autres écrivains, il n'hésitait pas à montrer son indignation face aux arrestations massives et moi, je me réveillais la nuit avec des sueurs froides en pensant que notre tour allait venir.

Cette même année, je tombai enceinte. J'avais une très grande envie d'avoir un enfant de Boria et il fallait une grande force de volonté, en ces jours terribles, pour conserver sa santé et mener à terme une grossesse. Mais toutes ces horreurs ne suffisaient probablement pas. Un jour, une voiture s'arrêta à notre porte. Un homme en sortit. Il collectait les signatures des écrivains censés approuver la condamnation à mort de « chefs militaires criminels* » tels que Toukhatchevski, Yakir ou encore Eideman. Ce fut la première fois que je vis Boria fou de rage. Il se jeta littéralement sur le collecteur de signatures, qui n'y était pourtant pour rien, tout en criant : « Pour signer, il faudrait connaître ces personnes et savoir ce qu'elles ont fait. Mais moi, je ne sais rien d'elles. Ce n'est pas moi qui leur ai donné la vie et je n'ai pas le droit de la leur enlever. C'est l'État qui doit disposer de la vie des gens, pas les particuliers. Ce ne sont pas des places de théâtre gratuites que l'on contresigne, camarade, il n'est pas question que je le fasse ! » J'étais épouvantée ; je le suppliais de signer pour sauver notre enfant. Ce à quoi il me répondit : « Un enfant qui ne naîtrait pas de moi mais d'un homme avec des opinions différentes ne m'intéresserait pas : il vaudrait mieux qu'il disparaisse. »

Sa cruauté me surprit alors mais, comme toujours en pareil cas, je fus bien obligée de m'incliner. Il ressortit et dit à l'homme : « Le même sort peut bien me menacer, je suis prêt à périr avec les autres. » Et sur ces paroles il le flanqua à bas de l'escalier. Le bruit de l'incident se répandit et Boria fut convoqué par Stavski*, alors président de l'Union des écrivains. J'ignore ce qu'il lui dit, mais Boria revint de là apaisé et me dit qu'il pouvait garder la tête haute et qu'un poids énorme lui était tombé des épaules. Pavlenko vint plusieurs fois le trouver dans la journée afin de le faire changer d'avis, le traitant de « petit Jésus », et le priant de se ressaisir et de signer, ce à quoi Boria répondit que donner sa signature aurait signifié renoncer à sa propre vie : il préférait encore mourir de la main d'autrui. Pour ma part, j'en avais tout simplement assez de faire ses valises, sachant comment tout cela devait se terminer. Je ne pus fermer l'œil de la nuit, alors que Boria dormait comme un bébé. Son visage était si paisible que je compris quelle était l'élévation de sa conscience et me sentis honteuse d'avoir osé implorer sa signature à un aussi grand homme. Je tombai de nouveau sous l'empire de sa grandeur d'âme et de son courage.

La nuit se passa sans incident. Au matin, en dépliant le journal, nous vîmes sa signature parmi celles de ses collègues de plume ! Son indignation fut sans bornes. Il s'habilla aussitôt et se rendit à l'Union des écrivains. Prévoyant un grand scandale, je ne voulais pas le laisser partir seul, mais il me persuada de rester. D'après lui, le pire était passé et il espérait revenir bientôt à la datcha. À son retour à Pérédielkino, il me raconta le contenu de sa conversation avec Stavski : il lui avait déclaré qu'il s'attendait à tout, mais qu'on ne lui avait encore jamais joué un tel tour de cochon et qu'on l'avait moralement assassiné en ajoutant sa signature à celle des autres. La vérité, c'est que cela lui avait sauvé la vie. Stavski l'avait assuré que c'était une erreur de la rédaction et Boria avait exigé un démenti qui ne fut naturellement pas publié. Il y eut de ce jour comme une coupure entre nous et le milieu littéraire. Nos visiteurs se firent rares et nous ne restâmes amis qu'avec les Afinoguénov, en disgrâce comme Boria.

[L'ACCIDENT D'ADIK — NAISSANCE DE LIONIA]

Toutes ces émotions me faisant craindre pour mon enfant à naître, nous nous réinstallâmes en ville. La santé d'Adik nous causait en outre du chagrin. Il avait toujours aimé accomplir des sortes d'exploits sportifs devant les autres gamins. Un jour où il avait neuf ans, il avait grimpé à skis sur le toit de notre garage et s'était mis à sauter de cette hauteur. Un saut maladroit et il était retombé sur un des pieux de la clôture. Aux cris affreux qu'il poussait, j'accourus et l'assis aussitôt, sans le déshabiller, dans une cuvette pleine de glace. Petit à petit il se calma. Lorsque les douleurs les plus vives furent passées, je le déshabillai. Le lieu de la blessure était tout noir. Je fis venir le docteur Popov, directeur du sanatorium pour enfants, qui lui prescrivit le repos le plus total et me prévint que ce genre de contusions se terminait souvent par une tuberculose de la colonne vertébrale. Sachant qu'Adik ne tenait pas en place, il me conseilla de l'enfermer à clef et de l'attacher à son lit.

N'ayant pas confiance en Popov, je conduisis Adik à

l'hôpital du Kremlin, auquel nous étions rattachés. Là on m'affirma qu'aucun organe vital n'était touché et que je n'avais pas le droit de l'empêcher de faire du sport, puisque cela lui plaisait tellement. Cependant je rêvais la nuit de ce que Popov m'avait dit et j'étais très inquiète.

Au début tout sembla s'arranger pour Adik, à qui l'on permit de retourner à l'école, mais à l'automne 1937, alors qu'il avait douze ans, il se mit à se sentir mal, à pâlir et à dépérir. La situation était délicate, compte tenu de la vivacité ordinaire de son caractère et de son attraction invincible pour toute activité sportive. Stassik et lui avaient des caractères totalement différents. De très bonne heure, Stassik s'était senti de grandes dispositions pour la musique. Nous ne l'avions pas encore mis à l'école ordinaire et il étudiait à l'école musicale Gniessine, où il faisait des merveilles. À dix ans, il donnait déjà des concerts dans le cadre de son école. Il avait Listova* pour professeur, une femme qui avait un contact remarquable avec les enfants.

Le 31 décembre 1937, je sentis que l'heure de ma délivrance approchait. Nous nous étions mis d'accord pour fêter le nouvel an chez les Ivanov, ruelle Lavrouchine. Mais à sept heures du soir Boria me conduisit à la clinique Clara Zetkin. C'était une institution privilégiée où toutes les chambres étaient individuelles, avec un téléphone sur chaque table de nuit. Boria m'appela plusieurs fois et, vers dix heures du soir, je le priai de me ramener à la maison et de me permettre de fêter le nouvel an car, à ce qu'il me semblait, je n'accoucherais pas avant deux ou trois jours. Il me dit que j'avais perdu la raison et m'intima de rester sagement couchée. A peine avais-je raccroché que je sentis qu'il avait raison et ce fut à vingt-quatre heures tapantes, aux sons du carillon de minuit, que mon fils naquit. Cela fit sensation dans la clinique car, en quarante ans d'existence, c'était la première fois que pareil cas se produisait. Juste à minuit, alors que j'étais encore dans la salle de travail, Boria m'avait appelée pour me souhaiter une

316

bonne année : une aide-soignante lui fit alors part de la bonne nouvelle.

Le lendemain, je reçus des Afinoguénov une énorme corbeille de fleurs avec, en supplément, un article découpé dans *Moscou-Soir** où l'on racontait l'étonnant événement.

Je ne raconterais peut-être pas tout cela par le menu si cette circonstance n'avait pas joué par la suite un rôle important. Ce qui se passa fut que Boria se chargea de la déclaration de naissance et qu'il commit une grosse erreur typiquement masculine en inscrivant 1937 comme année de naissance au lieu de 1938, en sorte que le livret de naissance du petit garçon fut établi en le vieillissant d'un an. Il avait été décidé d'avance que, si j'avais une fille, on lui donnerait le nom de Zinaïda et que, si c'était un garçon, on le nommerait Léonide en l'honneur de son grand-père paternel.

Nous continuâmes, après la naissance du petit Lionia, à habiter ruelle Lavrouchine. Les arrestations ne s'étaient pas interrompues et Boria, dans cette affreuse atmosphère, ne pouvait rien écrire. Il avait abandonné la composition d'un grand roman commencé en 1935 et qui en était resté à la page 37. Ses vers anciens n'étaient pas réédités et nous avions tellement de mal à joindre les deux bouts que je m'étais mise à recopier des partitions, ce qui m'épuisait dans la mesure où mon jeune enfant me prenait beaucoup de mes forces. De son côté Boria avait été chargé par Némirovitch-Dantchenko de traduire le *Hamlet* de Shakespeare pour le théâtre d'Art*, qui rompit son contrat de traduction avec Radlova* et prit celle de Pasternak. Celui-ci lut la pièce devant le théâtre, elle plut et on se mit à monter le spectacle. Les répétitions se déroulaient, les costumes étaient prêts et on était à la veille de la première lorsque Livanov, qui jouait le rôle de Hamlet et était passionné par son travail, fut lui-même la cause de son échec. À une réception au Kremlin, il demanda à Staline comment il comprenait le rôle de Hamlet et recommandait de l'interpréter. Staline fronça le sourcil et déclara qu'il valait mieux, d'une façon générale, ne pas représenter cette pièce qui n'avait aucun rapport avec l'actualité. Après ce commentaire de Staline, la pièce fut retirée du répertoire. Mais *Hamlet* fut publié par le Goslitizdat*, puis par le Dietguiz*, et cela nous soutint matériellement. Le responsable de la publication était M. M. Morozov, qui ne cessait par toutes sortes de raisonnements de pousser Boria à traduire d'autres pièces du dramaturge anglais. Notre situation était alors difficile tant matériellement que moralement, et Boria continua à traduire Shakespeare.

Lorsque vint l'été 40, nous envoyâmes Adik et Stassik à Koktibiel, où il y avait un camp de pionniers pour enfants d'écrivains, tandis que nous nous consacrions nous-mêmes avec entrain à planter des légumes dans notre nouveau domaine. Boria éprouvait une véritable ivresse à retourner la terre et à effectuer toutes sortes de travaux dans le potager. Il se déshabillait pour travailler et restait en caleçon, ce qui lui permettait de bronzer au soleil. Puis, avant de manger, il prenait une douche froide, se reposait une heure après le déjeuner et se remettait à ses traductions.

Au bout d'un mois arriva un télégramme nous informant qu'Adik avait contracté une pleurésie purulente et avait été hospitalisé à Théodosie. Je partis dès le lendemain pour la Crimée. L'hôpital était épouvantable. Je fis transférer Adik à Moscou et l'installai dans l'aile « Kremlin » de l'hôpital Botkine. Il y resta un mois et son état s'améliora si bien qu'on put le ramener à la nouvelle datcha. Les médecins avaient recommandé de le retirer de l'école une année entière et, en particulier, de lui faire passer l'hiver à la datcha, où il pourrait se promener, skier et poursuivre sa convalescence à l'air pur. C'est ce que nous fîmes mais, au milieu de l'hiver, Adik voulut retourner à l'école. Après avoir demandé le conseil des médecins, nous lui permîmes de reprendre ses études et nous réinstallâmes en ville.

Il avait mauvaise mine et sa pâleur, jointe à des poussées de fièvre, me causait beaucoup d'inquiétude. Mais les médecins ne trouvaient rien et expliquaient ces phénomènes par l'âge. Un jour, Adik se fit une entorse. Une grosse enflure se forma. Je fis venir en consultation contradictoire les docteurs Krasnobayev et Rolié, qui firent analyser le pus sortant de la fistule formée sur l'enflure. On l'inocula à un cobaye qui en mourut, ce qui laissait supposer qu'il s'agissait d'une tuberculose osseuse.

La jambe continuant à suppurer et la température à s'élever, je priai Boria de partir à la datcha avec le petit Lionia, que j'avais peur de voir contracter la maladie, et restai moi-même à Moscou avec les deux aînés. J'avais été frappée par l'impuissance des deux sommités médicales. Comme la fièvre restait toujours aussi forte, je fis revenir Krasnobayev et Rolié qui demeurèrent perplexes. Ils émirent l'hypothèse qu'il pouvait y avoir une autre cause à l'infection et insistèrent pour que nous lui fassions faire un examen approfondi au sanatorium « La Rose rouge », près de Moscou. Nous dûmes attendre six mois pour pouvoir l'y faire admettre, et encore, avec énormément de mal. Nous étions déjà en 1940. À la fin de l'année, je rejoignis Boria et Lionia à la datcha. Finalement, le 18 juin 1941, on opéra Adik, à qui l'on enleva un os de la cheville dans l'espoir que sa fièvre tomberait, puis on nous empêcha de le voir pendant quatre jours.

[LA GUERRE]

Le 21 juin 1941, dans l'après-midi, Dora Serguieïevna, la femme de Fiédine, entra chez nous et nous apprit, le visage empreint d'épouvante, que la guerre avec l'Allemagne était imminente. Si absurde que cela nous parût, nous nous mîmes sur nos gardes. Je quittai dans la soirée Pérédielkino pour Moscou afin de rendre visite à Adik tôt dans la matinée, après avoir couché à l'appartement. Dès mon arrivée à Moscou, je fis un saut chez les Selvinski pour les mettre au courant de ces bruits de guerre. Selvinski se montra indigné de mes propos et me traita d'idiote. Une guerre avec l'Allemagne était inconcevable à ses yeux puisqu'un traité avait été récemment signé avec ce pays. Le 22 au matin, je partis voir Adik en compagnie de Neuhaus. Après avoir acheté du chocolat, du miel et des fleurs, nous entrâmes dans sa chambre. Il était très pâle. Il me dit qu'il avait donné des coups de tête contre le mur pendant trois jours de suite tellement il avait mal, mais que maintenant cela allait mieux. Il me pria de ne pas m'inquiéter car il lui semblait que le danger était passé. Après être restés environ deux heures avec lui, nous nous apprêtions à partir lorsqu'une infirmière entra en trombe et nous fit part d'une terrible nouvelle : Molotov parlait à la radio. La guerre était déclarée.

Dès que j'entendis parler de guerre, je compris que cette nouvelle signifiait une catastrophe pour Adik et qu'il ne vivrait pas. Nous restâmes encore une heure avec lui et repartîmes pour Moscou, où je devais acheter de la nourriture pour Boria et Lionia. La ville s'était aussitôt métamorphosée : les magasins étaient vides et de longues files s'étaient formées devant les boulangeries. Tout le reste avait disparu et je repartis les mains vides. J'arrivai à Pérédielkino complètement abattue et démoralisée. Sur le chemin de la maison, je croisai Selvinski, une valise à la main, en partance pour Moscou. En arrivant à ma hauteur, Selvinski me dit : « Quelle horreur ! – J'aimerais savoir qui est l'idiot », lui répliquai-je. Boria était déjà au courant. Il essaya de me consoler en me disant que nous avions notre potager et nos fraisiers : peu nous importait que les magasins fussent vides, nous ne mourrions pas de faim. Il se disait certain que la guerre ne durerait pas longtemps et que nous gagnerions rapidement.

Un fracas énorme nous réveilla au milieu de la nuit :

toute la datcha tremblait comme pendant un bombardement. Nous réveillâmes notre petit Lionia, qui avait déjà trois ans, le prîmes dans nos bras et sortîmes sur le balcon. Le ciel entier était en feu. Nous courûmes jusqu'à la partie boisée du lotissement et nous assîmes sous un pin. Stassik nous rejoignit, après de multiples supplications de notre part. J'avais recouvert Lionia de mon manteau, comme si cela pouvait le préserver des obus. Nous apprîmes au matin qu'il s'agissait d'un exercice de défense aérienne, mais aujourd'hui encore je n'y crois pas car des éclats d'obus jonchaient le sol de notre cour. Le couvre-feu fut aussitôt décrété et une équipe formée à Pérédielkino pour contrôler le camouflage de la lumière. On peignit les ampoules en bleu et on accrocha aux fenêtres des tapis et des rideaux. Boria quitta son bureau et nous rejoignit en bas. Tous les habitants reçurent l'ordre de creuser des tranchées dans leurs parcelles. Nous décidâmes avec Fiédine d'en creuser une en commun, ce que nous fîmes assez rapidement. La gare transmettait les alertes en frappant contre un rail, mais on l'entendait mal et nous organisâmes avec Boria des tours de garde. C'était d'abord lui qui dormait et je le réveillais à trois heures pour me coucher à mon tour tandis qu'il prenait ma place. Ces précautions n'étaient pas vaines car il y avait chaque nuit des alertes. Nous emmitouflions Lionia dans une couverture, réveillions Stassik et nous rendions chez les Fiédine. Si nous étions longs à nous montrer, c'étaient eux qui venaient chez nous. Il n'y avait pas pour le moment de raids aériens et nous n'utilisions pas l'abri. Fiédine et Boria commentaient la situation et s'étonnaient de la rapide progression des Allemands. Ils avançaient en effet à un rythme catastrophique et étaient déjà arrivés début juillet à 250 kilomètres de Moscou.

Le Fonds littéraire créa une commission pour organiser l'évacuation des enfants des écrivains. Boria insista longuement pour me faire comprendre combien il était nécessaire de laisser partir Stassik et Lionia tandis que j'avais le cœur brisé pour Adik, mon troisième fils, hospitalisé dans un état désespéré après l'intervention qu'il avait subie. Mais Boria me donna sa parole qu'il lui rendrait fréquemment visite et lui décrirait les larmes amères que j'avais versées parce que je ne voulais pas partir sans lui. Il souligna que, pour le petit Lionia, les émotions nocturnes liées aux alertes étaient nocives et qu'il fallait sauver les enfants en bonne santé. Seules étaient autorisées à partir avec les enfants les mères dont les petits n'avaient pas plus de deux ans et demi. L'acte de naissance de Lionia laissait croire qu'il était plus vieux. Je réussis à grand-peine à persuader le gérant de nous donner un papier attestant que l'âge de Lionia avait été indiqué de manière fautive. Je me rendis au Fonds littéraire et déclarai qu'ils ne regretteraient pas de m'emmener et que, si je retroussais mes manches, j'étais capable d'accomplir n'importe quelle tâche nécessaire pendant l'évacuation. Les Allemands approchaient et nous devions prendre d'urgence un train spécial nous conduisant à Kazan. Quitter Boria fut difficile et douloureux. Il nous accompagna à la gare. Son air énergique nous redonnait du courage et il nous promettait de nous rejoindre ensuite*. Mon cœur était sur le point d'éclater. J'étais extrêmement inquiète pour Boria et Adik, avec ces raids de plus en plus fréquents : rester à Moscou devenait dangereux. Je me sentais criminelle vis-à-vis d'Adik mais on me pressait de partir, en ajoutant pour me rassurer que son sanatorium serait évacué le moment venu. Le plus pénible peut-être fut la séparation de Boria d'avec Lionia, que son père adorait. Serrant une dernière fois son fils sur sa poitrine, il lui dit, comme si Lionia pouvait comprendre : « Quelque chose de très effrayant s'approche de nous ; si tu me perds, tâche de ressembler à ton père et à ta mère. »

[L'EXODE : BERSOUT, TCHISTOPOL]

Nous n'avions pas été autorisés à emporter grand-chose, mais j'avais pris les bottes en feutre et le manteau fourré de Lionia, dans lequel j'avais enveloppé les lettres de Boria et le manuscrit de la seconde partie de *Sauf-Conduit* : j'y tenais beaucoup et je craignais qu'ils ne disparussent pendant la guerre. C'est grâce à ces circonstances que les lettres et le manuscrit ont survécu. Je voyageais dans le même compartiment que Natacha Tréniova, qui accompagnait le petit Andrioucha Pavlenko. Stassik avait été mis dans un autre wagon, avec des enfants plus âgés. On évacuait en tout deux cents enfants. On s'aperçut immédiatement que les bambins avaient besoin de soins constants et que les bonnes volontés étaient en nombre insuffisant. Retroussant mes manches, j'entrepris de faire tout ce qui était en mon pouvoir. On n'arrêtait pas de les laver, de les nourrir. Malgré la disette qui régnait à Moscou, on avait emporté assez de nourriture pour eux.

Le chef de convoi était Yevguiènia Davydovna Kossatchevskaya ; la directrice du centre pour enfants s'appelait Fanny Petrovna Kogan. Elles apprécièrent aussitôt mon travail et surtout le fait que j'accordais plus d'importance aux enfants des autres qu'aux miens. Dès la fin du voyage, qui dura trois jours, F. P. me dit qu'elle avait justement besoin d'une personne dure au travail comme moi et qu'elle m'obtiendrait au centre une place d'infirmière-économe. Je lui répondis que des qualités telles que l'honnêteté, la correction et l'altruisme ne méritaient pas de compliments mais devaient plutôt être le lot de tous. Elle me dit que, si étonnant que cela fût, sur les quarante-huit mères qui faisaient le voyage, j'étais la seule de ce type.

Mon zèle s'expliquait pour les trois quarts par le sort amer qui m'avait été réservé, avec Boria et Adik que j'avais dû quitter. Le travail me fournissait une consolation. En plus des soins que je donnais aux enfants, il me fallut aussi montrer l'exemple aux autres mères. J'essayai de les persuader de trimer jusqu'à s'effondrer d'épuisement, en leur expliquant que c'était notre seule façon de nous en sortir. Et petit à petit, suivant mon exemple, d'autres mères se mirent à trimer dur.

Nous arrivâmes à Kazan tard dans la soirée. On devait nous réexpédier de là à Bersout, sur la Kama. C'était une sorte de lieu de villégiature où il avait été décidé que nous passerions l'été afin que les enfants pussent profiter du bon air pur. Le soir venu, on nous fit embarquer dans une péniche qui prenait l'eau, en sorte que nous devions écoper à tour de rôle. Au cours de l'embarquement, un bateau-infirmerie accosta à l'embarcadère et j'eus soudain le sentiment qu'Adik devait se trouver à bord. Je courus vers un homme à apparence militaire qui portait un bandeau de la Croix-Rouge afin de l'interroger sur l'identité des malades. Sans répondre à ma question, il se mit à m'accabler de reproches : c'était un secret, on ne demandait pas en temps de guerre ce genre de détails ! Je restai ahurie devant sa brutalité et lui expliquai que ce n'était pas pure curiosité de ma part mais que mon fils aîné était hospitalisé dans un sanatorium des environs de Moscou, que j'avais dû l'abandonner et que j'en souffrais beaucoup. Il se radoucit alors et me dit que ses malades ne venaient pas du même hôpital ; il ne pouvait pas me dire duquel car il n'avait pas le droit de répondre aux questions. Mais mes nerfs demeuraient tendus et je ne pouvais m'endormir, ce qui était d'ailleurs fort à propos puisqu'il fallait veiller à ce que l'eau ne recouvrît pas les enfants. Et comme toujours lorsque les choses allaient mal, je me mis à prier pour que nous arrivions à bon port.

Nous atteignîmes Bersout dans la matinée. On nous donna deux maisons, l'une pour les plus jeunes enfants et l'autre pour les aînés, et on entama la répartition des corvées entre les mères. Ce qui m'attirait le plus était de faire la bonne : balayer les chambres, laver les pots de chambre, allumer les poêles, mais F. P. déclara que ce n'était pas un travail pour moi et qu'elle me confiait le plus haut poste de responsabilité, celui de mère nourricière, tâche qui n'avait rien de simple en ces temps de sévère disette.

Je me plongeai tout entière dans le travail. Les choses n'allaient pas toutes seules, la plupart des mères faisant preuve d'une grande irresponsabilité. Lorsque nous nous réunissions, je m'efforçais de les convaincre qu'elles prenaient trop de bon temps : elles abandonnaient les enfants et partaient se promener, tandis que d'autres, à l'opposé, passaient stupidement leur temps à répandre des larmes. Les réunions se déroulaient sous la direction de Kossatchevskaya et d'Olga Tchertkova, deux militantes du Parti. Elles commençaient toujours leurs discours en disant que le groupe faisait preuve d'un « esprit pessimiste »*. Il m'arrivait souvent de les contredire et je ne pouvais comprendre pourquoi elles trouvaient nécessaire de faire assaut de zèle en lançant dans leurs interventions des phrases aussi pompeuses sur la patrie et le patriotisme. On voyait au visage des mères que leurs discours tombaient dans le vide et étaient totalement déplacés, que les temps étaient durs, que chacun avait son drame propre et qu'il fallait agir avec davantage d'humanité. Elles me regardaient de travers en supposant que j'allais corrompre le groupe, mais quelques efforts qu'elles fissent pour me compromettre, cela ne donna rien car on ne pouvait absolument rien me reprocher dans mon travail. (Celui-ci finira même par leur inspirer un tel respect qu'elles me proposeront, à la fin de l'exode, d'entrer au Parti ! Je leur répondrai alors qu'il faut pour cela avoir une éducation politique et que je ne me sens pas assez ferrée dans ce domaine.)

Nous restâmes trois mois à Bersout. Sans aucune nouvelle de Moscou au début, j'étais très inquiète, puis des lettres de Boria se mirent à arriver, qu'il me faisait parvenir à l'occasion de déplacements d'écrivains. Il m'écrivait qu'il suivait un entraînement militaire et prenait des tours de garde sur le toit de notre immeuble de la ruelle Lavrouchine. Il habitait à la datcha avec Maroussia, la bonne de Lionia, ne mourait pas de faim grâce au jardin et me priait de ne pas m'inquiéter pour lui. Il me disait aussi de ne pas me faire de souci pour Adik car son sanatorium allait être évacué sur Plioss. Adik ne m'en voulait pas, comprenait et approuvait ma décision et allait m'envoyer des tas de lettres.

Notre destination finale était Tchistopol, où l'on nous avait préparé deux maisons équipées pour l'hiver : cela venait à point car les datchas où l'on nous avait d'abord installés, à Bersout, étaient prévues pour l'été et nous commencions à avoir froid.

Nous arrivâmes donc fin septembre à Tchistopol, où je pris officiellement mes fonctions d'infirmière-économe. Tout mon cœur, toute mon attention étaient consacrés aux enfants. Une infirmière-économe n'a pas à s'occuper de basses tâches matérielles mais je tenais, à mes moments perdus, à allumer le feu, rincer les pots des enfants, etc. Je le faisais avec plaisir mais je ne comprenais rien à la comptabilité et j'entamai mes fonctions sur un superbe malentendu. Notre installation faite, le gardien vint faire avec nous l'inventaire et m'apporta deux listes, l'une pour les grands, l'autre pour les petits. On fit le décompte du tout et je signai par inexpérience sur les deux papiers, ce qui multipliait nos biens par deux. Le gardien fut bientôt mobilisé, disparut, fut tué au front et plus personne ne pouvait confirmer que le doublement de l'inventaire avait été le résultat d'une erreur. (Je mentionne cette histoire à titre d'anecdote et seulement parce que après l'exode, lorsque je recevrai à Moscou la médaille de la « Vaillance dans le travail », elle fera bien rire tout le monde. Khmara, directeur du Fonds littéraire, me dira alors qu'il aurait pu me faire passer en justice pour cela, mais qu'il me pardonnait à cause de l'honnêteté que j'avais déployée ensuite ! Ce à quoi je lui répondrai que je haïssais la comptabilité et que, lorsque je me heurtais à elle, je mélangeais toujours tout et provoquais des malentendus. Les chiffres, les factures et tous les papiers officiels me donnaient le vertige.)

La vie était dure à Tchistopol et tout le monde volait la nourriture et le bois. Je me levais à quatre heures afin d'allumer les poêles, quoique cela ne fît pas partie de mes obligations. Mais je sentais que notre maison s'effondrerait si je ne le faisais pas. La directrice demandait à chacun de nous, lorsqu'il y avait une fête, de s'engager solennellement à améliorer la qualité de son travail. Un jour où je voulais le faire à mon tour, elle écrivit elle-même autre chose et le suspendit à mon chevet. Il était écrit dans cet « engagement » que je devais prendre des jours de congé et, d'une façon générale, me reposer un peu plus. En plus de nos cent enfants, nous nourrissions des mères qui allaitaient ; elles venaient deux fois par jour manger chez nous.

Les difficultés étaient nombreuses. Je ne m'entendais pas bien avec le directeur commun des deux maisons, notre grand chef Ya. F. Khokhlov. C'était un homme de belle apparence, qui s'habillait avec goût, devant qui tous courbaient l'échine, essayant de gagner ses bonnes grâces avec de la nourriture ou des cadeaux. Personnellement, je trouvais qu'il ressemblait davantage à un directeur d'écurie qu'à celui d'un centre pour enfants. Il ne comprenait pas que les petits avaient parfois besoin d'une alimentation améliorée et, lorsque je commandais une livre supplémentaire de semoule ou de riz, il criait que les enfants souffraient d'obésité parce que je les suralimentais. Il en fit tant qu'un jour, n'y tenant plus, je vis rouge et, attrapant un encrier, le renversai sur son magnifique costume. Il s'agissait de produits supplémentaires à commander pour la fête du 7 novembre. Pour se venger, il me donna de la semoule qui cuisait mal et, en guise de farine de blé, de la farine de seigle. En rentrant, j'envoyai une lettre de démission. Deux heures plus tard, je recevais la réponse : on avait écrit en travers de ma lettre que, tant que des instructions particulières n'auraient pas été données, je n'avais pas le droit d'abandonner mes fonctions. Mais, paradoxalement, cet incident eut pour conséquence qu'il me fit désormais meilleure figure et ne me refusa plus aussi fréquemment ce que j'avais à lui demander.

Les fêtes approchaient. Je savais que des représentants de la région viendraient nous rendre visite le 7 novembre. F. P. voulait leur faire une réception solennelle avec les enfants et me demanda d'imaginer quelque chose en fait de pâtisserie. Je ne disposais que de farine de seigle et je passai la nuit à essayer d'en tirer parti. Finalement je la fis cuire longtemps dans une poêle, la pétris, y ajoutai du miel, des œufs et du vin blanc et obtins ce gâteau savoureux que l'on appelle « patate ». Dès le matin, j'installai tout mon personnel à des tables pour que l'on me fasse des petites corbeilles en papier pour mes gâteaux. Nos invités arrivèrent pour le thé de cinq heures et lorsque l'on servit mes gâteaux tout le monde s'émerveilla de mon ingéniosité et m'applaudit.

J'ai pris un peu d'avance dans mon récit car, en octobre, un événement capital s'était produit pour moi : Boria était arrivé. Les Allemands étaient aux environs de Moscou et, dès le 17, Fiédine, Léonov et lui avaient été évacués d'urgence par avion*. La venue de Boria fut pour moi une grande joie en même temps qu'une récompense pour tout ce que j'avais vécu. Il m'apportait une pelisse et des affaires d'hiver qui tombaient tout à fait à point car la température, à Tchistopol, était tombée en dessous de zéro.

Les épouses de Fiédine et de Léonov avaient pu leur louer des chambres ; Boria en revanche dut passer sa première nuit au centre. Dès le lendemain matin, on me libéra pour que nous puissions nous aussi lui chercher un logement. Par chance, nous trouvâmes avenue Volodarski, non loin du centre, une pièce vaste et en bon état. Je dis à Boria que je n'abandonnerais pas mon travail, que je m'étais investie en lui et qu'il m'était complètement indifférent de m'occuper de mon enfant ou bien d'un autre : j'étais de garde auprès de leur santé et je mourrais plutôt que de ne pas les ramener sains et saufs à Moscou. Il fut étonné et attristé de me voir aussi inflexible mais, comme cela avait toujours été le cas, comprit immédiatement tout, me félicita, me dit que des rumeurs concernant mon travail étaient parvenues jusqu'à Moscou et qu'il était fier de moi. Il me raconta comment il avait accompagné Adik à son lieu d'évacuation, près de Svierdlovsk. C'était un jour de grande alerte, Moscou était bombardée en permanence et on n'avait pas pu porter les petits tuberculeux dans un abri. Lorsqu'ils furent dans le train, Adik raconta à Boria, comme un miracle qui l'avait frappé, l'épisode suivant : une bombe était tombée sur la maison voisine, brisant toutes les vitres dans le sanatorium. Le médecin était alors entré, avait apaisé de deux ou trois mots ordinaires les craintes des enfants et, malgré la violence des bombardements qui se poursuivaient, était resté avec eux. En plus de Boria, Adik avait été accompagné par son père. Les enfants voyageaient dans des conditions affreuses, à trois ou quatre par couchette, alors qu'un grand nombre d'entre eux ne devaient être ni déplacés ni même bougés.

Je fus étonnée par l'air alerte et jeune de Boria. Il me dit que la guerre, comme tout phénomène naturel de grande ampleur, nettoierait des choses. Et qu'il était sûr que tout se terminerait très bien et que nous vaincrions. Et aussitôt il décida de se remettre à Shakespeare. Il avait déjà traduit *Hamlet*, ainsi que *Roméo et Juliette*. Ce fut à Tchistopol qu'il attaqua la traduction d'*Antoine et Cléopâtre*.

J'avais désormais un supplément de travail : je courais au marché acheter le petit déjeuner et le dîner de Boria (à la mi-journée les écrivains mangeaient chez nous) et je lavais son linge. Il venait plusieurs fois par jour au centre et me détournait de mon travail, mais personne ne lui en voulait : tout le monde était sous son charme. Je devais maintenant prendre des journées de repos et nous allions le retrouver avec le petit Lionia, restions dormir chez lui et puis nous rentrions au centre.

Il fallut un jour aider à décharger du bois sur la rive ; Boria s'inscrivit dans une équipe et se mit au travail avec ardeur. Il me dit alors qu'il comprenait parfaitement pourquoi je me consacrais avec autant d'enthousiasme à mon travail et que, de son côté, il ne serait pas en reste. Le travail physique, selon lui, était le meilleur remède à toutes les misères de l'existence. Boria aimait beaucoup la vie à Tchistopol et voulait y rester. Il y avait en ville une maison où les écrivains se réunissaient. C'était celle d'un médecin local nommé Avdieïev*, qui possédait un jardin merveilleux. Les jours de réception, les hôtes compatissants revigoraient les écrivains à coups de beignets et de légumes, quoique ce ne fût pas là l'unique raison de leur présence ! Ils étaient attirés par cette maison comme par un centre culturel. Avdieïev avait deux fils. Le premier était spécialiste de littérature et le second avait je ne sais plus quel rapport avec le théâtre. On y récitait des vers, on discutait de littérature, d'art et d'autres sujets. Lorsque je me trouvais là, il m'arrivait de me croire à Moscou et non pas à Tchistopol. Boria lisait chez les Avdieïev des fragments de sa traduction d'*Antoine et Cléopâtre*.

Début novembre, nous eûmes vent de l'arrestation de Neuhaus. Cette nouvelle surprit profondément tous ceux qui le connaissaient, car il était difficile d'imaginer quelqu'un de plus éloigné de la politique. J'entrai un jour chez les Tréniov ; Alexandre Sourkov* s'y trouvait. C'était mon « jour de sortie » et ils m'offrirent un déjeuner arrosé de vodka. Je n'oublierai jamais ce que dit alors Sourkov : « Les gens qui n'ont pas quitté Moscou à temps sont devenus suspects. » J'étais un peu éméchée et c'est pourquoi je rassemblai mon courage et lui lançai : « Si l'on soupçonne des gens comme Neuhaus, alors moi aussi je vous soupçonne, parce que vous trouvez cela normal. J'ai entendu dire autre chose : que ceux qui ont filé trop vite loin de Moscou sont eux aussi suspects. Il faudrait quand même savoir ce qui est suspect et ce qui ne l'est pas ! » Ce à quoi Sourkov répondit : « Tout dépend comment on file et comment on reste. »

Pour mon plus grand bonheur, des lettres d'Adik commençaient alors à arriver et je finis par connaître son adresse exacte. Il écrivait dans sa première lettre qu'il ne m'en voulait pas une seconde et que j'avais bien fait d'agir comme je l'avais fait parce qu'il n'était pas seul, mais intégré à une collectivité, et que cela lui avait donné de la force et du courage pendant les bombardements et les épreuves du voyage. Il m'écrivait que sa santé s'était améliorée et qu'un excellent personnel et d'excellents médecins s'occupaient de lui mais qu'il avait seulement un peu faim.

Nous débattîmes longtemps, avec Boria, de la question de savoir si nous devions lui faire part de l'arrestation de son père : c'était un komsomol et la réputation de son père comptait beaucoup pour lui. J'estimais nécessaire de la lui cacher avant une libération dont je ne doutais pas. Mais Boria fut d'un avis contraire et écrivit lui-même à Adik une lettre dont je me souviens par cœur : Adik ne devait pas penser que son père fût coupable de rien ; au contraire, il savait bien que l'on mettait en prison tous les meilleurs éléments de la Russie. C'est pourquoi il devait être fier de l'arrestation de son père. Par on ne sait quel miracle et à notre grand étonnement, la lettre parvint à son destinataire.

En décembre 1941 *, Boria prit l'avion pour Moscou afin de régler quelques affaires. Il m'implorait de continuer à chauffer sa chambre de Tchistopol, qu'il appréciait particulièrement parce qu'il y travaillait bien, et de ne la rendre sous aucun prétexte. J'écrivais chaque jour à Adik, le conjurant de ne pas faire de caprices et de mieux manger ; je lui promettais de demander un congé et de lui rendre visite.

L'internat de Stassik était logé dans un kolkhoze où il travaillait à ramasser du bois, en sorte qu'il avait complètement laissé tomber la musique, ce qui m'attristait beaucoup. Il y avait dans leur réfectoire un piano à queue en très mauvais état où il s'asseyait parfois le soir pour travailler. La direction de l'internat lui avait permis de jouer jusqu'à minuit et s'efforçait du mieux qu'elle le pouvait de lui faciliter la chose. Plus tard il donna des concerts dans notre centre. Il nous arriva de jouer ensemble et d'interpréter à quatre mains des symphonies de Beethoven. Le nouvel an, celui de 1942, approchait et nous commençâmes à penser au sapin. Nous n'avions pas d'ornements. M'étant procuré de l'ouate et du papier, je rassemblai toutes les mères et nous nous mîmes au travail. Il fallait coller l'ouate couche par couche avec de la colle d'amidon fabriquée à partir de farine de pomme de terre. Cela donna de magnifiques petits ornements pour le sapin. Khokhlov grognait parce que tout le coton hydrophile leur avait été consacré, ce qui me révoltait parce que j'estimais que moins les petits auraient conscience des misères de la guerre, mieux cela vaudrait. Nous eûmes un sapin superbe et d'une grande élégance. L'accueil de la nouvelle année coïncidait avec l'anniversaire de Lionia. Laissant tout tomber à Moscou, Boria se hâta de nous rejoindre.

Peu après fut organisé au centre un groupe de travail pour la réalisation des normes GTO*. Personne ne voulait se rendre aux réunions, qui étaient essentiellement consacrées aux questions de défense militaire. Il me fallut à nouveau donner l'exemple. Je passai la première l'examen et obtins l'insigne. Quelques mères se traînèrent à ma suite, mais beaucoup trouvèrent cela excessif : Tchistopol était loin de la zone de front et rien ne nous menaçait. Notre instructeur me fit venir et me dit qu'il me nommait, comme ayant passé l'examen avec la note TB, à la tête de l'équipe de surveillance anti-incendies. J'acceptai, avec la même conviction que les autres mères que rien ne nous menaçait. Mes obligations consistaient à mettre aux bons endroits le personnel du centre en cas d'alerte à l'incendie.

Tout était tranquille. Un jour, à l'heure de la sieste, toutes les mères s'étaient dispersées dans différentes directions et j'étais demeurée seule au centre. Soudain, une voisine fit irruption dans ma chambre pour m'annoncer qu'un avion allemand approchait de Tchistopol. Les chambres des enfants étaient situées en haut et je savais que je ne pourrais pas habiller seule tous les enfants et les conduire à l'abri : je ne savais que faire. Cela se passait après le déjeuner et j'étais allongée nu-pieds en train de me reposer. Toute mon activité consista à mettre mes bottes en feutre et à m'asseoir sur mon lit, à attendre Dieu savait quoi. Il me semblait qu'il fallait éviter de semer la panique et d'effrayer les enfants, mais dans le même temps je me demandais si j'avais raison d'agir de la sorte. Cependant l'avion passa au-dessus de nos têtes sans causer le moindre dégât. J'avais ardemment prié Dieu de nous aider : il me sembla que c'était pour cela que nous avions été épargnés. Je pensais qu'on me blâmerait de ne pas avoir donné l'alerte et d'avoir tranquillement attendu les événements au rez-de-chaussée. Mais dès la première réunion on me félicita de ma présence d'esprit, on approuva ma conduite et on me dit que si j'avais donné l'alerte je n'aurais fait qu'effrayer les enfants puisque à moi seule je ne pouvais venir à bout d'une centaine de bambins.

Il y avait aussi des moments comiques. Nous étions allés passer la nuit chez Boria, la veille de mon jour de congé, lorsque soudain, au milieu de la nuit, j'entendis un signal d'alerte, ce qui m'obligeait à rentrer immédiatement au centre. Je m'habillai en un instant et me précipitai au-dehors. Je rencontrai chemin faisant des personnes de ma connaissance qui revenaient du cinéma et bavardaient gaiement. Lorsqu'elles me demandèrent où je courais ainsi, je répondis qu'il y avait eu une alerte. Cela les fit bien rire : au cinéma de Tchistopol, me dirent-elles, on annonçait la fin de la séance en faisant sonner une cloche. Je rentrai mortifiée chez Boris.

Celui-ci continuait à habiter à Tchistopol et ne se rendait à Moscou que de loin en loin pour régler des affaires financières. Il était dans la pleine excitation de sa traduction d'*Antoine et Cléopâtre*, d'excellente humeur, dans l'attente de la fin de la guerre et de toutes sortes de succès, persuadé que le peuple sortirait régénéré de la guerre et il prédisait que cela conduirait à des changements dans la bonne direction. La situation s'améliorait sur le front et il demanda lors d'un de ses voyages à Moscou à y être envoyé avec une brigade d'écrivains. Mais on fit preuve de muflerie, on le trompa plusieurs fois et il dut attendre 1943 pour connaître le front, ce dont je fus extrêmement vexée pour lui.

[AVEC ADIK, À NIJNI OUFALIEÏ]

J'avais reçu au printemps 1942 une lettre des médecins du sanatorium de Nijni Oufalieï, près de Svierdlovsk. Ils me demandaient l'autorisation d'amputer Adik d'une jambe, ce qui, assuraient-ils, pouvait lui sauver la vie. Comme il s'agissait d'une question de vie ou de mort, je donnai mon accord. Mais je ne pouvais absolument pas imaginer ce beau jeune homme, excellent sportif et amateur de danse, soudain privé de jambe. Boria essayait de me consoler en me disant que nous commanderions une prothèse et que cela passerait totalement inaperçu, et que si l'on ne pouvait pas fabriquer dans notre pays une prothèse de bonne qualité, il emmènerait Adik en Angleterre. Ce fut dans ces conditions que j'acceptai l'opération, mais un mois après je recevais de mon fils une lettre qui me déchira le cœur. Il m'écrivait qu'il ne voyait pas comment il allait pouvoir vivre désormais, qu'il était maintenant infirme et ne rêvait que d'une chose : revenir chez moi à Pérédielkino et rester allongé au jardin. Sa seule utilité désormais, c'était de servir d'épouvantail dans le potager.

Après cette lettre, je décidai d'aller lui rendre visite *. Comme j'étais bien vue, on m'arrangea aussitôt un congé de deux semaines.

Nous avions de l'argent et j'achetai pour Adik du

miel, du beurre et des biscottes, après quoi je me mis en route avec Stassik, alors âgé de quatorze ans, malgré quelques difficultés à obtenir les laissez-passer. Boria insistait pour que je prenne le plus d'argent possible et nous apporta dix mille roubles à la gare. (Je rapporterai ensuite cette somme dans son intégralité car il n'y avait rien à acheter dans l'Oural et nous devrons, Stassik et moi, survivre en nous nourrissant de champignons et de framboises.)

Pendant tout le trajet, je ne pensai qu'aux moyens d'expliquer à Adik l'arrestation de son père, à ne pas l'inquiéter et au contraire le consoler. Mais tout se passa comme dans un conte. À mon arrivée au sanatorium, je trouvai Adik une lettre à la main et inondé de larmes. Il me dit qu'il ne supporterait pas un tel bonheur et que la joie de me voir et de recevoir en même temps une lettre de son père libéré était trop grande pour lui. Et ce qui se passa, c'est que là où nous pensions devoir le consoler, ce fut lui qui nous fit part de cette merveilleuse nouvelle. Son père lui écrivait qu'après être sorti de prison, on lui avait proposé d'aller résider à Svierdlovsk, Alma-Ata ou Tbilissi, et qu'il avait choisi Svierdlovsk afin d'être plus près de lui et de venir le voir.

Nous restâmes toute la journée chez Adik. J'étais très attristée par le fait qu'après l'amputation de sa jambe au-dessus du genou, sa température continuait à monter. Il disait qu'il était poursuivi par l'illusion du talon (c'est-à-dire qu'il lui semblait par moments que sa jambe amputée lui faisait mal ou que son talon le grattait). Pendant son séjour au sanatorium, il s'était épris d'une jeune fille. C'était une malade libre de ses mouvements; elle venait souvent le voir, restait assise à son chevet et un flirt était né dans ces conditions. Mais après son opération elle s'était complètement détournée de lui et il en était douloureusement offensé.

Tout en le consolant, je lui expliquai qu'il n'avait rien à regretter et que mon expérience de la vie m'avait enseigné que l'amour était avant tout un sacrifice, si bien que si cette jeune fille n'était pas capable de sacrifice, il n'avait rien perdu et ne devait pas la pleurer.

Nous devions aussi nous préoccuper d'un gîte. Laissant Stassik avec son frère, je partis à la recherche d'un endroit où loger. Ce fut difficile mais je trouvai pas trop loin une chambre à un lit où nous dûmes dormir à deux, Stassik et moi. De plus la location était très onéreuse et les propriétaires de la chambre exigeaient d'être payés en nourriture. À cette époque les lieux de restauration publique étaient tous réservés à diverses organisations et nous nous demandions bien, avec Stassik, comment nous allions faire pour nous nourrir. Il y avait près de notre chambre une forêt où j'allais cueillir des champignons et des framboises, qui y poussaient en grande quantité, et ce fut là notre nourriture. Comme toujours les difficultés de l'existence, les soucis que me causaient mes enfants me détournaient de la souffrance et des larmes. Adik était heureux de notre venue et de la libération de son père, et le miel et le beurre que nous lui avions apportés lui furent d'un grand secours car l'alimentation au sanatorium était des plus réduite.

Les deux semaines avaient passé très vite et nous devions penser au retour. Nous fîmes nos adieux à Adik en lui promettant de le reprendre et de l'emmener à Moscou dès que la guerre serait terminée. Deux heures de train nous ramenèrent de Nijni Oufalieï à Svierdlovsk, où nous nous retrouvâmes affamés et sur le pavé, sans un morceau de pain malgré dix mille roubles en poche avec lesquels nous ne pouvions rien acheter. Nous devions nous procurer des billets pour Kazan. Stassik essayait de me persuader de prendre l'avion mais je supportais mal les vols aériens et nous nous rendîmes à pied à la gare, située à l'autre bout de la ville. Les transports publics ne fonctionnaient pas et nous avancions en chancelant tant nous avions faim lorsque j'aperçus soudain une affiche annonçant un concert de Guilels, ancien élève de Neuhaus. Je m'accrochai à ce nom que je connaissais comme à un fétu de paille.

J'appelai, d'une cabine, le numéro de l'hôtel Oural, le seul de Svierdlovsk et celui où nous étions descendus avec Boris en 1932. Je leur demandai si Guilels n'y logeait pas. On me dit que si et on me donna son numéro de chambre, que j'appelai à son tour. Cela peut sembler difficile à croire mais, lorsque j'appelai la chambre de Guilels, ce fut Neuhaus qui me répondit. Il nous conjura d'arriver au plus vite à l'hôtel, où nous nous traînâmes avec nos valises. Notre joie mutuelle fut sans limites, en particulier pour Stassik qui revoyait son père sain et sauf, et libre.

Chez Guilels, la table semblait avoir été dressée pour un banquet : jambon, caviar, beignets chauds. Nous nous jetâmes sur la nourriture. Guilels nous promit en outre de nous trouver des billets de première* pour Kazan. C'était un service tout aussi inestimable que la nourriture car obtenir des billets était d'une extrême difficulté. Guilels occupait une suite et j'acceptai de rester à l'hôtel pour la nuit, à la condition qu'il nous mît le lendemain dans le train. Guilels et Neuhaus insistaient de toutes leurs forces pour que nous nous reposions et restions quelque temps à Svierdlovsk, mais le travail me réclamait au centre et je refusai catégoriquement. Nous ne dormîmes presque pas de la nuit tant nous avions de choses à nous dire. Neuhaus me promit qu'il irait souvent rendre visite à Adik.

Le lendemain, ils nous accompagnèrent à la gare et nous prîmes place dans un confortable wagon de première avec un plein panier de nourriture. Nous étions heureux et nous nous allongeâmes aussitôt pour dormir. Nous avions à peine parcouru quelques kilomètres depuis Svierdlovsk lorsque deux miliciens entrèrent pour contrôler nos papiers. Ayant regardé mon passeport*, ils déclarèrent qu'ils me feraient descendre au prochain arrêt. Je ne m'étais pas rendu compte que mon passeport était périmé ! Un général à l'aspect imposant voyageait dans le même compartiment que nous. Il demanda aux deux miliciens de ne pas faire d'esclandre car, leur expliqua-t-il, j'étais femme d'un célèbre écrivain et travailleuse bénévole dans un centre pour enfants; s'ils me faisaient descendre du wagon, cela se retournerait contre eux. Eux de leur côté se mirent à tenter de faire comprendre au général que c'était la guerre et qu'à défaut d'eux, d'autres s'occuperaient de moi. Je proposai de payer une amende, ce à quoi ils me répondirent fièrement qu'ils n'acceptaient pas de pots-de-vin.

Je réveillai Stassik et lui racontai ce qui me menaçait. Ce n'était plus un petit enfant et je lui demandai de se rendre tout seul à Tchistopol. Nous partageâmes vivres et argent; le général promit de l'aider pendant le trajet. Le train s'arrêta. M'attendant à ce que l'on me fît descendre, je commençai à m'habiller mais le général me dit : « Restez tranquillement assise, j'ai l'impression qu'ils ont décidé de ne pas vous inquiéter. » L'arrêt dura une heure et, lorsque le train se remit en route, je ressentis un grand soulagement. À mon grand étonnement, personne n'entra plus dans le wagon pour contrôler nos papiers. Lorsque nous arrivâmes à Kazan, Stassik recommença à insister pour que nous prenions l'avion puisque, dans les airs, personne ne contrôlait les papiers, mais je refusai net car je le supportais mal et nous prîmes le bateau.

Nous parvînmes à Tchistopol sans nouveaux incidents. Boria nous accueillit à l'embarcadère et s'étonna que j'aie rapporté tout l'argent. Je lui racontai mon voyage. Il ignorait encore que Neuhaus avait été remis en liberté et en fut extraordinairement heureux.

Dès le lendemain je me rendis à la milice et me répandis en récriminations : mon passeport était resté chez eux une semaine entière avant mon départ pour Svierdlovsk, pendant qu'on me préparait mon laissez-passer, et ils étaient tenus de le vérifier. Ils prirent mon passeport et me demandèrent de repasser le lendemain. Il ne faisait pour moi aucun doute qu'ils allaient me mettre une amende mais sans doute sentirent-ils qu'ils étaient eux-mêmes coupables car ils me le rendirent sans frais.

[LE POTAGER DE TCHISTOPOL —
RETOUR À MOSCOU]

En 1943, de nombreux écrivains obtinrent l'autorisation de retourner à Moscou. Boria me demanda avec insistance de quitter mon travail et de rentrer avec lui à la maison. C'était au début du printemps. Nous avions décidé, au centre, de planter un potager de type « enclos auxiliaire personnel* ». Fanny Petrovna ne pouvant se passer de moi, elle me priait d'attendre un peu avant de partir. Mais j'avais contracté une pleurésie et émigré dans la chambre de Boria qui s'occupait de moi avec dévouement tout en insistant pour que nous repartions à Moscou dès que je serais rétablie. Je restai alitée un mois entier, pendant lequel la directrice entoura d'une palissade le territoire prévu pour le potager. Chaque fois qu'elle me rendait visite, elle me suppliait de retarder mon départ pour Moscou d'au moins deux semaines après mon rétablissement. J'étais prise entre deux feux. J'avais très envie de rentrer et je sentais en même temps qu'il aurait été mal venu d'abandonner le centre sans les aider à créer ce potager pour les enfants. Je priai Boria d'attendre encore deux semaines après ma maladie et il accepta.

Je me déplaçais à peine tant j'étais faible lorsque nous allâmes inspecter ensemble le terrain qui avait été retenu. La directrice me dit que je n'aurais qu'à diriger les travaux sans rien faire moi-même. Mais lorsque je pris une pelle pour tâter le terrain, il s'avéra que c'était une ancienne cour pavée pour les équipages ; il n'y avait sous la terre que pierres et poutres. Je reprochai à Fanny Petrovna d'avoir fait preuve de légèreté en dépensant l'argent de l'État pour construire une palissade sans regarder au préalable si l'on pouvait bêcher : une telle affaire pouvait la conduire au tribunal ! Mais la situation était sans issue et il fallait bien la tirer d'embarras.

J'organisai le lendemain une assemblée générale.

Notre état-major comptait quarante-huit personnes. Je le divisai en six équipes de huit qui devaient se rendre par roulement au travail avec moi. Mais comme toujours, il fallait payer de sa personne pour les convaincre, aussi, oubliant ma maladie, je commençai à bêcher avec les autres. Que ne sortîmes-nous pas du sol ! Certaines pierres ou poutres étaient si lourdes que nous devions parfois nous y mettre toutes ensemble pour les porter. Boria venait nous aider dans notre travail et soutenait tout le monde par son charme et son humour.

Quelques jours plus tard, l'emplacement était prêt. Le sol, abondamment enrichi par le fumier, s'avéra excellent. Boria disait que je pouvais partir maintenant que tout avait été réglé. Mais la passion s'empara alors de moi et je voulus d'abord procéder à l'ensemencement. Nous plantâmes des tomates, des concombres, des choux. Lorsque je partis, j'avais quelques doutes au cœur : je n'étais pas sûre que tout cela donnerait quelque chose. Mais quelques semaines plus tard, en septembre, on m'envoya des photos du potager. Les buissons de tomates croulaient sous des fruits d'une grosseur incroyable, les concombres avaient un pied de long et les citrouilles étaient si lourdes qu'on devait s'y mettre à trois pour les porter au centre. Fanny Petrovna était heureuse ; elle m'envoyait des lettres tendres et ne cessait de me remercier de l'avoir tirée d'affaire et sauvée des poursuites judiciaires.

Ce fut donc en juin 1943 que nous nous réinstallâmes à Moscou. Pendant tout le trajet Boria ne cessa de suggérer que nous nous arrêtions à l'hôtel afin de chercher un nouveau logement, ou de demander l'échange de notre appartement de la ruelle Lavrouchine. Mais il faisait très chaud en ce début d'été et j'insistais de toutes mes forces pour que nous allions directement à Pérédielkino afin d'y habiter, ce que nous fîmes. En arrivant à la datcha, que nous avions laissée complètement meublée, je me trouvai face à un triste spectacle. Il ne restait rien : ni chaises ni tables ni lits, il fallait à nouveau tout se procurer. Dans le coffre aux tapis, Boria avait caché les tableaux de son père ayant le plus de valeur, ainsi que ses propres manuscrits. Mais Maroussia, la nounou de Lionia, n'avait préservé que la table de cuisine et le vélo de Lionia, ce dont elle était très fière. Lorsque nous lui demandâmes ce que le coffre était devenu, nous apprîmes que les militaires qui avaient occupé pendant la guerre toutes les datchas de Pérédielkino l'avaient traîné chez les Ivanov, dont la datcha n'avait pas tardé à brûler jusqu'aux fondations. Il était clair que le coffre avait brûlé avec. Que faire ? Mon intention de rester à la datcha et d'y loger n'avait plus de sens : nous n'avions plus de meubles pour dormir, nous asseoir ou manger.

Nous repartîmes en ville et ce que nous découvrîmes ruelle Lavrouchine était du même ordre. Les fenêtres démontées avaient été bouchées avec les tableaux de Léonide Pasternak. Heureusement, les artilleurs DCA précédemment logés chez nous étaient partis et nous entreprîmes les démarches nécessaires à la remise en état de notre appartement. Nous dûmes provisoirement nous séparer, Stassik et moi nous voyant hébergés ruelle Lavrouchine par les Pogodine, tandis que Boria émigrait chez les Asmus qui avaient conservé tous leurs meubles et affaires personnelles dans la mesure où ils étaient restés à Moscou. L'été était maintenant là et Maroussia nous pria de lui laisser Lionietchka à Pérédielkino, où il resta à dormir sur la table de cuisine pendant qu'elle-même couchait à même le sol. Connaissant l'amour qu'elle lui portait, j'étais tranquille pour lui.

Certains magasins spéciaux commençaient à distribuer des rations privilégiées. Je m'y rendis, portant une partie de la nourriture chez les Asmus, pour Boria, une autre à Pérédielkino, pour Lionia, et nous nourrissant, Stassik et moi, avec le reste. De chez les Pogodine, je surveillais le cours des réparations chez nous : elles prirent bientôt fin.

La question des études musicales de Stassik se posa de nouveau. À l'école de musique qui préparait au conservatoire enseignait un certain V. S. Biélov, ancien élève de Blumenfeld*, qui lui conseillait de passer l'examen d'entrée dans sa propre classe. L'ennui, c'était que Stassik n'avait pu étudier que jusqu'à la neuvième, alors que l'on ne prenait dans cette école qu'après la dixième. Mais les dons de Stassik, sa qualité de fils de Neuhaus conduisirent à faire une exception et il fut accepté. Biélov entreprit de lui faire rattraper le temps perdu et, un an plus tard, Stassik entrait au conservatoire dans la classe de ce même Biélov.

L'appartement de la ruelle Lavrouchine ayant été restauré, nous nous mîmes en quête de meubles pour la datcha. Nos vieilles affaires avaient été dispersées : certaines se trouvaient chez les Fiédine, d'autres chez les Vichnievski. Nous entreprîmes de les rassembler et, à l'automne 43*, la datcha avait repris un aspect plus ou moins habitable. Quelque part, dans un grenier, on avait trouvé un piano droit dans un état épouvantable. On le répara, puis Boria, Stassik et Lionia s'installèrent à la datcha. Je m'efforçai de régler notre vie quotidienne de manière que chacun pût vaquer à ses propres affaires et nous envisageâmes un retour d'Adik à Moscou. Après de longues démarches, je réussis à obtenir un laissez-passer pour Nijni Oufalieï et achetai une grande quantité de vodka, bien plus prisée que l'argent. Je trouvai Adik dans un état terrible. Il ne pouvait se déplacer seul sur une seule jambe et je savais que son transport poserait des problèmes. Les lettres que j'avais reçues de lui étaient alarmantes. Il y écrivait que l'on avait découvert, pendant qu'on lui faisait prendre un bain, une tumeur à la partie inférieure de sa colonne vertébrale et que sa température atteignait 39°. Boria insistait pour que nous le transportions chez nous, à la datcha. Moi, je comprenais surtout qu'il pouvait contaminer Stassik et Lionia, et je fis des démarches pour son transfert dans un sanatorium proche de Moscou. Celles-ci aboutirent et on me donna un certificat d'admission dans un sanatorium situé sur la Yaouza, Neuhaus promettant de nous aider pour le transport de son fils.

M'étant donc mise en route pour aller voir Adik et accueillie par Neuhaus à la gare de Svierdlovsk, j'en repartis avec lui par train pour Nijni Oufalieï. Il n'avait pas le droit de venir à Moscou et savait qu'il allait être séparé d'Adik pour une longue période, aussi essaya-t-il de me persuader d'habiter quelque temps à Nijni Oufalieï et de ne pas me dépêcher de regagner Moscou. Mais la nourriture que j'avais apportée pour Adik s'épuisait, et la vodka aussi. Je tremblais pour chacun des verres que j'offrais : les infirmiers et les brancardiers, pour de la vodka, faisaient des miracles mais on ne pouvait rien tirer d'eux sans vodka. Comme je l'ai dit plus haut, l'état d'Adik était terrible. Sa température, le soir, montait jusqu'à 40°, mais je décidai quand même de l'emmener. On refusa d'abord de l'admettre dans le wagon en raison de sa fièvre et il fallut acheter le chef de wagon avec de la vodka. C'était également en vodka que je payais chacune des gorgées d'eau que j'obtenais pour Adik. Il était heureux de revenir à Moscou et se réjouissait de faire ce voyage. J'eus la très bonne surprise de constater qu'il ne souffrait pas pendant le trajet et pas une seule fois il ne se plaignit.

[LA MORT D'ADIK]

À Moscou, nous fûmes accueillis à la gare par Boria, les Asmus, Stassik, Irina Nikolaïevna et Alexandre Léonidovitch*. En apercevant Adik, Boria éclata en sanglots. Nous fîmes aussitôt venir une ambulance et conduisîmes, Boria et moi, Adik à son sanatorium. Il y fut installé dans une salle commune. Dehors c'était l'automne et je fus très étonnée de constater qu'en dépit de l'état des malades toutes les fenêtres étaient grandes ouvertes. Le confort était très réduit. Z. Lébédiéva, directrice du sanatorium, me dit qu'il ne fallait rien apporter en dehors des fruits, qu'ils étaient bien nourris et que je n'avais pas à m'inquiéter. Nous revînmes à Pérédielkino et ma vie devint aussitôt bien plus dure qu'à Tchistopol. Je devais m'occuper de Stassik, qui s'était installé en ville en raison de ses très sérieuses études musicales, j'allais voir Adik et lui apportais de la nourriture un jour sur deux, après quoi, rentrant à Pérédielkino, je me vouais à Boria et à Lionietchka.

On découvrit bientôt que la cause première de la maladie d'Adik était une tuberculose de la colonne vertébrale et non de la jambe, ainsi que l'avait pronostiqué Popov, au sanatorium de Pérédielkino. Par contre Krasnobayev et Rolié, grands spécialistes de leur époque à qui je m'étais adressée alors que la guerre n'avait pas encore commencé, avaient négligé l'évolution de la colonne vertébrale. Je comprenais qu'Adik était perdu et qu'il n'y avait plus rien à faire. Un jour, en arrivant au sanatorium, on m'apprit qu'un processus de dégénérescence des reins avait commencé et que cela était mortel. J'étais révoltée qu'on ne le lui eût pas caché mais il me dit que c'était sa faute : les médecins avaient nommé devant lui le processus en latin*, il s'était demandé ce que le mot signifiait et avait réclamé une encyclopédie médicale, qu'on lui avait donnée par étourderie. Je me rendis chez Lébédiéva qui, malgré les décorations innombrables qui lui avaient été décernées, s'avérait incapable de fournir de l'eau bouillie aux enfants malades. Il n'y avait pas de bouilloires dans les chambres et je lui proposai d'apporter mon samovar, qui avait miraculeusement traversé la guerre à Pérédielkino en compagnie du vélo de Lionia. Elle fut horriblement vexée mais, dès le lendemain, il y avait des bouilloires dans chacune des chambres. Je ne pus me retenir sur un autre sujet et lui assenai quelques mots bien sentis sur l'encyclopédie médicale que l'on avait mise entre les mains d'un enfant malade. Elle essaya de se justifier en me disant qu'Adik ne savait pas le latin, ce à quoi je lui répondis que lorsqu'on connaissait le français il n'était pas bien difficile de déchiffrer le latin. Mais nous étions brouillées et je finis par lui dire que j'allais retirer Adik de ce sanatorium couvert de décorations, où il se produisait de telles choses. Et dès que je rentrai en ville, je téléphonai à Rolié, qui était amie de Militsa Serguieïevna Neuhaus. Elle accepta de prendre Adik dans sa clinique de Sokolniki et je l'y transférai le lendemain. Tout y était différent. On mit Adik dans une chambre pour deux. L'alimentation et les soins étaient nettement meilleurs. Et il était également plus simple pour moi d'aller à Sokolniki que sur la Yaouza.

En 1944, Neuhaus reçut l'autorisation de résider et travailler à nouveau à Moscou. Stassik faisait d'énormes progrès en musique. Ses interprétations me plaisaient de plus en plus. J'étais littéralement captivée par son jeu, qui satisfaisait mes exigences les plus sévères. Nous continuions à habiter à la datcha, Lionia, Boria et moi. L'idée qu'Adik n'allait pas tarder à mourir me hantait. Il me semblait monstrueux, incompréhensible, qu'une telle catastrophe ait pu survenir à mon fils le plus solide et le plus sain. Boria me soutenait autant qu'il le pouvait mais il était lui-même épouvanté et les larmes lui montaient aux yeux.

Au début de l'année 1945, en arrivant au sanatorium, je vis qu'Adik était seul dans sa chambre et je lui demandai où était son camarade. Il me dit que celui-ci avait souffert pendant trois jours d'une méningite tuberculeuse et qu'il était mort. Cela lui avait fait une impression accablante. On pouvait à nouveau se demander comment il se faisait que l'on eût laissé Adik à proximité immédiate de cet enfant souffrant d'une méningite infectieuse. Mais l'heure n'était plus aux reproches. Adik, le ventre ballonné, avait perdu l'appétit et urinait avec difficulté. Rolié me fit savoir que le processus de dégénérescence rénale se poursuivait et que rien ne pouvait le stopper. Boria et moi allâmes le lendemain lui rendre visite. Avant d'entrer dans sa chambre, nous vîmes Rolié qui nous apprit qu'Adik avait contracté la méningite et qu'il était inconscient et dans un état très critique. Elle me proposa de m'installer dans sa chambre afin de passer auprès de lui ses derniers jours d'existence, puisque sa fin était inéluctable. Elle me dit que seule la streptomycine aurait pu le sauver mais on n'en fabriquait pas en Russie et on l'importait pour l'instant d'Amérique. Le temps qu'on la fît venir, Adik n'aurait plus été de ce monde.

À notre entrée dans sa chambre, Adik, entrouvrant les yeux, nous dit qu'il mourait et avait des maux de tête épouvantables, après quoi il perdit de nouveau conscience. Il ne pouvait pas déglutir et on devait le nourrir en lui ouvrant la bouche et en insérant à la petite cuiller de la crème glacée et du concentré de bouillon. Je m'installai dans sa chambre. Voyant la situation sans issue, je ne cessais d'inonder son lit de larmes. Neuhaus vint le voir, Boria passait chaque jour et Stassik, assis des heures entières à son chevet, attendait avec moi sa fin d'un instant à l'autre. Rolié me prévint de préparer les vêtements dans lesquels on allait l'enterrer. Quatre ans de suite, Adik avait été vêtu par l'État. Le moment le plus terrible survint pour moi : j'allai ruelle Lavrouchine, rassemblai ses habits et les pliai en les inondant à nouveau d'un déluge de larmes. Cela fut plus dur encore que mon séjour dans sa chambre. À mon retour, Rolié vint me demander l'autorisation de pratiquer une autopsie et je dus, selon les usages des hôpitaux, déposer les vêtements à la morgue, ce qui me privait de la possibilité de laver et d'habiller moi-même mon fils. Le septième jour, qui était le 25 avril, jour de la prise de Berlin*, Adik mourut à quelques jours seulement d'une victoire que lui-même attendait avec fierté et espérance. Quand Boria vint, il était encore chaud. Neuhaus arriva en retard, alors qu'il était déjà déshabillé et recouvert d'un drap. Le contraste entre la capitale en liesse pour une fête illuminée par des feux d'artifice et la mort de mon enfant était particulièrement tragique. Rolié pressa les adieux, afin d'envoyer au plus vite le corps à la morgue, où il devait demeurer quatre jours. J'avais du mal à accepter l'idée de l'autopsie mais je m'y résignai dans l'intérêt de la science. On m'arracha au corps d'Adik et on me ramena à la maison. Pendant ces quatre jours, je restai ruelle Lavrouchine avec Stassik. Je pensais continuellement au suicide et seuls me retenaient l'amour que je portais à Stassik et Lionietchka et la pitié qui me prenait en pensant à eux. Je les avais bien négligés tous les deux. Pendant ces quatre jours, je me préoccupai exclusivement de Stassik. Les amis et connaissances qui passaient me voir étaient stupéfiés de me voir occupée à laver son linge. Mais comme toujours dans les minutes les plus difficiles de mon existence, ce fut le travail physique qui me sauva. Boria se chargea des soucis de l'enterrement, après s'être entendu avec le Fonds littéraire. On me fit enfin savoir que je pouvais venir à la morgue vêtir moi-même Adik. Il était allongé, tout raide, sur une table en fer mais il était très beau car on l'avait embaumé après l'avoir autopsié.

Je lui mis le costume que j'avais préparé. En soulevant sa tête, je fus effrayée par sa légèreté : elle me semblait peser moins lourd qu'une boîte d'allumettes ! Je compris alors que le cerveau en avait été extrait. Cela me fit une si forte impression que j'eus un rêve dans la nuit qui suivit la crémation : j'étranglais Adik de mes propres mains pour lui éviter de vivre comme un idiot privé de cerveau, pensant que je le faisais pour son propre bien.

Je n'avais nulle envie non plus de faire incinérer Adik mais je l'acceptai parce que l'on m'avait permis de rapporter l'urne à la maison*. On creusa dans le jardin une fosse à un endroit choisi par Boria, tout près de la datcha, et on y ensevelit l'urne. Boria me dit que, s'il mourait avant moi, il voulait être enterré à côté d'Adik. Il m'était d'un puissant soutien et tenait sur la mort des raisonnements philosophiques pour me démontrer qu'elle n'existait pas. Ces raisonnements étaient obscurs pour moi. Il disait que les morts continuaient à vivre dans la mémoire de leurs proches. Cela ne me consolait pas mais, si Boria n'avait pas été à mes côtés, je me serais peut-être supprimée. Les Asmus, qui habitaient chez nous, me surveillaient et ne me laissaient jamais seule. Comme toujours, Boria trouvait les mots dont j'avais besoin, son tact et son intelligence me ramenaient sur terre et je me mis à me faire à l'idée que tout ce qui arrive est pour le mieux, car si Adik était resté vivant mais infirme et cul-de-jatte, il est peu probable qu'il eût été heureux.

[LES TRAVAUX ET LES JOURS —
STASSIK ET SES CONCOURS]

Nous reprîmes notre rythme antérieur, consistant à emménager chaque printemps à la datcha. Les Asmus étaient généralement nos hôtes pendant l'été. Boria et moi plantions ensemble les légumes au potager et nous nous dépensions beaucoup physiquement. Boria sortait tous les jours au potager en caleçon et bronzait tout en travaillant. J'étais frappée par la passion qu'il mettait à manipuler la terre. À chaque printemps, je dressais des bûchers de feuilles et de branches mortes dont la cendre nous servait à amender la terre, puisque nous n'avions pas d'autre engrais. Boria aimait beaucoup regarder ces bûchers des fenêtres de son bureau et leur consacra même un poème : « *Au potager, tôt le matin,/ Les brasiers qu'on allume*...* »

Il est amusant de constater que les critiques creuseront plus tard le contenu de ces vers, où ils chercheront un sens politique secret. Certains iront jusqu'à affirmer que l'expression « *autels païens au festin des terres fertiles* » se rapportait à la révolution. C'est proprement ridicule. Lorsqu'il m'arrivera de m'indigner de ces interprétations, Boria me dira que c'était intéressant car lui-même ne soupçonnait pas qu'il avait alors écrit sur la révolution. Il traduisait par ailleurs Shakespeare, dont on commença à monter les pièces, et notre situation matérielle s'améliora. Nous ne passions cependant pas l'hiver à Pérédielkino car il y faisait froid et nous devions chaque automne nous réinstaller ruelle Lavrouchine.

Au cours de l'été 1946*, nous étions à nouveau à Pérédielkino et les Asmus étaient à nouveau nos hôtes. Irina Serguieïevna venait souvent me voir au potager et me disait que j'étais si maigre que je mourrais probablement bientôt, ce pourquoi elle m'incitait à faire mon testament au sujet de Lionia. Elle voulait le prendre chez elle car, disait-elle, Boris Léonidovitch se remarierait à ma mort et Lionia tomberait entre des mains étrangères, alors qu'elle-même l'aimait comme son propre fils et qu'il lui serait douloureux de voir une personne étrangère se mettre à l'élever. Elle répéta cette idée par trois fois jusqu'à ce que j'explose et que je lui réponde : « On verra bien qui mourra la première. » Cette phrase m'est jusqu'à ce jour un vivant reproche. En septembre ils partirent pour Koktibiel, en revinrent début novembre et, en décembre, Irina Serguieïevna n'était plus : elle était morte de leucémie.

(Au cours de l'automne 1945, Boria avait dû se rendre à Tbilissi pour le centenaire de la naissance de Baratachvili*. Il n'en avait pas la moindre envie et essayait de prétexter qu'il avait pris froid et que sa gorge était mal en point. Je lui disais de mon côté que cela lui ferait du bien de changer d'air et qu'il s'y plairait ; j'eus le plus grand mal à le persuader de partir. Une fois arrivé en Géorgie, il me dit que j'avais une fois de plus raison, qu'il s'y trouvait bien et s'y plaisait, qu'on le recevait très bien et qu'il envisageait d'y achever le roman qu'il avait commencé en 1936 et laissé tomber pendant les années de guerre, et dont il avait tout le plan en tête.)

Au cours de ce même été 1946, j'expédiai Stassik à Koktibiel. Dès l'enfance, il était devenu l'ami de Galina

Serguieïevna Yarjemskaya. Je ne savais pas qu'elle l'avait suivi en Crimée. C'était une petite jeune fille calme et modeste et je n'avais pour elle que de la sympathie. Mais lorsque Stassik déclara au retour de Crimée qu'il devait l'épouser, je fus consternée. Il avait dix-neuf ans et un mariage aussi précoce pouvait nuire à sa carrière musicale. Boria disait cependant que, si j'aimais Stassik, je devais lui souhaiter d'être heureux et qu'il n'avait qu'à se marier puisqu'il le désirait. Stassik me promit de finir le conservatoire, se maria aussitôt et emménagea chez les parents de Galia.

En 1949, Stassik passera le tour de sélection pour le concours de piano de Varsovie et sera choisi en compagnie de Bella Davidovitch. Il devait prendre l'avion dans la matinée et voilà que, pendant la nuit, on lui téléphona pour lui annoncer qu'on ne lui avait pas donné de visa de sortie. Ce fut un coup terrible pour Stassik et pour nous tous, et qui nous frappa d'autant plus qu'il était totalement inattendu. Fadieïev* se trouvait alors à sa datcha et je m'y rendis pour lui demander d'arranger les choses. Il se mit dans tous ses états et me dit : « Vous n'imaginez pas combien on nous renifle de tous les côtés avant de nous laisser partir à l'étranger. » Je lui répondis qu'en ce qui concernait Stassik, il n'était pas nécessaire de le renifler puisqu'il avait poussé comme un jeune cèpe devant la datcha de Fadieïev et qu'il devait bien savoir qui il était. « Oui, me répondit Fadieïev, mais c'est Boria qui l'a élevé depuis l'âge de trois ans. – Bravo pour la réponse, lui répliquai-je. Il me semble en effet que Boria n'a pas mal élevé ses enfants », et je partis.

Neuhaus écrivit à Béria* mais cela ne donna rien et Stassik resta sans visa. C'était navrant car Stassik était particulièrement brillant dans ses interprétations de Chopin, dont le concours portait le nom.

Boria fut révolté. Cette injustice criante influa sur son attitude envers la vie publique et contribua à l'en éloigner.

[OLGA IVINSKAYA —
LA COMMISSION D'AIDE AUX ORPHELINS]

Nous avions fait la connaissance, en 1948, de la secrétaire de Constantin Simonov, une certaine O[lga] V[siévolodovna] Ivinskaya*. Elle nous raconta qu'elle était veuve, son mari s'étant pendu, et qu'elle avait deux enfants, une fille de douze ans et un garçon de cinq. Son apparence extérieure me plut beaucoup mais sa manière de parler fut tout le contraire. Malgré ses manières de coquette, il y avait chez elle une sorte d'hystérie. Elle faisait beaucoup d'avances à Boria.

Plus tôt encore, en 1947, une commission présidée par Tamara Vladimirovna Ivanova* avait été créée dans le cadre de l'Union des écrivains pour venir en aide aux enfants des victimes de guerre. C'était Fadieïev qui dirigeait alors l'Union. J'entrai moi aussi dans cette commission. Chaque arrondissement de Moscou avait été confié à deux femmes : pour l'arrondissement Lénine, c'étaient moi et l'épouse de Pogodine*. Notre travail consistait à inspecter chacun des appartements de chacune des maisons et à consigner les besoins des familles des héros tombés au combat. Nous devions ensuite établir des rapports et obtenir du Fonds littéraire les aides assignées aux personnes dans le besoin.

Je me plongeai selon mes bonnes habitudes tout entière dans ce nouveau travail. Il était exténuant de faire à pied le tour de toutes les maisons, les unes après les autres et sans en omettre aucune. Nous nous étions partagé les rues et inspections nos appartements. Un jour, rue Yakimanka*, je vis un enfant d'une huitaine d'années à la jambe estropiée. Noir de poussière, il demandait la charité, assis sur le trottoir. Je pensai d'abord que ce devait être un orphelin puis il s'avéra qu'il avait perdu sa mère mais que son père était en vie. Je lui demandai de me montrer où il habitait. Il ne pouvait marcher tout seul et je fus obligée de l'aider. Sa maison se trouvait tout près de là. Une pièce claire et assez grande, mais pleine de punaises. Sur le lit gisaient des haillons où pullulaient les poux. Je me sentis la démangeaison d'agir : j'avais envie de nettoyer la pièce et de la remettre en ordre, puis de laver l'enfant. Je comprenais que je n'arriverais pas à obtenir de la commission les moyens nécessaires à la remise en état de la chambre et à l'achat d'un lit convenable pour l'enfant, et décidai de ce fait de dépenser mon propre argent.

Je n'étais pas loin de la ruelle Lavrouchine et je courus à l'appartement prendre une couverture de Lionia et des draps propres ; je fis cuire de la bouillie de gruau pour le garçon, achetai du pain et du beurre et demandai à Lionia, qui avait près de huit ans, de m'aider à porter le tout. En route nous achetâmes aussi du DDT et divers produits contre les insectes.

Dès mon arrivée dans la pièce, je me mis au travail. Pour commencer, je lavai tous les murs avec une brosse. Je fis un paquet des haillons pleins de poux et les portai chez les voisins en les priant de les jeter ou bien de les brûler. Ils me regardèrent avec étonnement. Selon eux, j'avais tort d'agir comme je faisais. Le père était un profiteur, qui contraignait son enfant à la mendicité. J'aurais beaucoup voulu voir ce père mais il n'arrivait toujours pas. Je refis le lit avec des draps propres, emmenai l'enfant à la salle de bains communautaire, le lavai de haut en bas et lui mis du linge de Lionia. Lorsqu'il fut lavé et qu'il aperçut le lit bien propre, son visage s'illumina. Il avait l'air d'un garçon très sympathique et intelligent. Je parlai longuement avec lui, lui demandant s'il n'avait pas envie d'aller à l'école, s'il avait des livres et s'il savait lire. Il me répondit qu'aller à l'école était son plus cher désir mais qu'il ne pouvait y aller tout seul. Son père, quant à lui, rentrait tard à la maison.

Par chance il y avait à proximité une école, rue Yakimanka. J'allai trouver le directeur et lui décrivis le sort dramatique du petit Edik Starikov. Je lui demandai si

Le petit Lionia (Léonide) Pasternak devant la première datcha de Pérédielkino, 1938. (Inédit.)

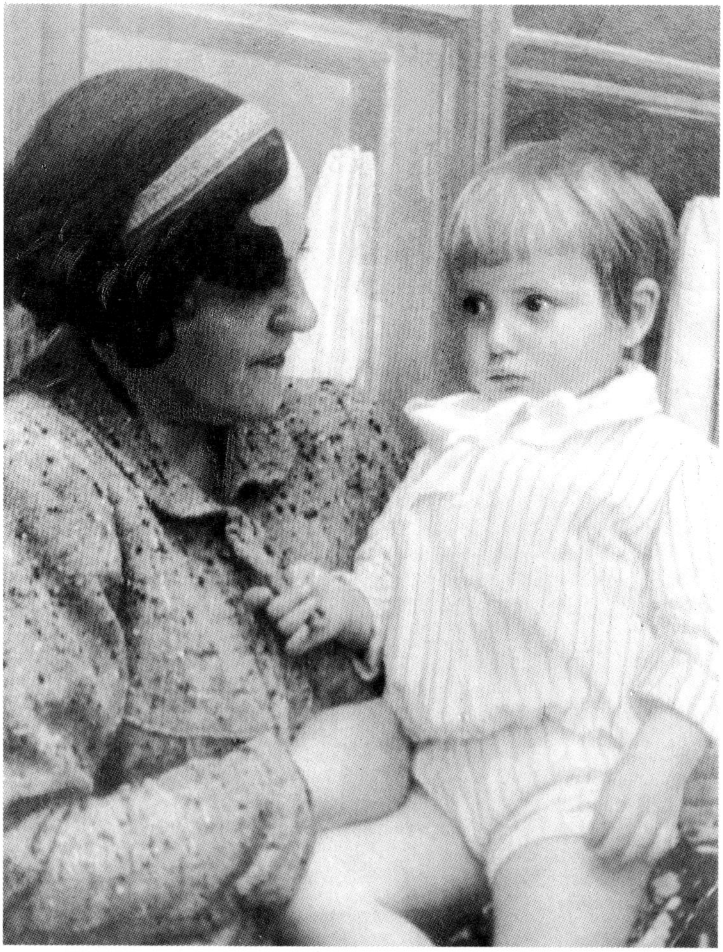

Zinaïda Neuhaus, juillet 1946.
(Photographie de V. Slavinski.
Inédit.)

Pasternak avec son fils Lionia
(Léonide), juillet 1946.
(Photographie de V. Slavinski.)

Page précédente, en haut :
Zinaïda Pasternak avec son fils Lionia, 1940. (Inédit.)
En bas : la maison de Tchistopol (75, rue Volodarski)
où vécut Pasternak en 1941-1943.

Pasternak en 1956.

Ci-dessus : à Pérédielkino. Sont assis à table : Boris et Zinaïda Pasternak, Henri Neuhaus, L. Tarassiévitch, Alexandre et Irina Pasternak.
Au premier plan : Nina Tabidzé.
(Photographie de Stanislav Neuhaus.)

Ci-dessous : Léonide Pasternak et Stanislav Neuhaus, 1956 (?).

En haut : Boris Pasternak avec son fils Léonide en 1957.
(Photographie de E. Frint. Inédit.)
Ci-dessus : Zinaïda Pasternak et Nita Tabidzé avec son fils Guivi,
Tbilissi, 1954. (Inédit.)

Page suivante, en haut :
Pasternak à Pérédielkino en juin 1959. (Photographie de Z. Metlau.)
En bas : Zinaïda et Léonide Pasternak auprès du cercueil de
Boris Pasternak, le 2 juin 1960.

Monument funéraire de Boris Pasternak. Sculpteur : S. D. Lébédiev.

on l'accepterait dans son école. Il me répondit qu'il voyait souvent ce garçon à la jambe torse et n'imaginait pas très bien comment il pourrait lui-même se déplacer. J'allai immédiatement acheter à Edik des béquilles et dis au directeur d'être prêt à le faire entrer à l'école dès le lendemain matin. Je lui demandai également de veiller à préserver Edik des moqueries de ses petits camarades. En revenant avec les béquilles à la maison d'Edik, je trouvai son père, complètement ébahi à la vue des changements survenus dans leur chambre. Nous eûmes une assez longue conversation. Il me raconta qu'il s'était laissé aller après la mort de sa femme et que l'enfant avait une jambe déformée de naissance. Je lui fis de violents reproches au sujet de cet enfant qu'il envoyait quémander l'aumône et lui déclarai sur un ton énergique qu'Edik devait dès le lendemain fréquenter l'école. Le petit garçon avait les yeux qui brillaient. Il essaya immédiatement de se déplacer à l'aide des béquilles et y parvint sans difficulté.

Comme le père se demandait avec curiosité pourquoi je leur montrais un intérêt aussi vif, je lui dis que j'avais perdu en 1945 un fils qui avait une tuberculose de la jambe et que je considérais comme un devoir et une obligation d'aider les enfants des autres. Je travaillais d'une façon générale à la commission de secours aux enfants des victimes de guerre, les plaçais dans des orphelinats et leur venais en aide matériellement, mais je doutais fort que la commission prît leur cas en considération et en attendant je me chargerais de toutes les dépenses. S'il appréciait mon aide, il devait de son côté y mettre du sien. Il me répondit à cela qu'il n'avait pas un sou vaillant et ne survivait que grâce au produit de la mendicité de son fils mais je n'en crus rien. Je le prévins que je viendrais tous les deux jours m'informer du bon déroulement du travail scolaire d'Edik et contrôler la propreté de la chambre. Je lui donnai l'ordre de ne pas coucher dans le lit de son fils, en attendant qu'ils en aient un deuxième. Il me déclara qu'il n'avait pas d'argent pour acheter un lit. Je lui promis de lui en acheter un à la condition qu'il m'obéît en tout. Mes exigences étaient les suivantes : il devait interdire catégoriquement à son fils de demander la charité et garder la chambre dans l'état de propreté où je l'avais mise avec tant de mal. Je promis d'essayer d'obtenir de la caisse de notre commission une allocation exceptionnelle pour le petit garçon. J'avais dans mon sac cinq roubles et les lui donnai en ajoutant que, selon toute vraisemblance, Edik serait autorisé à déjeuner à la cantine, chose qu'il fallait encore s'efforcer d'obtenir. Je partis sans faire confiance au père et avec le sentiment qu'on ne pouvait rien changer dans leur existence.

J'arrivai en retard pour déjeuner. Boria avait déjà terminé sans moi et était très inquiet de ma longue absence. Je n'oublierai jamais comment il pleura après mon récit et, se mettant à genoux devant moi, me dit qu'il me remerciait pour ma générosité. Je lui fis part de mes inquiétudes : il aurait été navrant que ce père fît échouer ce que je m'étais donné autant de mal à réaliser pour son fils. Je devais passer le lendemain matin à sept heures et demie chercher Edik et le conduire à l'école, au cours préparatoire. On était début septembre, peu après la rentrée scolaire, et l'enfant n'avait pas encore pris de retard. Boria rassembla du linge, des chemises et des pantalons de Lionia et me pria d'habiller Edik avec beaucoup de soin pour lui éviter les moqueries de la part de ses petits camarades.

Je me rendis le matin suivant rue Yakimanka, un ballot à la main. Je fus éblouie par ce que je vis en entrant dans la chambre : le père encaustiquait le sol, les fenêtres étincelaient. Il avait passé toute la soirée précédente à s'occuper des fenêtres et avait attaqué le plancher à l'aube. Je ne m'attendais absolument pas à ce que cet homme qui, la veille encore, ne m'inspirait aucune confiance se métamorphosât à ce point. Mais nous nous hâtions de partir à l'école et je lui conseillai en passant de trouver un bon travail et de gagner lui-même sa vie au lieu de profiter du malheur de son enfant. Il me répondit qu'il avait un travail en vue et qu'on était d'accord pour le prendre.

Le garçon était tout beau, tout lavé ; j'enfilai sur lui un petit pantalon de Lionia, lui mis une chemise blanche et le conduisis à l'école. Il avançait assez vivement avec ses béquilles et était très content. Le directeur l'amena devant moi en classe et lui donna une place, mais il n'avait ni crayon ni papier. Il se tourna vers toute la classe et déclara qu'il fallait aider ce garçon et le traiter avec ménagement parce qu'il était né avec une jambe estropiée et n'en était nullement responsable, et que les enfants devaient toujours avoir cela à l'esprit. Puis j'eus une nouvelle conversation avec le directeur. Je promis de venir souvent prendre des nouvelles du travail d'Edik et laissai mon adresse et mon numéro de téléphone afin qu'on s'adressât à moi en cas de nécessité, et non au père dont il me fallait encore obtenir un mode de conduite plus honorable et des habitudes de travail personnel. Je demandai en partant que l'un ou l'autre de ses camarades le raccompagnât chaque jour chez lui et laissai de l'argent pour ses repas à la cantine.

En leur rendant visite une semaine plus tard, j'apportai des cahiers et fis une liste des livres indispensables. J'appris à l'école qu'Edik avait des dispositions exceptionnelles pour les mathématiques. Il était excellent pour résoudre les problèmes mais il lui manquait chez lui une table et il écrivait à genoux devant une caisse renversée. Il me fallait donc acheter un lit et aussi une table. Son père me raconta que les petits camarades d'Edik le raccompagnaient tous les jours en le tenant sous le bras mais qu'un méchant gamin l'avait offensé en classe. L'école possédant une radio interne, la conduite du méchant gamin avait été l'objet d'un blâme public retransmis par haut-parleurs.

Désormais la classe était encore plus attentionnée envers Edik. L'enfant était heureux et il me pria de lui acheter les manuels qui lui manquaient encore, ce que je m'empressai de faire dans un kiosque où je trouvai aussi un cartable, dont le père et le fils me remercièrent avec effusion.

Deux semaines plus tard, il y avait une réunion générale de notre commission. J'y présentai le décompte habituel des fonds nécessaires aux besoins des orphelins de guerre. J'aurais pu y ajouter Edik et tout le monde n'y aurait vu que du feu, mais l'honnêteté m'empêcha de commettre un faux et je racontai en toute franchise l'histoire de ce garçon. Tous furent frappés et beaucoup pleurèrent. Lorsqu'on posa la question de savoir si l'on pouvait lui accorder un secours matériel, toute la salle leva la main d'un même geste. Tamara Ivanova, notre présidente, n'était cependant pas d'accord, estimant que cela ne faisait pas partie des attributions de notre commission. Je lui rétorquai que c'était du formalisme et que s'il était nécessaire je m'adresserais à Fadieïev qui, j'en étais sûre, me comprendrait et me soutiendrait comme un vrai communiste. Nous discutâmes longuement toutes les deux, nos passions s'enflammèrent et nous faillîmes en venir aux mains. Il s'agissait de petites sommes : le lit et la table ne coûtaient pas bien cher, pas plus que les déjeuners pris à l'école, et j'aurais pu les payer de ma poche, mais je voulais, pour une question de principe, faire triompher une cause que je considérais comme juste.

On me donna le lendemain un bon correspondant à cet argent et je portai aussitôt rue Yakimanka le lit et la table ainsi achetés. Pour les repas pris à l'école, je ne donnai pas l'argent au père mais payai moi-même l'école pour une année entière.

Ivanova craignait surtout que tous les autres n'imitent mon exemple. Des enfants abandonnés de ce type, il y en avait selon elle une quantité considérable et que pourrait alors faire la commission ? Je lui répondis qu'il n'y en avait pas tant que cela puisque c'était le premier cas dans tout l'arrondissement Lénine.

Le travail, à la commission, était très intéressant. Nous permettions à des enfants habitant des sous-sols humides d'emménager dans des pièces sèches, nous en placions certains dans des orphelinats. Une seule chose, comme toujours, me faisait souffrir : la comptabilité. Nous devions présenter un rapport financier pour la fin de l'année. Tous les comptes étaient corrects et, en y passant presque la moitié de la nuit, j'en vins finalement à bout.

Boria appréciait beaucoup mon travail et l'enthousiasme que j'y déployais. Il m'encourageait le plus possible dans mes activités, mais celles-ci eurent un effet des plus inattendu sur notre vie ultérieure. Que je le voulusse ou non, j'étais obligée de m'absenter souvent de la maison, et pour de longues périodes. C'est probablement alors qu'il commença à rencontrer O. I. et que je remarquai que quelque chose d'étranger s'était interposé entre nous. J'aurais considéré comme inconvenant de regarder dans ses poches ou de lire son courrier et je lui faisais confiance en tout, mais un jour – c'était, je m'en souviens, pendant l'hiver 1948 – je nettoyais dans son bureau lorsque je trouvai sur sa table un billet d'un contenu épouvantable. Il était d'O. I. et ne témoignait pas seulement de ses sentiments à elle : on pouvait y lire entre les lignes que lui aussi était visiblement très épris d'elle.

Cela me fit naturellement très mal. Lorsque Boria revint à la maison, je lui demandai de ne jamais laisser de lettres sur son bureau, tout en ajoutant que je n'avais pas pour habitude de fouiller dans les poches. Cela lui fit honte, il me demanda pardon et me dit qu'il allait s'efforcer de mettre un terme à tout cela. Et s'asseyant sur-le-champ à son bureau, il écrivit à *cette dame* une lettre qu'il me donna à lire. Il y disait qu'il était temps pour eux de mettre fin à leurs rencontres, qu'elles ne conduiraient à rien, que Lionia et moi étions pour lui une chose sacrée, qu'il ne nous abandonnerait jamais, etc. Et me donnant la lettre, il me demanda de l'envoyer moi-même à son adresse en ville, ce que je fis immédiatement.

J'avais un sentiment de culpabilité et je considère jusqu'à maintenant que tout était ma faute. Mes activités sociales, à Tchistopol et à Moscou, m'avaient totalement absorbée et j'avais négligé Boria, qui restait presque tout le temps seul. Un détail intime que je ne puis passer sous silence avait également joué un rôle important. Il s'était produit qu'après la mort d'Adik, qui m'avait bouleversée, les rapports entre homme et femme m'étaient apparus comme sacrilèges, en sorte que je n'étais pas toujours en mesure de remplir mon devoir conjugal. Je m'étais soudain mise à vieillir et je pense pouvoir dire que, comme épouse autant que comme maîtresse de maison, j'étais en train d'abandonner le terrain.

Néanmoins la lettre qu'il avait écrite à O. I. m'avait un peu rassurée. Le lendemain commença le chantage. D'abord, la mère d'O. I. m'appela afin de me hurler au téléphone que mon mari était un misérable et qu'il avait mis sa fille enceinte. Lorsque je reposai l'appareil et demandai à Boria si cela était vrai, il me répondit que c'était un mensonge et qu'il n'en croyait rien [...]

Boria était parfaitement calme, et heureux d'avoir enfin rompu avec elle grâce à cette lettre. Le lendemain, nous vîmes arriver une amie à elle nommée Lioussia Popova* [...], laquelle nous dit qu'O. I. se trouvait chez elle, qu'elle l'avait recueillie dans la rue dans un état terrible, qu'elle avait sur tout le corps des taches cadavériques et qu'elle priait Boria de passer la voir ne fût-ce qu'une minute. Boria répondit devant moi à Lioussia qu'il ne reviendrait jamais à elle, qu'il lui avait écrit une lettre « dont Zinaïda Nikolaïevna connaissait le contenu » et qu'il remettait toutes choses entre mes mains. Lioussia réussit à me persuader d'aller quand même chez elle. Le tableau que je vis était passablement étrange : devant moi était allongée une femme à la figure, aux mains et aux jambes couvertes de taches noires. Un simple coup d'œil me suffit pour comprendre qu'elle s'était volontairement maquillé le corps en se badigeonnant de boue et de suie.

Surmontant ma répulsion, je m'approchai du lit et lui dis que Boris Léonidovitch ne la rencontrerait plus jamais et qu'elle ne devait pas conserver d'espoir à ce sujet. Je lui conseillai de se laver et d'aller retrouver ses enfants en la prévenant que, si elle l'importunait encore, je me vengerais d'elle. J'apporterais ses affaires et lui avec, et je les forcerais à vivre ensemble : c'était une chose dont j'étais capable. S'il souffrait autant – n'ayant vécu que six ans* avec Yevguiènia Vladimirovna qu'il n'avait pourtant guère aimée – des malheurs que leur rupture avait causés à des êtres humains, que serait-ce si, ayant vécu avec moi pas loin de vingt ans et adorant Lionia, il nous abandonnait ? Je ne pense pas que ces propos lui plurent beaucoup.

Elle se mit à m'assurer qu'elle était tombée enceinte de lui, ce à quoi je lui répondis : « Alors vous devriez être heureuse à la pensée d'avoir un enfant de l'homme que vous aimez. À votre place, je m'en contenterais. » J'avais l'impression de m'être plongée dans un tonneau de boue. Je me préparai à partir.

Je ne m'étais pas trompée. Deux jours après notre entrevue, Boria lisait sa traduction de *Faust* au VTO*. Elle était présente à cette lecture, probablement sur invitation de Kroutchonykh* qui avait joué dans cette affaire un rôle peu reluisant, et son visage ne portait plus la moindre trace de ses « taches cadavériques ». Toute la scène de son martyre n'avait été qu'une mise en scène. Et plus j'eus l'occasion de la connaître et plus je me convainquis de sa capacité à mentir. J'avais affreusement pitié de Boria, car j'avais compris qu'elle était tout entière tissée de mensonge et que nous avions, lui et moi, été mis en contact avec quelque chose qui ressemblait à de la fange.

Notre commission de secours aux orphelins de guerre était heureusement en train de se dissoudre à l'époque. Nous ne pouvions pas dépenser d'argent sans documents comptables et ces documents avaient mis en lumière des choses vraiment terribles. Sans doute cela n'avait-il pas plu aux autorités, qui finirent par supprimer la commission.

Je continuais cependant à travailler à la Croix-Rouge, qui nous permettait également de venir en aide à ceux qui étaient dans le besoin.

Dans ces activités aussi je jouissais d'une grande autorité. Un jour d'assemblée générale, on proposa même à l'unanimité ma candidature pour le poste d'inspecteur général de l'ensemble de la Croix-Rouge soviétique mais je me récusai en motivant mon refus par les incidents qui avaient toujours marqué mes rencontres avec la comptabilité. Je racontai comment je m'étais couverte de honte le premier jour de mon travail à Tchistopol lorsque j'avais signé deux documents au lieu d'un seul, une erreur qui aurait pu me valoir des poursuites, après quoi je n'avais été pardonnée qu'en raison du zèle que j'avais déployé dans mes fonctions. Et lorsqu'on m'avait décerné ensuite, à moi seule parmi les mères travaillant au centre pour enfants, la médaille de la « Vaillance dans le travail », on avait encore rappelé pour plaisanter l'impair par moi commis. Ils insistèrent encore longtemps, en assurant que j'étais tout à fait la personne qui convenait pour ce travail, mais je leur répétai que pour prendre ces fonctions il fallait connaître la comptabilité, qui m'était totalement étrangère.

Nous reçûmes au cours de l'été 1948, Boria et moi, une lettre de M. K. Baranovitch. Elle nous informait qu'O. I. avait effectivement mis au monde une petite fille qui était morte au bout de vingt-quatre heures. Lorsque je lui répondis, je lui dis que cette nouvelle m'avait laissée complètement indifférente, étant donné que j'étais persuadée que l'enfant n'était pas de Boris Léonidovitch (ce que l'on aurait aisément pu établir en faisant une analyse de sang). C'était en 1949 ; peu après le malheur qui l'avait frappée elle avait été arrêtée[1],

---

1. Mme Irina Kozovoï, fille de Mme Olga Ivinskaya, nous prie de préciser : sa mère fut arrêtée par le MGB le 9 octobre 1949. Elle fit une fausse couche en prison – « la petite fille » est donc une invention de Zinaïda Pasternak (ou une fausse information. *N.d.E.*) – et fut condamnée le 5 juillet 1950 (non par un tribunal mais par une troïka, ou commission spéciale de trois membres) à cinq ans d'internement en camp à régime sévère en vertu de l'article 58.10 (propagande antisoviétique). La sentence était conçue en ces termes : « Ivinskaya est accusée d'avoir systématiquement dénigré l'État et le régime soviétiques, écouté des émissions de la Voix de l'Amérique, calomnié des écrivains soviétiques patriotes et porté aux nues l'œuvre de l'écrivain hostile à la patrie Boris Pasternak, ainsi que d'avoir fréquenté des per-

soi-disant pour des faux en signature et l'appropriation illicite d'un argent qui ne lui appartenait pas. Je dois immédiatement préciser qu'il m'arrivait de douter de ces rumeurs. Je refusais personnellement de regarder dans ce bourbier afin d'y démêler le vrai du faux. Tous étaient frappés par ma retenue : c'étaient ma fierté et mon amour-propre qui m'interdisaient de plonger le nez dans ces choses sales. Sa mère avait recommencé à appeler et parlait cette fois avec Boria. Elle affirmait qu'il était la cause de sa perte et que, lors de l'arrestation de sa fille, on avait confisqué son portrait et tous ses livres. Elle ne cessait de l'accuser de son arrestation et prétendait que c'était sa faute car l'arrestation avait, selon elle, été commise pour des motifs politiques. Mais à mes oreilles c'étaient d'autres bruits qui sifflaient : on affirmait qu'elle s'était fait pincer pour un délit de droit commun commis alors qu'elle travaillait à *Ogoniok*.

L'arrestation d'O. I. fit sur Boria une pénible impression, surtout après qu'il eut parlé avec la mère de celle-ci. Il était naturellement très bon et doux, et je voyais combien il souffrait. Je m'efforçais de le persuader qu'il n'y était pour rien et je lui affirmais que je sentais de toute la force de mon instinct qui était cette femme et qu'elle était tombée, précisément, pour de louches affaires d'argent *. Nous vivions à cette époque, lui et moi, en très bonne harmonie. Ceux qui nous connaissaient bien, lorsqu'ils venaient chez nous et avaient entendu parler d'infidélité conjugale, me disaient qu'ils étaient frappés par la tendresse et les marques d'attention qu'il me prodiguait et que si c'était ainsi qu'un homme trompait sa femme, ce n'était pas bien grave.

sonnes soupçonnées d'espionnage. Compte tenu de ces accusations, Olga Vs. Ivinskaya est condamnée à cinq ans d'internement en camp à régime sévère. » (Archives du KGB, dossier nº R 33582.)

L'histoire de la première arrestation d'Olga Ivinskaya est racontée en détail dans son autobiographie *Otage de l'éternité* (Fayard, 1976). Les procès-verbaux des interrogatoires de l'instruction de cette affaire (qui portent surtout sur Pasternak) ont été publiés dans le numéro du 16 mars 1994 de la *Gazette littéraire*.

Olga Ivinskaya fut libérée à l'occasion de l'amnistie proclamée en 1953 et réhabilitée définitivement en 1988 (*N.d.É.*).

[PASTERNAK OBJET DE CULTE]

La fin de la guerre fut suivie d'une dépravation généralisée. Dans notre milieu d'écrivains, les hommes abandonnaient leurs femmes âgées et les échangeaient contre des jeunettes, contraintes à ce genre d'expériences par manque de fiancés. Le premier à abandonner sa femme fut Virta, puis vinrent Chklovski, Paoustovski, etc. Boria n'échappait pas à la règle ; il était l'objet d'attentats constants. Les jeunes filles du musée Scriabine lui vouaient un véritable culte, le bombardaient de lettres d'amour et l'agaçaient en multipliant les visites importunes. Il leur avait trouvé je ne sais où un surnom amusant : il les appelait les « ballerines ». Comme elles l'empêchaient de travailler, il se fâchait parfois contre elles et me plaçait alors comme cerbère à l'extérieur de son bureau pour le préserver des visites. Mais la pression était forte. L'une d'elles écrivait qu'elle ne pourrait enfanter un Christ que de Boris Léonidovitch, une autre me racontait que Rilke, la nuit, frappait à sa porte, ce qui me conduisait à lui demander pourquoi elle pensait que ce n'était pas Boris Léonidovitch en personne et comment elle savait que c'était Rilke. Tout cela me mettait dans une rage folle car il y avait là des relents de mysticisme : le musée Scriabine était de toute évidence peuplé de jeunes filles à tendances mystiques qui avaient choisi Boria comme objet de leur adoration parce qu'elles le considéraient comme l'héritier spirituel de Scriabine. Oh, si elles avaient su la vérité ! Autant Boria aimait les compositions de Scriabine, autant il était éloigné de ses visions philosophico-mystiques. La vie était bien plus sérieuse et plus pleine que tout ce galimatias.

Boria s'était remis à son roman, était très occupé, et je m'efforçais autant que je le pouvais de le protéger du bruit et des visites inutiles ; j'avais parfois envie de prendre un bâton et de chasser toutes ces vauriennes qui n'avaient rien d'autre à faire. Avec mes manières directes et parfois brutales, je leur disais que Boris Léonidovitch était très occupé et que je m'étonnais de leur voir autant de loisirs puisqu'elles n'arrêtaient pas de l'importuner tant au plan moral que physique : il disait parfois qu'à cause d'elles il sentait son cerveau se dessécher. Et, à leurs yeux, je passais pour quelqu'un de dur et de cruel, et elles s'étonnaient qu'il pût vivre aussi longtemps avec moi.

Assieïev* me racontera un jour, après la mort de Boria, que ces jeunes filles du musée Scriabine représentaient une véritable société d'adoration du Christ réincarné en Boria. Je ne sais s'il en était ainsi mais il y avait indubitablement un peu de cela. En son for intérieur Boria ne faisait guère crédit à ces « Marie Madeleine », ainsi que je les appelais, et les singeait parfois pour s'amuser, mais il serait inexact de dire qu'il fût totalement indifférent à leur vénération. Et je dois avouer que si je m'étais trouvée à sa place, et que toute une cour de jeunes gens m'eût adorée comme une réincarnation de Marie, j'y aurais probablement moi aussi été sensible. Sa bonne éducation et son tempérament affable ne lui permettaient pas d'être brutal avec les femmes, qui prenaient cela pour un encouragement. J'en vins quand même à bout. Les visites se raréfièrent avant, finalement, de cesser, à la seule exception de celles de Krachennikova, qui fréquenta jusqu'au bout notre maison, quoique de loin en loin. La chose pour moi la plus désagréable était que, d'après les bruits qui parvenaient jusqu'à moi, ces jeunes filles donnaient de leur idole une image qui ne correspondait absolument pas à la réalité. En réalité Boria était tout à fait de son temps, sans religiosité, et il n'allait pas à l'église, même s'il aimait lire la Bible et apprenait par cœur des psaumes, dont il admirait la haute moralité et la poésie. Tel que je le comprenais, il considérait l'univers comme le principe suprême et divinisait la nature comme quelque chose d'éternel et d'immortel, mais pour moi il était clair qu'au sens habituel du terme il n'avait pas de religion. Lorsque nous nous trouvions en contact avec la jeunesse, il nous arrivait de regretter qu'elle ne connût aujourd'hui ni la Bible ni le catéchisme, en sorte que son niveau moral n'était pas très élevé. Il développa un jour devant moi la pensée suivante : il n'est pas nécessaire, me dit-il, de croire en Dieu ; ce qu'il faut, c'est lire et comprendre les Écritures : cela préserverait les gens d'une foule de malheurs.

[PROBLÈMES DE SANTÉ —
PREMIER INFARCTUS]

Boria avait des dents épouvantables, avec des fluxions et des maux de dents constants qui le mettaient à la torture tout autant que moi lorsque je voyais le mal qu'il avait à mastiquer. Cela pouvait entraîner un cancer de l'estomac, lui disais-je, en insistant pour qu'il se fît arracher toutes les dents et mettre une prothèse. Je le conduisis en 1952 chez mon orthodontiste, qui avait été habile et rapide avec moi lorsqu'il m'avait fabriqué mon dentier. Il fut beaucoup moins heureux avec Boria, qui n'arrivait pas à s'y habituer, ne pouvait pas mâcher et se rendait chaque jour chez lui pour lui demander de le limer. Un jour, en revenant de chez l'orthodontiste, il s'évanouit. Je lui portai les premiers soins en lui entourant le corps de bouillottes en caoutchouc, et j'appelai aussitôt une ambulance qui arriva sept minutes plus tard. On fit à Boria une piqûre de camphre, on lui mit de la nitroglycérine sous la langue et on me félicita des mesures que j'avais prises tout en me reprochant de ne pas lui avoir mis aussi une bouillotte sur le cœur. Cela m'estomaqua : c'était autrefois de la glace que l'on mettait sur le cœur. Mon père et ma mère, tous deux cardiaques, ne s'appliquaient pas du chaud mais du froid. Quand Boria revint à lui, il se mit à se plaindre de douleurs dans la cage thoracique. On lui fit du pantopon, ce qui le calma, et nous tînmes conseil avec ceux qui l'avaient soigné. Le médecin principal me dit qu'il soupçonnait un infarctus et me conseilla de le faire immédiatement admettre à l'hôpital car, ensuite, il serait trop tard. Il avait besoin de suivre un régime strict et d'être surveillé en permanence. On me demanda quel caractère était le sien. Je ne pouvais pas leur mentir et leur avouai que, dans la vie courante, il était têtu et indocile, et irait à coup sûr tout seul aux toilettes. On me répliqua que cela représentait un danger mortel et qu'il fallait le convaincre d'entrer à l'hôpital. Mais cela ne servait à rien de lui demander son avis. Je lui dis que l'on soupçonnait un infarctus, ce qui interdisait de bouger même le petit doigt, mais que je savais qu'il n'en ferait qu'à sa tête et que cela se terminerait très mal. À ma grande surprise, il se déclara prêt à faire tout ce qu'on lui demanderait. Les infirmiers apportèrent une civière, je l'y plaçai et l'emmitouflai dans une couverture, puis je pris place à ses côtés dans l'ambulance. Il vomit trois fois du sang pendant le trajet. Je suppliai le chauffeur de conduire lentement mais, en fin de compte, nous arrivâmes normalement à l'hôpital Botkine. Tout était archiplein, il n'y avait pas une place de libre dans les chambres et on le mit dans un couloir. Je voulais rester assise auprès de lui mais on me demanda de partir après m'avoir donné un numéro de téléphone où je pourrais avoir des nouvelles de sa santé.

Le lendemain, au point du jour, je retournai à l'hôpital. Son aspect extérieur me réjouit et il me vint même à l'esprit que les docteurs avaient pu commettre une erreur de diagnostic. Boria était ravi d'être couché dans un couloir car il y avait davantage d'air et il était heureux d'être traité sans privilèges et comme les autres. Il commença à m'exposer d'une voix forte et en agitant les bras les détails de son séjour à l'hôpital, avec beaucoup de propos flatteurs pour les médecins et les aides-soignantes. Je lui fis part de mon impression que ce n'était certainement pas un infarctus qu'il avait eu puisqu'il pouvait parler d'un ton aussi alerte. Puis je m'en fus trouver le chef de département. À mon avis, lui dis-je, on a eu tort d'amener mon mari à l'hôpital : ce n'est pas un infarctus puisqu'il parle d'une voix puissante et alerte et en agitant les bras ; il ne ressemble absolument pas à un grand malade. Mais le médecin me confirma qu'il s'agissait d'un infarctus sévère et bilatéral, et qu'on allait devoir attacher les mains de Boria au lit. Et se rendant aussitôt avec moi au chevet de Boria, il le prévint qu'il devait se conduire comme on le lui demandait car de là dépendait l'évolution de son état, faute de quoi on devrait l'attacher à son lit. Je fus à nouveau étonnée de constater qu'après cela Boria se conduisit bien plus calmement ; il se mit même à parler à voix basse.

On me permit de lui rendre visite tous les jours et de lui prodiguer des soins. Je demandai s'il devait rester encore longtemps couché dans le couloir et quand on le transférerait dans une chambre mais Boria protesta à nouveau en assurant qu'il préférait de beaucoup rester dans le couloir. Ce même jour, alors que j'étais assise auprès de lui, on emporta hors d'une salle, enveloppés dans des draps, deux malades qui venaient de mourir d'un infarctus. Sachant combien il était impressionnable, cela m'inquiéta beaucoup et, en rentrant à la maison, je tentai d'obtenir par l'Union son transfert dans une chambre, puis son admission à la « section du Kremlin », la septième. Ce qui fut accepté, mais on craignait les secousses pendant le transport et le médecin me conseilla de me limiter pour l'instant à une chambre de la partie de l'hôpital où il se trouvait. Chaque jour je lui apportais de la nourriture et du thé bien fort et je lui frictionnais le corps pour éviter les escarres. Il resta ainsi un mois et demi dans cette partie de l'hôpital avant d'être transféré à la septième section.

Là tout était confortable et la nourriture bonne, mais il était mécontent de son voisin, un citoyen apparemment important et Boria me dit, avec un air déçu, qu'il trouvait bien plus sympathique la compagnie des petites gens, qu'il pouvait s'entendre avec eux et se sentait à l'aise en leur compagnie, tandis qu'ici il était obligé d'inventer, de tenir d'autres propos que ce qu'il aurait voulu. En outre, la radio que le voisin allumait dès le début de la journée était pour lui, qui ne la supportait pas même à la maison, un instrument de torture. Mais je le rassurai : il n'aurait pas à rester longtemps là, il raffermirait sa santé et puis je partirais avec lui à cette maison de santé de Bolchévo* où il avait déjà séjourné à son retour de Paris. Il me suppliait de ne rien demander à l'Union car il n'aimait pas être débiteur : nous avions de l'argent à nous et nous nous débrouillerions sans elle.

Quelques jours plus tard, je pris trois mille roubles pour acheter deux bons de séjour et me rendis au Fonds littéraire. On me donna immédiatement des bons pour deux mois mais on refusa de prendre mon argent. Je voulais payer au moins pour moi, mais on me dit que le secrétariat avait adopté la résolution de donner gratuitement des bons de séjour à Pasternak et à sa femme. Je faisais confiance pour tout à Boria et ses prescriptions étaient pour moi sacrées. Me rappelant sa demande de ne rien accepter de l'Union et de régler absolument les bons de séjour, je m'adressai plusieurs fois à la comptabilité pour qu'ils acceptent notre argent mais on me répondit qu'on ne pouvait rien faire et que telle était la décision du secrétariat. Le plus piquant est que, quelque temps après, Nina Tabidzé était chez Sourkov pour ses affaires lorsqu'un homme indigné entra : « Voyez, dit-il à Sourkov, vous donnez des bons de séjour gratuits à Pasternak, et il a plein d'argent ! » Il me fut extrêmement désagréable d'apprendre que l'on avait tenu de tels propos, moi qui avais fait tout ce que j'avais pu pour persuader la comptabilité d'accepter notre argent !

Pendant qu'on s'occupait de Boria à la septième section, où les soins et la nourriture étaient convenables, je me retrouvai un peu plus libre et décidai d'apporter des aménagements à la datcha : il était préférable, après la sévère alerte qu'il avait connue, que Boria y passât désormais aussi l'hiver. Je me hâtai de faire faire quelques réparations, y disposai des radiateurs et fis installer le gaz de ville et le tout-à-l'égout. Avant même que nous ne partions pour Bolchévo, la datcha était prête pour la saison d'hiver.

Trois semaines plus tard, nous partions en voiture pour la maison de santé. Là-bas tout était merveilleux, les soins remarquables, et Boria se rétablit complètement. Ce fut à Bolchévo que nous apprîmes la mort de Staline. La nouvelle nous causa un choc mais, lorsque je lui demandai d'écrire un poème sur la mort de Staline, Boria refusa catégoriquement en me disant que celui qui venait de mourir était un homme très cruel, qui avait causé des torts considérables à l'intelligentsia.

Après Bolchévo nous nous fixâmes une fois pour toutes à Pérédielkino. Les changements que j'avais apportés plurent beaucoup à Boria. Lionia étudiait et habitait à Moscou et j'étais souvent obligée de quitter la datcha. Un jour où j'étais à Moscou, Boria m'appela : il se plaignait de douleurs au ventre. J'étais toujours très attentive à l'état de sa santé et décidai, pour en avoir le cœur net, de lui faire passer une radio. À peine m'étais-je apprêtée à regagner Pérédielkino qu'Assieïev me téléphona pour me faire part d'une nouvelle qu'il jugeait scandaleuse : Ivinskaya avait été remise en liberté. Boria avait recommencé à la rencontrer et elle l'entraînait à faire de grandes promenades, chose extrêmement dangereuse après son infarctus. Assieïev considérait que je devais immédiatement prendre des mesures et, si je le pouvais, me rendre au plus vite à la datcha. Tout se mit à vaciller devant mes yeux et ma première réaction fut de ne pas aller du tout à la datcha, ni alors ni à l'avenir...

Mais une fois de plus le souci de la santé de Boria, dont j'entendais préserver la vie, prit le dessus. Lionia avait alors seize ans. Fondant en larmes, je lui racontai tout. Mais c'était encore un enfant : il se mit à me convaincre de ne pas abandonner son père et me donna l'exemple de Kornieï Tchoukovski qui, à son âge, faisait encore la cour aux demoiselles et prenait du bon temps avec elles. Si triste que je fusse, cette naïveté juvénile m'amusa bien et je compris que ce n'était pas la peine d'en parler avec lui. Que faire ? Comme je n'avais pas du tout envie d'aller retrouver Boria, je téléphonai à Génia, le fils de sa première femme. Par chance, il était chez lui. [...] Génia accepta d'aller aussitôt à Pérédielkino, de donner à son père les soins nécessaires, d'y passer la nuit et de le conduire à la radio le lendemain matin. Je le chargeai de faire savoir à son père que je ne pouvais plus habiter désormais à la datcha. Vers minuit, le téléphone sonna. À mon grand étonnement c'était Génia, déjà revenu à Moscou et qui m'apprit que son père l'avait renvoyé en insistant pour que je vienne moi-même dès la matinée afin de le conduire à la radio.

Boria me disait souvent qu'en dépit de mon apparence austère et de mon air sévère, j'étais la meilleure personne au monde et que l'on pouvait obtenir ce que l'on voulait de moi. Sur ce point, il avait raison. Je cédai aussitôt, en me répétant pour me convaincre que la santé et la vie d'un homme tel que lui devaient compter plus que tout, et je partis le chercher le lendemain matin, après m'être juré de ne pas lui causer d'émotions et de ne pas avoir d'explications avec lui tant qu'il n'aurait pas passé sa radio. J'entrai dans la chambre, fis rapidement ce qu'il y avait à faire et le conduisis en ville. À plusieurs reprises il essaya de me demander pourquoi je n'étais pas venue passer la nuit à la datcha. Je lui mentis comme je pus, en expliquant que j'étais occupée et ne me sentais pas bien du tout.

Finalement les clichés furent développés, le médecin vint nous déclarer que tout allait bien et qu'il n'y avait pas de tumeur, et nous passâmes à l'appartement. Boria était persuadé que je repartirais ensuite avec lui à la datcha mais je refusai net. Il essaya de me tirer les vers du nez et tout se termina par une grande scène d'explications. Il me demanda pardon de m'avoir caché la nouvelle de la libération d'O. I., mais il avait eu pitié d'elle au plan humain puisque ses malheurs étaient venus de lui. Je détectai aussitôt le mensonge : « Alors, lui demandai-je, pourquoi n'est-ce pas moi que l'on a arrêtée puisque j'ai aussi longtemps vécu avec toi ? Je n'arrive pas à croire, ajoutai-je, que l'on puisse embarquer quelqu'un de totalement innocent simplement parce qu'il te connaît et qu'il est proche de toi. On devrait dans ce cas arrêter tous tes amis et connaissances ! » Il me raconta que, lors des interrogatoires d'Ivinskaya, c'était surtout à lui que l'on s'était intéressé et que l'on avait pu s'emparer de n'importe quoi au cours d'une perquisition. Plusieurs fois il me répéta : « Je n'imagine pas la vie sans toi et, si tu me quittes, je me pendrai. » Je posai alors comme condition qu'il cessât de la voir. En me le promettant, il me dit qu'en vingt-cinq années de vie commune la seule douleur qu'il eût connue avait été liée à la mort d'Adik et il me supplia de me réconcilier avec lui. Je crus ce qu'il me disait et nous rentrâmes ensemble à la datcha.

Je remarquai quelque temps après que l'argent s'était mis à disparaître rapidement. J'en conclus que leurs rencontres n'avaient pas cessé et que, profitant de la pitié qu'elle lui inspirait, O. I. lui soutirait de l'argent.

À partir de 1954, de nombreux journalistes occidentaux vinrent rendre visite à Boria. On le prenait en photo, puis moi, puis notre datcha sous tous les angles, et on montrait un intérêt extraordinaire à sa personne. La raison en était qu'on s'apprêtait à le proposer pour le prix Nobel. J'étais effrayée par la quantité d'étrangers qui s'étaient mis à fréquenter notre maison. Je proposai plusieurs fois à Boris d'en informer l'Union des écrivains afin d'obtenir pour ces réceptions une autorisation officielle. Boris téléphona à la commission étrangère et parla avec Boris Polévoï*, qui lui dit qu'il pouvait recevoir chez lui des étrangers et qu'il fallait même faire les choses le mieux possible afin de donner une bonne impression.

[STASSIK À PARIS]

    L'année 1953 m'avait réservé une autre épreuve. Stassik avait été choisi comme n° 1, Malinine comme n° 2, pour représenter leur pays au concours de piano qui allait avoir lieu à Paris. Tous deux furent installés pendant un mois dans la maison des compositeurs de Krasnaya Rouza, avec pour chacun une pièce séparée et des pianos. Neuhaus s'y rendit à deux reprises pour les faire travailler. À l'une de ces deux occasions, je l'accompagnai et le père de Stassik me pria d'assister à la leçon. Quand Stassik eut joué son programme, il ne fit pas la moindre remarque : tout avait été parfait. Par contre, la séance de répétition avec Malinine fut ponctuée d'exclamations et de critiques. Neuhaus en ressortit persuadé que Stassik obtiendrait le premier prix, mais que Malinine serait éliminé au premier tour. Ce fut exactement le contraire qui arriva.
    Deux jours avant le concours, les deux garçons étant logés à l'ambassade soviétique, il s'était produit un incident politique auquel, comme d'habitude, je ne compris pas grand-chose : les Parisiens s'en étaient pris, avec toute la fougue dont les Français peuvent être capables, aux bâtiments de l'ambassade d'Allemagne, en face de celle d'URSS. Stassik ayant pour nom de famille Neuhaus, d'origine allemande, il aurait naturellement été maladroit de lui attribuer un prix et la commission présidée par Marguerite Long l'élimina dès le premier tour. Stassik pouvait ne pas survivre à un tel déshonneur et Boria lui envoya le télégramme suivant : « Maman moi persuadés tu as joué mieux tous c'est pourquoi pas découragement reviens vite Russie. »
    Kabalievski* et Oborine*, qui assistaient au concours, me racontèrent ensuite que Stassik avait joué de manière remarquable et obtenu un énorme succès auprès du public. Lorsque celui-ci avait appris qu'il n'était même pas retenu pour le deuxième tour, il avait manifesté un extrême mécontentement en criant,

secouant des chaises et protestant de toutes les manières. Et lorsque Stassik ressortit pour monter dans une voiture, la foule l'entoura en criant « bravo ! » et en levant le pouce pour montrer qu'il avait superbement joué. Je reçus également des articles découpés dans *L'Humanité* et dans *Troud** où l'on évoquait l'élimination scandaleuse d'un magnifique pianiste. Après son échec, Stassik voulait revenir immédiatement en Russie, mais Marguerite Long le retint, lui donna un diplôme très élogieux et fit tout ce qu'elle put pour lui obtenir des concerts à la radio et des enregistrements sur disque. Grâce à cela Stassik eut de l'argent* et rapporta de nombreux cadeaux, parmi lesquels un blouson pour Boria, que celui-ci aimait beaucoup et ne porta, jusqu'à sa mort, que dans les grandes occasions.

Stassik est un garçon très renfermé et l'expression de son visage ne laissait pas deviner le drame qu'il avait vécu. Lorsque je l'accueillis à l'aérodrome, il avait une mine calme et souriante, mais avec de la tristesse au fond des yeux. Malinine obtint le second prix ex-aequo. Pour Stassik, le choc ne pouvait pas ne pas laisser de trace. Il se mit à boire à petites doses, chose qu'il n'avait jamais faite auparavant. Il n'arrivait pas à oublier cet échec qui avait dénaturé sa vie. Il reprit ses activités de concertiste et d'assistant de son père au conservatoire*[...].

[*LE DOCTEUR JIVAGO*]

Le travail de composition du roman approchait de son terme. Boria réunissait des gens et leur lisait la première partie. À la toute première lecture assistaient : Fiédine, Kataïev, les Asmus, Neuhaus, Valmont, les Ivanov, Nina Tabidzé et Tchikovani. Tous tombèrent d'accord que le roman était écrit dans un langue très classique. Chez certains, cela suscita de la déception. Tous étaient frappés par l'accent de vérité des descriptions de la nature et par la peinture de l'époque. Le lendemain de la lecture, Fiédine passa chez nous pour lui dire qu'il avait été étonné de ne pas voir mentionner Staline. Le roman ne pouvait pas, à ses yeux, refléter l'histoire si cette figure en était absente ; or l'histoire jouait un rôle énorme dans le roman moderne...

Nous étions, au cours de ces années-là, devenus très amis des Livanov, que nous voyions souvent. Personnellement, j'aimais beaucoup Boris Nikolaïévitch. Ce n'était pas seulement un acteur de talent mais aussi un peintre, et un brillant causeur. Une fois le roman achevé, nous le leur donnâmes à lire. Ils le soumirent à une sévère critique. Ils disaient que le docteur Jivago ne ressemblait absolument pas à Boria et n'avait rien de commun avec lui. Sur ce point j'étais totalement d'accord : pour moi, le docteur Jivago, à la différence de Boria, n'avait absolument rien d'héroïque. Boria était bien supérieur à son personnage. Il avait montré en Jivago un intellectuel moyen sans exigences particulières et sa fin était logique pour ce type d'individu. Malgré la sévère critique des Livanov, je me mis à discuter avec eux et à démontrer qu'il y avait dans le roman des passages remarquables. Livanova me dit que j'avais du culot de prendre ainsi à mon compte toutes leurs appréciations. Je lui répondis en riant que, selon moi, il fallait avoir eu un certain culot pour épouser Boria et vivre trente ans avec lui. Certains s'étonnèrent que Lara fût une blonde aux yeux gris, façon de souligner sans en avoir l'air sa ressemblance avec Ivinskaya. Mais j'étais persuadée qu'il n'avait emprunté à *cette dame* que l'apparence extérieure, car pour la destinée et le caractère, c'était sur moi qu'il l'avait copiée jusque dans les plus petits détails. Komarovski, c'est mon premier amour. Boria l'a dépeint avec beaucoup de méchanceté. Or Kolia Militinski était bien plus élevé et plus noble, et il ne possédait pas ces qualités proprement animales. J'en parlai plus d'une fois à Boria. Mais il n'avait nulle intention de transformer son caractère, puisque c'était ainsi qu'il se l'imaginait, et il ne souhaitait pas abandonner le personnage.

En 1955-1956 il se donna tout entier à la mise au point du roman et lui ajouta des vers, qu'il lisait souvent lorsqu'il était avec des amis.

Parfois venaient jusqu'à moi des bruits et des cancans peu à l'honneur de *cette dame.* Elle pouvait, en passant devant ma datcha, affirmer qu'elle y habitait, qu'il y avait longtemps qu'il avait divorcé d'avec moi et qu'il m'avait laissée tomber. L'essentiel de sa politique consistait à répandre de faux bruits. Même sa fille* et son fils furent concernés : on apprenait soudain, sans la moindre vraisemblance, qu'ils étaient les enfants de Pasternak. Dès que j'arrivais en ville, le téléphone de l'appartement se mettait à sonner et quelqu'un demandait à parler à Irina, fille de Pasternak. Je me dis alors qu'il les avait adoptés, mais cela aurait été illégal car il aurait fallu pour cela mon accord. Non, c'était certainement une tactique pour me brouiller avec Boria et faire que nous nous séparions. Cela ressemblait à un mauvais rêve et dans mon cœur un doute s'installait peu à peu : peut-être, après tout, l'encourageait-il dans son action ? Il ne cessait de le nier et expliquait les cancans par de l'envie. J'exigeai finalement de lui qu'il me préservât de tout cela et le menaçai de partir définitivement avec Lionia, menace que j'aurais mise à exécution si j'avais eu davantage de volonté. Boria devenait furieux et criait que, si je faisais cela, je le tuerais, qu'elle n'était qu'une secrétaire qui lui venait en aide dans ses affaires d'édition et qu'il n'avait pas besoin d'elle pour autre chose.

En 1956, à la demande pressante de Kotov*, directeur du Goslitizdat, Boria lui donna son roman. Kotov trouva le roman génial et promit de le publier sans faute. Se tenait alors à Moscou le Festival international de la jeunesse. Un jour arriva à notre datcha un important groupe d'étrangers, parmi lesquels six Italiens.

Comme Russes, il y avait Fiédine et les Livanov. Nous offrîmes un déjeuner magnifique et tous les convives s'enivrèrent, Boria compris. Au moment où les Italiens partaient, il donna à l'un d'eux un assez gros paquet. Je devinai que c'était le roman, le rejoignis dans l'entrée et lui dis que ce qu'il faisait était une chose terrible, et dangereuse pour lui. Mais Boria me pria de me calmer : il n'avait fait, me dit-il, que le donner à lire pour quelques jours. C'était probablement le cas. Sachant que le Goslitizdat avait l'intention de le publier il ne pouvait pas souhaiter sa parution à l'étranger. Ce qui s'est sans doute passé, c'est qu'un des Italiens l'a quand même emporté et transmis à Feltrinelli. Une correspondance s'engagea entre la maison d'édition italienne et le Goslitizdat, au terme de laquelle les Italiens s'engagèrent à attendre que le roman parût à Moscou pour le publier.

[NOUVEAUX PROBLÈMES DE SANTÉ]

En 1957, Boria tomba gravement malade. Des douleurs lancinantes le prirent dans la jambe droite, plus courte que l'autre; elles étaient si violentes qu'il lui arrivait de perdre connaissance. Je l'amenai ruelle Lavrouchine et le fis examiner par le docteur Abramian, de l'hôpital du Kremlin. Il détecta des problèmes de la prostate et insista pour que Boria se fît opérer sans tarder. Le lendemain je le conduisis à l'hôpital du Kremlin situé rue de l'Exaltation-de-la-Croix*. On m'autorisa à y venir chaque jour et bientôt plus personne ne me demanda mes papiers, puisqu'on me reconnaissait. Un jour, cependant, une nouvelle dame de vestiaire, en me prenant mon manteau, me demanda qui j'étais. « La femme de Pasternak », lui répondis-je en lui montrant mon passeport. Elle haussa les épaules et me dit qu'une heure plus tôt une femme blonde était venue et avait, elle aussi, affirmé être sa femme. Et elle me regarda d'un air soupçonneux. *Cette dame*, de nouveau, avait adopté une politique de mensonge et de chantage afin de nous brouiller.

La santé de Boria s'améliorant, on put éviter l'opération. Il resta un mois alité à l'hôpital du Kremlin, on lui soigna la jambe puis on me recommanda de le conduire à Ouzkoyé, où travaillait un célèbre orthopédiste. Boria était terriblement pâle pendant le trajet et je craignais de ne pas l'y amener vivant. Sur l'insistance des médecins, je restai un mois avec lui à Ouzkoyé. Tchakline examina son genou et déclara qu'il avait le ménisque endommagé, ce qui nécessitait à ses yeux une opération. Lorsque j'avais fait la connaissance de Boria, il portait une chaussure droite avec semelle compensée de trois centimètres. J'en fis part à Tchakline : « On peut essayer, me dit-il, mais cela ne change rien. » J'insistai néanmoins et cousis une semelle à toutes ses chaussures droites. On put là aussi se passer d'opération.

D'Ouzkoyé nous revînmes à la datcha et, pendant une année entière, Boria se sentit bien, puis tout recommença : douleurs lancinantes et rétention d'urine. Je fis venir deux sommités médicales, les professeurs Epstein et Froumkine. Ayant examiné Boria, ils conseillèrent de le faire soigner à l'hôpital n° 1 du Comité central, situé dans l'ancienne datcha de Staline proche de Kountsévo. J'eus un mal fou à l'y faire admettre. Une fois de plus, il fut question d'opération et, une fois de plus, on se contenta de lui apporter des soins. Un conseil qui lui fut donné ne manqua pas de m'étonner : marcher davantage et même écrire debout. Je lui achetai à cette fin un pupitre, le fit livrer à Pérédielkino et il écrivit désormais debout. De même se mit-il à se promener deux fois par jour : une heure et demie en fin de matinée et autant le soir. Il ne montait jamais en voiture et, lorsqu'il devait aller à Moscou, préférait se rendre à la gare à pied. Sur ordre des médecins, il dormait sur des planches en bois, avec un matelas dur. Il supportait patiemment tout cela et ne se plaignait jamais. J'étais étonnée par le sérieux, l'esprit de discipline rigoureux avec lesquels il exécutait tout ce qui lui était demandé. Parfois apparaissait sur son visage une soudaine pâleur et j'étais très inquiète pour sa santé. Mais il refusait de toutes ses forces les médecins et me dit même une fois qu'il aimait mieux mourir au travail que ne rien faire dans un hôpital. Il ne pouvait supporter l'inactivité et observait pour cette raison un régime très sévère.

Il avait l'habitude, jusqu'à sa dernière maladie, de se baigner tous les jours dans de l'eau froide avant le déjeuner, ce qui me faisait extrêmement peur. Nous avions à la maison toutes les commodités et il pouvait prendre un bain avec de l'eau chaude. Au lieu de cela il se lavait quotidiennement la tête sous une prise d'eau de la cour, et ce, même lorsqu'il gelait*. Je protestais, mais sans résultat. Des glaçons se formaient sur son crâne et il en montait de la vapeur. Je lui disais que c'était très dangereux, que cela pouvait provoquer des spasmes des vaisseaux sanguins et que c'était la mort instantanée. Il invoquait alors la force des habitudes, qui l'empêchait d'en changer. « C'est sans doute aussi par habitude que tu me gardes », lui répondais-je pour plaisanter.

Été comme hiver, et quelle que fût l'heure à laquelle il se couchait, il se levait à huit heures. Il allait dans son bureau après s'être restauré, y travaillait jusqu'à une heure et partait immédiatement se promener. Ses ablutions avaient lieu à deux heures et demie, et à trois heures nous déjeunions. Après quoi il faisait la sieste, malgré l'interdiction des médecins, mais pas très longtemps, une quarantaine de minutes. Il buvait à cinq heures une grande quantité de thé bien fort (c'était lui le maître du thé, et il ne laissait à personne d'autre le soin de le préparer) et se remettait au travail jusqu'à neuf ou dix heures. Il faisait son heure et demie de promenade avant de dormir, parfois en ma compagnie. Il aimait dîner solidement vers les onze heures, ce que les médecins lui avaient également interdit, et affirmait qu'il ne pourrait pas s'endormir s'il prenait un repas léger à sept heures avec moi. Pour tout ce qui ne concernait pas sa jambe malade, il n'écoutait guère l'opinion des médecins et ses habitudes de vie étaient devenues une seconde nature. Quoi qu'il arrivât dans la maison, il faisait chaque matin de la gymnastique. Les jours fériés et de repos, si personne ne le dérangeait, se passaient de la même manière, mais nous avions généralement quelqu'un à déjeuner le dimanche.

Il ne cessait de s'éloigner davantage, depuis quelques années, des autres écrivains et les seuls avec lesquels il conservait des liens d'amitié étaient Vsiévolod Ivanov et sa famille.

Il était encore alité à l'hôpital du Kremlin lorsque je lui ait apporté une lettre de Feltrinelli*, l'éditeur italien. Celui-ci lui écrivait qu'il éditerait absolument le roman, mais seulement après sa publication en Russie, qu'il était en contact avec le Goslitizdat* et que celui-ci avait promis une sortie du livre en septembre 1957. Boria comptait fermement dessus, et n'avait aucune inquiétude à ce sujet.

Tout un pan de sa vie échappait à ma vue et c'est pourquoi il m'est difficile de décrire parfaitement cette époque. J'étais devenue vieille et j'avais désormais envie de vivre tranquillement et loin des commérages. Je ne me mêlais de rien et n'interférais même pas dans les affaires matérielles : nous en étions convenus ensemble. Il me donnait pour vivre une certaine somme et le reste ne m'importait absolument pas, même si je savais qu'il se passait pour l'argent des choses tout à fait louches. *Cette dame* courait les maisons d'édition avec une procuration signée de sa main et ramassait visiblement tout ce qu'elle pouvait. Mais les questions matérielles m'intéressaient peu. Les pièces qu'il avait traduites, montées à Moscou et dans les théâtres de province rapportaient beaucoup d'argent : les théâtres, à l'époque, versaient aux traducteurs 6 pour cent des recettes de chaque spectacle. Il virait sur mon livret tout ce que le théâtre rapportait et j'étais de la sorte provisoirement hors du besoin. Ma conduite peut paraître étrange, mais comme épouse je représentais une forme d'exception. Mes amis me bourdonnaient aux oreilles, révoltés qu'ils étaient par la conduite de *cette dame,* mais la fierté m'interdisait de mettre le nez dans ses manipulations malpropres. Boria était avec moi très attentionné et tendre* et cette vie me convenait parfaitement. Tous mes amis s'indignaient de mon attitude de non-intervention, me donnaient divers conseils et parlaient de ces choses avec Boria. Il m'est encore une fois difficile de les évoquer car je n'avais rien vu, et ne souhaitais rien voir, de mes propres yeux, et tout reposait sur des commérages. À ce que l'on disait, O. I. faisait à Boria des scènes d'hystérie parce qu'il ne m'abandonnait pas. [...] Il m'était extrêmement pénible d'écouter tout cela, mais il faut croire que le bon droit était de mon côté car Boria ne voulait pour rien au monde rompre avec moi, était fidèle à sa famille et entendait poursuivre notre vie commune.

Manquant de patience pour attendre la publication du roman dans notre pays, Feltrinelli l'édita fin 1957 en Italie. C'est de cette époque que date le début de son utilisation à des fins non littéraires, ici comme en Occident. Chez nous on s'indigna, on considéra cette affaire comme une trahison, tandis que là-bas on ne pensait qu'à gagner le plus d'argent possible et à se constituer un capital politique. Le climat qui se créa alors fut épouvantable. Je sentais que Boria pouvait y laisser la vie. Lui, par contre, ne le comprenait pas et se contentait de me dire que l'écrivain existait à seule fin que ses œuvres fussent publiées. Au lieu de cela son roman était resté ici dans un tiroir pendant deux ans et, selon le contrat conclu entre le Goslitizdat et Feltrinelli, ce dernier avait le droit de le publier le premier. Boria avait totalement raison dans sa perception des choses mais le reproche que je lui fis concernait ses actes, car il avait agi dans l'illégalité et il aurait mieux valu l'éviter*. « Peut-être, me répondit-il, est-ce risqué, mais on ne peut pas vivre autrement. » Pendant trente ans il n'avait cessé de recevoir des coups pour chaque ligne écrite, avait essuyé des refus de publication, et il en avait assez.

Des commentaires critiques parvenaient de l'étranger, pas toujours favorables : les opinions étaient partagées. Cependant on traduisait le roman dans toutes les langues et, comme on l'affirmait dans une information que nous avions reçue, il avait fait sensation. Le scandale commença. On convoqua à plusieurs reprises Boria au Comité central pour le blâmer, lui reprocher l'antipatriotisme de sa conduite, mais il était trop tard pour changer quoi que ce fût, malgré les efforts de Sourkov pour reprendre le manuscrit à Feltrinelli, qui refusa catégoriquement. En Occident, le roman était édité et réédité.

Les journalistes débarquèrent de nouveau, et entreprirent de photographier la datcha, Boria, son bureau et même les chiens. Il devait selon eux obtenir le prix Nobel, pour lequel, outre Boria, avait été proposée la candidature de Cholokhov. Il était très content et, même si tout le monde passait au large de notre datcha comme si elle était effrayante et contagieuse, et même si les gens qu'il connaissait l'évitaient, il ne semblait pas trop en souffrir. L'atmosphère devenait brûlante, on sentait l'incendie couver mais Boria marchait la tête bien haute comme si de rien n'était, me consolait et me priait de ne pas être triste parce que certains écrivains ne nous fréquentaient plus.

Un jour d'été, en allant au portail, j'aperçus un couple* qui se tenait là. L'homme dit qu'il regardait la maison où vivait un grand poète. Sa femme s'appelait Zoïa Afanassievna Masliènikova, sculptrice, et elle souhaitait faire une statue de Boris Léonidovitch. Je dois préciser que Boria refusait toujours de poser pour des peintres ou des sculpteurs. Mais Z. A. promit de faire vite, de travailler en partie d'après des photos, et me pria d'aller lui parler. J'allai lui dire qu'il s'agissait d'un couple très agréable, qu'ils connaissaient sa poésie et qu'ils le priaient de poser un peu pour eux. Il donna son accord et leur fixa rendez-vous deux jours plus tard. S'il avait donné son accord, c'était probablement parce que nous étions isolés et qu'il avait été touché qu'il y eût encore, à cette époque, des gens pour qui il n'était pas un épouvantail. Puis, une fois par semaine, il posa dans la véranda, en goûtant la conversation de Z. A. qu'il trouvait très intelligente et intéressante.

[LE PRIX NOBEL]

Le 24 octobre, jour de la Sainte-Zinaïde, il y avait chez nous beaucoup de bruit et un grand nombre d'invités. Nina Tabidzé logeait chez nous depuis quelques jours et je m'étais rendue la veille* en ville avec elle afin de faire les achats nécessaires à la fête. Au moment où nous étions sorties de voiture, à Moscou, un homme que Nina Alexandrovna connaissait était venu vers nous : il avait entendu dire à la radio* que l'on avait attribué le prix Nobel à Pasternak. N. A. en fut extrêmement heureuse mais, en ce qui me concernait, je fus surtout abasourdie et troublée car je craignais pour nous de gros désagréments. Dès que nous arrivâmes à Pérédielkino, nous annonçâmes la nouvelle à Boria qui s'en réjouit et me demanda aussitôt pourquoi j'étais aussi triste. Je lui dis quelles craintes j'avais et mon sentiment que l'attribution du prix Nobel entraînerait un grand scandale dans notre pays.

Cette même nuit du 23 au 24, j'étais déjà couchée lorsque les Ivanov vinrent nous féliciter pour le prix Nobel. Je ne me levai même pas et leur dis, tandis qu'ils se tenaient sur le seuil de ma chambre, que je ne prévoyais rien de bon. Ils tentèrent de me rassurer en m'affirmant que je ne comprenais pas l'honneur qui nous était fait et que, même si Boria devait connaître quelques ennuis, cela n'avait pas d'importance car c'était une récompense bien méritée. Un pressentiment me disait, moi, que ce serait sa fin. Mais étaient-ils capables de comprendre combien je voulais que Boria vive encore longtemps, écrive encore beaucoup d'œuvres, et combien sa vie m'était chère ? J'avais compris de tout mon être que le chaudron allait bientôt bouillir et la guerre froide se déchaîner autour de cette affaire : ici on allait fouetter Boria et, là-bas, on se servirait de lui à des fins intéressées.

Le 24 au matin, dans l'attente des invités qui devaient venir pour ma fête, je me mis à mes beignets. Fiédine entra* et leur jeta un coup d'œil oblique, accompagné d'un mauvais sourire. Il était parfaitement au courant de la Sainte-Zinaïde puisqu'il y était invité chaque année. Mais sans doute avait-il oublié cette fois-là que c'était ma fête et s'imagina-t-il que nous allions fêter le Nobel. Il me salua sèchement en oubliant de me souhaiter bonne fête et de me féliciter pour le prix Nobel, ce qui m'étonna beaucoup de lui car c'était un homme à l'éducation presque européenne.

Il alla trouver Boria dans son bureau et ils eurent une explication brève mais bruyante. Ne sachant pas de quoi ils avaient parlé, je ne pus m'empêcher de lui demander, alors qu'il partait, comment il se faisait qu'il ne nous eût pas félicités pour le prix Nobel : était-ce qu'il n'était pas au courant ? « Si, me répondit-il, la situation est terrible ! – Pour l'Union des écrivains ? lui demandai-je. Oui, je comprends que l'Union soit dans une situation tout à fait embarrassante. »

Boria redescendit, une expression furieuse et indignée sur le visage. Il me raconta que Fiédine était venu l'engager à renoncer au Nobel*, lui déclarant que, s'il n'y renonçait pas, cela entraînerait des conséquences déplaisantes que lui, Fiédine, ne serait pas en mesure de prévenir. Boria me dit qu'il ne renoncerait au prix sous aucun prétexte : ce n'était pas cela, d'ailleurs, qui aurait écarté les ennuis.

Les télégrammes de félicitation commencèrent à affluer dès la matinée, et les journalistes à arriver. Il y avait parmi ces derniers un photographe de presse nommé A. V. Likhotale, qui se mit à nous fréquenter assidûment en ces pénibles journées. Nous eûmes aussi ce jour-là, la visite de Kornieï Ivanovitch Tchoukovski, que l'on photographia en notre compagnie [...].

Le 24, tout resta agréable et calme. Boria passa la journée à lire les télégrammes, venus non seulement de l'étranger mais aussi de Russie. Selvinski, par exemple, nous fit part de sa joie et de sa fierté pour un prix qu'il jugeait pleinement mérité. Nous eûmes plusieurs télégrammes de Géorgie.

Le 25, dans la matinée, on nous apporta de Moscou les journaux. Une campagne inouïe s'était déchaînée contre Boria. Je fus particulièrement secouée par un article de Zaslavski*, qui faisait allusion à ses origines juives (et ce, alors que Zaslavski était lui-même juif). L'article était révoltant : il traitait Boria de traître, d'individu vénal et de fainéant. Il y avait bien d'autres articles encore, mais celui-là dépassait tout. Le 25 au soir arrivèrent les Pogodine, les Ivanov et Tchoukovski, chacun avec son conseil. Pogodine considérait par exemple qu'il valait mieux mourir que renoncer à un prix aussi prestigieux. Tchoukovski conseillait à Boria d'envoyer une lettre à Fourtséva* en lui demandant de le défendre contre les accusations et les attaques. Boria se rangea à son avis, monta dans son bureau, écrivit la lettre et, en redescendant, nous la montra. Il y écrivait qu'il avait été très étonné par l'impression que le prix Nobel avait produite sur ses collègues, se montrait certain que tout le monde serait au contraire fier de l'honneur échu à un écrivain soviétique et rappelait qu'il avait été proposé pour le prix Nobel cinq ans plus tôt, avant même que son roman ne fût écrit. Il faisait pour terminer allusion à sa foi en Dieu, qui le protégerait de toutes choses terribles (« Dieu voulant, tout s'arrangera »). La lettre fut sévèrement critiquée, surtout à cause de l'allusion à Dieu. Tchoukovski déclara que

Boria était un enfant de ne pas comprendre que le nom de Dieu, dans un lettre à Fourtséva, annulait tout le reste*. Likhotale, qui assistait à la conversation, affirma qu'il se chargeait de transmettre la lettre en main propre. La présence de Likhotale produisait sur moi une action apaisante : son ton alerte, sa voix gaie et son assurance que tout se terminerait bien m'étaient un grand soutien. Plus tard, cependant, Likhotale me déçut un peu car il ne se contentait pas de photographier mais posait quantité de questions inutiles, par exemple au sujet d'Ivinskaya. Je me fâchai et lui demandai de s'occuper de ses photos. Mais il ne se vexa pas pour autant.

Le lendemain matin, un homme vint de la *Pravda* demander à Boria de signer une lettre de renonciation au prix Nobel. J'entrai en trombe et lui lançai, à bout de nerfs, qu'il n'avait qu'à ficher le camp, que nous savions déjà tous que Boris Léonidovitch était un fainéant et un traître, et que je ne permettrais plus à personne de se moquer de lui. Boria descendit alors et lui demanda de ne pas m'en vouloir : « Ma femme, dit-il, est un être très spontané et ses nerfs sont en train de lâcher. » L'autre grommela quelque chose, qui voulait dire qu'il comprenait, et s'éloigna sans avoir rien obtenu. Boria rassembla alors ses affaires pour aller en ville, sans rien nous dire. Nous apprîmes plus tard qu'il avait envoyé à l'Académie suédoise, à l'insu de tous, un télégramme de renonciation au prix Nobel*, sans s'exposer à entendre davantage de conseils contradictoires à ce sujet.

Lorsqu'il revint de la ville, des voitures étrangères et russes stationnaient tout autour de la datcha. Et peu de temps après son retour nous vîmes arriver une ambulance d'où sortit une femme médecin avec une énorme trousse de la Croix-Rouge. On apprit qu'elle avait été attachée, sur directives du Comité central, à la personne de Boria et qu'elle habiterait chez nous pendant un mois. Je lui dis que ces précautions étaient excessives car il n'avait pas l'intention de se suicider, bien au contraire ! Mais elle nous affirma qu'elle n'avait pas le droit de renoncer à sa mission. La présence d'une personne étrangère dans notre maison, en ces journées si difficiles, fut pour nous très pesante.

Le lendemain, le journal parut avec une intervention au plénum de Sémitchastny*, qui avait réclamé l'expulsion d'URSS de Pasternak. Un conseil de famille eut lieu pour décider comment agir. Tous les autres étaient d'accord pour adresser au gouvernement une supplique demandant de ne pas l'expulser. Il était né en Russie et souhaitait y vivre jusqu'à sa mort, et serait encore utile à l'État russe. J'étais seule à penser qu'il valait mieux qu'il parte. Il en fut très étonné : « Avec toi et Lionia ? demanda-t-il. – Certainement pas, lui répondis-je. Je veux ton bien et je souhaite que tu passes tes dernières années de vie dans le calme et la considération. Nous devrons, Lionia et moi, te désavouer : tu comprends naturellement que ce ne sera qu'officiellement. » J'avais tout examiné, soupesé. En trente années de vie commune, je n'avais jamais senti qu'injustice à son égard de la part de l'État. J'avais mortellement pitié de lui. Par contre, ce qui adviendrait de moi et de Lionia, cela m'était complètement égal. « Si vous refusez de partir avec moi à l'étranger, fit-il, alors il n'en est pas question. »

Le soir du même jour arriva une voiture du Comité central dans laquelle il monta pour aller écrire une lettre à la *Pravda** qui parut le lendemain. Il eut pendant toutes ces journées un maintien exemplaire, nous rassurant tous et plaisantant à propos de la femme qui le protégeait d'un suicide qu'il n'avait pas l'intention de commettre. La pauvre s'ennuyait affreusement, faisait les cent pas, regardait la télévision. Finalement, je lui dis : « Allez au moins prendre l'air, cela fait une semaine que vous n'avez pas mis le nez dehors. » Lorsqu'elle fut sortie, nous ouvrîmes sa trousse pour voir si elle ne dissimulait pas un magnétophone, mais nous ne découvrîmes rien de suspect. La trousse contenait essentiellement des instruments chirurgicaux et divers médicaments qui furent finalement très utiles.

Boria se mit soudain à avoir mal au bras et à l'épaule droits. Il disait en plaisantant à la femme médecin qu'il devait profiter de sa présence pour se faire soigner. Celle-ci lui ordonna de porter le bras en écharpe et de ne rien écrire. Mais il apprit à écrire de la main gauche et continua à travailler. Nous ne dépassions jamais le portail et, sur mon insistance, c'était seulement sur notre terrain qu'il prenait l'air. Ce fut probablement à ce moment-là qu'il écrivit son poème « Le prix Nobel* ».

Le soir du 29, nous vîmes arriver de Moscou un « camarade » qui l'invita à se rendre à une réunion d'écrivains*. Boria me cria du palier de le rejoindre sans son bureau. Il était pâle et couvert d'une sueur froide. J'appelai la femme médecin, qui lui fit une piqûre de camphre, et je dis au camarade venu de Moscou qu'il n'était pas question que Boris Léonidovitch se rendît dans cet état à une réunion. Boria signa un accusé de réception de la convocation. Je dis à l'homme de partir car nous n'étions absolument pas intéressés par ce qui s'y passerait puisque de toute façon on n'y ferait rien d'autre que ce qui avait été jugé nécessaire en haut lieu.

C'est le 31 octobre qu'eut lieu la grande réunion de l'Union des écrivains, à laquelle Boria ne se rendit pas et où, quoiqu'il eût fait ce qui lui avait été demandé (il avait renoncé au prix Nobel), il fut exclu des rangs de l'Union. Il prit cette nouvelle avec beaucoup de courage et me dit, pour me consoler, qu'il y avait longtemps qu'il ne se considérait plus membre de cette magnifique organisation. Il écrivit le même jour une lettre à Khrouchtchov, qui parut le 2 novembre, suite à une déclaration de Sémitchastny devant le plénum du Comité central, selon laquelle le gouvernement ne ferait pas obstacle à son départ à l'étranger. Pasternak y écrivait : « Le départ hors des frontières de ma patrie équivaudrait pour moi à la mort, et c'est pourquoi je vous prie de ne pas prendre à mon égard cette mesure extrême. »

Malgré cette lettre, les journaux continuaient à publier les appels de certains camarades à l'expulsion de Pasternak hors des frontières. Le 5 novembre, Pasternak publia une lettre à la rédaction de la *Pravda**. Après cette dernière lettre, la campagne dirigée contre lui s'apaisa progressivement. Dès son entretien avec Polikarpov au Comité central, il avait réussi à défendre sa liberté de correspondance avec l'Occident.

Le bruit courait que le roi de Suède avait envoyé à Khrouchtchov un message dans lequel il le priait de préserver la vie de Pasternak et de ne pas le priver de sa « propriété ». Tout le monde fut étonné de la naïveté du roi : la datcha appartenait à l'État et on pouvait nous l'ôter à n'importe quel moment. Je ne sais pourquoi on ne nous en expulsa pas.

Nous continuions à habiter tranquillement à Pérédielkino. On donnait même à Boria des traductions*. Il traduisait Tagore, Nezval et d'autres. La correspondance lui prenait beaucoup de temps. Il recevait jusqu'à cinquante lettres par jour. Il connaissait trois langues – l'anglais, le français et l'allemand – mais pas assez brillamment pour se passer de dictionnaire dans ses réponses. Je l'entendais parfois marcher dans son bureau jusqu'à deux ou trois heures du matin et il me semblait que c'était à cause de cette correspondance qu'il dormait aussi peu. J'insistai tellement que la femme médecin finit par partir, après trois semaines de séjour chez nous.

En cette même année 1958*, nous reçûmes la visite d'un journaliste anglais nommé Brown et je vis Boria lui remettre le texte de son poème « Le prix Nobel », en le priant de le faire parvenir à ses sœurs qui habitaient l'Angleterre. Mais au lieu de cela, Brown utilisa le poème à des fins personnelles en le publiant dans un journal avec ses propres réflexions. Moins d'une semaine après son passage, quelqu'un nous envoya une coupure du journal anglais contenant le poème, avec un commentaire scandaleux*. Je savais pertinemment quand cette pièce de vers avait été écrite, et à quelle occasion, et c'est pourquoi je fus furieuse du commentaire qu'il me fut donné de lire. Dans cette œuvre, le poète se dit perdu « *comme une bête entourée d'un enclos** ». Le commentaire était le suivant : toute la Russie est un enclos et la « liberté », la « lumière » symbolisent l'Occident. En fait, le contexte était à l'époque le suivant : dans la fièvre des événements liés à l'attribution du prix Nobel, de nombreuses voitures, prétendument pour protéger sa vie, stationnaient autour de notre datcha. Lui qui aimait tant pousser le portail et aller se promener dans la nature, je ne le laissais pas sortir en ces journées : j'avais posé comme ultimatum qu'il prendrait l'air dans les limites de notre parcelle. Je ne croyais d'ailleurs pas que quelqu'un pût attenter à ses jours. Il jouissait d'un grand respect chez les ouvriers. Mais je craignais des ivrognes de rencontre qui auraient pu lui causer du tort. Toujours dans ce poème, le vers « Hommes, liberté, lumière » ne symbolisait nullement l'Occident mais simplement le fait que les autres écrivains habitant près de chez nous se sentaient libres et allaient et venaient sans contraintes. J'étais particulièrement révoltée par le commentaire accompagnant la strophe « *Mais, déjà près de la tombe, / Je le vois, ce temps prochain : / Haine et vilenie succombent / Au puissant esprit du bien** ». Pendant ces trente années, chaque fois que des critiques s'en étaient pris à lui ou que l'on avait compris de travers sa poésie, Boria avait répété : tout cela est temporaire, les gens finiront par être meilleurs et plus généreux. Or que disaient les commentaires anglais ? Qu'il attendait un coup d'État et un changement de régime ! J'eus un voile devant les yeux tellement j'étais en rage et je lui dis : « Nous devons cesser de recevoir cette vermine. Il faudra désormais qu'ils me passent sur le corps s'ils veulent entrer. » Il suspendit aussitôt à la porte de l'entrée principale un écriteau où il était dit qu'étant très pris par le travail, il ne recevait personne. La déclaration était rédigée en trois langues. Il ordonna également à notre femme de ménage de dire non à tous les étrangers, lesquels cessèrent désormais de venir chez nous. Mais aujourd'hui, lorsque j'y repense, deux ans après sa mort, il me semble que j'ai commis une erreur : Ivinskaya a profité de la situation et c'est elle qui s'est mise à recevoir dans sa datcha les étrangers et à traiter avec eux des affaires louches. Il aurait probablement mieux valu que tous les contacts avec les étrangers eussent lieu sous mes yeux : on aurait pu empêcher bien des choses.

[RETOUR EN GÉORGIE]

On attendait en février 1959 la venue en Russie de Harold Macmillan* et on nous avait prévenus de son intention de rendre visite à Pasternak. Craignant cette rencontre, je le persuadai de partir avec moi en Géorgie. Il n'aimait pas quitter son bureau : comme il disait pour rire, il « avait pris racine sur sa chaise » et j'eus du mal à le faire céder mais j'y parvins quand même. J'envoyai un télégramme à Nina Alexandrovna Tabidzé en la prévenant de notre arrivée, mais aussi de notre désir de garder l'incognito : surtout pas de réceptions ! Nous ne savions pas encore comment on avait pris en Géorgie toute cette cuisine et ces vilains articles au sujet de Boria et je craignais d'effrayer nos camarades géorgiens avec notre arrivée.

Je supportais mal l'avion, dans lequel j'avais toujours mal au cœur, et j'avais fait un grand sacrifice à Boria en acceptant de le prendre. Boria, lui, aimait l'avion et se sentait toujours parfaitement bien en vol. Mais cette fois-là ce fut l'inverse qui se produisit. Au début, il était très excité et me criait à l'oreille combien il admirait le travail des pilotes, qui nous menaient en deux heures à Tbilissi. Il voulait absolument écrire quelque chose à leur sujet. De mon côté je n'avais pas de problème et nous fûmes très étonnés que je n'aie pas pour une fois le mal de l'air. Sans doute était-ce parce que j'étais de bonne humeur. Je ne cessais de penser : si nous nous écrasons, au moins nous nous écraserons ensemble ! Mais au moment de l'atterrissage à Tbilissi, le visage de Boria se couvrit de sueur froide et il blêmit : c'est tout juste si je le fis sortir vivant de l'avion. Nous fûmes accueillis à l'aérodrome par Nina Alexandrovna et son gendre Alik Andriadzé, médecin de profession.

Nina Alexandrovna fit tout ce qu'elle put pour nous. Elle se montra très étonnée que j'eusse employé dans mon télégramme le mot « incognito ». Je lui expliquai que nous avions fui Macmillan de peur de voir à nouveau les Occidentaux utiliser frauduleusement le nom de Boria. À peine étions-nous arrivés chez Nina Alexandrovna, rue Goguébachvili, que la nouvelle de notre arrivée se répandit comme une traînée de poudre. Léonidzé et Tchikovani arrivèrent avec leurs épouses, et bien d'autres après eux. Des discours furent prononcés, des toasts portés. D'après ce qu'ils nous dirent, tout ce tintamarre ne leur avait fait ni chaud ni froid. La Géorgie était parfaitement calme. Il y avait bien eu une espèce d'assemblée générale à l'Union des écrivains géorgiens, mais les orateurs avaient évité les expressions violentes et tous avaient terminé en disant que Pasternak avait beaucoup fait pour la Géorgie et que ses traductions étaient géniales.

L'atmosphère était très chaleureuse et Boria se changea complètement les idées, ce qui lui permit d'oublier ses ennuis. Il devait marcher beaucoup à cause de sa jambe et notre chère Nita, la fille de Nina Alexandrovna, allait se promener avec lui chaque soir en le protégeant et en évitant les rues bruyantes où des rencontres déplaisantes auraient pu se produire.

Il y eut un épisode très amusant. Quelqu'un que nous connaissions nous avait emmenés avec sa voiture visiter le château et l'église du Ve siècle de Mtskhèty. Nous étions entrés dans le sanctuaire et Boris avait commencé à regarder et admirer la peinture géorgienne lorsqu'un jeune homme* tombé du ciel apparut soudain et, venant à lui, lui demanda : « Vous êtes Pasternak, je crois ? Je vous connais d'après vos portraits. Permettez-moi de vous serrer la main. » Boria perdit complètement la tête et répondit : « Pourquoi Pasternak ? Mais oui, peut-être, au fond... » Il nous avait bien fait rire et, le prenant sous le bras, nous ne tardâmes pas à sortir de l'église. Tout comme auparavant il ne désirait pas venir en Géorgie, maintenant il ne voulait plus quitter Tbilissi. Il avait une mine superbe et était complètement revenu à lui. De vieilles connaissances, des peintres ou des écrivains, venaient nous voir et Boria leur déclamait des vers. J'étais heureuse d'avoir réussi à l'entraîner s'aérer en Géorgie, qu'il considérait comme notre seconde patrie.

Trois semaines plus tard nous nous apprêtions à rentrer. Il insistait de nouveau pour prendre l'avion mais je craignais le retour et nous conspirâmes quelque peu, Nina Alexandrovna et moi, pour prendre des billets de train de classe luxe en lui racontant qu'il n'y avait pas de billets d'avion. Nous eûmes une escorte considérable pour nous accompagner à la gare. Il ne cessa de dire dans le train que tout, en Géorgie, lui avait rappelé l'année 1931 et qu'en fin de compte il était revenu rajeuni, retapé et d'excellente humeur.

Ses accès de soudaine pâleur m'inquiétaient parfois et j'essayais de le persuader de consulter des médecins mais il se fâchait et me répondait qu'il était occupé à écrire une pièce* qu'il voulait absolument terminer et qu'il préférait mourir à sa table de travail plutôt que dans un hôpital. Il travaillait beaucoup, se couchait tard, empruntait à la bibliothèque de la maison de repos des écrivains de gros livres qu'il emportait à la datcha pour étudier la langue de l'époque de la fin du servage, pendant laquelle se déroulait l'action.

Cela continua ainsi durant un an. De l'étranger arrivaient de nombreuses lettres. Il ne parvenait pas à les lire toutes et, après sa mort, nous découvrîmes une valise entière de lettres non décachetées. Certaines demandaient de l'argent, d'autres avaient un contenu religieux mais il s'en trouvait aussi qui l'intéressaient. Ces lettres lui prenaient beaucoup de temps et l'épuisaient, malgré la joie qu'il ressentait à communiquer avec les gens.

Sa santé m'alarmait de plus en plus. À ce qu'on disait, *cette dame* lui faisait des crises de nerfs, exigeait une rupture avec moi et moi, je ne savais pas toujours comment expliquer les variations de son état général. Il pensait terminer pour le printemps 1960 la première partie de sa pièce. Nina Alexandrovna Tabidzé logeait chez nous et j'allais bientôt repartir avec elle en Géorgie, en sorte que je me préparais d'avance, comme toujours, à cette éventualité. Boria avait déjà annoncé qu'il réunirait les amis à notre retour et nous lirait sa pièce. Un jour de mars, il nous communiqua, à Lionia et à moi, la nouvelle que la banque avait reçu de l'étranger une grosse somme d'argent pour son roman. Et, se tournant vers moi, il me dit : « Tu as toujours été modeste dans tes dépenses, je ne veux absolument pas que nous nous transformions en gros richards et que quoi que ce soit change dans notre vie. Je continuerai à aider les pauvres de la même manière que je l'ai fait. » Le lendemain, il se rendit en ville et, en revenant pour le déjeuner, nous fit savoir que, sous l'influence de Khessine, il avait signé une lettre par laquelle il renonçait à cet argent*. Beaucoup de cancans circulaient autour de moi, *cette dame* répandait les bruits les plus invraisemblables et je ne le crus pas mais, comme toujours, je laissai de côté la question de mes intérêts personnels. Le poète Sourkov me racontera, après la mort de Boria, qu'il avait lui-même vu la lettre en question. Mais j'étais trop angoissée alors par son état de santé et je chassais de mon esprit tout ce qui y était étranger.

Nous avions une vieille voiture, une Pobiéda qui marchait depuis huit ans déjà et tombait constamment en panne. Boria me dit que cette voiture lui empoisonnait la vie, qu'il était toujours inquiet lorsque nous la prenions, et se mit à insister pour que nous en changions. Il me donnait pour le ménage 10 000 roubles par mois* et j'avais réussi à économiser dessus environ 20 000. Le 14 avril 1960, quelques jours avant la date prévue pour notre départ en Géorgie, nous apprîmes que l'on vendait dans la ville de Vladimir une Volga neuve pour la somme de 45 000. Cela ne suffisait pas, je ne voulais pas toucher à mon livret de caisse d'épargne et je m'en ouvris à Boris. Il partit se promener et je fus stupéfiée de le voir rapporter, le soir même, les 25 000 roubles manquants. Une pensée me traversa l'esprit : n'était-ce pas *de cette dame* qu'il les avait obtenus ? Pleine d'inquiétude, je lui demandai où il les avait trouvés. Cela avait été, d'après lui, pour sa traduction de *Faust*, qui devait incessamment être rééditée. J'ai déjà dit que je vivais, depuis trois ans, dans une complète ignorance de ses affaires matérielles et je ne savais pas si je devais le croire ou non. Je lui fis franchement et ouvertement part, le lendemain matin, de mes doutes et de l'inquiétude que m'inspiraient ses affaires avec *cette dame*. « Je ne veux rien d'illégal, lui dis-je, et si tu as renoncé à cet argent en provenance de l'étranger, il faut être fidèle à ta parole. Notre vie, au seuil de la mort, doit être propre et je préfère encore avoir faim. Je me rappelle avec plaisir l'époque où nous dormions tous les deux, sans le moindre argent, sur le plancher de l'appartement de ton frère. Et toute ta vie tu as été d'une propreté remarquable. »

Une explication orageuse s'ensuivit et il me donna sa parole de n'assombrir par rien ni ma vie ni celle de Lionia. Je me rendis donc avec Lionia à Vladimir pour acheter la voiture. Lorsque nous en revînmes le soir avec notre acquisition toute neuve, Boria sortit sur le perron et nous accueillit joyeusement : « Cette voiture, nous dit-il, me prolongera la vie : je ne serai plus aussi inquiet pour vous. »

[LE CALVAIRE FINAL]

Le premier jour de Pâques, qui était le 17 avril, une Allemande nommée Renata Schweitzer* était venue chez nous. Nous avions à déjeuner des Géorgiens : Tchikovani et Jguenti, avec leurs femmes. Boria se sentait bien à table et but même du cognac. Après le déjeuner, il alla raccompagner Renata à la gare. En rentrant à la maison, il se dévêtit en geignant dans l'entrée. « Que ce manteau est lourd ! » l'entendîmes-nous dire. Nina Alexandrovna et moi étions angoissées de le voir si pâle. Le 20, Renata vint nous dire au revoir avant de repartir en Allemagne. Boria voulait aller avec elle voir *Marie Stuart* au théâtre mais je protestai et lui dis qu'à mon avis il fallait l'éviter, et que je m'étonnais qu'il fût assez insouciant pour se laisser voir dans un endroit public en compagnie d'une Allemande. Renata s'excusa et il alla de nouveau la conduire à la gare. À son retour, il se sentit mal. Nina Alexandrovna l'accompagna dans son bureau et il lui dit : « N'effrayez pas Zina et Lionia, mais je suis persuadé d'avoir un cancer du poumon, j'ai affreusement mal à une omoplate. » Nous le mîmes immédiatement au lit et fîmes venir au matin le docteur Samsonov. Il découvrit un dépôt d'urates et prescrivit un régime et même un peu de gymnastique. Il interdit le dîner de onze heures avant de se mettre au lit, mais lui permit de descendre déjeuner et d'aller seul aux toilettes (ce qui causa à Boria une grande joie), et même de sortir un peu se promener. Je priai Samsonov de revenir le voir tous les deux jours. Le 25, Boria se sentit très mal et nous annulâmes le voyage en Géorgie. Je le couchai en bas, au salon de musique. Il utilisait encore les waters, où je le conduisais en le tenant sous le bras. Au retour j'étais presque obligée de le traîner sur mes épaules et il perdait connaissance tellement il avait mal.

Samsonov venait chez nous tous les deux jours. On fit à Boria, sur mon insistance, un électrocardiogramme à domicile auquel Samsonov ne trouva rien à dire. Mais son état ne s'améliorait pas. Je fis venir Bibikova, l'assistante de ce professeur Vottchal qui avait soigné Boria lors de son premier infarctus à l'hôpital Botkine (lui-même n'était pas à ce moment-là à Moscou). Elle diagnostiqua une angine de poitrine et lui prescrivit de garder strictement le lit. Le 6 mai, je téléphonai à Choura et lui demandai de venir habiter à Pérédielkino parce que l'état de Boria ne me plaisait pas et que j'étais extrêmement inquiète pour lui. De ce jour et jusqu'à la fin de Boria, son frère demeura à Pérédielkino. Le 7 mai, je fis venir Kontchalovskaya, un autre médecin. Elle nia l'infarctus et lui permit de se lever pour aller sur le bassin. La nuit du 8 se passa mal : Boria eut des vomissements, des accès d'arythmie et je dus appeler une infirmière pour lui faire une injection de pantopon.

Nous prîmes contact avec Foguelson, qui fit faire toutes les analyses et demanda un nouveau cardiogramme. Quand tout fut prêt, il arriva à Pérédielkino et diagnostiqua un sévère infarctus bilatéral. On envoya du Fonds littéraire, pour veiller en permanence sur le malade, le médecin Anna Naoumovna Golodiets. On s'arrangea de manière non officielle pour avoir 24 heures sur 24, par roulements, la présence d'infirmières de l'hôpital du Kremlin, qui faisaient à Boria des piqûres sédatives. Malheureusement les douleurs ne disparaissaient pas et il souffrait beaucoup. Me rappelant combien son premier infarctus s'était déroulé paisiblement, je me méfiais de Foguelson et nous organisâmes pour le 16 une concertation médicale à laquelle, en plus de Foguelson et d'Anna Naoumovna, participaient Chpirt et le chirurgien Petrov. J'y étais également présente. Petrov n'arrêtait pas de poser des questions sur d'éventuelles douleurs d'estomac dont B. L. aurait pu se plaindre [...]. Je lui avais fait passer une radio cinq années plus tôt mais on n'avait rien découvert. Je devinai aux questions orientées de Petrov qu'il soupçonnait la possibilité d'un cancer.

Le sang de Boria s'était mis à se détériorer rapidement. Le taux d'hémoglobine tombait, tandis que la réaction d'agglutination des globules rouges ne cessait d'augmenter, et les mouchoirs dans lesquels il graillonnait étaient ensanglantés. Je fis venir avec d'énormes difficultés un appareil de radioscopie, pour lequel j'obtins l'aide de Yé. Tager, célèbre radiologiste. On fit le cliché et, deux heures plus tard, son verdict tombait : Boria avait un cancer du poumon gauche, ce qui signifiait une issue inéluctable. Je craignais d'entrer dans la chambre où il était couché de crainte que mon visage éploré ne lui révélât la réalité de la situation. L'Union des écrivains* essayait entre-temps de le faire hospitaliser. Avant même de lui faire passer sa radio, j'avais tenté de l'amener à accepter l'idée d'une hospitalisation : malgré les excellentes liaisons avec Moscou, il fallait quand même une heure ou une heure et demie avant qu'une voiture n'amenât médecins ou médicaments indispensables. J'avais une peur panique de ma responsabilité si je devais garder à la datcha un malade tel que lui. Mais il refusait catégoriquement d'aller à l'hôpital et, lorsqu'une ambulance était venue le chercher pour l'emmener à l'hôpital du Kremlin où une chambre lui avait été réservée, il m'avait demandé de patienter, me répétant à plusieurs reprises qu'il mourrait bientôt et nous délivrerait de tous les tracas. J'avais dû aller trouver les médecins, venus exprès pour lui, et refuser leur aide. Puis, lorsqu'on apprit la vérité sur son cancer du poumon, je déclarai à tout le monde chez nous que, puisqu'il était dans un état désespéré, je ne le laisserais aller nulle part. Une deuxième ambulance arriva pour le conduire à Sokolniki et je refusai de nouveau.

Au cours de sa maladie, qui dura un mois et demi, bien des gens nous rendirent visite. Nous vîmes à la maison Akhmatova, de jeunes poètes, Zoïa Masliénikova, Yé. Tager. De leur côté Nina Tabidzé, Choura et Irina campaient chez nous en permanence. Mais dans sa chambre, Boria ne recevait ni ne voulait voir personne. Comme il avait dit, il aimait tout le monde mais il n'était plus là : il y avait à sa place une espèce de gâchis du ventre et des poumons, et ce gâchis ne pouvait aimer personne. Les infirmières se relayaient en permanence pour l'assister mais, chaque fois que l'on devait lui apporter des soins, il insistait pour que je fusse là. Je lui demandai à plusieurs reprises s'il ne voulait pas voir Ivinskaya*. Je lui disais : « Maintenant cela m'est égal, je peux la laisser entrer et avec elle cinquante reines de beauté. » Mais il refusait catégoriquement et je ne pouvais le comprendre. Je pensais qu'il ne voulait pas me causer de peine avant de mourir et je priai Nina Alexandrovna d'arranger en dehors de moi un rendez-vous avec Ivinskaya. Mais il dit à Nina Alexandrovna qu'il ne le voulait pas et si elle l'apercevait à l'extérieur, de ne pas lui adresser la parole. Avait-il été déçu par elle, ou leurs relations s'étaient-elles détériorées, je ne sais, mais je continuais à ne pas le comprendre et trouvais cela monstrueux. Elle venait souvent en larmes au portail mais chaque fois Alexandre Léonidovitch sortait la prier, de la part de son frère, de ne plus revenir. Et c'était moi, malgré toute mon antipathie pour elle, qui étais prête à la laisser entrer. Comme me le dit Boria, s'il ne voulait pas aller à l'hôpital, c'était parce qu'elle serait venue l'y voir. Il ne cessait de me répéter : « Pardonne-moi de t'avoir épuisée en t'obligeant à t'occuper de moi, mais je vais bientôt te libérer et tu te reposeras. » Il ne comprenait pas que, si j'avais voulu antérieurement l'envoyer à l'hôpital, par peur des responsabilités, la situation avait bien changé depuis le diagnostic de son cancer au poumon, et que je savais avec certitude qu'il mourrait : j'avais complètement abandonné l'idée de l'hôpital. Il me répéta plus d'une fois qu'il souhaitait mourir dans mes bras.

Les concertations médicales entre professeurs avaient lieu un jour sur deux. Le sang se détériorait de manière catastrophique : lorsqu'il s'était alité, le taux d'hémoglobine était de 80 et, en un mois et demi, il était descendu à 38. L'hématologue Kassirski vint pratiquer une analyse directement sur une tumeur qui était apparue sur une des clavicules. Lorsqu'il eut connaissance des résultats de l'analyse, il renonça à l'examiner : le tableau était clair et il ne restait selon lui à Boria que cinq jours à vivre. Ce fut le seul médecin qui, en partant, refusa toute rémunération, au prétexte qu'il ne pouvait plus rien faire. Je demandai à Kassirski comment je pouvais alléger les souffrances de ses dernières journées et il me répondit : « Donnez-lui tout ce qu'il voudra à manger (jusque-là le régime était très strict) et essayez de faire une transfusion de sang. » J'entamai les démarches nécessaires à une transfusion. Une femme médecin qui devait la pratiquer vint examiner le malade. Boria plaisantait encore et me dit lorsqu'elle fut partie : « Cette femme est vraiment une originale. Elle s'est mise à critiquer ma peau, mes yeux, comme si elle s'attendait à voir un jeune Cupidon et avait été déçue. » Il avait dit cela d'une manière si amusante que je me mis à rire avec lui. Le lendemain 28 mai, on lui fit une première transfusion de sang et il se sentit mieux. L'hémoglobine remonta de deux dixièmes. Il me sembla même que son visage avait repris du rose et que ses yeux s'étaient remis à briller. Il me demanda qu'on lui fît au plus vite une seconde transfusion mais le lendemain, samedi, c'était impossible : on ne peut pas faire de transfusion tous les jours. Et malgré nos efforts personne ne put venir dimanche, et nous la remîmes au lundi 30.

Le lundi matin, il se sentait relativement bien et me demanda même, comme toujours, de lui refaire une beauté et de le peigner soigneusement. Il fit des caprices pendant que je le peignais, en exigeant que je refasse autrement sa raie. Popov, qui venait chaque jour, arriva à son tour. Il avait décelé une amélioration dans l'état du cœur et j'obtins de lui qu'il revînt dans la soirée pour assister à la seconde transfusion. Plus tard arrivèrent les médecins et les infirmières avec l'appareil à transfusion mais je trouvai qu'ils étaient bien longs à se préparer dans la salle à manger. Il me sembla aussi, mais peut-être n'était-ce qu'une impression, qu'ils étaient intrigués par quelque chose. Je pensai même qu'ils n'avaient peut-être pas apporté le sang qui convenait, ou que l'appareil était en mauvais état. Boria m'appela plusieurs fois pour me demander pourquoi ils traînaient autant. Il était très pressé et fondait visiblement de grands espoirs sur cette seconde transfusion. La préparation dura de cinq heures à neuf heures et de nouveau il me sembla (je le souligne car, dans l'état où j'étais, cela pouvait être une illusion de ma part) qu'ils n'étaient pas sûrs d'eux. On me fit sortir pendant la transfusion. Je me tenais derrière la porte entrouverte. À peine lui avait-on fait entrer trois gouttes dans le corps qu'une petite fontaine de sang lui jaillit de la bouche. Je compris que c'était la fin, mais ils achevèrent la transfusion, qui dura une demi-heure. Tous partirent sauf Popov, qui attendit un peu avant de prendre congé de moi et me dit : « Je n'ai plus rien à faire ici, dans dix minutes il sera mort. » Je m'étonnai qu'il ne restât pas mais il ajouta : « Je n'ai pas le pouvoir de sauver Boris Léonidovitch, c'était une hémorragie pulmonaire. »

À neuf heures et demie, Boria me fit venir, pria tous les autres de sortir et commença à me faire ses adieux. Ses dernières paroles furent : « J'ai aimé la vie et toi, mais je quitte la vie sans aucun regret : il y a trop de laideur non seulement chez nous mais dans le monde entier. Je ne pourrai pas de toute façon m'y résigner. » Il me remercia pour tout, m'embrassa et me pria d'appeler au plus vite les enfants. En parlant avec moi il avait encore toute sa voix, mais à l'arrivée de Lionia et de Génia, sa voix s'affaiblissait déjà nettement. Le médecin et l'infirmière n'arrêtaient pas de lui faire des piqûres pour lui soutenir le cœur. Le ballon d'oxygène les aurait gênés pour les piqûres, aussi c'était Stassik qui donnait et gonflait constamment les ballons. Il n'y eut pas d'agonie et, visiblement, il ne souffrit pas. Aux enfants, il dit qu'il n'aurait pas le temps de revoir sa sœur Lida* (que l'on avait fait venir à sa demande d'Angleterre), mais qu'elle était au courant de toutes ses dispositions financières et que ses enfants auraient une part. Après chaque phrase avait lieu une pause dans la respiration et ces pauses se faisaient de plus en plus longues. Il y eut vingt-quatre pauses de ce type et à la vingt-cinquième, sans avoir achevé sa phrase, il cessa de respirer. C'était à onze heures vingt minutes.

Je le lavai et l'habillai avec l'aide de Tania, ma femme de ménage, et nous l'allongeâmes, en attendant l'arrivée du cercueil, sur un lit de camp. Je pleurai le défunt en compagnie de Nina Alexandrovna, Choura et Irina, ainsi que Stassik (Lionia et Génia étaient allés en ville faire part de la nouvelle), et à trois heures du matin Anna Naoumovna nous donna à tous un somnifère. Elle resta à dormir chez nous en compagnie des deux infirmières. Au moment où nous nous couchions, une voiture inconnue stationnait devant notre portail. À cinq heures, je me réveillai en raison du bruit qui se faisait devant le perron. C'était le journaliste américain Shapiro, venu recueillir des renseignements sur la mort de Pasternak. Choura ne savait pas que c'était lui et poussait de grands cris en s'indignant du manque de tact de son intrusion.

[L'ENTERREMENT]

Une semaine avant sa mort, Boria avait souhaité que Katia Krachennikova nous obtînt chez nous la célébration d'un office des morts. Mais je lui avais alors répondu que je me passerais d'elle et lui avais promis de faire venir n'importe qui d'autre, fût-ce le patriarche. J'étais remontée contre Krachennikova, dont j'avais appris qu'elle répandait de faux bruits selon lesquels, deux ou trois mois avant de tomber malade, Boria avait soi-disant consulté un médecin qui, après lui avoir fait passer une radio des poumons, lui aurait dit sans fard qu'il avait un cancer du poumon. C'était un mensonge patent : Boria n'allait jamais voir de médecins sans moi. Il ne pouvait supporter ni médecins ni rayons X, et il fallait toujours l'y traîner de force. J'eus plus tard la confirmation de mes suppositions. J'aurais pu en effet penser qu'il était allé passer une radio avec Ivinskaya, mais je découvris après sa mort un billet de *cette dame*, où celle-ci écrivait que toute sa maladie était d'origine nerveuse, que ce dont il avait besoin était de bien se reposer, de faire un séjour dans une maison de santé, de changer de cadre, et qu'il en avait sans doute assez de Nina Alexandrovna, Katia Krachennikova et autres femmes du même type. Le « même type » se rapportait probablement à moi. En lisant ce billet, je compris combien il me faisait confiance. Chacun voulait s'attribuer un rôle important et répandait autour de lui toutes sortes de faux bruits et de légendes. Je n'avais cessé de m'étonner qu'après avoir eu connaissance d'un diagnostic aussi grave, Krachennikova ne m'eût rien dit, pas plus qu'aux enfants. On aurait pu en pareille hypothèse empêcher tant de choses ! De ce jour je demandai qu'on ne laissât plus entrer à la maison cette « Marie Madeleine ». Elle avait tout le temps des icônes à la main et passait son temps à l'église, mais n'hésitait pas à mentir, ce qui est le pire des péchés.

Chaque jour, Zoïa Afanassievna Masliénikova venait nous voir. Je lui demandai de m'aider à faire venir chez nous un prêtre et un diacre pour onze heures du soir. J'étais moi-même contre l'office des morts mais la demande de Boria était une chose sacrée. On prit son masque mortuaire le 31 mai et on embauma le corps. On apporta le cercueil, nous l'y transférâmes et alors commença le défilé interminable des journalistes, étrangers et soviétiques. Le Fonds littéraire nous avait envoyé deux ordonnateurs des pompes funèbres. S'étant enfermés avec moi, ils me demandèrent comment je voyais les funérailles. « Pendant la cérémonie civile, leur dis-je, je souhaite qu'il y ait de la musique sans discontinuer. » Youdina avait donné son accord pour jouer le trio préféré de Boria, avec violon et violoncelle. Stassik devait interpréter la *Marche funèbre* de Chopin et Richter celle de la symphonie* de Beethoven. Les ordonnateurs étaient très inquiets, craignant des discours provocateurs. « Je suis très tranquille, leur dis-je. Je m'efforcerai de diriger la cérémonie de manière aussi calme et modeste que l'a été sa propre vie. »

La levée du corps avait été fixée à trois heures de l'après-midi du 2 juillet. Il n'y avait pas eu d'annonce dans les journaux et la nouvelle s'était simplement répandue de bouche à oreille*; pourtant une file interminable de gens avançait en direction de la datcha. Le cercueil reposait dans la salle à manger et avait été entièrement recouvert de fleurs. Personne n'aurait même imaginé de crier quoi que ce fût. La musique se faisait entendre en permanence et de nouveaux arrivants ne cessaient d'affluer. Les choses avaient tourné comme je l'avais imaginé : la maison était empreinte d'une atmosphère paisible et profondément respectueuse, que nul n'osa perturber par des discours. Il était impossible d'arrêter le flot humain. Plusieurs fois, les ordonnateurs vinrent me trouver pour me demander d'interrompre l'accès au corps mais je refusai catégoriquement et les tranquillisai : tout se passait avec tant de noblesse et de solennité que leurs craintes étaient vaines. On avait fixé à quatre heures et demie, délai maximum, la fin de la levée du corps et, de la sorte, un grand nombre de gens purent lui faire leurs adieux. Selon des journalistes qui se tenaient à l'entrée on compta environ quatre mille visiteurs. Le Fonds littéraire avait envoyé une couronne* avec l'inscription « Au membre du Fonds littéraire B. L. Pasternak, de la part de ses camarades ». Celui qui l'avait apportée était ce même Ariy Davydovitch* qui, quinze ans plus tôt, avait enterré Adik. Un corbillard arriva et les ordonnateurs insistèrent pour que l'on mît le cercueil à l'intérieur afin de le porter au cimetière. Mais Lionia, Génia, Stassik et Fiédia (le neveu de B. L.) déclarèrent sans discussion possible qu'ils porteraient eux-mêmes le cercueil sur leurs épaules. Les ordonnateurs me prirent à nouveau à part et me dirent : « On ne peut pas permettre cela, il va y avoir des manifestations.

— Je vous donne ma tête à couper, leur répondis-je, qu'on ne volera pas le corps et que personne ne tirera de coups de feu ; la procession sera composée d'ouvriers, de jeunes écrivains et de paysans des environs. Tous l'aimaient et le respectaient beaucoup et, parce qu'on l'aimait et qu'on le respectait, personne n'osera troubler la cérémonie. »

Il en fut ainsi. Lionia et Génia marchaient devant sans se faire relayer ; Stassik et Fédia, qui les suivaient, alternaient avec des jeunes gens. J'étais la première derrière le cercueil, soutenue par Livanov qui est grand et fort. Son premier souci était de jouer des coudes pour qu'Ivinskaya, sa fille et les amies de celle-ci, qui faisaient tous leurs efforts pour passer devant, ne me repoussent pas. Une foule énorme nous attendait au cimetière. Le cercueil fut posé à côté du trou et notre grand ami le philosophe Asmus prononça un discours*. Il souligna, ce qui me plut beaucoup, que Pasternak n'avait jamais su se reposer, qu'il travaillait énormément, pour les autres et pour lui, que c'était un démocrate, qu'il aimait les personnes simples et savait parler avec elles. Le silence régnait au cimetière ; tous écoutaient attentivement. Puis l'acteur Goloubientsev récita le poème « Si j'avais su quand sur la scène...* ». On entendit des ouvriers qui nous connaissaient bien crier que Pasternak avait écrit un roman où « il avait dit la vérité, mais des débiles l'avaient interdit ». Les ordonnateurs se précipitèrent de nouveau vers moi pour me demander d'écourter les discours, mais je leur dis qu'il n'y avait rien de terrible dans ce qui avait été crié. Ils étaient si inquiets qu'ils me faisaient pitié. Je les priai d'annoncer que l'on pouvait s'approcher pour dire adieu à Boria et que dans dix minutes on descendrait le cercueil dans la fosse. Une phrase me trottait dans la tête, que ceux qui ne l'avaient pas connu auraient trouvée paradoxale : « Adieu, vrai grand communiste, tu as prouvé par ta vie que tu étais digne de cette appellation. » Mais je ne la dis pas à voix haute. Une dernière fois, je l'embrassai. On descendit le cercueil, des mottes de terre s'écrasèrent sur le couvercle, je me sentis mal et on m'emmena en voiture à la maison. Ce qui se passa ensuite au cimetière, je l'ignore. On me raconta plus tard que les gens étaient restés autour de la tombe jusque tard dans la soirée et que certains avaient récité ses poèmes*.

(On nous avait annoncé, après le prix Nobel, qu'il y avait eu en ville des « manifestations » contre Boria, et qu'il pouvait aussi s'en produire à Pérédielkino. Je craignais beaucoup pour sa vie et ne le laissais pas franchir le portail. L'incident suivant eut un jour lieu : trois jeunes complètement ivres, visiblement arrivés de Moscou, essayèrent de pénétrer dans notre cour. La cité des écrivains de Pérédielkino avait depuis quinze ans pour gardien un certain Smirnov, membre stagiaire du Parti. Il sortit à la rencontre des jeunes gens et leur dit que, s'ils ne partaient pas, il allait prendre son fusil et tirer : tant pis s'il passait en justice. J'entendis la phrase suivante, qui me fit sourire malgré la situation dramatique où Boria se trouvait : « Vous savez chez qui vous allez ? Mais c'est Lénine ! » Les autres furent si abasourdis qu'ils s'éloignèrent aussitôt. J'ai souvent pensé que Boria n'était peut-être pas Lénine mais que c'était un vrai communiste. Il se considérait toujours comme du même niveau que les petites gens, savait leur parler, trouvait toujours pour ceux qui étaient dans le malheur de bonnes paroles, ne ménageait ni ses conseils ni sa bourse et, même extérieurement, s'efforçait de ne pas se distinguer d'eux. En ces journées d'angoisse et de crainte, les ouvriers et les paysans des environs le plaignaient, lui serraient chaleureusement la main lorsqu'ils le rencontraient et lui prodiguaient des paroles encourageantes. Et je ne fus pas étonnée lorsque au cours de son enterrement un des ouvriers présents prit la parole au cimetière et s'écria : « Tu étais pour nous un grand ami. Tu as certainement écrit un bon roman, que des êtres débiles ont interdit. Et nous te faisons confiance pour y avoir dit la vérité. » Mais des représentants du Fonds littéraire vinrent alors vers moi et me demandèrent, la voix pleine d'inquiétude, de faire cesser les discours. À côté de moi se tenait Asmus, à qui je confiai le soin de dire à la foule que le défunt n'aimait ni les discours ni les réunions publiques et que nous l'invitions à mettre le cercueil en terre. Je jetai une poignée de terre, me sentis mal, Livanov me retint et il me ramena en voiture à la maison.

Lorsque Boria gagnait beaucoup d'argent grâce à ses traductions de Shakespeare et à leurs mises en scène, il distribuait aux pauvres tout l'argent qu'il nous restait après le ménage. Il me priait de le supporter parce que, me disait-il, l'exigence charitable faisait partie de sa nature. Les multiples reçus que l'on trouva chez lui après sa mort témoignèrent éloquemment du grand nombre de personnes qu'il aidait et entretenait.)

[LYDIA LÉONIDOVNA]

Trois jours après les funérailles arriva sa sœur Lida. Elle serait naturellement arrivée à temps si le conseil que j'avais donné aux enfants avait été suivi. J'avais proposé, une semaine avant la mort de Boria, d'envoyer à Khrouchtchov un télégramme le priant de lui délivrer un visa d'entrée, avec le contenu suivant : « Cher Nikita Serguieïévitch ! Boris Léonidovitch est mourant et vous prie d'accomplir sa dernière volonté : lui permettre de voir sa sœur, qui habite l'Angleterre. » Mais, comme toujours, les enfants s'étaient crus plus intelligents et avaient fait preuve de scepticisme à l'égard de mon conseil. Ils envoyèrent cependant, mais avec du retard, le télégramme. Il faut croire que cela servit à quelque chose puisque Lida obtint, immédiatement après, l'autorisation de venir. C'était la première fois que je la voyais. En ce qui me concernait, elle me plut beaucoup et je trouvai chez elle beaucoup de choses en commun avec Boria. Choura et sa femme, qui ne l'avaient pas revue depuis quarante-deux ans, voulaient naturellement parler de tout avec elle, en particulier de la dernière période de vie de leur frère. Lida était venue avec sa fille de quinze ans et nous dûmes la loger dans le bureau de Boria.

Je racontai à Lida ses derniers jours, sa maladie et sa mort, et lui laissai ensuite toute latitude pour bavarder jusqu'à plus soif avec Choura et Irina. Une fois de plus, un sentiment de fierté et de modestie me poussa à me mettre au second plan et à les laisser seuls. Choura était présent au moment de la mort de Boria et l'avait entendu dire, alors qu'il faisait ses adieux à ses enfants, qu'il avait donné des instructions à l'étranger, que les enfants de Lida auraient une part et que celle-ci était au courant de tout. Ces phrases avaient été les dernières avant sa mort. Or nous apprîmes de Lida qu'elle n'était au courant de rien et n'avait pas reçu d'instructions de Boria.

En descendant du bureau pour déjeuner, elle manifesta le désir de rencontrer immédiatement Ivinskaya. Comme nous ne la recevions pas chez nous, Lida décida de lui téléphoner afin de lui fixer un rendez-vous au cimetière. Leur rencontre eut lieu le lendemain. Elle nous raconta tout à son retour. Elle avait entendu parler, par Alexandre Léonidovitch et Irina Nikolaïevna, de son immoralité, mais elle ne lui avait pas, personnellement, fait une telle impression. Selon Lida, elle avait pleuré et lui avait dit qu'on ne la recevait nulle part, qu'on ne la considérait pas comme un être humain, mais que toutes les affaires matérielles étaient entre ses mains et que, tant qu'on n'aurait pas avec elle des rapports normaux, on ne pouvait attendre d'elle rien de bon. Ivinskaya dit à Lida qu'elle n'avait jamais reçu d'instructions de la part de Boria. Je fus très étonnée par Lida : elle nous conseillait de nous réconcilier avec Ivinskaya et d'être en bons termes avec elle de crainte d'une vengeance de sa part. Ce à quoi je répondis à Lida : « Je préférerais laver le linge sale des autres plutôt que d'accepter une aide venant d'elle. »

Lida me dit qu'elles n'avaient pas abordé dans le détail les « affaires matérielles » mais qu'elles avaient l'intention de se revoir. Tout le monde fut ensuite très étonné lorsque Ivinskaya évita par tous les moyens de la rencontrer. Une semaine plus tard, Lida repartait pour l'Angleterre sans l'avoir revue. Il ressortait de tout cela que Lida n'avait pas reçu d'instructions de Boria. Or il y avait là un mensonge qui ne venait naturellement pas de Lida mais, bien sûr, d'Ivinskaya. J'avais parfois l'impression qu'Irina et Choura ne me disaient eux aussi qu'une partie de la vérité...

Je n'ai jamais été matérialiste. Sur ce point également j'étais en accord avec Boria. Toute sa vie, il avait aidé les autres. Nombreux étaient ceux qui avaient constamment été à sa charge* : sa première femme, avec leur fils, et sur le même plan qu'elle N. A. Tabidzé, Akhmatova, la fille de Marina Tsvétaïéva, Ariadna, la sœur de Marina Assia, Stassik. Je n'osais jamais protester. Boria jouissait dans ce domaine d'une totale liberté et m'en remerciait constamment. Il gagnait de très grosses sommes mais cela ne m'avait pas pour autant rapporté de diamants. Ni lui ni moi n'aimions dépenser de l'argent pour nous, ni n'accordions de l'importance à notre tenue. Mes amis et connaissances me reprochaient mes toilettes trop modestes. Selon eux, je ne savais pas me mettre en valeur. Ils me blâmaient de ne pas assez me préoccuper de l'apparence extérieure de Boria. Je n'arrivais en fait à lui acheter de nouveaux vêtements que lorsqu'il était à l'hôpital ou bien en déplacement. Je jetais tous ses costumes déchirés et lui en achetais de neufs sans qu'il fût lui-même présent, mais lorsqu'il rentrait, au lieu de me remercier, il me faisait plutôt des reproches. Je ne trouvais cependant pas utile de l'expliquer à mes amis et connaissances : de toute façon ils ne m'auraient pas crue.

Le 4 juillet, Nina Alexandrovna Tabidzé m'emmena presque de force en Géorgie. Je quittais une maison en plein désordre. Les médicaments étaient mélangés au linge sale, les armoires dans un désordre total. Je n'avais guère eu le temps, pendant sa maladie, de mettre de l'ordre. Après, j'étais terriblement fatiguée, je m'endormais même en essayant ma robe de deuil, au point que le tailleur s'étonna que je fusse aussi indifférente à ma mise. Je dus donc tout laisser en l'état et partir me refaire un minimum de forces.

Il faisait à Tbilissi une chaleur folle et nous décidâmes que je me procurerais trois bons de séjour à Kobouléty et ferais venir Stassik et Lionia. Au quarantième jour de la mort de Boria, on organisa en Géorgie un repas funéraire en son honneur. Le poète Léonidzé invita une trentaine de personnes à sa datcha. Il y avait là tous les écrivains géorgiens anciens amis de Boria, et aussi Stassik et Lionia, arrivés de Moscou le même jour. Le repas fut très touchant : chacun évoquait sa mémoire, on lisait ses poèmes et on but une grande quantité de vin. Nous passâmes ensuite un mois et demi à la maison de repos de Kobouléty.

Le 15 septembre, je rentrai à Moscou avec Lionia. Je retroussai mes manches et attaquai le tri des vêtements, des médicaments, des manuscrits. Je dactylographiai tout ce qui était écrit à la main et emballai ensuite les manuscrits dans du papier fin. J'avais une quantité de travail inouïe mais cela m'apportait un soulagement. Il me semblait constamment qu'il était vivant et que je bavardais avec lui. La première chose que je fis fut de dépouiller les lettres qu'il m'avait adressées. Il y en avait 75 et je les recopiai toutes. Je crus revoir nos premières rencontres. Les tableaux qui se dressaient devant moi étaient si lumineux que j'en pleurais. Les manuscrits étaient peu nombreux. Il n'aimait pas en garder et, comme je l'ai déjà dit, nous devions parfois, Lionia et moi, les retirer du foyer de la chaudière à eau que nous avions dans la salle de bains et où il les fourrait. Il se fâchait contre nous, disant qu'on ne devait jamais conserver à la maison de choses aussi stupides et encombrantes. Un grand nombre de manuscrits était également tombé entre les mains de Kroutchonykh, avec qui Boria les échangeait contre du papier neuf. Je n'aimais pas cet homme, que je considérais comme un individu malpropre. Il s'était mêlé de nos affaires intimes au moment où l'aventure sentimentale de Boria et d'Ivinskaya ne faisait que commencer et, lorsqu'on arrêta celle-ci pour la première fois, il dit devant Boria : « J'imagine combien Zinaïda Nikolaïevna doit être heureuse », ce à quoi Boria lui avait répondu : « Zinaïda Nikolaïevna me ressemble beaucoup et je ne vivrais pas avec elle si elle était capable de se réjouir du malheur d'autrui. »

Une autre fois (Ivinskaya n'avait pas encore été arrêtée), il était venu ruelle Lavrouchine en l'absence de Boria et s'était permis de s'étonner que je fusse encore là en qualité de femme de Pasternak car, à ce que (prétendait-il) il avait entendu dire par Ivinskaya, je n'étais plus là depuis longtemps. Cette ineptie me mit en fureur et je le flanquai dehors. Il avait cessé depuis ce jour de venir chez nous. Xénia Mikhaïlovna, la femme d'Assieïev, me racontera plus tard que Kroutchonykh jouait les entremetteurs et organisait des rendez-vous galants entre son mari et des gamines. Leur maison aussi était en plein drame, et Kroutchonykh faillit être l'instrument de leur séparation.

Parmi les œuvres manuscrites on découvrit[1] : la deuxième partie de son roman, *Esquisse autobiographique**, sa pièce *La Belle Aveugle** (brouillon) et le dernier cahier du recueil de vers *L'Éclaircie** (qu'il ne cessait de compléter, et lisait parfois aux invités, peu de temps avant sa mort). J'avais conservé des temps

---

1. Mme Irina Kozovoï, fille de Mme Olga Ivinskaya, nous prie à nouveau de préciser : il s'agit, sans doute, d'une partie quelconque du deuxième tome du roman et, en tout cas, de photocopies de feuillets dactylographiés, car les originaux se trouvaient en la possession d'Olga Ivinskaya et lui furent confisqués par le KGB lors de sa deuxième arrestation, ce dont témoignent les récépissés établis à cette occasion par cet organisme (conservés à l'heure actuelle dans les Archives littéraires de la Fédération de Russie = RGALI). *(N.d.E.)*

anciens le manuscrit de la seconde partie de *Sauf-Conduit*, le recueil de vers *Seconde naissance* et des reportages sur la guerre. Je ne mentionne naturellement pas ici les feuilles dactylographiées corrigées de sa main. Je mis tout cela soigneusement en ordre et le rangeai dans des cartons. Et comme les étagères à linge de l'armoire de son bureau étaient maintenant vides, je pus les remplir avec les cartons en question. Le travail, comme toujours, me sauvait des pensées tristes et de la solitude. Je m'endormais sans problème et me sentais physiquement bien.

J'appris le 8 septembre que l'on avait arrêté Ivinskaya. On disait qu'elle avait été arrêtée pour de sombres histoires de dollars[1]. Je ne savais ni ne comprenais rien, mais, une fois de plus, des faux bruits et des commérages entouraient ce nom. On racontait par exemple qu'au moment où on l'emmenait, elle s'était tournée vers sa mère en lui disant : « C'est Zinaïda Nikolaïevna qui a fait le coup. » Oh, si elle avait su que la seule mention de son nom me donnait l'impression physique que l'on m'avait sali ! Alors, surveiller sa conduite et m'amuser à la dénoncer... Je n'ai

---

1. Mme Irina Kozovoï, nous prie de préciser encore ceci : bien que Pasternak se soit efforcé de cacher à Zinaïda toutes les informations alarmantes et ne l'ait pas mise au courant de ses tractations financières, elle ne pouvait pas ne pas soupçonner qu'il recevait de l'argent de l'étranger, sinon comment une bonne ménagère comme elle aurait-elle pu s'expliquer pourquoi toute leur maisonnée vivait dans l'aisance, alors même que Pasternak n'avait pas de travail depuis deux ans ? C'est pourquoi sa plaisanterie sur les « cent paires de chaussures (p. 411) » s'explique par sa peur du KGB et son désir de se mettre totalement hors de cause. Ivinskaya fut arrêtée pour la deuxième fois le 16 août 1960. Comme on le sait, elle avait été chargée par Pasternak de s'occuper de sa correspondance officielle avec les éditeurs étrangers et recevait en même temps que lui les avances et droits d'auteur qui faisaient vivre les deux familles. Elle fut condamnée (en même temps que sa fille Irina Émélianova) à huit ans de camp en vertu de l'article 15 du Code pénal (pour avoir reçu les droits d'auteur du roman *Le Docteur Jivago* par des « voies illégales ») ainsi qu'à la confiscation de tous ses biens et effets personnels (non seulement les livres, manuscrits et lettres, mais aussi l'appartement, l'argent, les meubles, tous les objets personnels – vaisselle ou vêtements, y compris les bas et les chaussettes). Elle fut internée d'abord en Sibérie, puis en Mordovie. Ce procès eut un retentissement mondial (pour plus de détails, voir : *Le Dossier de l'affaire Pasternak*, Gallimard, 1994, surtout la lettre ouverte de Sergio d'Angelo à Alexieï Sourkov, p. 231, ainsi que l'article de l'avocat V. Kossatchevski, « Postface au roman », dans la revue *Moskva*, n° 10, 1988, et l'autobiographie d'Olga Ivinskaya, *Otage de l'éternité*).

Olga Ivinskaya fut libérée par anticipation en 1964 et, comme il a été dit plus haut, totalement réhabilitée en novembre 1988. *(N.d.É.)*

aucune idée de ce qui s'était passé. Au cours de son procès, deux membres des organes de sécurité* me rendirent visite, après m'avoir montré leurs cartes. On peut supposer qu'elle avait sali le nom de Boria, et le mien par la même occasion, au cours du procès et que ces hommes étaient venus vérifier ses déclarations. Lorsqu'ils me citèrent les nom, prénom et patronyme de *cette dame*, je répondis que je les priais de ne pas la nommer dans ma maison : pendant ses cinq dernières années de vie mon mari avait respecté mon exigence à cet égard et n'avait jamais prononcé son nom en ma présence. Je leur donnai toutes les clefs des armoires du bureau de Boria et les priai d'examiner sa garde-robe et ses affaires personnelles pour juger par eux-mêmes de la modestie de son train de vie : on pouvait presque parler de pauvreté. Ils me dirent que, d'après les déclarations qu'*elle* avait faites, Boria avait reçu de l'étranger cent paires de chaussures et cinquante manteaux [...]. Je réclamai une fouille immédiate mais ils refusèrent même de regarder lorsque je leur ouvris armoires et coffres afin de leur montrer ce qu'il y avait à l'intérieur. Ils me dirent qu'ils n'avaient pas besoin d'une fouille et me faisaient absolument confiance. Et tout en leur montrant le peu d'effets qu'il restait après lui, je leur racontai qu'on l'avait enterré dans un costume de son père, que Sourkov* lui avait rapporté d'Angleterre, et que Boria aimait beaucoup aider les pauvres et dépensait à contrecœur pour lui-même [...].

Je les priai une seconde fois de fouiller l'ensemble de la datcha, mais ils refusèrent de nouveau. En me quittant, ils me posèrent la question suivante : ils cherchaient 300 000 roubles qui, selon les déclarations de *cette dame*, se trouvaient chez moi. Était-ce bien exact ? Je leur dis en riant que je n'avais jamais vu une somme pareille. Quand Boria était malade, il était toujours très inquiet pour la situation matérielle et s'intéressait constamment à l'argent que je dépensais. Je leur dis qu'il m'avait fallu entamer le dépôt de 100 000 roubles que nous avions économisés à l'époque où nous roulions sur l'or et où les seules représentations théâtrales nous rapportaient 20 000 roubles par mois, ce qu'ils pouvaient aisément vérifier à la caisse d'épargne. Ils prirent très poliment congé de moi et me demandèrent la permission, au cas où ils en auraient besoin, de me rendre à nouveau visite. Je leur dis que je n'allais jamais nulle part et qu'ils pouvaient venir à la datcha le jour qu'ils voudraient. Mais trois ans se sont écoulés depuis et personne ne m'a plus dérangée à ce sujet.

[LA COMMISSION D'HÉRITAGE LITTÉRAIRE]

J'avais reçu un jour à Pérédielkino Vièra Vassilievna Smirnova* (la femme d'Ivan Ignatiévitch Khaltourine) qui m'avait conseillé, entre mille sujets de conversation, de créer une commission pour l'héritage littéraire de Pasternak. J'avais souvent la visite de Tamara Ivanova et cette dernière accepta de m'accompagner chez Tikhonov (qui avait lui aussi une datcha à Pérédielkino) afin d'étudier avec lui la question. Autrefois, dans les années trente, Tikhonov avait été très ami avec Boria et avec moi*. L'accueil que Tikhonov nous fit me frappa par sa sécheresse et son caractère officiel. Alors nous nous disions tu, voilà qu'il me vouvoyait et ne m'appelait plus Zina mais Zinaïda Nikolaïevna! Mais l'intérêt des affaires de Boria me fit ravaler ma déception et mon mécontentement. Je proposai mes candidats: Asmus, Nikolaï Valmont, Vsiévolod Ivanov, Ehrenbourg et moi, avec mes deux fils Lionia et Génia. Tous avaient très volontiers accepté et considéraient avec un grand enthousiasme l'idée de créer cette commission. Je proposai à Tikhonov la présidence de la commission mais il refusa net. Il était déjà membre de huit commissions et ne pouvait pas se charger d'une neuvième, mais il me conseilla d'adresser une demande au secrétariat de l'Union afin de donner à la commission un caractère légal. Il m'en dicta le texte et me promit de la transmettre personnellement au secrétariat et de tout faire pour qu'elle fût acceptée. Tamara Ivanova me conseilla de choisir comme président de notre commission son mari Vsiévolod*, lequel s'en montra ravi.

Avant même d'aller chez Tikhonov, je m'étais rendue seule chez Ehrenbourg*, et en étais ressortie mortifiée, non pas pour moi mais pour la mémoire de Boria. Ehrenbourg avait accepté de faire partie de la commission mais prétendait ne pas très bien voir de quoi elle s'occuperait ! Je dus lui expliquer que le but principal de la commission serait d'aider à la publication des œuvres originales et des traductions de Pasternak, ce à quoi Ehrenbourg me répondit, sans brutalité particulière mais en appuyant sur les syllabes : « La situation est très mauvaise et je doute fort que l'on arrive même à rééditer quelque chose. » Et abordant un autre sujet il se mit à parler de *Sauf-Conduit*, puis me dit son indignation à la lecture de sa dernière *Autobiographie**, où B. L. « reniait Mayakovski. Vous voulez parler, lui demandai-je, de ce passage où il dit qu'on s'est mis à implanter Mayakovski de force, comme on avait fait pour la pomme de terre au temps de Catherine* ? Mais, expliquai-je à Ehrenbourg, Boris Léonidovitch ne voulait pas dire par là que Mayakovski était une pomme de terre ! Il a souligné dans son *Esquisse autobiographique*, tout comme il l'avait fait dans *Sauf-Conduit*, la grandeur de Mayakovski dans la première partie de son œuvre. L'être humain, ajoutai-je, a pour habitude de changer d'opinion : ce n'est pas un cendrier (et je montrai le lourd cendrier en fonte d'Ehrenbourg), qui peut exister des siècles de suite sans se modifier ».

J'étais ressortie de chez Ehrenbourg étonnée de son attitude quelque peu bornée à l'égard de Boria. Je me retenais avec peine et me consolais en me disant que sa présence dans la commission donnerait du poids à celle-ci. J'allais oublier de préciser qu'Ehrenbourg me conseilla aussi de rayer les noms de mes fils et de ne laisser que moi, faute de quoi cela aurait fait trop de membres de la famille et la commission en aurait pâti. Je suivis ses conseils mais cela ne me parut pas correct : j'avais déjà soixante-cinq ans et, si je venais à mourir ou si j'étais en mauvaise santé, il aurait fallu que mes fils pussent me remplacer.

Je fus à nouveau étonnée par Lida. Apprenant que j'avais rayé les enfants de la commission, elle se montra indignée. Génia me donna la même impression. J'écrivis à Lida que je m'étais battue autant que je l'avais pu pour eux mais que cela n'avait rien donné en raison d'un refus catégorique de l'Union des écrivains. Une semaine plus tard, tous les membres de la commission reçurent la confirmation officielle de la composition de la commission, à laquelle on avait ajouté les noms suivants : A. A. Jarov*, le directeur des Archives centrales de littérature et d'art, You. A. Krassovski, S. S. Mestchan du Musée littéraire, le rédacteur A. I. Makarov et l'ex-ministre de la Culture M. B. Khraptchenko. Cela faisait finalement une commission de dix personnes au lieu de cinq. Il y eut quelqu'un pour ne pas apprécier que l'on ait choisi les membres de façon à ce qu'il y eût autant d'ennemis que d'amis de Boria. Mais cela ne m'inquiétait pas. Seule une composition équilibrée comme celle-là pouvait assurer autorité et objectivité aux décisions de la commission.

Une des personnes les plus proches de notre petite société était Nikolaï Nikolaïévitch Viliam-Valmont, frère de la femme d'Alexandre Léonidovitch. J'avais fait sa connaissance à Irpiègne en 1930. C'était un grand admirateur de Boris. Il aimait passionnément la musique, était cultivé, avait beaucoup lu et il était toujours intéressant de converser avec lui. À l'époque, pénible pour tous, de nos deux divorces, il avait montré beaucoup d'humanité à mon égard et m'avait donné des conseils utiles. Nous l'invitions invariablement à toutes nos soirées. Je fus très attristée lorsqu'il cessa de venir chez nous, peu avant le scandale du prix Nobel. La raison en était la suivante : Nikolaï avait traduit la *Marie Stuart* de Schiller pour le théâtre d'Art. Pour je ne sais quelle raison, on n'avait pas pris sa traduction et le théâtre avait envoyé chez nous Livanov et Markov demander à Boria de la faire lui-même. Son premier mouvement avait été de refuser : il ne voulait pas porter ombrage à son ami. Mais lorsque la traduction de N. N. avait été officiellement rejetée, il avait accepté. N. N. en avait été affecté et s'était vexé, et c'était certainement pour cela que nous ne l'avions plus vu chez nous pendant plusieurs années. Mais pour la première fois depuis notre brouille*, il était revenu à la datcha pendant la dernière maladie de Boria. Depuis, nos relations étaient redevenues ce qu'elles avaient été et il était entré dans la commission d'héritage littéraire.

Tamara Ivanova accepta d'être notre secrétaire de commission. C'était très pratique étant donné qu'elle habitait tout près de chez nous, à Pérédielkino. Elle avait le téléphone et je n'avais aucune difficulté à la contacter pour réunir les membres de la commission.

Tamara proposa de tenir notre première réunion à Moscou, dans son appartement, en novembre 1960. Le seul à manquer était Khraptchenko, alors à l'étranger. Le président Vsiévolod Ivanov prit le premier la parole et dit qu'il fallait oublier et pardonner tous les actes de B. L., pour ne voir en lui qu'un grand artiste. Ehrenbourg lui succéda. Il dit qu'il considérait comme indispensable de publier d'urgence un volume de poèmes choisis de Pasternak. On attribua à chacun une tâche. On décida de constituer des archives et de les concentrer en deux endroits : chez le président de la commission et dans la maison de Boris Léonidovitch. Jarov fut chargé d'envoyer au secrétariat de l'Union des écrivains la lettre contenant la décision de la commission. Après la réunion, Jarov me dit que Boris Léonidovitch était une personnalité très remuante et que lui, Jarov, avait risqué personnellement gros en l'invitant à déclamer des vers au Musée polytechnique à une soirée d'amitié des peuples slaves, en 1948. Le programme avait été fixé de manière très ferme et Pasternak avait, selon Jarov, récité deux poèmes qui n'étaient pas prévus : « Hamlet » et « Brûle le cierge »*. Je lui rappelai comment cela s'était passé. Boria avait tout récité selon le programme et ce n'est qu'après d'interminables rappels qu'il avait déclamé deux poèmes non prévus. J'étais là et je me souvenais parfaitement de tout. Mais Jarov s'exclama : « Vous avez oublié quelle époque c'était et comme je me suis fait taper sur les doigts ! » Cela me fit rire et je lui dis : « Finalement, tout s'est bien passé et aujourd'hui, en 1960, vous vous tenez devant moi parfaitement sain et sauf ! »

Il faut croire que le secrétariat avait pris une décision satisfaisante concernant le petit volume de vers. Le choix des poèmes avait été confié à Sourkov. Il y eut bien des inquiétudes, bien des indignations, que ce fût à lui, mais moi j'étais contente. Cela me semblait une garantie que les poèmes qu'il aurait choisis verraient le jour. On disait aussi que c'était ce même Sourkov qui rédigerait l'introduction. Cela, par contre, me chagrinait car je supposais que son article serait peu bienveillant. Mais je me rappelai les paroles de Boria, peu avant sa mort, disant qu'il préférait Sourkov à bien d'autres et que, même à l'époque où Sourkov l'attaquait, il lui semblait qu'il le faisait avec honnêteté, en accord avec ses origines et son esprit par essence révolutionnaire, et cette honnêteté semblait à Boria digne de respect. Sourkov comprenait mal et interprétait de travers de nombreux poèmes de Boria et je lui rappelai plus d'une fois dans nos conversations. Mais il écartait l'argument d'un geste : c'était donc qu'il s'était exprimé avec obscurité et Sourkov n'était pas coupable de les avoir compris ainsi.

On peut donner un autre exemple. Lorsque nous étions allés avec Boria à Ouzkoyé, après qu'il se fit soigner la jambe à l'hôpital du Kremlin, nous y avions trouvé Kornéli Ziélinski*. Il me déplaisait beaucoup et j'appelais tous ses écrits sur l'art une « romance tzigane ». Tout en lui me paraissait sans consistance. Le roman était déjà à l'étranger et Boria s'était fait de nombreux ennemis, et pourtant Ziélinski se conduisait avec une amabilité exceptionnelle. On nous avait donné une chambre moins belle que la sienne ? Il fit un beau boucan au centre de soins et dit au directeur que s'il ne nous échangeait pas notre chambre pour une autre, meilleure, il partirait sans achever de se soigner et nous laisserait la sienne. Comment le directeur pouvait-il ignorer que Pasternak était le plus grand poète de son époque et son nom connu dans le monde entier ? Le directeur serait déshonoré si l'on apprenait dans quelle chambre il avait logé Pasternak ! Or nous étions, Boria et moi, parfaitement satisfaits de notre chambre, qui était à proximité des toilettes. Les douleurs à la jambe n'avaient pas cessé et Boria n'avait pas à se déplacer. Nous refusâmes pour cette raison tout changement de chambre. Mais Ziélinski nous avait touchés par sa sollicitude et nous nous promenions fréquemment en sa compagnie. Un jour, Boria n'alla pas à la promenade et Ziélinski se colla à mes pas. Chemin faisant, il se mit à parler du « très bon » article sur Boria qu'il était en train de préparer*. Je lui dis qu'il avait tort d'écrire un article, même bien intentionné. Ce qu'il fallait, avant tout, c'était lire avec intelligence et comprendre correctement sa poésie. Je n'avais fait que des études supérieures incomplètes, mais c'était mon devoir de le lui dire en face : il ne comprenait pas toujours convenablement l'œuvre de Pasternak. Tout le monde cherchait dans ses vers un contenu caché et ce n'était pourtant pas nécessaire. Il fallait les comprendre tels qu'ils étaient, sans essayer d'en faire jaillir un sens secret qui, selon moi, tenait du mythe. C'était pour cela que, malgré toute sa bonne volonté envers B. L., il n'arrivait pas à écrire quelque chose de valable. Je lui fournis un assez grand nombre d'exemples et lui prédis que son article ne ferait qu'ajouter un nouveau sujet de rire à ma collection. Je ne craignis même pas de lui dire : « À mon avis, il y a longtemps qu'il serait temps de soigner le cerveau des critiques et de les remettre en place. »

À sa sortie d'Ouzkoyé, Ziélinski entreprit la rédaction de son article. Au cours de la nuit du nouvel an 1958, il fit tout à coup son apparition chez nous à deux heures du matin et se mit à étouffer Boria dans ses étreintes, à nous embrasser tous les deux et à boire le champagne avec nous. Et un mois plus tard, en février, nous avons appris qu'il avait effectivement écrit un article sur Boria mais qu'il était épouvantable et le descendait en flammes. Boria nous défendit de nous le procurer ou de le lire. Je me contentai pour ma part de regretter amèrement que nous ayons embrassé un homme tel que lui.

J'entrai un jour chez les Pogodine*, avec qui j'étais très amie. Nikolaï tenait à la main une revue où avait été imprimé le poème « L'aube* » et s'était mis à l'expliquer. Il prétendait que le vers « *Une nuit sur ton testament* » signifiait le « testament de Lénine », son héritage spirituel, mais il ne comprenait pas pourquoi Pasternak voulait « *jeter chacun à genoux* » devant lui. Mon sang ne fit qu'un tour et je lui dis avec emportement qu'il fallait lire la poésie avec une certaine intelligence, qu'il n'était dit nulle part que Pasternak voulait obliger qui que ce fût à se prosterner devant lui et qu'il ne s'agissait pas du « testament de Lénine » mais de celui de Dieu*, que l'on avait oublié après la guerre, et que Boria voulait rappeler aux gens qu'ils devaient être plus doux, que le sang ne devait pas couler et qu'il ne devait plus y avoir d'actes barbares, d'arrestations ni d'exécutions. Je n'avais jamais demandé auparavant à Boria ce que ces vers signifiaient et m'étonnai moi-même de les avoir déchiffrés aussi facilement. En rentrant à la maison, je rapportai à Boria avec beaucoup d'excitation le contenu de ma conversation avec Pogodine et lui demandai si j'avais convenablement interprété son poème. Il vint vers moi, m'embrassa et me dit : « Tu es une petite très intelligente : tout ce que tu as dit est exact. »

Quelqu'un arriva un jour de Moscou et nous raconta un cas qui s'était produit à une réunion d'écrivains. On parlait du poème « Brûle le cierge » et une des personnes présentes avait émis l'opinion qu'il concernait la révolution de Février. Je répondis à nouveau sans le consulter qu'autant que je le comprenais, ce poème n'avait rien à voir avec la révolution et était consacré à l'amour. Boria se mit à rire et me dit à nouveau que j'avais entièrement raison. Mais je ne lui demandais jamais sans raison valable ce que signifiait tel ou tel passage de ses poèmes. D'une certaine manière tout m'était accessible dans son œuvre et j'avais pris l'habitude de ne rien chercher par en dessous et de les recevoir comme ils étaient écrits. Sa tournure d'esprit et son caractère ouvert avaient pour caractéristique de ne rien obscurcir et de ne jamais affecter dans ses vers une fausse profondeur. Parfois, mais assez rarement, les circonstances l'obligeaient à masquer ses sentiments véritables et la réalité des événements de sa propre vie. C'est ainsi qu'au chapitre 15 de *Sauf-Conduit** il parle du « génie » et de la « belle ». Ceux qui n'étaient pas au courant ont pensé que le génie était Mayakovski et la belle Lili Brik. Il parlait en réalité de lui et de moi. Si cela n'avait pas été confirmé dans une des lettres qu'il m'a adressées*, je n'aurais pas eu l'audace de l'affirmer, quoiqu'il me l'eût maintes fois répété.

C'est également ainsi, sans doute pour ne pas offenser O. I., sa dernière passion, qu'il donna à l'étranger des commentaires tout à fait inexacts sur son roman. J'eus ensuite l'occasion de lire, dans un périodique étranger, que Lara, c'était O. I. J'en fis en riant la réflexion à Boria : « L'auteur se réfère à une phrase de toi mais moi, je trouve quand même cela étrange puisque le destin de Lara et sa liaison avec Komarovski ressemblent à mon propre destin*. » Il me répondit : « Lara est un type composite : il comprend beaucoup de choses de toi, et aussi d'autres femmes. »

Le 7 avril 1961, je fus convoquée par Krioutchkova, la rédactrice du recueil de vers que nous attendions.

C'était le jour du Vendredi saint. Boria et moi n'avions guère de religion, nous ne pratiquions pas les rites et n'allions pas à l'église, mais nous poétisions cette fête et, selon la vieille tradition de mes parents, je faisais cuire une brioche pascale, fabriquais un gâteau de fromage blanc en forme de pyramide et décorais des œufs durs. J'étais couverte de farine et mes mains pleines de la peinture des œufs lorsque Tamara Ivanova me fit porter un billet pour me dire que je devais immédiatement me rendre en ville pour rencontrer Krioutchkova. Sa voiture partait dix minutes plus tard. Je dus m'habiller en hâte et courus dans le bureau de Boria prendre le recueil de vers choisis édité en 1957 ainsi que de vieilles éditions de ses livres. Cela me fit une valise fort lourde, que je traînai avec difficulté jusqu'à la voiture des Ivanov.

Le bruit courait que le recueil serait des plus convenable et je me rendais à Moscou dans de bonnes dispositions. De l'appartement des Ivanov, où Krioutchkova avait été invitée à me rencontrer, je téléphonai à Génia, Lionia étant à ce moment-là à l'université, et le priai de venir. Je craignais que la mollesse de mon caractère ne me fît consentir trop de concessions. Une demi-heure plus tard, tout le monde était réuni et les travaux purent commencer.

Krioutchkova lut, pour commencer, les titres des poèmes composant le recueil. Je fus épouvantée. Les quinze cahiers d'imprimerie proposés par la commission s'étaient transformés en neuf. Mais il ne suffisait sans doute pas que le volume du livre eût été diminué de 40 pour cent : le choix des poèmes était également de nature à étonner autant qu'à affliger. Or il était à mon avis d'autant plus important de choisir avec circonspection les poèmes à publier que c'était le premier volume depuis une longue période et, notamment, depuis le scandale du prix Nobel. On essayait de me consoler en me disant que ce livre, en tant que tel, constituait déjà une réhabilitation aux yeux du public et que, quel qu'en fût par ailleurs le contenu, je devais en remercier le destin. J'étais fondamentalement en désaccord avec un tel point de vue. Il fallait selon moi ne retenir que les plus beaux vers et laisser pour plus tard ceux que le public actuel ne comprenait pas, sans quoi la publication du petit recueil ne pouvait que nuire. Car c'étaient les poèmes les plus complexes, les moins abordables qui avaient été retenus : la partie lyrique, si merveilleuse et si accessible, avait été supprimée.

Nous décidâmes cependant, avec Génia et la rédactrice, de corriger le recueil existant. Nous discutâmes également des variantes, anciennes et nouvelles. J'essayais de défendre les anciennes, qui me paraissent jusqu'à ce jour les meilleures. Krioutchkova était une femme charmante mais qui, selon moi, connaissait et comprenait mal l'œuvre de Boria. Génia était pressé de retourner au travail et s'en alla après être resté avec nous environ une heure, tandis que je continuais à travailler avec Krioutchkova. Il fallait comparer pour chaque vers les versions données par toutes les éditions. Cela coûtait non seulement beaucoup d'efforts mais aussi une grande tension intérieure. Je me sentais bouillir. La maladresse dans le choix ne me paraissait pas fortuite. Je le dis à Krioutchkova, qui ne comprit pas. Comme tous les autres, elle se contentait de dire : encore une chance qu'il y ait cette édition. Je la prévins, en la quittant, qu'il n'était pas question de supprimer quoi que ce fût du recueil, que j'allais au contraire lutter pour qu'on y inclue d'autres poèmes et que, surtout, elle ne donne pas le livre à tirer sous cette forme. Elle accepta d'attendre, mais pas plus de deux semaines. Je rentrai à Pérédielkino épuisée et brisée.

[ZINAÏDA MALADE]

Nous avions l'habitude, le jour de Pâques, de réunir à déjeuner nos plus proches amis et connaissances.

Lorsque je leur racontai mon entrevue avec Krioutchkova, je sentis à nouveau monter en moi une vive émotion et me trouvai soudain mal. De vives douleurs me prirent le cœur, ma tête se mit à tourner. Je dus remettre mes fonctions de maîtresse de maison à Nina Tabidzé, qui était chez moi, et me retirer dans ma chambre. Il était déjà tard lorsque Stassik partit chercher le médecin local, qui prescrivit de faire venir une infirmière pour m'administrer des piqûres de pantopon. Mais il ne formula pas de diagnostic car il lui fallait pour cela voir mon cardiogramme. Outre Nina Alexandrovna, il y avait chez moi Choura et sa femme, Irina Nikolaïevna.

Tous deux me mirent au lit et firent venir une infirmière. Dix minutes après la piqûre de pantopon, j'étais plongée dans le sommeil. Je me réveillai le lendemain comme si de rien n'était, les douleurs s'étaient calmées, et je refusai catégoriquement de rester couchée. Mais à sept heures du soir le même tableau se représenta. Je compris alors que c'était quelque chose de sérieux.

On me transporta dans la petite pièce où Boria avait été longtemps malade et était mort. Cela facilitait l'administration des soins. On fit revenir l'infirmière avec son pantopon et, le lendemain matin, on appela le dispensaire du Fonds littéraire en lui demandant de nous envoyer un médecin pour faire un cardiogramme. D'abord vint Berta Abramovna Guinzbourg, qui dirigeait la branche médecine générale du dispensaire. Son diagnostic fut : maladie de foie provoquant fréquemment des maux de cœur. Elle prescrivit la position allongée, un régime, des médicaments pour le foie. On me fit le lendemain un électrocardiogramme. Ce fut Margarita Pavlovna Abatoumian, mon médecin traitant habituel, qui vint. Après l'avoir examiné, elle me déclara que j'avais eu un infarctus trilatéral profond du myocarde. Si l'envie me prenait de me lever, ou même de manger toute seule, je pouvais mourir sur-le-champ. Je fondis en larmes. Je me sentais bien et ne pouvais pas la croire. Elle me proposa de faire venir un autre médecin. C'était ma première maladie grave en soixante-cinq années au cours desquelles, tout en travaillant, je n'avais jamais dérangé personne pour qu'il s'occupe de moi. Et voilà qu'on devait me nourrir à la cuiller, me faire effectuer différentes opérations d'hygiène, etc. Irina Nikolaïevna et Nina Alexandrovna se relayaient la nuit pour me veiller et faisaient le ménage. Tout cela me troublait et je me sentais dans une situation stupide. Je n'avais mal nulle part et toutes deux se donnaient de la peine et s'affairaient autour de moi. Il avait été décidé de faire des cardiogrammes et des analyses de sang hebdomadaires. Les seules preuves du diagnostic étaient la température, qui montait le soir, et un taux trop élevé d'agglutination des globules rouges. Dès sa seconde visite, je dis à Margarita Pavlovna : « Ne vous vexez pas, je vous prie, mais je voudrais faire venir un autre spécialiste ; je ne crois pas à votre diagnostic. » Elle sourit et me proposa de faire venir sans attendre qui je voulais.

Le professeur Yégorov avait soixante-quinze ans et refusa de venir à la datcha, mais demanda à se faire apporter chez lui les cardiogrammes et les analyses de sang. Cependant Yégorov trouva lui aussi que j'avais eu un très grave infarctus et que je devais rester couchée au moins un mois et demi. Je dus m'excuser devant Margarita Pavlovna d'avoir mis en doute son diagnostic. Je lui embrassai même la main.

Il était affreux pour moi de rester clouée au lit au moment où je devais faire des démarches pour le recueil. Je dus tout remettre entre les mains de mes deux fils. Je leur dictai une liste de vingt-cinq poèmes que j'estimais indispensable d'inclure et les envoyai à Istra demander à Ehrenbourg de défendre leur insertion dans le recueil. J'eus une heureuse surprise : on les accepta sans problème particulier. Comme je l'ai déjà dit, c'était Sourkov qui devait rédiger la préface et cela me torturait, me faisait très peur. Je demandai aux enfants d'essayer d'obtenir qu'il n'y eût aucun article en tête du volume. Il faut croire que j'avais de la chance car cela aussi réussit : le volume sortit sans préface, ce qui était de toute évidence la meilleure solution.

Je m'étais résignée et me conduisais avec docilité car il aurait été trop stupide de mourir alors que l'on pouvait encore rendre tant de services à la cause de Boria et à cette maison où il avait vécu vingt-six ans*, où il avait travaillé et où il était mort. Je ne m'étendrai pas sur les détails de ma maladie. L'infarctus, au plan clinique, évoluait aisément dans le bon sens. D'après les médecins, cela s'expliquait par l'amour que j'avais toujours voué au travail physique, un trait qui me rapprochait également de Boria. Lorsqu'il était fatigué de la lecture du courrier et du travail d'écriture, il allait dans le jardin ou le verger bêcher un peu la terre et se dégourdir le corps par l'activité physique. Les médecins expliquaient que son infarctus de 1952 s'était également déroulé sans souffrances grâce à l'entraînement cardiaque qu'il s'était ainsi procuré et à son habitude de la culture physique. Mon infarctus à moi était né, bien sûr, de la lourde valise de livres que j'avais traînée à une époque où, en plus, je me faisais beaucoup de mauvais sang en travaillant avec Krioutchkova sur le recueil.

Un an plus tard, au printemps 1962, Sourkov me dit en me rencontrant : « Tout le monde affirme, à Moscou, que c'est moi qui ai été la cause de votre infarctus ! » ce à quoi je lui répondis perfidement : « Vous, ou le recueil de B. L. ? » Sourkov vint me voir avec sa femme et m'apporta un gros bouquet de fleurs. C'était la première fois que je le voyais de près. Avant, je ne l'avais guère observé que de la salle lorsqu'il prononçait des discours sur une estrade. Ils restèrent une heure chez moi et, chose étonnante, il me sembla absolument charmant, et pas seulement parce qu'il me promettait de tout arranger et était très attentionné avec moi, mais parce que je l'avais trouvé tout à fait intelligent et éloquent. Je connaissais sa femme depuis l'époque de Tchistopol. Elle savait quelle avait été mon activité pendant la guerre et me parlait de manière très aimable et douce. Ce printemps-là j'avais encore de l'argent. En étant très économe, je pouvais le faire durer six mois. Et comme toujours lorsque je parlais avec un homme d'État, ainsi que l'on pouvait qualifier Sourkov, un véritable accès de franchise et de sincérité s'emparait de moi. D'une façon générale, je ne pouvais déjà pas supporter le mensonge et ce trait de caractère s'amplifiait encore avec un homme tel que lui.

Sourkov me raconta que Tamara Ivanova avait dit dans les locaux du Goslitizdat que j'étais couverte de dettes et n'avais plus un sou vaillant. Je lui avouai la vérité : je pouvais vivre encore six mois, mais conserver la maison où B. L. avait vécu et travaillé coûtait cher et je le priais pour cette raison de m'aider plus rapidement que prévu à arranger mes affaires financières.

Sourkov parla plusieurs fois d'Ivinskaya, raconta qu'il avait rendu visite au procureur qui l'avait condamnée et ce qu'il avait précisément appris de lui. C'était un sujet déplaisant et j'essayais chaque fois de détourner la conversation. Elle avait déclaré au tribunal, me dit en particulier Sourkov, que Boria avait reçu de l'étranger une cinquantaine de manteaux et cent paires de chaussures. Je me fâchai et voulus obliger Sourkov à monter lui aussi au bureau de Boria afin d'examiner sa garde-robe. Il y aurait trouvé la paire de chaussures de Léonide Ossipovitch que Sourkov en personne avait rapportée d'Angleterre à la mort du père de Boria, et deux blousons : le premier avait été tricoté par moi pour être porté à la maison ; l'autre, son vêtement favori et qu'il ne mettait que dans les grandes occasions, lui avait été rapporté de Paris par Stassik dix ans plus tôt. Il n'avait qu'un costume, lui aussi venant de son père, et c'était dans ce costume que je l'avais enterré.

Sourkov refusa de monter au bureau et me dit qu'il me faisait une pleine confiance. Je lui avouai que je vivais de mes économies de la caisse d'épargne, une chose facile à vérifier. En 1948, lorsqu'on s'était mis à monter des pièces de Shakespeare dans les traductions de Boria, nous étions riches et, quand il touchait de l'argent pour ces spectacles, Boria le mettait toujours sur notre livret, le surplus étant distribué aux pauvres et aux malheureux. À la fin de sa visite, Sourkov sortit son calepin et y inscrivit toutes mes requêtes. Je lui demandais surtout deux choses : contribuer à me faire obtenir une pension de retraite et débrouiller la question des droits étrangers. Il me promit de s'occuper de la pension ; pour l'argent déposé à l'étranger, il avait l'intention d'en parler au gouvernement et de s'efforcer d'arranger également cela. Je me sentis moins inquiète après sa visite, qui avait contribué à beaucoup me rassurer.

Le nouvel hiver n'était pas loin et mes amis me conseillaient de ne surtout pas le passer à la datcha et de me réinstaller en ville, car le chauffage et les dépenses liées à l'entretien d'une datcha en hiver étaient très onéreux. Les conseils que mes amis me donnaient de fermer la maison et de partir me semblaient sacrilèges. Personne ne comprenait que, si je n'avais pas trop lourdement souffert de cette mort, c'était peut-être parce qu'en habitant à la datcha je sentais constamment sa présence. Il me semblait parfois entendre sa voix et je me sentais tout de suite mieux.

Au cours de ce même automne, la commission réussit à obtenir 1 000 nouveaux roubles* pour l'aménagement d'un espace destiné à recevoir un monument et, pour moi, 500 en qualité d'aide exceptionnelle. Je proposai au fils aîné Génia, qui vivait à l'étroit avec sa famille dans deux pièces à Moscou, de venir quand il le voulait en hiver à Pérédielkino où nous disposions aussi d'un pavillon. C'était bon pour la santé des enfants et il accepta avec plaisir.

Comme je ne pouvais aller au cimetière depuis mon infarctus, je confiai à Génia et Lionia le soin de s'occuper du monument funéraire et de l'épitaphe. Je pris sur moi tout ce qui concernait la maison. Conserver cette dernière me semblait tout aussi important pour sa mémoire qu'élever un monument.

L'hiver à la datcha me revint cher. Nous continuions à employer le gardien qui s'était occupé du chauffage et avait veillé sur notre parcelle pendant quatorze ans à l'époque de Boria. Comme celui-ci gâtait tous ceux qui l'entouraient, cela se ressentit sur leurs relations à mon égard. Les payer autant que le faisait Boria était hors de mes moyens et ils n'étaient pas d'accord pour des réductions de salaire.

Au printemps 1962, ma caisse avait fondu et je raclais presque le fond. On m'avait bien dit que Sourkov « préparait un lit moelleux mais qu'avec lui on dormait sur une planche », qu'il promettait beaucoup mais ne faisait rien et je ne l'avais pas cru, mais je devais me rendre à l'évidence : il n'avait effectivement rien fait. Ma demande de pension était restée deux ans en haut lieu au point mort : rien n'avait bougé. La situation était grave. On me conseilla d'écrire à Tvardovski*. Simultanément, plusieurs écrivains (Tchoukovski, Ehrenbourg, Ivanov) et d'autres représentants de la culture, comme Chostakovitch, envoyèrent une lettre à Khrouchtchov, lui demandant d'accorder une aide à la veuve de Pasternak. Cette fois, cela marcha. Sur instructions d'en haut, l'Union des écrivains m'accorda un prêt temporaire de 3 000 nouveaux roubles tandis que la « Bibliothèque du poète » (grande série) inscrivait dans son plan d'édition pour 1963 un recueil de vers de Boria, un peu plus étendu que le précédent. En outre, le Goslitizdat devait publier un volume contenant de la prose ancienne et des articles et les éditions Iskousstvo rééditer certaines de ses traductions shakespeariennes*.

Cependant l'argent de ces éditions qui ont été prévues ne vient toujours pas et on n'en a pas de nouvelles. Le prêt a été partiellement utilisé pour le remboursement des dettes de la datcha et cela fait plus de sept mois que je vis du reste : il me reste de quoi vivre pendant deux semaines. Toujours pas de pension de retraite, la situation est angoissante et je ne peux pas ne pas m'inquiéter lorsque je pense à l'avenir. Je vais achever ces notes à un moment où l'incertitude de ma situation et les soucis matériels me tourmentent à nouveau.

5 février 1963. Pérédielkino.

[Supplément nº 1 : FIÉDINE]

Au nombre des proches qui nous rendaient constamment visite il y avait Fiédine*. Boria et lui étaient complètement différents mais quelque chose en lui nous captivait. Cependant les années, en s'écoulant, nous ont procuré bien des déceptions. Lorsque Pilniak, qui était un de ses plus proches amis, a été arrêté, Fiédine a accueilli cet événement avec une parfaite indifférence. C'est surtout après la guerre que nous avons constaté avec étonnement sa rapide ascension. Il changeait à vue d'œil : il devenait de plus en plus officiel et sa conduite aussi s'était transformée. Mais il continuait quand même à venir chez nous et, lorsqu'il arrivait à Boria de réciter des vers, il répandait souvent une larme et lui disait : « Tu sais, Boria, tu es merveilleux ! » C'est après l'histoire du prix Nobel que nous avons définitivement perdu contact. Il est toujours douloureux de perdre ses illusions sur quelqu'un, mais il ne m'a été donné d'observer chez personne d'autre un changement aussi radical dans les relations avec Boria. Il avait tout oublié : leur amitié vieille de trente ans, ses enthousiasmes pour l'œuvre de Boria, toutes leurs expériences communes de l'époque de la guerre. C'était lui le président de l'Union des écrivains pendant l'histoire du prix Nobel, et il a trahi Boria. Et ce qui importe, ce n'est peut-être pas tellement qu'il l'ait officiellement renié et qu'il ait voté pour son exclusion de l'Union des écrivains, mais le fait qu'il ne s'en soit pas intérieurement repenti. Et il a attendu deux ou trois semaines après la mort de Boria pour réagir sous la forme suivante : il m'a envoyé une lettre où il écrivait qu'il avait ouvert ce 15 juin une revue tchécoslovaque et y avait vu une notice nécrologique concernant Boria. Il avait vécu tout près de chez nous, derrière la clôture, pendant ces trente années, se trouvait dans sa *datcha (malade, il est vrai) au moment de la mort de Boria et il se plaignait dans cette lettre qu'on lui eût caché sa mort! On a du mal à croire que la musique funèbre ne soit pas parvenue par les fenêtres ouvertes jusque chez lui et qu'il n'ait ni vu ni entendu les milliers de gens venus pour Boria.*

Il a du reste également oublié que je lui ai sauvé la vie en 1944, et dans les circonstances suivantes. Boria étant parti en ville un jour d'été et les enfants étant allés se promener avec la femme de ménage, j'étais restée seule à la maison. J'avais décidé de profiter du calme pour faire un somme car je me levais tous les jours à sept heures, mais je n'arrivais pas à dormir. Je me relevai et partis dans la direction de la clôture des Fiédine pour donner quelques soins à nos tomates, lorsque soudain j'aperçus un tableau effrayant : le toit de lattes de leur maison s'était embrasé. Je me précipitai dans leur cuisine : sa femme faisait à manger en chantonnant et leur petite fille de sept mois était couchée nue dans son berceau. Quant à Fiédine lui-même, il travaillait à l'étage supérieur, juste sous le toit en train de brûler. Tout en criant « Vous brûlez ! » je m'emparai de l'enfant et courus vers notre datcha. Il est probable qu'ils seraient tous morts si je ne les avais pas prévenus. Il n'y avait pas encore d'eau courante à l'époque dans les datchas et nous nous servions, les Fiédine et nous, d'un puits commun qui était alors presque vide. Fiédine réussit à jeter du premier livres et manuscrits, et à courir à temps en bas. J'organisai une chaîne et nous nous transmîmes des seaux d'eau depuis le puits des Fadieïev, qui était plus proche. Je me souviens que des gens coururent vers moi en me criant que ma datcha était elle aussi en péril : les pins de notre parcelle s'étaient mis à brûler. Et soudain une douzaine de jeunes gens et de jeunes filles, comme tombés du ciel, se mirent à emporter du bureau de Boria manuscrits et objets divers. Lorsque les pompiers arrivèrent de la ville, il ne restait plus rien de la datcha des Fiédine. Quant à leur petite fille, une femme de ma connaissance avait fait irruption chez moi au moment où nous luttions encore pour préserver ma propre datcha du feu et l'avait emportée chez elle. L'incendie terminé, Fiédine accourut chez moi et me demanda où elle était. La peur, les émotions me firent soudain oublier à qui exactement je l'avais remise : je me souvenais seulement qu'elle était en de bonnes mains. Fiédine se mit à m'invectiver grossièrement. Aucune reconnaissance que je les eusse tous sauvés de la mort. Je me contentais de répéter : ne craignez rien, personne ne la volera, je l'ai remise en mains sûres, on la retrouvera. Et comme il s'avéra par la suite, c'était la nounou des Ivanov, qui habitait avec eux depuis cinquante ans, qui l'avait prise. Elle avait transporté l'enfant à la datcha des Selvinski chez qui logeaient les Ivanov, leur propre datcha étant en reconstruction depuis qu'elle avait brûlé pendant les attaques allemandes sur Moscou. On apprit l'origine de l'incendie : la femme de Fiédine avait fait brûler un morceau de papier au-dessus du volet du poêle et non dans le cendrier, comme elle aurait dû. Le papier enflammé s'était envolé jusqu'au toit qui s'était embrasé à son tour. Notre datcha avait été préservée parce qu'on avait réussi à scier les jeunes pins en feu. J'étais heureuse que Boria eût été à Moscou pendant ce temps car il se serait énervé pour rien. Moi, en revanche, en pareil cas, je ne perdais pas la tête et savais prendre toutes les mesures qui s'imposaient.

Quand l'incendie fut terminé, je le vis qui courait sur le chemin de la gare. Il était bouleversé car on lui avait dit, en ville, que notre datcha avait brûlé. Une commission vint enquêter sur les causes de l'incendie et me demanda de déposer. Je ne leur dis pas que c'était la femme de Fiédine qui avait mis le feu : j'émis la supposition que la suie avait dû s'enflammer, ce qu'ils notèrent soigneusement. Tout se passa bien, mes dépositions furent jugées satisfaisantes et on dressa procès-verbal. Et l'ordre fut donné de couvrir de zinc toutes les datchas des écrivains, ce qui fut fait très rapidement.

Je ne me serais pas donné la peine de décrire ces événements de peu d'importance s'ils n'avaient été caracté-

ristiques de la mentalité de Fiédine. Un dicton affirme que c'est dans le malheur que l'on connaît les gens. Pendant les jours pénibles de l'automne 1958, j'ai appris à connaître Fiédine sous son mauvais côté.

[Supplément n° 2 : LÉONIDE PASTERNAK]

Lorsque Boria et moi nous mîmes ensemble, il avait très envie d'avoir un enfant. Et c'est pendant l'année la plus pénible, en 1937, que j'ai conçu Lionia. Un trait de caractère de Boria tout à fait inattendu pour moi s'est révélé à cette occasion. Il en était fou et, lorsque Lionia était encore au berceau, se levait la nuit pour aller le langer et parfois le porter à travers la pièce en fredonnant une chanson. C'était d'autant plus étonnant qu'il accordait une grande importance à son propre sommeil et était fort mécontent lorsqu'on le réveillait, ou qu'une raison quelconque l'empêchait de dormir. Et voilà soudain que cet homme sacrifiait son sommeil, sans jamais s'irriter. Cet amour pour son fils resta en lui jusqu'à sa mort. Lorsque je me plaignais de Lionia, il prenait toujours sa défense. En Lionia, il se voyait lui-même. Il se réjouissait particulièrement qu'ils eussent les mêmes mains : selon Boria, c'étaient surtout les mains qui révélaient le caractère de l'homme. Dans les moments les plus difficiles, c'était avec Lionia, qui le comprenait à demi-mot, qu'il avait le plus de facilité à parler. Il ne s'occupait pas seulement de son éducation morale, mais aussi physique : il ne permettait pas, par exemple, que je l'emmitoufle trop chaudement. C'est ainsi que j'avais un jour acheté pour Lionia une merveilleuse couverture en duvet : Boria la jeta en me disant : « Couvrez-en les pommes de terre si vous en avez envie, mais pas l'enfant. » J'en fus terriblement vexée, et inquiète pour mon fils : il n'y avait pas à l'époque de chauffage central dans la datcha, les poêles commençaient à s'éteindre au petit matin et toute la maison se refroidissait. Mais je dois reconnaître que je compris ensuite combien cette éducation spartiate portait de fruit : Lionia grandissait avec une excellente santé et prenait très rarement froid. Comme tous les garçons, il essayait d'imiter son père et, en particulier, de se fortifier la santé. Je peux raconter quelques épisodes amusants concernant la pratique de Boria dans ce domaine.

Un jour de novembre, lorsque nous habitions encore l'ancienne datcha, je revenais avec Stassik de la gare. Il avait commencé à geler, de temps en temps tombait la neige. Stassik et moi avions relevé le col de nos manteaux de fourrure. Et soudain, en passant le pont, je vis un spectacle incroyable : un homme nu était sorti des buissons. C'était Boria, tout bleu de froid, qui venait de se baigner dans la rivière. Cela me parut stupide et risqué ; je pensais qu'il allait attraper du mal. Il me raconta en riant qu'un ouvrier qui l'avait vu se baigner dans l'eau glacée lui avait dit : « Ce n'est pas grave, Boris Léonidovitch, ce n'est pas interdit par la loi. » On était alors en 1937, avec toutes les horreurs que cela comportait, et c'était sans doute pour cela que l'ouvrier avait prononcé cette phrase pleine d'humour.

Une autre de ses habitudes, qu'il conserva jusqu'à la fin : il aimait se laver la tête sous le robinet de la pompe à eau, dans la cour, même lorsqu'il gelait. Une vapeur montait de sa tête, des glaçons se formaient dans ses cheveux. Je le disputais, je lui disais qu'il mourrait un jour d'un spasme des vaisseaux sanguins et que c'était très dangereux, mais rien n'y faisait. Il s'en tirait par une plaisanterie, prétendant que ce serait une excellente mort et qu'il ne craignait pas une telle fin. Jamais il n'eut de problème de refroidissement, pas même un rhume.

C'est dans cet état d'esprit qu'il s'efforça d'élever Lionia. Celui-ci lui ressemblait énormément, à cette différence près qu'il aimait beaucoup tout ce qui était technique, à quoi son père ne comprenait rien et qu'il n'aimait pas. Boria le gâtait beaucoup et, lorsque Lionia eut terminé ses études secondaires, son père lui fit cadeau d'une moto. Cette moto me raccourcit littéralement la vie tellement j'étais inquiète lorsque mon fils partait et tardait à revenir. Mais Boria conservait son calme, convaincu qu'il était que Lionia avait la tête solide et ne ferait pas de bêtises.

Pour son examen de fin d'études secondaires, Lionia eut deux « quatre » au milieu de ses « cinq », ce qui lui coûta la médaille d'or. Il devait passer à l'automne le concours d'entrée à l'institut Bauman, pour lequel nous avions fait toutes les formalités. Malgré ses notes remarquables en mathématiques et en physique, je le fis étudier tout l'été avec un professeur. La première épreuve concernait les mathématiques. Le professeur qui l'avait fait travailler affirmait que Liona était très fort dans cette matière et qu'il n'avait pas d'inquiétudes pour lui. Je partis ce jour-là avec lui à Moscou et me mis à l'attendre à l'appartement. Soudain, peu de temps après, je vis Lionia arriver et se jeter en pleurant sur un lit. On leur avait donné un problème enfantin, dont la solution était parfaitement claire à ses yeux, mais à peine avait-il fini de répondre à la première question qu'une des femmes professeurs qui surveillaient, après avoir examiné sa feuille, déclara qu'il était parti de travers et lui mit un « deux »*. Lionia raconta à son professeur de quelle manière il avait résolu le problème et il s'avéra que tout était parfait. Le professeur ne put y résister ; il alla à l'institut Bauman et réclama la feuille d'examen de Lionia. Mais on ne put remettre la main dessus, ce qui était contraire au règlement. Quelques jours plus tard, lorsqu'il récupéra son dossier d'inscription, Lionia fit la remarque que non seulement on ne l'avait pas perdu mais qu'on l'avait retrouvé extraordinairement vite. Il était enfermé dans un gros carton où l'on avait visiblement réuni les dossiers des candidats à ajourner.

Boria écrivit une lettre mordante à Yélioutine, ministre de l'Enseignement supérieur, auquel il déclara avec la franchise directe qui lui était coutumière que l'échec d'un élève tel que Léonide Pasternak avait d'autres motivations, et il lui demanda quels étaient les critères servant à la sélection. Ce fut moi qui portai la lettre à Yélioutine. On avait écrit sur l'enveloppe le mot « personnel ». Mais ce fut son secrétaire Migounov qui me reçut. Il insista tellement pour connaître le contenu de la lettre, en prétendant qu'il avait pour ordre de lire toutes les lettres adressées au ministre, que je dus lui exposer les faits, auxquels il me donna une réponse stéréotypée : les mères, bien sûr, étaient toujours du côté de leurs enfants, tandis que lui pouvait raconter une histoire tout à fait différente : comme sa fille n'avait pas pu entrer à l'université, il l'avait envoyée travailler à l'usine. Je lui répliquai que le père de Lionia avait achevé deux universités et que des parents avaient le droit de souhaiter que leur fils en fît au moins une, mais que ce qui avait été déterminant n'avait sans doute pas été l'épreuve que mon fils était en voie de réussir victorieusement mais bien plutôt le questionnaire qu'il avait rempli avant de se présenter. Il me dit alors que « les enfants n'étaient pas responsables des péchés de leurs parents », mais je le prévins que, si la lettre n'atteignait pas Yélioutine, je lui ferais personnellement des ennuis et, claquant la porte avec indignation, je quittai les lieux.

Une semaine plus tard, nous recevions du ministère une réponse : notre demande de révision du cas Léonide Pasternak n'avait pas pu être satisfaite. Comme toujours lorsque les choses allaient mal, Boria nous réconforta et nous consola, mais on voyait bien qu'il souffrait beaucoup pour Lionia et qu'il était offensé.

Nous avions toujours insisté pour que Lionia demandât parallèlement à passer l'examen d'entrée à l'université : on disait que le questionnaire personnel n'y jouait aucun rôle et que l'on jugeait les candidats avec impartialité. Il passa l'été suivant à se préparer intensivement aux épreuves qui devaient avoir lieu en août 1957. Le 20 août, à neuf heures du matin, jour de sa première épreuve, Lionia fut convoqué au bureau de recrutement*. Ce n'était peut-être qu'une coïncidence, mais j'eus l'impression que les choses n'étaient pas aussi *simples. « Va passer ton examen, dis-je à Lionia, et ne t'inquiète de rien : c'est moi qui irai au bureau de recrutement. » Et c'est ce que nous fîmes. Au bureau de recrutement, je déclarai que je n'avais pas laissé mon fils se présenter devant la commission parce qu'il passait au même moment l'examen d'entrée à l'université. D'ailleurs on le convoquait un an trop tôt puisqu'il était né au moment précis où le carillon du Kremlin annonçait à la radio l'avènement de l'année 1938*, à la minute même où le maréchal Vorochilov adressait ses vœux à la population. Et je montrai la coupure de Moscou-Soir où Lionia était appelé « premier citoyen soviétique de l'année 1938 ». J'avais sans doute parlé avec beaucoup de passion car les militaires qui m'écoutaient se mirent à rire et me promirent de ne pas déranger Lionia avant la fin de ses examens. Si ses notes étaient bonnes, il ne serait plus convoqué et suivrait ses cours d'instruction militaire à l'université.*

Lionia passa brillamment tous ses examens et entra à la faculté de physique de l'université, où il fit de bonnes études et dont il sortit diplômé en février 1962.

Commentaires[1]

---

[1]. Auteur : Mael Feinberg, sauf les ajouts entre crochets qui sont du traducteur. Divers modifications et compléments ont également été apportés par Yevguiéni et Yéléna Pasternak après une nouvelle vérification des sources, suite au récent décès de Mael Feinberg *(N.d.E.)*.

Seconde naissance

La version russe de référence est la troisième édition (Léningrad, éd. de L'Écrivain soviétique, 1990) des *Vers et Poèmes en 2 volumes de B. Pasternak,* parue dans la « Bibliothèque du poète » (grande série). La première édition de *Seconde naissance* date de 1932 (éd. Fédération, sous dir. Éd. Bagritski, tirage 5 200 ex., 39 poèmes répartis en 7 cycles). La deuxième édition a paru en 1934 aux éd. de L'Écrivain soviétique, tirage 10 200 ex., sans le poème « Un siècle après (ce n'est pas rien) ».

Écrits en 1930-1931, les poèmes avaient d'abord été imprimés dans diverses publications périodiques telles que *Krasnaya nov'* et *Novy Mir*.

Lettres à Zina

Les lettres de Boris Pasternak à Zinaïda Pasternak (1930-1957) sont publiées pour la première fois d'après les originaux conservés aux Archives centrales de littérature et d'art (fonds 379, inv. 2, un. 59 à 63). L'orthographe et la ponctuation de l'auteur ont été conservées.

Diverses publications de lettres ont été faites dans la presse périodique d'après des copies dactylographiées fautives.

Lorsque les dates manquent, les lettres sont datées d'après leur contenu. Les dates sont alors données entre parenthèses.

Il n'a pas été fait état des lignes biffées dans l'original.

1930

29.XI.30
(Carte postale.) En ville. Rue Vorovski. Ruelle Troubnikov n° 26, app. 38, pour Guenrikh Gustavovitch Neïgaus [= Neuhaus].

P. 83 : ... *Guenrikh Gustavovitch* : Henri Neuhaus (1888-1964), pianiste et célèbre professeur au conversatoire de Moscou [il y fut le maître de Guilels, de Richter, de Gak, de Védiernikov, de Lioubimov...]

Auteur de *L'Art du piano*, quatre éditions entre 1959 et 1982 (éd : Muzyka). Divers travaux de Henri Neuhaus ont été réunis sous le titre : *Choix de réflexions, souvenirs, notes de journal, articles, lettres aux parents* (2ᵉ éd. en 1983). Il a été, de 1919 à 1931, le premier mari de Zinaïda Pasternak [dont il a eu deux enfants : Adrian, mort de tuberculose osseuse en 1945, et Sviatoslav, futur grand pianiste comme son père, mort en 1980].

P. 83 : ... *déranger les Sokolov* : les voisins des Neuhaus (au n° 23) possédaient le téléphone.

26.XII.30

P. 83 : ... *la revue anglaise* : le 26 septembre 1930, Pasternak avait reçu un numéro de la revue *Experiment*. [Les parents et les sœurs de Pasternak avaient émigré en Allemagne en 1921.]

P. 83 : ... *G. était tout retourné* : G = Garry, Garrik ou Guenrikh (Henri Neuhaus).

P. 83 : ... *On avait traduit en premier* : première pièce de vers du cycle *Le Printemps*, écrit en 1918 et intégré [recueil *Thèmes et Variations* (*quatrième livre de vers*), paru en 1923 à Berlin (éd. Helicon). [Trad. des œuvres, sauf indication particulière : recueil de la Pléiade, 1990, dont l'apparat critique complète heureusement les présentes notes. Ici, p. 94].

[P. 84 : ... *Polia* : la bonne des Neuhaus.]

P. 84 : ... *chez les Asmus* : Valentin Ferdinandovitch (1894-1975), philosophe et spécialiste de la littérature, et sa première femme Irina Serguieïevna (1893-1946). Amis de Pasternak et des Neuhaus.

P. 84 : ... *devant Youdina* (Maria Véniaminovna, 1899-1970) : pianiste et professeur au conservatoire de Moscou. Elle avait fait en 1929 la connaissance de Pasternak et de sa famille. Sur les relations Pasternak-Youdina, qui durèrent jusqu'à la mort du poète, ainsi que sur leur correspondance, v. *Novy Mir*, 1990, n° 2.

P. 84 : ... *Le cycle* Maladie : poèmes écrits en 1918-1919 (Pasternak a rajouté deux poèmes au cycle en

1920). Ils font partie de *Thèmes et Variations* (*4ᵉ livre de vers*), cité plus haut.

P. 84 : ... *un homme que je ne connais pas* : George Reavey (1907-1976), poète et slaviste anglais, avait traduit quatre poèmes de Pasternak et écrit un article intitulé « Premier essai sur Pasternak ». Il fit personnellement sa connaissance en 1935 à Paris, à l'occasion du « Congrès antifasciste international pour la défense de la culture ». D'avril 1943 à mai 1945, G. Reavey fut secrétaire à l'ambassade de Grande-Bretagne à Moscou. La correspondance de Pasternak et de George Reavey a été publiée dans le tome 93 d'*Héritage littéraire* sous le titre *De l'histoire de la littérature soviétique des années 1920-1930* (Moscou, éd. Nauka, 1983).

P. 85 : ... *pour Génia* : Yevguiènia Vladimirovna Pasternak (née Lourié, 1898-1965), artiste peintre, première femme de Pasternak [de 1921 à 1931, mère de Yevguiéni Borissovitch Pasternak, né en 1923 et lui aussi surnommé Génia, ou parfois Génietchka].

P. 85 : ... *I. S.* : Irina Serguieïevna Asmus [v. note page précédente].

1931

(15.I.31)
P. 86 : ... *avec S.* : il s'agit peut-être de Sokolov, le voisin des Neuhaus [ou de Stanislav-Stassik, leur fils cadet âgé de trois ans].

19.II.31
P. 87 : ... *Bolchakov* (Constantin Aristarkhovitch, 1895-1938), poète et prosateur. Proche connaissance de Pasternak depuis sa jeunesse. Auteur de : *Le Futur* [titre en français], 1913 ; *Mosaïque. Vers et Prose, 1904-1911*, M. 1911 ; *Un cœur dans un gant*, M. 1911 ; *Mezzanine de la poésie*, 1913 ; *Soleil d'envol, deuxième*

livre de vers, 1913-1916, Moscou, Tsentrifuga, 1916. Il fit paraître dans la deuxième moitié des années vingt un certain nombre d'ouvrages en prose, parmi lesquels : *Histoire des souffrances et de la disparition du lieutenant du régiment d'infanterie de Tenguine Mikhaïl Liermontov,* Kharkov, 1929, et *Maréchal du cent cinquième jour,* Moscou, Goslitizdat, 1936. Fusillé le 21 avril 1938 en même temps que Serguieï Boudantsev, Boris Pilniak et Ivan Kassatkine. Réhabilité en 1956 et réintégré le 10 décembre de la même année à titre posthume dans l'Union des écrivains.

P. 87. : ...*Yachvili* (Paolo Djibraëlovitch, 1895-1937), poète géorgien dont Pasternak avait fait la connaissance en 1930 et qui devint dès l'année suivante l'un de ses plus proches amis. Les traductions de Pasternak sont parmi les premières faites du géorgien au russe. [Il sera poussé au suicide en 1937.]

P. 87 : ... *Pavlenko* (Piotr Andrieïévitch, 1899-1951), prosateur. De 1900 à 1917 il vécut à Tiflis et parcourut l'Orient soviétique et étranger. On sait aussi aujourd'hui que Pavlenko écrivit à la demande du NKVD une lettre critique sur la poésie de Mandelstam qui servit partiellement de motif à la dernière arrestation du poète, le 3 mai 1938, laquelle devait entraîner sa mort (v. *Ogoniok,* 1991, n° 1).

P. 88 : ... *aux yeux d'I. S.* : la femme d'Asmus [v. note à la p. 441].

30.IV.(31)

P. 88 : ... *seul avec Aïda dans l'appartement de Boris* : Pasternak avait quitté la maison familiale de la rue Volkhonka et habitait alors chez Pilniak (Boris Andrieïévitch Vogau, 1894-fusillé 1938), au 1a/21 de la 2e rue de Yamskoïé Polié [future rue de la Pravda]. Aïda était le chien de Pilniak. Pasternak avait fait la connaissance de l'écrivain [auteur de nombreuses œuvres remarquables, dont *L'Année nue,* publ. 1921] en 1921. Il lui a dédié le poème « À un ami » (*Novy Mir,* 1931, n° 4) [Pléiade, p. 97, sous le titre « À Boris Pilniak »].

[P. 89 : ... *Génia* : v. note à la p. 442.]

P. 89 : ... *en l'absence d'O. S. et de Yé. I.* : Olga Serguieïevna Chtcherbinovskaïa (1891-1975), actrice au théâtre Maly de 1909 à son arrestation, en 1938 (ensuite réhabilitée), et deuxième femme de Pilniak. Yélizavièta Ivanovna était sa mère.

P. 90 : ... *Baranov* (Piotr Ionovitch, 1892-1933), militaire de haut rang qui dirigea de 1924 à 1931 l'aviation soviétique.

[P. 90 : ... *Liszt et le dirigeable* : souvenir d'un récital donné par Neuhaus à Moscou, au cours duquel ce même Baranov avait fait l'éloge de l'industrie soviétique des dirigeables (précision donnée par Yéléna Vladimirovna Pasternak).]

P. 90 : ... *Voronski* (Alexandre Constantinovitch, 1884-1937), écrivain et critique littéraire, de 1921 à 1927 rédacteur en chef de la revue *Krasnaya nov'*. Il était à l'époque directeur de la maison d'édition Kroug et travaillera plus tard au Goslitizdat. Arrêté en 1937, fusillé en juillet de la même année, réhabilité à titre posthume.

P. 90 : ... *que tu ne connais pas* : sans doute le poème « Un siècle après (ce n'est pas rien) » [v. *supra*, p. 76], écrit le 29 avril 1931.

(Avril 1931) :

P. 90 : ... *Choura, Irina ou Génia* : son frère cadet Alexandre Léonidovitch Pasternak (1893-1982); la femme de ce dernier, Irina Nikolaïevna, née Viliam (1898-1986), sœur de son ami Nikolaï (Kolia) Nikolaïévitch Viliam-Valmont (1901-1986), auteur d'un livre de *Souvenirs et Pensées sur Boris Pasternak* (paru à Moscou en 1989); et Yevguièania Pasternak.

(Début mai 1931) (1) :

P. 91 : ... *la photo idiote* : prise le 6 avril 1931, cette photo avait été donnée à Zinaïda avec la légende suivante (au dos) :

« ... Avant ton voyage du 12.V.31. Te souhaite

ardemment rétablissement et présence d'esprit. T'aime très fort, plus que l'on n'aime femme ou personne, tu es étonnante, tout ce qui m'est arrivé est grâce à toi, étrange que ce soit arrivé *ainsi* avec moi le premier et pour cela te remercie éternellement et sans limites. Photo stupide prise avant la soirée au FOSP, j'en ai honte et il y a dans cette dédicace davantage de moi qu'en elle. » [FOSP = Fédération des réunions d'écrivains soviétiques, 1926-1932 : Pasternak y lut des vers le 9 mai 1931.]

[P. 91 : ... *Choura* : il s'agit ici d'une femme (Alexandra). Diminutif ambivalent, tout comme Génia, qui est « Eugénie » ou « Eugène ».]

[P. 91 : ... *Praskovia Petrovna* (Oustinova) : une voisine de la Volkhonka, qui aidait pour le ménage.]

(Début mai 1931) (2) :
P. 91 : ... *un billet de train* : pour Kiev, où se rendait Zinaïda.

12.V.31
P. 92 : ... *toi et Adik* : le petit Adrian, fils aîné de Zinaïda et de Neuhaus (1925-1945), avait alors six ans.

P. 93 : ... *Rojdiestvienski* (Vsiévolod Alexandrovitch, 1895-1976) avait écrit un poème dont Pasternak cite ici le début, où il évoquait un bouleau, « arbre aimé aperçu du train, émergeant d'une fumée rose, surplombant de ses boucles d'argent le coude sombre d'un étang ».

P. 93 : ... *à Irpiègne* : les Pasternak et les Neuhaus avaient passé ensemble l'été 1930 à Irpiègne.

P. 94 : ... *avec Yevg. Is.* : Yevguiéni Isaacovitch Pierline, professeur à l'université de Kiev, connu à Irpiègne.

P. 95 : ... *avec Bobrov* (Serguieï Pavlovitch, 1889-1971), poète et traducteur, ami de jeunesse de Pasternak, qui rompit ensuite avec lui. Pasternak a évoqué leurs relations dans *Hommes et Positions*. Bobrov considérait que Pasternak ne devait pas quitter sa première femme.

14.V.31

[P. 96 :... *Dorogomilovo* : quartier environnant la gare de Kiev (alors gare de Briansk, et proche des limites de la ville), d'où l'on part pour Kiev et Odessa. Son nom, ainsi qu'il est souligné plus bas, semble formé de deux adjectifs tendres : *dorogoj* (cher) et *milyj* (aimable, aimé), encore que *doroga* signifie aussi la « route ».]

[P. 96 : ... *au cours de l'été* : Pasternak avait loué, en 1920 ou 1921, une chambre chez Maria Lvovna Pouritz, à l'angle des ruelles Guéorgui et Granatny.]

P. 97 : ... *les éditions des Écrivains de Léningrad* : un contrat pour une édition des *Œuvres* de Pasternak sera effectivement signé le 12 août 1931, mais [après les attaques accueillant la parution de *Sauf-Conduit*, œuvre jugée « idéologiquement hostile »] le département de la Culture et de la Propagande du Comité central rayera Pasternak du planning éditorial des éditions. Un simple recueil de *Poésies choisies en 1 vol.* sortira en 1933 pour remplacer le t. I des *Œuvres*.

P. 101 : ... *Vl. Éd. Meyer* : Vladimir Édouardovitch Meyer (1901-1940), acteur au théâtre Maly de 1922 à 1940. S'est suicidé.

P. 101 : ... *Zviaguintséva* (Vièra Klavdievna, 1894-1972) : poétesse, traductrice, amie du suivant.

P. 101 : ... *S. D.* (Serguieï Nikolaïévitch Douryline, 1886-1954) était un critique dramatique et artistique que Pasternak avait bien connu dès sa jeunesse. Devenu prêtre en 1920, il avait été arrêté en 1922 et obligé de se défroquer. Du milieu des années 1920 jusqu'en 1933 il subit plusieurs peines de déportation intérieure. Pasternak lui envoyait de l'argent, parfois par l'intermédiaire de Zviaguintséva, et correspondait avec lui. Il a parlé de lui dans la première partie de *Sauf-Conduit*. Le « livre » que Douryline avait envoyé à Pasternak avait été publié par lui en 1930 : *La Sibérie dans l'œuvre de V. I. Sourikov* (Moscou). Le 28 mai 1931, Pasternak écrivait à Douryline :

« Le lendemain du jour où j'avais reçu votre livre, j'en ai parlé avec O. V. Kontchalovskaya, la fille de

S(ourikov). Comme ils vous connaissent bien, à ce qu'il paraît, et comme ils vous aiment ! » (*Rencontres avec le passé*, Moscou, éd. Russie soviétique, 1990, p. 385).

P. 102 : ... *les Smirnov* : Vièra Vassilievna Smirnova (1898-1977, critique littéraire), a beaucoup écrit sur la littérature pour enfants et a elle-même écrit pour eux. Elle avait fait la connaissance des Neuhaus à Kiev et devint plus tard la voisine des Pasternak tant à Moscou (ruelle Lavrouchine) qu'à Pérédielkino (rue Pavlenko).

P. 102 : ... *la plus jeune des deux S* : Olga [ou Yéléna ?] Vassilievna Smirnova, future architecte, résidait alors à Kiev.

15.V.31

[P. 103 : ... *dans l'intérêt de Génia* : pour lui ramener Pasternak (v. note de la p. 445 relative à Bobrov).]

[P. 103 : ... *la Violette nocturne* : Pasternak fait ici allusion à un article écrit par S. Bobrov à propos du recueil posthume de Blok, *Le Matin à cheveux blancs* (l'article porte le même nom), où il parlait de la « mort spirituelle » du poète. « Violette nocturne » est un poème de Blok.]

(Mi-mai 1931)

P. 107 : ... *Coates* (Albert, 1882-1953) : chef d'orchestre et compositeur anglais [Russe d'origine anglaise, né à Saint-Pétersbourg et ancien élève de Nikisch]. Il commença à diriger en 1910 à Saint-Pétersbourg et monta, en 1911-1919, plusieurs opéras au théâtre Marie, dont *Boris Godounov* en collaboration avec Meyerhold. En 1926-1927 et, ultérieurement, en 1932, il donna des concerts à Léningrad et à Moscou. Le 1er juin 1932, rapporte L. Gornoung, Pasternak assistera à l'un d'entre eux.

[P. 107 : ... *Irina Nikolaïevna* : v. note à la p. 444.]

P. 108 : ... *Troyanovskaïa* (Anna Ivanovna) : cette relation de Pasternak, à la fois peintre et musicienne, possédait une datcha aux environs de Maloyaroslaviets.

[P. 108 : ... *percé par tes flèches* : jeu de mots intraduisible. Pasternak veut vivre *pronzionny* (« percé » par une flèche, comme le poète Lienski dans l'*Eugène Oniéguine* de Pouchkine et de Tchaïkovski), mais aussi *prozinionny* (c'est-à-dire « zinifié »).]

P. 109 : ... *Al(exandra) Ar(kadievna)* : la gouvernante du petit Stanislav.

P. 109 : ... *Lialik* : Stanislav Neuhaus [également appelé Stassik].

[P. 109 : ... *Ryjova, les Sokolov, Anna Petrovna* : divers voisins des Neuhaus, ruelle Troubnikov.]

P. 109 : ... *merveilleux télégramme* : non conservé.

P. 109 : ... *Milman* (Marc Vladimirovitch) : compositeur, pianiste et proche relation de Neuhaus.

P. 110 : ... *Génia aussi* : Henri Neuhaus était à Kiev. Yevguiènia Pasternak [« Génia »] avait, quant à elle, quitté l'URSS le 6 mai 1931 avec son fils Génia pour se faire soigner à l'étranger.

[P. 111 : ... *Olga Serguieïevna* (Pilniak) : v. note à la p. 444.]

(28 mai 1931)

P. 111 : ... *paisible courette* : Pasternak s'était rendu, à peu près du 19 au 27 mai, chez Zinaïda Nikolaïevna à Kiev.

P. 112 : ... *ta lettre* : non conservée.

P. 113 : ... *Préobrajénié* : c'est très probablement lorsqu'il était à Kiev que Pasternak laissa à l'intention de Lounatcharski [commissaire du peuple à l'Instruction publique de 1917 à 1929, ce révolutionnaire éclairé avait été nommé président du Comité scientifique du Comité central, un poste de semi-défaveur] le billet suivant :

« Cher, cher Anatoli Vassiliévitch ! Il est indécent de vous importuner, et c'est déjà la seconde fois. Mais je vous le jure : cela ne se reproduira jamais plus. Il suffit d'un mot de vous pour que l'on donne à Zinaïda Nikolaïevna Neuhaus et à son fils une place à la maison de repos de Préobrajénié (près de Kiev). Permettez-moi de vous expliquer pourquoi je lutte pour cela et l'ai autant pris à cœur, quoique vous en sachiez peut-être quelque chose. Je suis arrivé ici un mauvais jour (celui de la fermeture), pour ce qui est de la section du département scientifique dont cela dépend. Mais je n'aurais probablement rien obtenu. J'aurais bien attendu ici votre arrivée mais je dois quitter ces jours-ci Moscou avec une brigade pour me rendre à Magnitogorsk. Je suis sûr que vous voudrez bien m'excuser. Transmettez mon souvenir à Natalia Alexandrovna. Avec toute mon affection, B. Pasternak. »

Le billet en question ne fut pas transmis à Lounatcharski par Zinaïda et est demeuré dans les archives familiales de Boris Pasternak. Il a très certainement été vendu aux Archives centrales de littérature et d'art en même temps que les lettres de Pasternak.

P. 113 : ... *Arkhanguelski* (Vladimir Alexandrovitch) : pianiste, élève et ami de Neuhaus.

P. 114 : ... *Nos réalisations* [*Nachy dostijéniya*, revue fondée par Gorki en 1929] : son secrétaire était alors Sémion Borissovitch Ouritski (1894-1938). Il sera arrêté en 1938 et immédiatement exécuté.

P. 114 : ... *de nouveaux vers* : ce même 28 mai 1931, Pasternak écrivait à Douryline : « Pourquoi envoyer d'aussi beaux vers à des personnes qui ne les ont pas mérités ? Comment vous dire ma reconnaissance ? » (*Rencontres avec le passé*, Moscou, éd. Russie soviétique, 1990, p. 385.)

P. 115 : ... *tes lettres* : non conservées.

P. 116 : ... *Militsa Serguieïevna* (Borodkina, 1890-1962) : elle avait été autrefois la fiancée de Neuhaus et devint en 1933 sa seconde femme.

P. 116 : ... *soit les Souvorov* : Taïssia Guéorguïevna, élève de F. Blumenfeld (oncle de Neuhaus), était une voisine et une relation des Neuhaus.

[P. 116 : ... TSÉKOUBOU : « Commission centrale pour l'Amélioration de l'existence des savants » : c'est à elle que Pasternak s'était adressé pour faire accorder une place à Zinaïda et à son fils dans la maison de repos de Préobrajénié.]

P. 117 : ... *œuvres complètes* : la publication, on le sait, n'eut pas lieu.

[P. 117 : ... *khliestakovien* : allusion au personnage de Khliestakov, héros profiteur et hâbleur du *Révizor* de Gogol.]

(29 mai 1931)

P. 117 : ... *Svarog* : la « brigade » d'écrivains envoyée dans l'Oural par le journal *Izviestia* à l'initiative de Gorki comprenait aussi les romanciers Gladkov [Fiodor, 1883-1958, auteur en 1925 de *Ciment*], Malychkine [Alexandre, 1892-1938, auteur en 1923 de *La Chute de Daïr*], le journaliste et historien Polonski [Viatcheslav, 1886-1932, spécialiste de Bakounine] et le dessinateur Vassili Svarog (1883-1946).

P. 119 : ... *la femme de Polonski* : Kira Alexandrovna Egon-Besser (1898-1990), proche relation de Pasternak, était à la fois peintre, historienne de la littérature et de la vie sociale russe, et rédactrice de *Novy Mir* et de la revue *La Presse et la Révolution*.

(1er juin 1931)

P. 119 : écrit sur une feuille de carnet de la rédaction des *Izviestia*.

[P. 119 : ... *l'œuvre de Pierre* : il s'agit bien sûr de Pierre Ier, dit Pierre le Grand.]

P. 120 : ... *au Continental* : un restaurant de Kiev.

9.VI.31

[P. 122 : ... *Choura* : Alexandre Léonidovitch, le frère de Pasternak : v. note à la p. 444.]

P. 122 : ... *Vladimir Alexandrovitch* : Arkhanguelski [v. note à la page précédente].

[P. 123 : ... *rue Stolypine* : à Kiev ; elle s'appelait désormais rue Guerchouni, mais on était plus lent à se « normaliser » en Ukraine. C'est au n° 17/19, app. 9, qu'habitait la belle-fille du professeur Pierline, chez qui logeait Zinaïda Neuhaus : v. ses *Souvenirs*, pp. 282 et 288.]

P. 125 : ... *son* Charmeur de rats : œuvre de satire lyrique écrite par Marina Ivanovna Tsviétaïéva en 1925 et publiée dans la revue *Volja Rossii* en 1925 (n⁰ˢ 4, 5, 6, 7-8 et 12) et 1926 (n° 1). [La grande poétesse (1892-1941) avait émigré au printemps 1922 à Prague, puis fin 1925 à Paris avec son mari Serguieï Efron, le maître-espion : v. note à la p. 462.] Elle avait transmis l'œuvre à Pasternak par l'intermédiaire d'Ehrenbourg. Voici ce qu'elle lui écrivait le 26 mai 1926 :

« Si c'est possible, lis *Le Charmeur de rats* à voix haute, à mi-voix, en remuant les lèvres... Surtout *Le Retrait*. Non, tout, tout. Comme *Le Gaillard*, il est écrit pour la voix » [Rilke, Pasternak, Tsviétaïéva : *Correspondance à trois. L'été 1926*, Gallimard, 1983, p. 144].

Le 14 juin 1926, Pasternak écrivait à Tsviétaïéva :

« *Le Charmeur de rats* me paraît moins parachevé et plus riche, plus émouvant dans son irrégularité, mieux pourvu en inattendu, que *Le Poème de la fin*. Il est moins parachevé en ce sens que l'on a davantage envie d'en parler » [*ibid.*, p. 185]. Ensuite Pasternak analyse en détail l'œuvre. Il évoque à nouveau *Le Charmeur de rats* dans une lettre du 2 septembre 1926 :

« En général la figure rythmique (*leitmotiv*) du *Charmeur de rats* est étonnante (...) En réalité c'est une *marche funèbre* tout entière, surprise par une oreille magique d'un lieu inattendu : l'escalier de service, ou encore admis dans l'âme par ce même escalier... » [*ibid.*, pp. 201-202].

[P. 127 : ... *Génia et Génietchka* : v. note à la p. 442.]
P. 127 :... *tes trois lettres* : non conservées.

13.VI.31

P. 128 : ... *Paolo Yachvili* [v. note à la p. 443] : lettre du 4 juin 1931, où il invitait Zinaïda Nikolaïevna et Boris Léonidovitch à venir en Géorgie [sur les lieux mêmes où Biély avait séjourné en 1928, à Kodjory] (Archives familiales de B. Pasternak).

P. 128 : ... *à Yélisavietgrad* : le père de Neuhaus (Gustav Wilhelmovitch, 1846-1938) était pianiste et professeur de piano ; sa mère Olga Mikhaïlovna (née Blumenfeld, 1856-1936) professeur de piano [v. *Souvenirs* de Zinaïda Pasternak, pp. 265 sq].

[P. 129 : ... *Andrieï Biély* (Boris Nikolaïévitch Bougaïev, 1880-1934, *dit*) : célèbre poète et prosateur symboliste russe, auteur notamment du roman *Peterburg* (1914).]

[P. 129 : ... *à Dietskoïé Siélo* : l'ancien Tsarskoïé Siélo (« Village du tsar »), la célèbre résidence impériale au sud de Saint-Pétersbourg, était devenu le « Village des enfants » avant de s'appeler « Pouchkine ».]

P. 129 : ... *Grigori Robakidzé* (1880-1962) : philosophe et poète d'avant-garde, il résida en permanence en Allemagne à partir de 1933 et mourut à Genève. Son roman *Peau de serpent* a été édité en 1988 aux éd. Meridian.

P. 129 : ... *Ouchakov* (Nikolaï Nikolaïévitch, 1899-1973) : poète russe qui passa toute sa vie à Kiev.

14.VI.31

P. 130 : ... *aux deux Asmus* : peut-être le poème « Dès l'aube abandonné à la marmaille » [v. *supra*, p. 75].

P. 131 : *M. I. Zakrievskaïa* : Maria Ignatievna Budberg (1892-1974), née Zakrievskaïa, Benkendorf par son premier mari, amie de Gorki, traductrice vers l'anglais de différentes œuvres soviétiques, dont l'*Enfance de Luvers* de Pasternak, pour laquelle Gorki fit une préface.

18.VI.31

P. 132 : ... *il aura déménagé* : Alexandre Pasternak s'installera 52, boulevard Gogol après avoir quitté l'appartement familial du 9, rue Volkhonka.

[P. 132 : ... *Kalinine* (Mikhaïl Ivanovitch, 1875-1946) : chef nominal de l'État soviétique, de 1919 à sa mort.]

(Deuxième moitié de juin)

[P. 136 : ... *ton livre en automne* : un travail de rédaction et de sélection sur les poèmes de Pasternak.]

26.VI.31

[P. 138 : ... *Ira* : Irina Serguieïevna Asmus.]

P. 139 : ... *sur moi et sur toi* : il s'agit de la dernière partie de *Sauf-Conduit*, sur les rapports du Poète et de la Belle [v. Introduction].

P. 140 : ... *Spektorski* : le cycle poétique *Par-dessus les obstacles* [2ᵉ édition] et le roman en vers *Spektorski* ont paru en 1931 (GIKhL).

P. 141 : ... *N. I. Ignatova et Chpiet* : le philosophe Gustav Gustavovitch Chpiet (1879-1937), dont Pasternak avait été l'élève et qui mourra fusillé en 1937 (réhabilitation à titre posthume), et sa disciple Natalia Ignatova (1900-1957), fille du célèbre journaliste Ilya Ignatov. Elle travaillait dans diverses maisons d'édition de Moscou.

P. 141 : ... *Zamiatine* (Yevguiéni Ivanovitch, 1884-1937) : écrivain, auteur du roman *Nous autres*. En juin 1931, il écrivit à Staline pour lui demander de partir temporairement à l'étranger. Il obtint satisfaction et vécut en France à partir de 1932 [outre cette géniale œuvre de politique-fiction dont s'inspirera Huxley, Zamiatine avait écrit de nombreuses et remarquables nouvelles : *Choses de province, La Caverne*, etc.].

[P. 141 : ... *Valia* : toujours Valentin Asmus.]

P. 142 : ... *des vers à moi* : sans doute le n° 4 de *Novy Mir*, avec le poème « Été » [v. *supra*, p. 47], dédié à Irina Serguieïevna Asmus (On y trouve le vers « *D'où vient ton chagrin, Diotime très sage* », qui sera gravé sur le tombeau de cette dernière) [et aussi le poème « À. Pilniak », devenu « À un ami », cité à la note de la p. 443 : précision apportée par Yevguiéni et Yéléna Pasternak].

P. 142 : ... *réunion d'écrivains* : une réunion commune des dirigeants de la RAPP [association toute-puissante d' « écrivains prolétariens »] et d'un groupe de « compagnons de voyage » avait eu lieu chez Gorki, qui avait exhorté les écrivains à s'unir entre eux et à se soucier des lecteurs. [Tenue le 30 mai 1931, deux semaines après son retour définitif de l'étranger, elle s'était conclue sur un échec.]

[P. 142 : ... *Alexieï* Nikolaïévitch Tolstoï (1883-1945) : romancier soviétique (*Le Chemin des tourments, Pierre le Grand*), à ne pas confondre avec le délicat poète du XIXe siècle Alexieï *Constantinovitch* Tolstoï.]

P. 142 : ... *Boubnov* (Andrieï Serguieïévitch, 1894-1938) : haut responsable de l'État et du Parti, nommé en 1929 commissaire du peuple à l'Instruction publique pour la république de Russie. Arrêté en 1938, fusillé, réhabilité à titre posthume.

[P. 142 : ... *vilenies d'Ira* : le poème qui suit fait partie du cycle *Seconde naissance* (v. pp. 60-61)].

P. 143 : ... *à Léningrad* : aux éditions des Écrivains soviétiques.

27.VI.31 :

P. 143 : ... correspondance sur le talon d'un mandat de 100 roubles.

P. 143 : ... *Yélizaviéta Mikhaïlovna* (Stétsenko) : une connaissance de Boris Pasternak ; elle avait enseigné le français à son fils Génia.

P. 143 : ... *Raïssa Grigorievna* (Pierlina) : l'amie de Zinaïda Nikolaïevna, chez qui elle était descendue à Kiev [v. note à la p. 450].

1932

(Début 1932)

P. 144 : ... *Vièra Vassilievna* [v. note à la p. 447] : V. V. Smirnova a donné des détails : lorsqu'elle est revenue de l'étranger, à la veille du nouvel an 1932, Yevguiènia Pasternak s'est réinstallée dans son appartement de la rue Volkhonka, tandis que Zinaïda Nikolaïevna devait emménager avec Pasternak d'abord chez Alexandre Léonidovitch, le frère de ce dernier, puis ruelle Troubnikov chez Neuhaus où se trouvaient ses enfants, elle-même libérant la pièce où elle logeait provisoirement chez les Neuhaus. Pasternak lui proposa alors de loger avec Yevguiènia rue Volkhonka (Vièra Smirnova, *À différentes époques*, Moscou, 1974, p. 698).

(1932 ?)

P. 144 : ... *au galimatias de D.* : peut-être s'agit-il d'un manuscrit de S. N. Douryline [v. note à la p. 446].

[P. 145 : ... *que toi* : Pasternak et Zinaïda se sont mariés le 21 août 1933.]

1933

(14.XI.33)

Carte postale.

P. 146 : ... *les uns sur les autres* : une « brigade » d'écrivains russes composée de Piotr Pavlenko [responsable du groupe : v. note à la p. 443], Youri Tynianov, Olga Forch, Boris Pasternak, Nikolaï Tikhonov et Victor Goltsev fut envoyée en Géorgie à l'initiative de Gorki par le comité d'organisation du 1er congrès de l'Union des écrivains, qui quadrilla tout le pays à cette occasion.

17.XI. (33)

[P. 147 : ... *Kissa* : encore un petit nom. Les autres n'ont généralement guère de sens, mais celui-ci signifie « minou ».]

P. 147 : ... *Tikhonov et Goltsev* : Nikolaï Sémionovitch Tikhonov (1896-1979) : poète, en relations amicales avec Pasternak dans les années vingt et trente. Alors rédacteur aux éditions l'Écrivain soviétique, à Léningrad. Victor Victorovitch Goltsev (1901-1985) était de son côté critique, spécialisé dans la littérature des « peuples de l'URSS » et notamment dans celle de la Géorgie. Voir son article « Les poètes géorgiens et

Pasternak » (*Krasnaya nov'*, 1936, n° 1). Pasternak lui a dédicacé son poème « Lioubka » (1927 [Pléiade, p. 104 : « L'Orchis des bois »]).

[P. 147 : ... *Paolo Yachvili* (poète géorgien suicidé) : v. note à la page 443. *Titien Tabidzé* (1895-exécuté en 1937) : autre poète géorgien, très proche ami de Pasternak, qui traduisit également sa poésie.]

P. 147 : ... *Anna Arnoldovna* (Antonovskaïa, 1886-1967) : auteur de romans pour enfants (*Le Grand Moouravi, Guéorgui Saakadzé*).

[P. 148 : ... *le baratin soviétique* : formule audacieuse (« *sovboltovnia* »), rare chez Pasternak (prudent par la poste).]

21.XI.33

P. 148 : écrit sur une feuille détachée d'un bloc-notes officiel portant le cachet des éditions des Écrivains soviétiques (Léningrad).

P. 148 : ... *le bloc-notes de Kolia* : de Nikolaï Tikhonov.

P. 148 : ... *Tamara Guéorguievna* (Yachvili, 1904-1986), femme de Paolo.

P. 148 : ... *Nina Alexandrovna* (Tabidzé, 1900-1964), femme de Titien et très proche amie de Pasternak et de sa femme. [Le poète l'a beaucoup aidée matériellement après l'exécution de son mari.]

[P. 148 : ... *les traductions littérales* : les poètes russes ont l'habitude de faire effectuer par des spécialistes des traductions mot à mot (notamment pour les langues rares) avant de pratiquer leur « mise en vers ».]

P. 149 : ... *Sorokine* (Grigori Emmanouilovitch, 1898-1954) : poète, prosateur, rédacteur aux éditions des Écrivains soviétiques, qui publiaient les œuvres de Pasternak. L'argent était envoyé par fractions stipulées par contrats. Quatorze lettres de Pasternak à Sorokine ont été publiées en 1981 à Léningrad dans l'*Annuaire du département des manuscrits de la Maison Pouchkine (1979)*.

23.XI.33

P. 150 : ... *un télégramme à Léningrad* : à Sorokine, pour de l'argent.

25.XI.33

P. 150 : ... voir commentaire à la lettre du 21.XI.33.

P. 150 : ... *Mitsichvili* (Nikolo Sirbiladzé, *dit* Mitsichvili, 1894-1937) : poète et prosateur, à l'époque rédacteur en chef des Éditions de Transcaucasie (Zakguiz), auteur d'une petite préface pour le livre *Les Poètes de Géorgie dans les traductions de N. Tikhonov et B. Pasternak* (Zakguiz, 1934). Pasternak avait en particulier traduit son poème « Staline » (1934). Arrêté en 1937 et fusillé. Réhabilité en 1956.

1934

16.VIII.34

[P. 152 : carte postale, envoyée à la maison de repos d'Odoïévo (près de Toula), où Pasternak et sa femme étaient allés en vacances et d'où le poète était revenu à Moscou pour assister au congrès constitutif de l'Union des écrivains soviétiques (17 août-1er septembre 1934).]

P. 152 : ... *Nikolaï Yakovliévitch* (Chestakov, 1894-1974) : écrivain pour enfants et dramaturge, venu avec Pasternak d'Odoïévo.

[P. 152 : ... *Ehrenbourg* (Ilya Grigoriévitch, 1891-1967) : très célèbre romancier, journaliste et homme public soviétique (*Les Aventures fantastiques de Julio Jurenito*, plus tard *La Chute de Paris, Le Dégel*.]

P. 152 : ... *Assieïev* (Nikolaï Nikolaïévitch, 1889-1963) : [poète futuriste et] vieil ami de Pasternak, qui l'a évoqué dans son essai biographique *Hommes et Positions* [ils avaient fait ensemble partie, dans les années 1913-1922, du groupe littéraire *Tsentrifouga*].

[P. 152 : ... *Fiédine* (Constantin Alexandrovitch,

1892-1977) : célèbre écrivain soviétique, d'une facture néo-classique (*Les Villes et les Années, Les Frères*).]

P. 152 : ... *Youlia Serguieïevna* (Goltséva) : femme du critique Victor Goltsev [v. note à la p. 455].

[P. 152 : ... *à Svierdlovsk* : Pasternak et Zinaïda avaient passé une partie de l'été 1932 dans une datcha de l'Oural rattachée au comité régional du Parti : voir le témoignage accablant de Zinaïda Pasternak dans ses *Souvenirs*, pp. 296 sq.]

[P. 153 : *carte postale* : avec un texte de propagande d'époque : « En ramassant et en livrant à l'État les déchets recyclables, tu aides notre industrie à réaliser en quatre ans le plan quinquennal. »]

[P. 153 : ... *Toussia* : Natalia Félixovna Blumenfeld (1898-1965), cousine d'Henri Neuhaus, qui venait aider Zinaïda pour les enfants.]

[P. 153 : ... *la Maison* = la maison de repos d'Odoïévo.]

22.VIII.(34)

[P. 153 : ... *la Salle aux colonnes*, ou Maison des syndicats (ex-club de la Noblesse), près du théâtre Bolchoï : lieu des grandes manifestations solennelles (funérailles de Lénine, grands procès politiques, funérailles de Staline) avant la construction du palais des Congrès.]

[P. 153 : ... *Chaguinian* (Marietta Serguieïevna, 1888-1982), femme de lettres (*Mess Mend ou les Yankees à Petrograd, Hydrocentrale*).]

[P. 153 : ... *Tchoukovski* (Kornieï Ivanovitch, 1882-1969) : critique littéraire, mémorialiste et homme exquis, il est surtout connu par ses adorables contes en vers pour enfants (*Docteur Aïebobo*).]

P. 154 : ... *Boukharine et Tikhonov* : les rapports de Boukharine et de Tikhonov étaient consacrés à la poésie : celui de Boukharine le 28 août (séance du soir) sur *La Poésie, la Poétique et les Objectifs de la création poétique en URSS* (il y parla de la poésie de Pasternak) et celui de Tikhonov le 29 août (séance du matin) sur *Les Poètes de Léningrad*.

En réponse à cette lettre Zinaïda Nikolaïevna écrivit d'Odoïévo :

« Je m'ennuie beaucoup de toi. Mais d'un autre côté il est très bien que tu ne sois pas parti avant le rapport de Boukharine. J'ai très envie que, toi aussi, tu t'exprimes au congrès. Tu sais admirablement bien parler du fond des choses et toucher les questions les plus importantes. Il est tout simplement indispensable que tu prennes la parole » (Archives de Z. Pasternak).

C'est le 29 août au soir que Pasternak fit son allocution devant le congrès [Pléiade, p. 1552].

1935

4.I.35
[P. 155 : ... *Praskovia Petrovna* (Oustinova) : v. note à la p. 445.]

P. 155 : ... *les Frichman* : autres voisins d'appartement, rue Volkhonka.

[P. 155 : ... *Génia* : son fils aîné Yevguiéni était alors âgé de onze ans.]

P. 156 : ... *Andrieï Biély* [v. note à la p. 452] : il était mort à Moscou le 8 janvier 1934. Avec Pilniak et Sannikov, Pasternak avait publié dans les *Izviestia* du 9 cette notice nécrologique : « Andrieï Biély est un remarquable écrivain russe de notre siècle. Son nom restera dans l'Histoire aux côtés de ceux des classiques non seulement russes mais aussi mondiaux. » Cette notice avait irrité les autorités : malgré les efforts de Pasternak, la soirée commémorative dont il est question n'eut pas lieu.

P. 156 : ... *le GIKhL*, ou Goslitizdat [Éditions d'État des belles-lettres], avait publié des *Œuvres choisies* de Pasternak.

[P. 157 : ... *Abramtsévo* : célèbre lieu de villégiature, notamment pour les écrivains et les peintres, au nord-est de Moscou.]

P. 157 : ... *Selvinski et aux Chestakov* : le poète Ilya Lvovitch Selvinski (1899-1968), sa femme Berta Yakovlievna (1898-1980) et les époux Chestakov (v. note à la p. 457) avaient été les voisins des Pasternak à Odoïévo.

7.I.34 (= 1935)
P. 158 : l'année 1934 a été indiquée par erreur (*id.* pour la lettre suivante).

11.I.34 (= 1935)
[P. 159 : ... *Béliaïev... Rojdiestvienski* : employés du Fonds littéraire.]
P. 159 : ... *Rita* : Margarita Nikolaïevna Viliam (1903-1981), peintre en poupées, sœur de Nikolaï Nikolaïévitch Viliam-Vélmont, vieil ami de Pasternak (1901-1986) [et sœur d'Irina Nikolaïevna, l'épouse de Choura : v. note à la p. 444].
P. 160 : ... *Anna Fiodorovna* (Viliam, 1873-1958) : leur mère.
P. 160 : ... *les Meyerhold* : Vsiévolod Émilievitch (né en 1874, exécuté en 1940) et sa femme Zinaïda Nikolaïevna Raïkh (1894-1939). Le grand metteur en scène avait été lié à Biély, dont il avait envisagé en 1927 de monter le drame *Moscou*. Biély de son côté a écrit un article intitulé *Gogol et Meyerhold*.
P. 160 : ... *Vichnievski* (Vsiévolod Vitaliévitch, 1900-1951), dramaturge [*La Tragédie optimiste*, 1933 ; il était également rédacteur en chef de *Znamia*, où Pasternak publia de nombreuses pièces de vers]. Il s'était lui aussi intéressé à Biély. [Youdina : v. note p. 441.]
P. 160 : ... *Bougaïéva* (Klavdia Nikolaïevna, Vassiliéva par son premier mari puis épouse d'Andrieï Biély-Bougaïev, 1886-1970) était en relations amicales avec Pasternak, qui demandera en 1944 à Tikhonov de faire augmenter sa retraite. Elle sera une des premières auditrices du *Docteur Jivago*, que le poète lira à ses amis en 1947. Et c'est visiblement à la suite de cette lecture qu'elle écrira le lendemain au poète :
« Mon cher, cher Boris Léonidovitch, tout au long de

ma vie a résonné en moi avec une force étonnante votre chant de la vie [...] triomphante. Je ne peux réellement pas entrer dans le cercle des occupations quotidiennes sans me tourner vers vous au moins de loin. Ma lettre n'est même pas l'expression d'un jugement car on ne juge pas de ces choses par lettre. C'est simplement un mouvement d'élan vers vous et de joie brûlante pour vous. Boris Léonidovitch, cela enchante dès le tout début ! Et la première partie a des accents, je ne sais pas, beethovéniens, ou bien lisztiens... Et je reviens aussi à ce que vous avez dit de *Faust*. La première partie, c'est le prologue sur... la terre. Si, si... C'est sévère, parcimonieux, harmonieux et d'une plénitude déchirante. C'est la plénitude d'un bouton prêt à répandre en pluie ses fleurs et ses feuilles... Il faudra bien sûr que nous nous voyions. Parce qu'il y a des questions et même peut-être, de ce fait, des semi-désaccords, par exemple à propos de certaines de vos transcriptions, de vos cosmogonies, du hasard nécessaire de certains noms de famille (la mère de Youra), du sens que vous donnez au mot " catharsis " et à d'autres choses encore...

« Pardonnez-moi, je vous prie, ce bric-à-brac émotionnel... Mais je ne voudrais pas remettre à plus tard. Je vous embrasse avec beaucoup de chaleur et d'émotion, K. Bougaïéva » (Archives familiales de B. Pasternak).

P. 160 : ... *Chtcherbakov* (Alexandre Serguieïévitch, 1901-1945) : homme politique, secrétaire (à l'organisation) de l'Union des écrivains, entre 1934 et 1936. [Il aura ensuite de très hautes fonctions dans l'appareil du Parti, de l'État et de l'armée.]

[P. 161 : ... *la jeunesse littéraire* (langue codée) = les jeunes écrivains passés par le moule des instituts de littérature et obligatoirement membres des Jeunesses communistes (les autres ne comptaient pas).]

P. 161 : ... *bien écrire ce roman* : c'est en 1935 que Pasternak avait commencé à travailler à cette « prose de grandes dimensions » qui devint plus tard

Le Docteur Jivago. Un « roman sans titre » avait été évoqué dès 1937 dans la célèbre revue littéraire *Novy Mir*.

P. 161 : ... *Guerre et Paix [...], Les Âmes mortes* : Tolstoï considérait qu'il s'était exclusivement consacré à son roman pendant sept ans (entre 1863 et 1869), ce qui fait treize ans si l'on y ajoute tout le travail effectué depuis la conception (1856). Gogol a travaillé pendant six ans (avec des coupures, entre 1835 et 1842) à la première partie de son roman et plus de quatre (1848-1852) à la deuxième.

(Fin juin 1935)
P. 162 : écrit sur le papier à lettres du Palace Hotel (au crayon).

P. 163 : ... *état de santé pendant le voyage* : Pasternak a rappelé cette époque dans l'essai autobiographique *Hommes et Positions* :

« Au cours de l'été 1935, alors que j'étais comme une âme en peine et que des insomnies qui duraient depuis près d'un an me mettaient au bord de la maladie mentale, je me retrouvai à Paris pour assister au congrès antifasciste » [Pléiade, p. 690]. Un « Congrès international des écrivains pour la défense de la culture » se déroula en effet à Paris du 21 au 25 juillet 1935. Pasternak et Babel n'arrivèrent à Paris que le quatrième jour. [Selon K. Polivanov, « Pasternak et Babel furent expédiés à Paris lorsqu'il devint évident que la délégation soviétique ne comprenait guère d'écrivains connus en Occident » : Gorki lui-même n'avait pas été autorisé à s'y rendre. Voir les *Souvenirs* de Zinaïda Pasternak, pp. 300 sq.]

[P. 163 : ... *Ogorodov* : médecin traitant de Pasternak.]

[P. 163 : ... *germano-française* : Pasternak a écrit par erreur « germano-polonaise ».]

P. 164 : ... *la fille de Mar. Tsviétaïéva avec son père* : Ariadna (Ariane) Serguieïevna Efron (1912-1975), traductrice, auteur de *Mémoires*, rentrera en URSS le 18 mars 1937. Le 27 août, elle sera arrêtée et condamnée à huit ans de camp, puis arrêtée une seconde fois le 22 février 1949 et condamnée à la déportation à vie. Réhabilitée et libérée en 1955. Sa correspondance avec Pasternak a été publiée dans un ouvrage intitulé *Ariadna Efron sur Marina Tsviétaïéva*, Moscou, 1989. [Nombreuses lettres traduites en français sous le titre : *Ariane Efron et Boris Pasternak, Lettres d'exil*, préface d'Irina Émélianova, Albin Michel, 1988.] Son père, *Serguieï Yakovliévitch Efron* (1893-1941), mari de Marina Tsviétaïéva [v. notes aux pp. 451 et 479], devra de son côté rentrer d'urgence en URSS en octobre 1937. Agent du NKVD lié à l'assassinat d'Ignatiy Reiss, résident des services spéciaux soviétiques qui avait choisi de rester en Occident, il sera arrêté à Moscou le 10 octobre 1939 et exécuté le 16 octobre 1941. Réhabilitation posthume en 1956.

P. 165 : ... *Potiomkine* (Vladimir Petrovitch, 1874-1946) était à l'époque le représentant diplomatique de l'URSS en France.

[P. 165 : ... *Zamiatine* : v. note p. 453.]

P. 165 : ... *Larionov* (Mikhaïl Fiodorovitch, 1881-1964) : peintre, décorateur de théâtre, l'un des organisateurs du groupe de la Queue d'âne, il était parti pour Paris en 1915 à l'invitation de Diaguiliev.

P. 165 : ... *Gontcharova* (Natalia Serguieïevna, 1881-1962) : peintre, dessinatrice, décoratrice de théâtre, femme du précédent [Pasternak l'avait bien connue à Moscou, dans les années dix. Le poème *Fantasme*, qui date de 1914, se termine sur son nom.]

P. 165 : ... *Annienkov* (Youri Pavlovitch, 1889-1974) : dessinateur et décorateur de théâtre. Il avait émigré à Paris en 1924. Il publiera en 1966 à New York un *Journal de mes rencontres* qui contient (t. II) un portrait de Pasternak où il évoque leur rencontre parisienne :

« La dernière fois où je l'ai vu, écrit-il, c'était à Paris en 1935, au Madison Hotel, 143, boulevard Saint-Germain. Pasternak était alors en pleine gloire mais n'avait encore ni rides ni cheveux blancs. Pendant son bref séjour en France, nous avons beaucoup parlé de Paris et guère de la révolution soviétique... Il m'a aussi demandé de le conduire rue Campagne-Première, là où Rainer Maria Rilke avait vécu... »

P. 165 : ... *Tsviétaïéva* : la poétesse [qui avait correspondu depuis 1922 avec Pasternak sans l'avoir jamais vu : v. note à la p. 451] fut très déçue par leur rencontre. Elle évoquera le 2 juillet 1935, dans une de ses lettres à son amie Anna Teskova (publ. Prague, Academia, 1969), son entrevue avec le poète qui, écrit-elle, « *a eu lieu* et a été une telle *non-rencontre* »! [Voir aussi le témoignage pittoresque de E. G. Gerchtein dans *Literaturnoié obozrenie*, 1990, n° 2.]

P. 165 : ... *Ehrenbourg* : invité au congrès comme participant, l'écrivain [v. note à la p. 457] était aussi correspondant à Paris des *Izviestia*, où il publia de ce fait des reportages sur le congrès.

P. 165 : ... *Savitch* (Ovidiy Guertsovitch, 1896-1967) : écrivain, traducteur de l'espagnol, alors correspondant à Paris de la *Pravda du Komsomol*.

P. 165 : ... *je n'ai même pas vu mes parents* : Léonide Ossipovitch (1862-1945) et Rosalia Isidorovna, née Kaufman (1868-1939) vivaient depuis septembre 1921 en Allemagne avec leurs filles Joséphina et Lydia.

P. 165 : ... *ma sœur aînée avec son mari* : Joséphina Léonidovna, docteur en philosophie et poète (*Coordonnées*, sous pseud. Anna Ney, Berlin, 1938, rééd. Munich sous vrai nom, s. d.; *À la mémoire de Pedro*, Paris, YMCA, 1984). Elle a aussi édité les Mémoires *(Notes de différentes années)* de son père à Moscou en 1975. Elle avait épousé son cousin au second degré Fiodor Karlovitch Pasternak (1880-1976).

12.VII.35

P. 166 : ... *chez tante Assia* : Anna Ossipovna Freidenberg (1860-1944), sœur aînée du père de Pasternak.

P. 167 : ... *ma blessure et mon malheur* : rappel de l'aventure amoureuse de Zinaïda et de Nikolaï Mélétinski [voir les *Souvenirs* de Zinaïda Pasternak, p. 261].

Dans un recueil composé pour le centenaire de la naissance du poète (*Norwich Symposium*, Norfield, Vermont, 1991), Liev Lossiev a raconté un entretien qu'il avait eu avec Pasternak *(« Le 29 janvier 1956 »)* au sujet de son séjour de 1935 en France : « Je me sentais, lui avait déclaré celui-ci, comme le jeune Spartiate bien connu qui avait dérobé un renard, l'avait dissimulé sous sa tunique et gardait le silence pendant qu'on l'interrogeait alors que le renard lui dévorait le ventre. »

P. 167 : ... *Chtcherbakov a la liste* : c'était lui [v. note à la p. 461] qui dirigeait officiellement la délégation soviétique au congrès ; mais dans la pratique c'était le prosateur satirique Mikhaïl Koltsov [1898-exécuté 1940].

P. 167 : ... *chez Lomonossova* (Raïssa Nikolaïevna, 1888-1973), traductrice en russe d'auteurs occidentaux contemporains. Elle et son mari, Youri Vladimirovitch Lomonossov (1888-1952), qui dirigeait la branche de Stockholm de la Mission ferroviaire russe, étaient restés à l'étranger en 1927. Raïssa Lomonossova était une connaissance de Kornieï Tchoukovski, qui avait mis Pasternak en contact avec elle : il descendit chez elle à Londres lors de son voyage de retour, après le congrès de Paris.

14.VIII.35

P. 168 : ... *Ma lettre à Kalinine* : Pasternak avait écrit à Mikhaïl Kalinine [v. note p. 452] pour lui demander de réviser l'affaire de Victor Félixovitch Blumenfeld-Anastassiev, cousin de Neuhaus, qui avait été condamné à une peine de dix ans. L'intervention de Pasternak fit abaisser la sentence à cinq ans, mais en 1938, alors qu'il était toujours détenu, Anastassiev fut frappé d'une nouvelle condamnation : dix ans « sans droit de correspondre », et fut certainement exécuté. Réhabilité à titre posthume en 1957 et 1958. Avant de s'adresser à Kalinine, Pasternak avait essayé de rencontrer pour la même raison Yéléna Stassova, une vieille bolchevique qui présidait l'Organisation internationale d'aide aux combattants révolutionnaires. Elle ne le reçut pas, mais lui conseilla d' « adresser une demande à la commission de remises de peine et d'amnisties partielles du Comité central ».

P. 168 : ... *Ceci, c'est pour Selvinski* [suit un dessin représentant un drapeau bleu, jaune, rouge] : le poète ami de Pasternak avait sans doute besoin de connaître le drapeau roumain pour son cycle *Choses étrangères*.

(Août 1935)

P. 169 : ... *et Anna Fiodorovna* = Natalia Félixovna Blumenfeld, Anna Nikolaïevna et Anna Fiodorovna Viliam [v. notes à la p. 460].

P. 170 : ... *Le poète Sourkov* (Alexieï Alexandrovitch, 1889-1983) : il fut un critique toujours virulent de la poésie de Pasternak.

P. 170 : ... *ami de Kapitsa* (Piotr Léonidovitch, 1894-1984) : physicien soviétique, prix Nobel 1978, fondateur et directeur de l'Institut des problèmes de physique de l'Académie des sciences de l'URSS.

P. 170 : ... *c'est Dirac* (Paul Adrien Maurice, 1902-1984) : physicien anglais, l'un des fondateurs de la mécanique des quanta, prix Nobel 1933. Il était depuis 1931 membre correspondant étranger de l'Académie des sciences de l'URSS et venait souvent dans ce pays.

P. 170 : ... *le livre de Jeans* (James Hopwood, 1877-1946) : astrophysicien anglais, auteur d'une théorie cosmogonique. Deux de ses livres venaient alors d'être traduits en russe, dont *The Universe Around us*, qui avait eu un énorme succès auprès des lecteurs.

[P. 170 : ... *Gandolfi* (Nadiejda Ignatievna) : professeur de chant.]

(Octobre 1938)

P. 171 : ... *je traduis Chevtchenko* : Pasternak traduisait alors deux œuvres du poète ukrainien [v. note à la p. 469] : *À A. O. Kazatchkovski* et *Dans notre paradis terrestre*. Parution : n°s 19-20 (1945) de la revue *Léningrad* et recueil *Chevtchenko* (1946), éd. Dietguiz (pour les jeunes).

1941

12.VII.41 (1)

P. 172 : ... *des nouvelles de Génia* : Yevguiéni venait d'achever ses dix années d'enseignement primaire et secondaire et participait du côté de Smoliensk à des travaux de défense.

12.VII.41 (2)

P. 172 :... *Olienka, Génia* : Olga Blumenfeld (1887-1946) [sœur de « Toussia », cousine de Neuhaus]; et Yevguiènia Vladimirovna Pasternak.

P. 172 : ... *Anna Robertovna* (Greiger, 1897-1986) : femme de Victor Blumenfeld-Anastassiev. Pasternak l'avait aidée matériellement après l'arrestation de son mari [v. note de la p. 465].

P. 172 : ... *Maroussia* : Maria Andrieïevna Volkova (1898-1966) passa de longues années chez les Pasternak. Après avoir élevé le petit Lionia (Léonide Borissovitch, 1938-1976), elle élèvera encore sa fille Yéléna.

P. 173 : ... *(Liona et) Adik* : lapsus pour Stassik [Adik : v. *infra*].

P. 173 : ... *Vièra Vassilievna* : Smirnova, leur amie de Kiev, qui était elle aussi évacuée sur la Volga [où se trouvaient Zinaïda et les deux enfants : voir note ci-dessous].

19.VII.41

P. 173 : ... *j'en porterai à Adik* : Adrian Neuhaus se trouvait alors dans un sanatorium des environs de Moscou.

20.VII.41

[P. 174 : ... *Maroussia et Vassili* : les gardiens de la cité des écrivains de Pérédielkino.]

21.VII.41

P. 175 : ... *embarcadère de Kazan* : voici ce qu'écrivait Zinaïda Pasternak :

« ... Nous sommes bien arrivés à Kazan, à part que nous sommes tout noirs de poussière. Lionia s'adapte très bien aux conditions pénibles du voyage... Nous sommes descendus du train à six heures du matin et sommes allés directement à l'embarcadère. Tout y avait été très bien organisé et les enfants ont mangé chaud. Lionietchka était émerveillé par le paquebot et tout joyeux. Nous venons d'embarquer : il est réellement magnifique. Nous avons une cabine à deux places, que nous partageons avec Jenna Inber. Avec de la chance, je vais pouvoir aujourd'hui récupérer. Dans le train, pendant les deux nuits, je n'ai pas dormi : j'avais trop à faire avec les enfants, j'étais fatiguée mais Lionietchka s'était si largement étendu sur la couchette qu'il me faisait tomber par terre. Bon, je n'ai pas à me plaindre pour l'instant puisque tout va bien et que tout le monde est en bonne santé. Stassik a beaucoup travaillé. Il a traîné les baluchons de tous les enfants et il est très fatigué. Nous avons maintenant à nouveau quarante-huit heures de voyage. Tout est incontestablement plus propre et plus agréable sur le bateau. Je viens de laver dans la Volga les affaires de Lionia et on m'a fauché, carrément sous mon nez, mon savon pendant que je lavais : c'est un produit qui manque beaucoup ici. Transmets à Garrik le contenu de ma lettre. Je n'ai pas le temps d'écrire car il y a beaucoup de travail pour la collectivité et il faut bien aider. C'est la seule chose qui me sauve des pensées et idées noires... N'oublie pas Adia et sois bon avec lui. Nous sommes tous largement coupables de sa maladie et, depuis le Caucase, de ne pas avoir assez veillé sur lui » (Archives de Z. Pasternak).

[P. 175 : ...*Balachikha* : ville de la banlieue est de Moscou.]

P. 176 : ...*Afinoguénov* (Alexandre Nikolaïévitch, 1904, mort pendant un raid aérien sur Moscou en 1941) : dramaturge, voisin de datcha et ami de Pasternak depuis 1937 [ses pièces *La Peur* et *Le Lointain* étaient très orthodoxes].

24.VII (41)

P. 176 : ... *Khaltourine* (Ivan Ignatiévitch, 1902-1969) : critique littéraire et journaliste [et mari de Vièra Smirnova : v. note à la p. 447]. Vsiévolod Viatcheslavovitch *Ivanov* (1895-1963) était romancier [*Le Train blindé 14-69*, très célèbre œuvre sur la Guerre civile]. Voisins des Pasternak, à Pérédielkino et ruelle Lavrouchine.

P. 177 : ... *Tamara Vladimirovna* : la femme de Vsiévolod Ivanov.

30.VII.41

P. 177 : ... *Natalia Constantinovna* (Tréniova, 1914-1980) : femme de Pavlenko [v. note à la p. 443], fille du dramaturge Constantin Tréniov et traductrice, elle avait elle aussi été évacuée sur la Volga.

[P. 177 : ... *pour le VOKS* : Société soviétique pour les liens culturels avec l'étranger.]

7.VIII.41

P. 179 : ... *Yéléna Petrovna* : Kouzmina, femme de ménage de Yevguiènia Pasternak.

11.VIII.41

P. 179 : ... *la* Maria *de Chevtchenko* [1859, de Tarass Grigoriévitch Chevtchenko, poète ukrainien, 1814-1861] : Pasternak y avait travaillé en 1938. Sa traduction avait été publiée dans *Krasnaya nov'*, 1939, n° 2.

P. 180 : ... *reçu des décorations* : 170 écrivains avaient été honorés en janvier 1939, y compris de tout jeunes poètes comme Constantin Simonov ou Margarita Aliguer. [Selon Viatcheslav Vs. Ivanov, l'offense faite à Pasternak aurait sanctionné un refus antérieur de dénoncer publiquement des « traîtres » : les *Souvenirs* de Zinaïda Pasternak montrent qu'il s'agissait de Toukhatchevski, Yakir et de leurs coaccusés de 1937.]

P. 180 : ... *Fadieïev* (Alexandre Alexandrovitch, 1901-1956) : premier secrétaire de l'Union des écrivains soviétiques [romancier orthodoxe de talent, auteur de *La Déroute* et, ultérieurement, de *La Jeune Garde*, il se suicidera à l'annonce des crimes de Staline].

[P. 180 : ... *à la cantine* : Zinaïda Pasternak était alors infirmière-économe auprès des enfants évacués le 9 juillet 1941 sur l'estuaire de la Kama, à Bersout d'abord puis à Tchistopol : cf. note un peu plus bas.]

17.VIII.41

P. 181 : ... *Richter* (Sviatoslav Théophilovitch, né en 1915) : le grand pianiste, qui avait été formé par Neuhaus, devint dans les années 1940 un proche de Pasternak. [Avec Neuhaus et Youdina, il joua à Pérédielkino pour l'enterrement du poète, en juin 1960.]

P. 181 : ... *Constantin Grigoriévitch* : en réalité Constantin *Guéorguiévitch*. Il s'agit de Paoustovski [1892-1968, prosateur à la langue poétique classique, auteur d'une passionnante somme autobiographique].

[P. 182 : ... *boulevard de Tvier* : c'est l'appartement attribué à Pasternak en 1932 dans l'immeuble de la Maison Herzen (aujourd'hui Institut littéraire) et que sa première femme habitait depuis cette date.]

(Après le 17 août 1941)

P. 183 : ... *de Bersout* : dans cette lettre non datée, que Pasternak avait reçue à Moscou le 17 août, Zinaïda Nikolaïevna écrivait :

« Mon cher Boria ! Cela fait une semaine que nous habitons ici. Au début tout était affreux. Nous dormions sur une grande galerie (du genre de celle de notre ancienne datcha, en haut), à 50 mères et 50 enfants. Les lits étaient si proches les uns des autres qu'on ne pouvait pas balayer entre eux, et en plus tous nos bagages étaient sous les lits. Pour l'hygiène et les braillements des enfants, tu ne peux pas imaginer ! Les petites mamans étaient encore plus bruyantes, faisaient des caprices et semaient la panique. La nature, ici, est magnifique. Un endroit merveilleux sur la rive haute de la Kama, une forêt de pins. Et au lieu de passer tout le temps au grand air avec les enfants, on les laissait tout le temps enfermés à hurler dans la pièce. Ce sont toutes des idiotes incroyables ! On nous avait déclaré sur le bateau que les enfants seraient pris en maternelle mais que les parents devaient aider... J'ai travaillé trois jours comme intendante en chef. Je me levais à cinq heures, je pesais la nourriture que nous avions commandée pendant que le cuisinier faisait à manger et je préparais la salle à manger. Le personnel ne suffisait pas pour les 400 personnes, c'est pourquoi je devais moi-même faire la vaisselle et laver les 50 nappes. Et comme j'aime la propreté, j'étais sur les genoux. Tout le monde était content de mon travail... » (Archives de Z. Pasternak.)

P. 184 : ... *hier d'Adik* : cette lettre d'Adrian Neuhaus s'est conservée (Archives de Z. Pasternak) : elle témoigne de qualités humaines hors du commun et frappe par son courage et sa bonté. Un talent littéraire y perçait également de manière évidente.

[P. 184 : ... *nouveaux vers* : il s'agit du *Vieux Garçon* (« Vers de guerre »), Pléiade, p. 173.]

P. 184 : ... *écrire une pièce* : *Dans l'autre monde*, pièce entreprise en août 1941 et abandonnée à l'automne 1942.

[P. 184 : ... *de ZIS, de M-kas* : voitures d'époque. La production en série était balbutiante et les possesseurs d'automobiles rarissimes.]

[P. 184 : ... *Marchak* (Samouil Yakovliévitch, 1887-1964) : comme Tchoukovski (v. note à la p. 458), ce fut un remarquable conteur versifié pour enfants *(Le Petit Souriceau stupide)*.]

[P. 184 : ... *Pogodine* (Nikolaï Fiodorovitch, 1900-1962) : dramaturge soviétique parmi les plus joués (célèbre trilogie sur Lénine : *L'Homme au fusil, Le Carillon du Kremlin, La Troisième pathétique*).]

P. 185 : ... *Const. Alexandrovitch* : Fiédine (v. note à la p. 457).

[P. 185 : ... *Léonov* (Léonide Maximovitch, 1899-1994) : romancier (*Le Voleur*, 1927, puis des romans beaucoup plus orthodoxes).]

[P. 185 : ... *Tchoukovski* (v. note à la p. 458) : tous quatre étaient alors membres de la direction de l'Union des écrivains.]

[P. 185 : ... *vilaine garce* : le terme russe *(« svolotche »)* est en principe très cru, mais il est employé ici avec tendresse et au second degré (ailleurs, Pasternak traite Zinaïda de... « cochonne » : *svinia* !)]

[P. 186 : ... *abandonné toute espérance* : Pasternak ne fait guère d'allusions littéraires (il n'en a pas besoin) mais il y a ici un clin d'œil amical à Dante, qui montre bien ce qu'il pensait du système soviétique *(Inferno :* « *Lasciate ogni speranza, voi ch'entrate »).*]

[26.VIII.41 : écrit sur un talon de mandat.]

(27-28 août 41)

P. 189 : ... *Permitina* : la femme de l'écrivain Yéfime Nikolaïévitch Permitine [né en 1895, il décrivait surtout la vie des paysans russes].

P. 191 : ... *Milotchka* : la jeune Militsa, fille de Neuhaus et de sa seconde femme Militsa Serguieïevna, née en 1929, future mathématicienne.

[P. 191 : ... *Panfiorov* (Fiodor Ivanovitch, 1896-1960) : romancier (*Brouski*, fresque en quatre volumes sur la collectivisation).]

[P. 191 : ... *la « Rose rouge »* : nom du sanatorium du petit Adik.]

P. 191 : ... *un télégramme* : réponse de Zinaïda Nikolaïevna :

« Boriouchka chéri ! Nous emménageons les jours prochains à Tchistopol. Nous avons inspecté aujourd'hui les locaux et tout m'a beaucoup plu. On m'a annoncé hier que tu serais sur le point de venir ici. J'en ai été terriblement heureuse, j'ai même eu une crise de nerfs et j'ai sangloté. Quand je suis allée aujourd'hui à Tchistopol, je voulais te louer une chambre en ville mais j'étais encore sur le bateau quand on m'a dit que c'était un mensonge. J'ai été terriblement déçue mais j'ai quand même décidé de trouver une chambre et de donner vingt roubles d'arrhes. Paoustovski m'a remis aujourd'hui ta lettre avec l'argent et m'a raconté que l'Union serait prête à te laisser partir mais qu'il faut que tu demandes l'autorisation. Je t'en supplie, va la demander et arrive au plus vite. Nous nous débrouillerons bien. Je serai au sein de la collectivité, avec Lionia et Stassik, et toi tu seras près de nous et tu travailleras. La nuit, je pourrai être avec toi. Il faut absolument laisser Lionietchka au jardin d'enfants. Tout est très bien chez eux et, surtout, l'influence sur Lionia est excellente. Il se développe beaucoup. Récemment ils ont eu une fête et il est monté sur les planches. Avec cinq autres enfants il a déclamé les vers sur le " serin ", puis il a dansé et fait des pirouettes. Il y avait énormément de spectateurs mais il n'a pas perdu ses esprits et ne s'est pas senti gêné. Aujourd'hui, en partant à Tchistopol, je l'ai laissé au jardin d'enfants afin qu'il y passe la nuit. Il a magnifiquement bien dormi avec eux, sans pleurer le moins du monde et, au moment où je partais et que je voulais lui dire au revoir, il est passé devant moi d'un air important, une serviette autour du cou : il allait tout seul se laver les mains avant le dîner. Tous l'aiment beaucoup et trouvent que c'est lui le plus beau. Le matin, les petits pionniers déjeunent avant les autres et il passe des uns aux autres : tout le monde veut le nourrir ! Il s'était tellement gavé, il y a quelques jours, qu'il a eu de la fièvre. Il est actuellement en bonne santé et si joyeux que ce sera difficile de lui faire quitter Bersout. Nous pensons faire notre transfert aux environs du 5. Fais savoir à Adik et à Garrik qu'ils m'écrivent à Tchistopol (RSSA de Tatarie), en poste restante. Je ne te demande pas d'écrire, j'exige *catégoriquement* que tu viennes. On dit déjà de vous – toi, Léonov et Fiédine – qu'on va vous laisser partir. Je me dépêche terriblement. J'ai reçu les vêtements. Je te remercie infiniment » (Archives de Z. Pasternak).

1.IX.41
P. 191 : ... lettres des 1er, 2, 4, 8 et 10 septembre = écrites ensemble.

P. 191 : ... *les Tréniov sont arrivés* : Constantin Andreïévitch [1876-1945, dramaturge : *Lioubov' Yarovaya*, célèbre pièce sur la Guerre civile] et sa femme Larissa Ivanovna, dont il est question plus bas, étaient de bons amis de Zinaïda.

P. 192 : ... *sorties de ma plume* : il s'agit certainement du cycle *Pérédielkino*, ensuite intégré au recueil *Les Trains du petit jour*, avec comme sous-titre « Début 1941 ».

P. 192 : ... *au début de la guerre* : la *Gazette littéraire* du 8 octobre 1941 publia notamment un poème poétiquement très faible intitulé « La vérité », ultérieurement rebaptisé « Au génie russe ».

P. 192 : ... *le plus faible* : ce sont *deux* poèmes qui furent publiés par *Krasnaya nov'* : il s'agit des *Trains du petit jour* [qui est excellent : v. Pléiade, p. 169] et du *Vieux Garçon*, déjà cité (v. note à la p. 471).

2.IX.41

P. 193 : ... *une lettre de toi* : voici ce que Zinaïda Nikolaïevna lui écrivait (sans date), en réponse à une lettre visiblement perdue :

« Enfin, enfin j'ai reçu de toi un grand nombre de lettres ! Je ne fais jamais de *scandales* pour le plaisir. Il y a une réponse à tout : j'ai peur pour l'avenir de tous mes enfants. Surtout pour Lionietchka, parce qu'il est tout petit, et pour Adik parce que c'est, pour l'instant, un infirme. Il y a de quoi réfléchir et avoir une crise de nerfs, quand on y songe. Ce ne sont pas des jouets et c'est pourquoi les réflexions selon lequelles je " ne pense pas à toi " proviennent de la même jalousie qui te fait écrire aujourd'hui : " Ne sois pas jalouse de Lionietchka à cause de moi ! " Je n'ai jamais été assez stupide pour être jalouse, à cause de toi, de ce petit être innocent. J'échangerais volontiers ma place avec la tienne. En mourant, j'aurais la tranquillité de savoir que tu es vivant et que, par conséquent, les enfants seront en sécurité. Mais les voir souffrir ou subir des privations est au-dessus de mes forces. C'est donc que je suis faible. Mais je suis encore loin d'être *scandaleuse*. Ma vie est finie et je ne peux penser à rien normalement. Les fenêtres de la ruelle Lavrouchine, le jardin en friche sont vraiment le cadet de mes soucis. Quand je parle d'argent, c'est uniquement parce que je voudrais améliorer l'existence de ce même Lionietchka que tu adores, et non par caprice ou goût du scandale!! Ce mot est aussi injuste que bien d'autres que tu emploies à propos de moi. Mais assez de ce ton *scandaleux*!!

« Nous vivons terriblement à l'étroit. Lionia dort avec moi sur un lit unique d'un mètre de large. Impossible de s'envelopper, car notre couverture étroite et légère ne suffit ni à lui ni à moi. Pour l'instant il n'a pas pris froid mais il a eu mal au ventre, comme d'ailleurs assez fortement tous les enfants. Actuellement il est bien. Ma demande relative aux couvertures vient de ce que je pense avec la tête, et non une autre partie du corps : on a même envoyé un télégramme au Fonds littéraire pour qu'on fasse parvenir aux enfants des vêtements chauds et je pensais, sans en faire tout un plat, que tu étais au courant de cette demande officielle, et c'est pourquoi j'ai demandé des couvertures. Tout est très simple. C'est bien plus simple que de faire le ménage dans un appartement en sachant qu'il va probablement être détruit. Jamais je n'avais pensé que je devrais t'imposer ou te demander quoi que ce soit! Je suis très inquiète pour toi et je pense beaucoup à toi mais, bien sûr, davantage à Adik dans la mesure où il ne peut pas courir à un abri antibombes ou antigaz. Comment se fait-il qu'on ne les évacue pas? Je lui ai déjà envoyé une lettre et un télégramme à Plioss. Je n'écris pas à Balachikha car j'espère toujours qu'on les aura évacués. Un très grand nombre de vieux et de malades arrive ici et comme tu as un problème de jambe et que tu boites, j'ai pensé que tu pourrais venir ici, officiellement bien sûr. J'estime qu'Assieïev et Fiédine sont en meilleure santé que toi. Bon, parlons d'autre chose. Tout cela est extraordinairement triste.

Ne fais pas attention à Maroussia. Qu'elle habite chez toi, mais bien sûr n'y travaille pas et n'y mange pas. Qu'elle fasse ce qu'elle veut. Elle n'a probablement, comme bien d'autres, nulle part où aller. Nous allons bientôt nous transporter à Tchistopol-ville. Nous y serons encore plus à l'étroit. Il faudra faire dormir Lionia au jardin d'enfants car il est très mal à l'aise pour dormir avec moi, mais nous avons ici une petite pièce indépendante à nous alors qu'à Tchistopol nous logerons à trente par pièce. Et cependant, si j'avais de l'argent, je louerais une chambre séparée pour que Lionia soit avec moi. Il n'y a presque pas de gardes de nuit et, pendant la nuit, les enfants sont couchés dans des mares et font leurs besoins sous eux. Il est normal que j'aie pensé que ce serait mieux si je dormais avec lui. Voilà tout mon crime, et pourquoi j'ai besoin d'argent. Jamais je ne t'en aurais demandé si je n'avais pas su, en partant, que tu en avais sur ton livret. On dit qu'en ce moment il y a des emprunts de mille roubles. Mais quelle importance ? Je n'ai rien à écrire. La vie s'écoule de manière épuisante et monotone. Le jardin d'enfants fait beaucoup de bien à Lionietchka. Il a fait beaucoup de progrès, distingue un bateau d'une vedette, connaît tous les noms de champignons, etc. Il a été *affreusement* malheureux lorsque je l'ai mené les premières fois. Il s'enfuyait chaque fois vers moi en pleurant comme un forcené. Lorsqu'il m'apercevait au réfectoire, il tendait vers moi ses menottes et hurlait : " Maman, prends-moi avec toi ! " Il m'a demandé pourquoi il devait se promener avec d' " autres tatas ". Je lui ai dit que je travaillais à la cuisine, où l'air était mauvais, et que lui devait se promener à l'air pur. " Je ne veux pas d'air pur ! " a-t-il crié. Ses pleurs ont duré cinq jours, et puis tout s'est tassé et il s'est fait des amis de tout le monde. On l'aime beaucoup et tout est arrangé. J'ai une peur terrible, quand nous serons à Tchistopol, de le laisser pour la nuit : les drames vont recommencer. C'est un enfant qui est capable de s'enfuir en pleine nuit, et il y a peu de monde pour surveiller. Une réunion très importante avait lieu il y a quelques nuits. Je l'ai mis au lit et j'y suis allée (c'était tout près). Les petits pionniers me l'ont amené car il était sorti dans le noir, en chemise et pieds nus, et s'était dirigé vers la cantine. Depuis, je place Stassik à côté de lui si je dois m'en aller. A propos, on a volé à Stassik son pantalon ; celui qui lui reste est déchiré et il n'a presque rien à se mettre aux pieds. Dis-le à Garrik et qu'il lui envoie un paquet avec quelqu'un. Pardonne-moi, s'il te plaît, et ne te fâche pas, mon chéri. Je t'aime beaucoup et je prie chaque jour pour toi. Je me couche. Ta Zina » (Archives Z. N. Pasternak).

[P. 193 : ... *cette racaille* : *sic*. Même employé collectivement, le mot « *svolotche* » (que nous avions vu employé affectueusement au second degré) est très fort – et audacieux dans ce contexte.]

[P. 194 : ... *Larissa Ivanovna* : Tréniova (v. note à la p. 474).]

4.IX.41

[P. 194 : ... *dans la compagnie* : v. allusion au talent de Pasternak pour le tir dans *Le Vieux Garçon*, déjà cité. La *Gazette littéraire* en fit même état dans son numéro du 10 septembre 1941.]

P. 195 : ... *Tchaguine* (Piotr Ivanovitch, 1898-1967) était alors directeur des Éditions littéraires d'État (Goslitizdat).

P. 195 : ... *Khraptchenko* (Mikhaïl Borissovitch, 1904-1980), spécialiste de la littérature et académicien, présida de 1939 à 1948 le Comité pour les affaires artistiques du Conseil des ministres de l'URSS. [Tout le répertoire des théâtres de Moscou et de province était de ce fait entre ses mains.]

P. 195 : ... *une traduction de Slowacki* (Juliusz, 1809-1849, poète romantique polonais) : commande du Goslitizdat. Deux de ces poèmes (« *Kulig* » et « *Chant de la légion lituanienne* ») parurent en juillet 1942 dans *Krasnaya nov'*. Les autres se perdirent, quoique Tchaguine ait reçu le recueil le 14 juillet 1942. Cependant, au printemps 1972, Yevguiéni Pasternak réussit à retrouver les originaux de ces traductions, autrefois donnés à V. D. Avdieïev, et les fit publier dans *Novy Mir* (1973, n° 9).

[P. 195 : ... *le théâtre d'Art* (en russe MKhAT) : la scène dramatique russe la plus prestigieuse, surtout pour le répertoire contemporain. Fondée en 1898 (l'année de *La Mouette*, qui orne le rideau de scène) par Stanislavski et Némirovitch-Dantchenko, elle s'est rendue célèbre par la création des grandes pièces de Tchékhov et de Gorki, puis de Boulgakov, mais aussi par de grandes mises en scène classiques.]

[P. 196 : ... *Il(ya) Andr(ieïévitch)* : sans doute le concierge de la maison du boulevard de Tvier où logeaient Yevguiènia et Génia Pasternak : v. note à la p. 470.]

[P. 196 : ... *Guennadiy A(lexandrovitch)* (Smirnov) : le gardien en chef (« directeur ») de la cité des écrivains, à Pérédielkino.]

8.IX.41

P. 197 : ... *si pleine de toi* : Zinaïda Nikolaïevna écrivait :

« ... Ma situation n'est pas fameuse. On nous retire le bâtiment des pionniers, où logeait Stassik, et on rend les enfants à leurs mères chaque fois qu'ils en ont. Je n'ai pas de chambre à moi et on ne peut pas en trouver. Je travaille beaucoup, on est content de moi mais si, au jardin d'enfants aussi, on les rend aux mères, je suis fichue. Je n'ai rien apporté ici pour le ménage, je n'ai pas de fourneau, on ne trouve rien à acheter : je me demande bien comment je vais faire! Khokhlov vient d'arriver ; il dit qu'il va imaginer quelque chose. S'il y arrive... Lionietchka est très content de ses jouets. Je les lui ai apportés au jardin d'enfants et j'ai dit que c'était papa qui les avait envoyés et qu'il laisse tous les enfants jouer avec » (Archives de Z. Pasternak).

[P. 197 : ... *le mari de Vièra Vassilievna* : v. note à la p. 469.]

[P. 198 : ... *aller gare de Koursk* : chez les Neuhaus, qui habitaient près de la gare (rue Tchkalov).]

10.IX.41 au matin

P. 199 : ... *se serait suicidée* : Marina Tsviétaïéva s'est pendue le 31 août 1941 à Yélabouga, en RSSA de Tatarie. [Après sa fille Ariane (en mars 1937), puis son mari (octobre 1937), tous deux rentrés en URSS et tous deux arrêtés (v. note à la p. 462), Marina Tsviétaïéva avait décidé au cours de l'été 1939 de rentrer aussi afin de retrouver leurs traces.]

P. 199 : ... *écris-le-moi* : Zinaïda avait écrit dès les premiers jours de septembre 1941 à Pasternak une lettre où elle lui disait :

« ... Tu sais sans doute que Marina Tsviétaïéva s'est pendue le 31 août dans sa chambre à Yélabouga et qu'elle laisse un fils. Tout cela est horrible mais je ne peux pas la justifier... Son pauvre fils a été envoyé avec une brigade dans un kolkhoze. Je prie tout le monde de le faire accepter dans notre camp de pionniers afin qu'on lui donne à manger et à boire et qu'il aille à l'école. C'est, je crois, ce qu'il va se passer... Je t'embrasse, je te serre tendrement et je prie tous les jours Dieu pour toi et pour Adioucha » (Archives de Z. Pasternak).

P. 199 : ... *où est son garçon* : Guéorgui Serguiéïévitch Efron, fils de Marina Tsviétaïéva (1925-1944), avait rapidement quitté Tchistopol pour Moscou, après quoi il s'est retrouvé à Tachkent. En 1943, il a réussi à entrer à l'Institut de littérature mais, début 1944, a été appelé sous les drapeaux et a fait la guerre dans le 437e régiment d'infanterie. En juillet 1944, près du village de Drouïka, il a été mortellement blessé et enterré sur place.

[P. 199 : ... *Kolia Viliam* : v. note à la p. 444.]

P. 199 : ... *de Nina* : Nina Alexandrovna Tabidzé [v. note à la p. 456].

P. 199 : ... *Je termine* : écrit sur une autre feuille.

P. 199 : ... *les Afinoguénov* : [v. note à la p. 468] : la femme du dramaturge s'appelait Yevguiènia (Jenny) Bernardovna (1905-1948).

[P. 200 : ... *de toutes ses fonctions* : erreur de Pasternak. Fadieïev était resté secrétaire de l'Union des écrivains.]

P. 200 : ... *ce sera Afinoguénov* : Afinoguénov avait été nommé le 9 septembre 1941 chef du département littérature du Sovinformburo. Le 29 octobre, à la veille d'un voyage aux États-Unis, il fut tué par un éclat d'obus dans le bâtiment du Comité central. Le 29 décembre 1944, Pasternak publia dans *Literatura i isskustvo* un article intitulé « Afinoguénov », où il rappelait leur amitié et la fin tragique du dramaturge.

12.IX.41

P. 201 : ... *mais Benditski* (Sémion Solomonovitch) : pianiste et professeur de piano, ancien élève de Neuhaus à Tbilissi puis à Moscou.

[P. 201 : ... *les Allemands de la Volga* : créée en 1918, la « commune travailleuse » (cap. Marx), devenue en 1924 « république autonome » (cap. Engels) des « Allemands de la Volga », descendants des colons du XVIIIe siècle, fut liquidée par Staline le 28 août 1941 et tous les Allemands déportés.]

[P. 201 : ... *Rita Viliam* : v. note à la p. 460.]

P. 201 : ... *pour la* Gazette littéraire : « Au peuple russe » de Janis Sudrabkalns (letton), le 17 septembre 1941, et « La victoire » et « L'aigle marin » de Simon Tchikovani (géorgien), le 15 octobre 1941.

P. 202 : ... *Tania Ivanova* : fille de Vsiévolod Ivanov (v. note à la p. 469), qui sera traductrice.

P. 203 : ... *heureux avec toi* : Zinaïda Ivanovna lui répondit en ces termes :

« Mon cher Boriouchka !

« Hier est arrivée Larissa Ivanovna, qui m'a apporté de l'argent (1000) et une grosse lettre. Merci pour tes attentions et pour les nouvelles que tu me donnes. Tes cadeaux sont arrivés à point nommé. Liossienka a la rougeole. C'est moi qui ai insisté pour qu'on lui fasse la semaine dernière le vaccin contre la rougeole. Tous les enfants qui ont été vaccinés contre la rougeole la supportent facilement. Je n'en suis pas encore tout à fait sûre, mais le docteur dit qu'il en a les symptômes : la langue est chargée et il est enrhumé. Température : 37 °6. Dieu voulant, tout se passera bien, mais si cela va mal je lui donnerai de mon sang : il paraît que cela donne des résultats étonnants. Il partage le lit d'un petit camarade de son groupe. Je lui ai apporté des feuilles de papier et des crayons pour qu'il dessine. Je dormirai avec lui aujourd'hui. Ne sois pas inquiet : c'est très bien qu'il ait la maladie maintenant plutôt qu'en hiver. Nous sommes toujours complètement sans bois et cela inquiète tous les économes, dont moi. Tous ces jours-ci, j'ai été épouvantablement occupée car la comptable en chef est partie et je l'ai remplacée. C'était affreusement fatigant. En plus, des bruits inquiétants circulent : l'immeuble où sont logés les pionniers et Stassik serait affecté aux besoins de l'armée. Les enfants sont rendus aux parents. Je ne peux plus l'envoyer au jardin d'enfants. Seul espoir : que les choses s'arrangent parce que je suis bien vue. Mais Khokhlov est une bête et je ne pense pas qu'il cède sur rien. Je vais demander qu'on l'envoie dans un autre camp de pionniers. Pour l'instant Stassik est dans un kolkhoze. Il en reviendra sans doute malade parce qu'il est parti avec des chaussures percées et sans manteau. Je regrette beaucoup qu'Adioucha ait été transféré du côté de Svierdlovsk. Cela veut dire qu'il est sans mère, sans père et sans toi. Pourquoi ne m'écris-tu pas les conditions de son envoi ? Je te supplie de me communiquer son adresse postale *par télégramme express.* Comme je voudrais que Garrik emménage à Svierdlovsk ! Mon petit chat, ne tarde pas trop à venir ici : bientôt la Kama sera prise et tu ne trouveras pas le moyen d'arriver jusqu'à nous. Et j'aurais tellement besoin de te parler et de te demander conseil... Comme c'est bien, que Lionietchka ait quelque chose de bon à manger pendant qu'il est malade ! Pour l'instant, ici, cela va, mais je ne sais pas ce que l'avenir nour réserve. Nous faisons, en attendant, des réserves de miel. Le stock de sucre du jardin d'enfants est presque épuisé et c'est vraiment angoissant. On me

propose ici de faire du cinéma en étant payée, mais je crains d'être coupée du jardin d'enfants et je continue à travailler comme infirmière-économe. Je travaille gratuitement. Il faut en outre payer 360 roubles pour Stassik et Lionietchka, et 100 roubles pour moi. Nous voulions poser la question de la gratuité, au moins de la nourriture, pour les mères qui travaillent. Je ne sais pas si cela marchera. Je dors au bureau avec la responsable du jardin d'enfants et, au magasin, cela fait un bruit terrible à cause de la nourriture. On n'arrête pas de venir, mais il est vrai que je n'ai pas le temps de me reposer dans la journée. Comme je voudrais aller rendre visite à Adik ! Avec toi, bien sûr. Mais il faut pour cela beaucoup d'argent, sans compter que je ne peux pas quitter mon travail. Mon Dieu, mon Dieu, qu'allons-nous devenir ? Toi, chaton, ne fais pas trop de plans d'avenir ! De toute façon nous mourrons tous. Lorsque tu t'apprêteras à partir, envoie-moi sans faute un télégramme express. Je te louerai une chambre à l'hôtel...
Je n'arrive pas à croire que nous allons nous voir ! Hein ? Je regrette très souvent que nous soyons partis. Il n'y a devant nous que la faim et le froid, et tout le monde est séparé. Il vaudrait mieux, à tout prendre, que nous souffrions tous ensemble. Envoie-moi avec quelqu'un tes nouveaux vers, je veux absolument les avoir. Ensuite : toutes les photos des enfants, Adik, Stassik et Lionietchka sans faute. Chatounet, transmets mes remerciements à Maroussia pour sa lettre. Je la lui ai lue hier et je lui ai apporté le merveilleux costume marin et je l'ai essayé sur lui. Tout est parfait. Il a beaucoup grandi et mûri ; tout le monde l'aime, les enfants aussi passent leur temps à le prendre dans leurs bras et à l'embrasser. Il vit dans la tendresse et je ne me couche jamais sans le couvrir de baisers lorsqu'il est bien au chaud et à l'aise dans son lit. Ils ont de grands lits magnifiques, avec des oreillers et des couvertures bien chauds fournis par l'État. De ce point de vue tout est merveilleux. Beaucoup d'air, de grandes pièces claires, et je crains terriblement d'avoir à changer d'apparte-

ment. Les Tréniov sont affreusement mal logés, tout en ayant beaucoup d'argent et de dépenses. J'accepterai n'importe quoi pourvu que je reste ici avec Lionia! Il va maintenant falloir que je coure leur distribuer leur goûter : du lait et du pain. Bon, au revoir, merci pour tout, je t'embrasse bien fort et sans fin. Khmara est venu aujourd'hui, il faut que je paye pour nous tous, et pour deux mois, en sorte que tes mille roubles seront entièrement employés pour ce paiement. Bon, porte-toi bien et arrive rapidement. Le paquet sera là dans environ cinq jours. Achète-moi, *doussia*, des cigarettes et des allumettes. Si tu viens, apporte-moi toi-même tout cela. Demande à Garrik de m'écrire les détails du départ d'Adik. Je peux toujours lui écrire en attendant.

« *Ta Zina.*

« Apporte ou envoie-moi quatre paires de bas ordinaires à mettre sous les bottes de feutre. Je t'envoie par Khmara mon livret de caisse d'épargne. S'il te plaît, vire au Fonds littéraire tout ce qui est dessus, 550 roubles, afin de payer pour nous le second mois, du 6 août au 6 septembre. Je n'ai pas besoin du livret pour autre chose. On donne ici 100 roubles » (Archives de Z. Pasternak.)

(Fin septembre 1941)
P. 204 : ... *Kiev est tombée* : Kiev a été abandonnée [par la volonté de Staline] le 19 septembre 1941, et livrée à l'ennemi le 26.

(31 décembre 1941. Tchistopol)
[P. 204 : Pasternak resta à Tchistopol d'octobre 1941 à octobre 1942.]

P. 204 : ... *s'il te plaît Lionitchka* : Léonide Pasternak était né le 1er janvier 1938 [à 0 h 0 minute : voir les *Souvenirs* de Zinaïda Pasternak, pp. 316-317].

P. 205 : ... *Garrik soit libéré* : Neuhaus avait été arrêté le 4 novembre 1941 comme « Allemand » et se trouvait à la prison intérieure de la Lioubianka. Il sera libéré le 19 juillet 1942 et assigné à résidence dans l'oblaste de

Svierdlovsk, puis autorisé en 1944 à résider à Svierdlovsk même.

P. 205 : ... *à Fanny Petrovna* (Kogan) : nom de la responsable du centre d'enfants du Fonds littéraire à Tchistopol.

1942

(Après le 17 octobre 42)

P. 206 : ... *Berta Yakovlievna* (Selvinskaya) : v. note à la p. 460. [Tout comme Larissa Ivanovna (Tréniova), c'était une partenaire permanente de Zinaïda Pasternak à Pérédielkino pour les jeux de cartes.]

P. 206 : ... *Antoine et Cléopâtre* : le contrat de traduction fut signé ce 17 octobre 1942 par Tchaguine, directeur du Goslitizdat.

P. 207 : ... *Khessine* (Grigori Borissovitch, 1899-1983) : responsable de la Direction soviétique de protection des droits d'auteurs [comiquement appelée plus loin OuAPP (comme si c'était un département de la défunte et honnie Association des écrivains prolétariens), et membre du Comité pour les affaires artistiques].

P. 207 : ... *Némirovitch* (-Dantchenko, Vladimir Ivanovitch, 1858-1943) : v. note sur le théâtre d'Art à la p. 478. Il souhaitait monter la version Pasternak de cette pièce, mais cela ne put se faire.

[P. 207 : ... *l'homme grossmanihinien* (« de la femme de Grossman », en faux allemand) : Pasternak a fait pendant les années de guerre la connaissance de Vassili Grossman (1905-1964), futur auteur d'œuvres antistaliniennes puissantes *(Tout passe, Vie et destin).*]

P. 207 : ... *chauffage « vavilovien »* : Pasternak avait logé au 75, rue Volodarski [actuel musée Pasternak] chez Vièra Kouzminitchna Vavilova.

[P. 208 : ... *domicile à Moscou* : la *propiska* (enregistrement du domicile à la milice de quartier, noté sur le passeport intérieur) ne permettait, sans autorisation particulière, que de très brèves absences.]

[P. 208 : ... *lire au VTO* (Société théâtrale panrusse) : Pasternak lut le 23 octobre 1942 sa traduction de *Roméo et Juliette* au VTO (actuelle petite salle de la Maison de l'acteur, au 16, rue Gorki).]

P. 208 : ... *nouvelle traduction* : elle fut publiée en 1943, mais en 100 exemplaires seulement.

P. 208 : ... *à Barto* (Agniya Lvovna, 1906-1981) : auteur bien connu de poésie enfantine. Elle habitait, ruelle Lavrouchine, la même entrée d'immeuble que les Pasternak, dont l'appartement avait été pillé en leur absence et était devenu inhabitable. Elle avait été évacuée à Svierdlovsk.

P. 209 : ... *Kazine* (Vassili Vassiliévitch, 1898-1981) : poète [ex-« prolétarien » (groupe dit « de la Forge »)].

P. 209 : ... *Zenkiévitch* (Mikhaïl Alexandrovitch, 1891-1973) : poète et traducteur.

28.X.42

[P. 209 : ... *une cochonne* : terme d'affection (v. note à la p. 472).]

P. 210 : ... *les remarques de Morozov* (Mikhaïl Mikhaïlovitch, 1897-1952) : spécialiste de Shakespeare, commentateur et rapporteur pour le Goslitizdat des traductions shakespeariennes de Pasternak.

[P. 210 : ... *la OuAPP* : v. note (Khessine) à la page précédente.]

19 novembre 1942

P. 211 : ... *avec Yavitch* (Avgoust Yéfimovitch, 1900-1979) : romancier. Il revenait alors du front et était évacué à Tchistopol.

[P. 211 : ... *Khmara* : un des administrateurs (ou directeur, selon Zinaïda Pasternak) du Fonds littéraire.]

[P. 212 : ... *Yakov Fiodorovitch* : Khokhlov, le directeur du centre.]

P. 213 : ... *et à Fiédia* : fils de Choura et neveu du poète.

[P. 213 : ... *Yélizavièta Mikhaïlovna* : v. note à la p. 454.]

[P. 213 : ... *éclaté en sanglots* : Adik devait se faire amputer la jambe : v. le terrible récit qu'en fait Zinaïda dans ses *Souvenirs*, p. 334 sq.]

P. 213 : ... *Serguieï Vassiliev* (1911-1975) : poète.

29.XI.42

[P. 214 : ... *le Maly* : complément du Bolchoï (« le Grand »), qui est spécialisé dans l'opéra et le ballet, le « Petit Théâtre » est, depuis ses origines (milieu XVIIIe siècle), la salle d'art dramatique n° 1 de la capitale.]

[P. 215 : ... *continue à travailler* : après avoir émigré en Allemagne (v. note à la p. 464), le père de Pasternak, qui était peintre et juif, s'était réfugié en Angleterre avec sa femme et ses filles Lydia et Joséphina à la fin des années trente.]

P. 216 : ... *Popovski* (Alexandre Danilovitch, 1897-1982) était romancier, *Gliébov* (Anatoli Gliébovitch Kotielnikov, 1899-1964) dramaturge.

6.XII.42

P. 217 : ... *Leytiess* (Alexandre Mikhaïlovitch, 1899-1976) : critique littéraire et secrétaire, pendant la guerre, de la commission militaire de l'Union des écrivains.

[P. 217 : ... *pour Noël* : le 6 janvier. Le calendrier ancien permettait de le fêter discrètement en réutilisant le « sapin de nouvel an ». Presque abandonnées pendant la guerre, les persécutions antireligieuses n'avaient pas encore repris.]

[P. 219 : ... *sa visite à Adik* : Neuhaus avait été libéré à l'automne 1942 et avait ainsi pu rendre visite à son fils aîné près de Svierdlovsk.]

12.XII.42

P. 220 : ... *au printemps* : [Pasternak repartira à Tchistopol le 26 décembre 1942.] C'est pendant l'été qu'il sera envoyé, avec une « brigade » d'écrivains (Sérafimovitch, Fiédine, Vsiévolod Ivanov, Antokolski, Trégoub et d'autres), au sein de la 3ᵉ armée, du 27 août au 10 septembre 1943. Ses notes de voyage (« Une ville libérée », « Un voyage à l'armée ») seront publiées le 20 novembre 1943 dans *Troud*. Il a également participé à la rédaction du recueil *Les Combats pour Oriol* (Moscou, 1944).

1945

(Octobre 1945) (1)
P. 221 : note écrite pendant les journées précédant le « jubilé » de Nikoloz Baratachvili [1817-1845, célèbre poète romantique ami de la Russie], qui fut célébré en Géorgie le 21 octobre 1945. Pasternak traduisit alors en très peu de temps, comme il l'écrit (mais en quarante jours), l'ensemble de son œuvre poétique.
Lettre écrite au verso d'un fragment de brouillon de lettre :
« Cher Boris Mikhaïlovitch !
« Je vous envoie deux chevtchenques et plusieurs baratachviles. Prenez ce que voulez pour *Léningrad*, fourrez-en où vous pourrez, chez Sayanov ou qqn d'autre. On a déjà traduit Baratachvili à Moscou et à Léningrad ; il y a deux éditions de bonnes et scrupuleuses traductions mais maintenant, pour le jubilé, il n'y a qu'à moi qu'on ait passé commande : l'intégralité, et je le ferai en deux semaines. Je viens seulement de commencer et dans le... »
Il s'agit de Boris Mikhaïlovitch Likhariev (1906-1962), un poète qui était à l'époque rédacteur en chef de la revue *Léningrad*, où parurent effectivement dans les nᵒˢ 21-22 (1945) des traductions de Baratachvili par Pasternak : « À l'oncle Guéorgui », « Méditation au bord de la Koura », « À mon étoile », « La boucle

d'oreille », « Une âme solitaire » et « À mes amis ». Le poète et prosateur Vissarion Mikhaïlovitch Sayanov (1903-1959) était alors rédacteur en chef de la revue *Zviezda »* (« L'étoile »), qui ne publia pas de poèmes de Baratachvili dans la traduction de Pasternak.

[P. 221 : ... *K0-39-84* : numéro de téléphone de l'époque.]

P. 221 : ... *Praskovia Nikolaïevna* (Makarova)... *Anaïda Irvandovna* (Boudagova) : deux comptables du Goslitizdat.

P. 211 : ... *Nina Markovna* (Minna Markovna Younovitch, 1899-1976) : critique littéraire, alors secrétaire responsable de la revue *Octobre.*

P. 187 : ... *Baratachvili* : la revue *Octobre* (1945, n° 10) publia un choix de traductions de Pasternak : « Le platane », « La nuit avant Kabakhi », « J'ai trouvé un temple », « La tombe du tsar Irakli », « À Catherine qui chantait accompagnée par un piano », « Le vent d'automne dans mon jardin », et d'autres.

P. 221 : ... *Khitarova* (Sofia Mossessovna) : traductrice, critique, rédactrice au Goslitizdat. Son *Nikola Baratachvili dans la traduction de Boris Pasternak* y paraîtra en 1948 (2ᵉ éd. en 1957).

P. 221 : ... *Riabinova* (Alexandra Petrovna, née Nazarova, 1897-1977) dirigeait alors le département « peuples de l'URSS » du Goslitizdat.

[P. 221 : ... *Vict. Vict. Goltsev* : v. note à la p. 455.]

(Octobre 1945) (2) :

[P. 222 : ... *pour nous Nina* : de toute évidence Nina Tabidzé, la veuve du poète exécuté en 1937 (v. notes à la p. 456).]

P. 222 : ... *les deux Tchikovanes* : le poète géorgien Simon Tchikovani (1902-1966) et sa femme Marika (1909-1968).

P. 222 : ... *après elle en Géorgie* : Pasternak se rendit lui-même au jubilé de Baratachvili et demeura en Géorgie du 19 au 27 octobre 1945.

1948

4 juin (1948)

P. 223 : ... *d'Isskoustvo* : William Shakespeare dans les traductions de Boris Pasternak (sous la direction de M. M. Morozov), vol. 1 et 2, éd. Iskousstvo, M-L, 1949.

P. 223 : ... *celui du Dietguiz* : traduction parue en 1948.

P. 223 : ... *An. Andrieïévna :* Akhmavova (v. note p. 490).

(9 juin 1948)

P. 224 : ... *par Maria Edouardovna* : liftière, qui faisait aussi le ménage et les courses pour Zinaïda à l'appartement de Moscou.

P. 224 : ... *Anna Nikandrovna* (Pogodina, 1901-1968) : la femme du dramaturge Nikolaï Pogodine [v. note à la p. 471], très proche amie de Zinaïda.

P. 224 : ... *et Galia* : Galina Serguieïevna Yarjemskaya, la jeune épouse de Stanislav Neuhaus (« Stassik »).

(11 juin 1948) (1)

[P. 224 : ... *où en est donc la datcha* : Zinaïda et son troisième fils (Lionia avait alors dix ans et demi) étaient à Pérédielkino pendant que Boris travaillait à Moscou, mais étaient hébergés à la « Maison de la création » pendant que l'on faisait des réparations à leur datcha.]

[P. 224 : ... *échanger les obligations* : suite à la réforme monétaire du début de 1948. Acheter des obligations du gouvernement était un « devoir patriotique » qui coûta cher à bien des gens.]

[P. 224 : ... *lundi 14* : selon la version des éd. DOM, la présente lettre serait du 9 et non du 11 et se poursuivrait par la précédente.]

11 juin 1948 (2)

[P. 225 : ... *sauvage idiote* : v. notes aux pp 472 et 485. [L'adjectif pittoresque *dikaya*, familier mais non grossier dans le sens d'« extrême », atténue *doura*, qui pourrait être très brutal.]

[P. 226 : ... *à Viélitchko* (Maximilian Constantinovitch, né en 1922) : il s'agit probablement d'un ouvrier et combattant idéal qui fut donné en modèle après la guerre.]

16 juin (1948)

P. 227 : ... *Yél. Alex* : Yéléna Alexandrovna Scriabina (1900-1990), pianiste et fille du compositeur. Première femme de Sofronitski [Vladimir Vladimirovitch, 1901-1961, l'un des plus grands pianistes russes].

[P. 227 : ... *à Yartsev* : rédacteur des éditions L'Écrivain soviétique.]

P. 227 : ... *Anna Andrieïevna* (Akhmatova, 1889-1966) : les archives Pasternak possèdent une demande de Pasternak au Fonds littéraire contresignée par Akhmatova. [La grande poétesse avait été exclue de l'Union des écrivains et privée de tout gagne-pain après la publication du fameux décret du Comité central de 1946 inspiré par Jdanov, « À propos des revues *Zviezda* et *Léningrad* », qui avait également frappé Zochtchenko.]

[P. 227 : ... *je me suis retenu* : allusion humoristique au fait que, dans sa jeunesse, Pasternak avait renoncé, malgré des dons manifestes, à une carrière de compositeur.]

(Mi-juin 1948)

[P. 228 : ... *Dix-neuf cent cinq* : « chronique versifiée » de sept pièces de vers (vingt-cinq pages en tout) que Pasternak avait consacrée en 1925 au vingtième anniversaire de la première révolution russe : Pléiade, pp. 247-272.]

(17 juin 1948)

P. 228 : ... *dans un entrefilet* : la *Pravda* du 17 juin 1948 annonçait en effet que le Théâtre moscovite du drame avait repris une version ancienne (11 mai 1935) du *Roméo et Juliette* de Shakespeare, avec M. Babanova dans le rôle de Juliette, une mise en scène de A. Popov, régisseurs M. Babanova et V. Latychevski, décors de V. Ryndine, musique de scène de V. Krioukov. La traduction était de A. Radlova. Pasternak regrettait que Babanova fût l'interprète d'une version dont il n'était pas le traducteur.

P. 228 : ... *Livanova* (Yevguiènia Kazimirovna, 1911-1978), femme de Boris Nikolaïévitch Livanov, acteur au théâtre d'Art (1904-1972). Des amis.

22 juin (1948)
[P. 229 : ... *les maisons d'édition* : pour obtenir qu'Akhmatova obtienne du travail de traduction, Pasternak s'était adressé au secrétariat de l'Union des écrivains et au Comité central du PC.]

24 juin 1948
P. 230 : ... *Irina Vladimirovna* (Vorobiova) : directrice du département classique de Dietguiz, la maison d'éditions pour les jeunes.
[P. 231 : ... *contrôler Morozov* : v. note à la p. 485.]
P. 231 : ... *tout à Smirnov* (Alexandre Alexandrovitch, 1883-1962) : spécialiste de littérature occidentale et notamment de Shakespeare. Il était très critique à l'égard des traductions shakespeariennes de Pasternak.
P. 231 : ... *à Golovientchenko* (Fiodor Mikhaïlovitch, 1899-1963) : directeur du Goslitizdat, auteur de manuels de littérature et d'ouvrages sur Tchernychevski, spécialiste des questions liées à la littérature communiste.
P. 232 : ... *Gornoung* (Liev Vladimirovitch, 1902-1993) : poète et spécialiste de la littérature, passionné de photographie. Il avait noté dans son Journal à la date du 30 juin 1948 : « J'ai apporté aujourd'hui un grand nombre de photos prises par moi à Boris Léonidovitch. Il m'a dit après les avoir examinées : " Personne ne m'a jamais aussi bien photographié. " » (« Souvenirs sur Pasternak », dans *Panorama littéraire*, 1990, n° 5, p. 108.)

(Fin juin 1948)

[P. 233 : ... *Constantinov* : responsable de l'administration de l'Union des écrivains.]

[P. 233 : ... *Zinaïda Kapitonovna* : même chose.]

22 sep(tembre 1948)

[P. 235 : ... *à nouveau sur* Faust : Pasternak traduisait alors la première partie de l'œuvre.]

[P. 236 : ... *Olga Alexandrovna* (Bari, 1879-1964) : peintre, ancienne élève du père du poète. Pasternak la connaissait depuis l'enfance.]

P. 236 : ... *si Kun téléphone* : Agnessa Kun (1915-1990), traductrice du hongrois et femme du poète hongrois Antal Hidas (1899-1980). De 1932 à 1959 le couple vécut en URSS. Agnessa Kun corrigeait les traductions de Petöfi faites par Pasternak.

P. 236 : ... *si Baranovitch* (Marina Kazimirovna, 1901/1902-1975) : traductrice et amie de Pasternak, dont elle tapait à la machine *Le Docteur Jivago*. De nombreuses lettres lui ont été adressées par le poète.

P. 236 : ... *Nikolaï Nikolaïévitch* [Viliam-Valmont : v. note à la p. 444] : il ne se contentera pas d'éloges verbaux. Voici ce qu'il écrira dans l'introduction au *Faust* traduit par Pasternak (publ. Goslitidzat, 1953) :

« ... Les deux parties du *Faust* ont été rendues par B. Pasternak avec une inspiration, une poésie empreintes de cette indomptabilité, de cette fureur presque, qui caractérisent le chef-d'œuvre de Goethe. Le vers de la nouvelle traduction du *Faust* est un vers populaire, vigoureux et simple... Boris Pasternak a fait de *Faust* une réalité de la poésie russe. »

[P. 236 : ... *Génia (garçon)* : Yevguiéni Pasternak est né le 23 septembre (de l'année 1923).]

P. 236 : ... *la pauvre Jenny* : la veuve du dramaturge Afinoguénov [v. notes aux pp. 468, 479 et 480] est morte le 2 septembre 1948 au cours de l'incendie du *Pobiéda*, sur la ligne maritime États-Unis-URSS.

(Fin septembre 1948)

[P. 237 : ... *(Pour maman)* : indication portée sur le côté de la feuille repliée, visiblement destinée à Stassik.

[P. 237 : ... *d'Irina* : la femme de Choura.]

[P. 237 : ... *de ce type* : suivent deux schémas sommaires de quatre et trois rectangles.]

P. 237 : ... *Tarassenkov* (Anatoli Kouzmitch, 1909-1956) : critique, collectionneur, rédacteur en chef des éditions L'Écrivain soviétique. Vieille connaissance de Pasternak, à qui il avait consacré des articles et des notes de son Journal (cf. *Questions de littérature*, 1990, n° 2). Le recueil de traductions projeté ne vit finalement pas le jour et Pasternak lui en fit reproche. L'année suivante, Tarassenkov publiera un article très dur contre le poète dans *Znamia* (« Le drapeau »), sous le titre « Notes d'un critique » (octobre 1949).

1954

29 juillet 1954

P. 238 : ... *Larichka et Annotchka* : il s'agit de Larissa (Stanislavovna) Neuhaus, fille de Stassik et de Galia, et d'Anna (Fiodorovna) Pasternak, petite-fille de Choura (petite-nièce du poète).

[P. 238 : ... *Larissa Ivanovna* : Tréniova (v. note à la p. 474), amie de Zinaïda qui était chez elle en vacances à Yalta.]

30 juillet 1954

P. 239 : ... *en compagnie de Titien* : Pasternak veut croire que Titien Tabidzé [v. notes à la p. 456] est encore en vie. Arrêté le 10 octobre 1937, il avait été exécuté peu après. La réhabilitation posthume du poète géorgien interviendra en 1955.

P. 239 : ... *remis en liberté* : Isaac Emmanouilovitch Babel (1894-1940) [un des plus grands stylistes russes, l'auteur de *Cavalerie rouge* et des *Récits d'Odessa*] avait été arrêté le 16 mai 1939 et exécuté le 27 janvier 1940. Il sera réhabilité en 1954.

P. 239 : ... *de retour* : Eguiché Sagomian-Tcharents, poète et prosateur arménien (1897-1937), avait été arrêté en 1937 et fusillé le 27 novembre de la même année. Pasternak traduisit aussi un poème de lui (« Le petit garçon aux cheveux bouclés »).

P. 239 : ... *pour Pilniak* : comme les familles des autres écrivains cités, celle de Boris Pilniak [v. note à la p. 443] ignorait encore en 1954 que son arrestation, le 12 octobre 1937, avait été suivie d'une exécution (survenue le 21 avril 1938). Il sera réhabilité en 1956.

P. 239 : ... *Nina Ianokievna* (Méounarguia, 1902-1966) : une relation tbilissienne des Pasternak.

31 juillet 1954

[P. 239 : ... *Maroussia* : toujours l'ancienne nounou de Lionia (v. note à la p. 467).]

[P. 240 : ... *You(ri) Mikh(aïlovitch)* : les Pasternak recouraient parfois aux services de ce chauffeur.]

[P. 240 : ... *mais T. M.* : Tatiana Matvieïevna, leur cuisinière.]

P. 240 : ... *de la Gazette litt(éraire)* : il n'y avait eu qu'un éditorial au cours du mois de juillet, le 23 (« La littérature du Parti »), mais on n'y trouve pas mention du nom de Pasternak. [Il s'agit en fait d'un *article*, publié le 29 juillet 1954 sous la signature de Zoïa Kédrina : « Diversité de la vie et de la littérature », où l'auteur écrivait que les médias occidentaux expliquaient le silence de Cholokhov, Léonov et Pasternak par leur refus d'écrire sur des sujets imposés.]

2 août 1954

[P. 241 : ... *et Rosa* : Rosalia Constantinovna Pasternak, la femme de Fiédia (fils de Choura).

P. 241 : ... *et Maricha Viliam* (Maria Nikolaïevna V., 1926-1991) : fille de Nikolaï Nikolaïévitch Viliam, opticienne.

[P. 241 : ... *la station Komintern* : devenue Jardin Alexandre (le long de la rue du Manège, avec le monument au Soldat inconnu).]

1957

6 févr(ier) 1957

[P. 243 : ... *arrivée hier soir* : Jacqueline de Proyart, slaviste française. Avait fait la connaissance de Pasternak le 1er janvier 1957. Auteur de la préface de l'édition en 3 tomes des *Œuvres* de Pasternak parue en 1961 à Ann Arbor (University of Michigan Press) [réédition : *Gorizont*, 1990, n° 1] et d'une monographie sur *Pasternak* (Paris, Gallimard, 1964). Toutes les lettres échangées avec le poète ainsi que ses propres souvenirs, ont été publiés dans *Novy Mir* en 1992 (n° 1) [v. note, p. 510].

[P. 243 : ... *de Nina* : Nina Alexandrovna Tabidzé (v. notes à la p. 456).]

P. 243 : ... *des Goudiachvili* : Lado, peintre (1896-1980), sa femme Nina Yossifovna et leur fille Tchékourtma.

P. 243 : ... *Tamara Vladimirovna* : la femme de l'écrivain Vsiévolod Ivanov (v. note à la p. 469).]

P. 243 : ... *Béboutov, Garéguine Vladimirovitch* (1904-1987) : spécialiste de la littérature, vieille connaissance de Pasternak à Tbilissi, auteur d'une petite préface et directeur de la publication du livre de Pasternak *Vers sur la Géorgie. Poètes géorgiens. Traductions choisies*, qui comprenait certains poèmes originaux de Pasternak sur la Géorgie et parut en 1958 aux éditions Aube de l'orient.

[P. 244 : ... *de* Marie Stuart : la pièce de Schiller, traduite par Pasternak.]

P. 244 : ... *Stanitsyne* (Victor Yakovliévitch, 1897-1976) : acteur et metteur en scène du théâtre d'Art, qui monta la pièce.

[P. 244 : ... *les Richter* : le pianiste (v. note à la p. 470) et sa femme, la cantatrice Nina Lvovna Dorliac.]

[P. 244 : ... *les Livanov* : v. note à la p. 491.]

[P. 244 : ... *Berta Yakovlievna* : la femme de l'écrivain Selvinski (v. note à la p. 460).]

7 février 1957

P. 245 : correspondance sur talon de mandat-poste de 2 000 roubles envoyé à Tskhaltoubo (Géorgie).

8 fév(rier) 1957

P. 245 : télégramme également envoyé à Tskhaltoubo [pour annoncer l'arrivée du mandat-poste].

9 fév(rier) 1957

P. 246 : ... *quoi qu'en dise Boris* : Livanov.

P. 246 : ... *Yéfimia Alexandrovna* (Léonidzé, 1898-1973) : femme du poète géorgien Guéorgui Nikolaïévitch Léonidzé (1899-1966). [Elle était alors en vacances à Tskhaltoubo (lieu de villégiature de l'Ouest géorgien, près de Koutaïssi) avec Zinaïda Pasternak, Nina Tabidzé et Berta Selvinskaya.]

P. 246 : ... *l'ai mentionnée* : dans les dernières pages d'*Hommes et Positions* : « ... à Bakouriani chez Léonidzé, un poète extrêmement original, le plus lié aux secrets de la langue qu'il écrit, et par conséquent le moins susceptible d'être traduit. Un festin nocturne sur l'herbe dans la forêt, une hôtesse de toute beauté, deux petites filles ravissantes... » [Pléiade, p. 696].

10 fév(rier) 1957 dimanche

P. 247 : ... *à Tskhaltoubo* : voici ce qu'en écrivait Zinaïda Nikolaïevna :

« C'est ici un lieu d'une beauté peu commune. Nous sommes entourés des sommets enneigés des montagnes de Svanétie ; en bas c'est le printemps. Les deux premiers jours, nous avons eu un soleil éclatant avec un ciel bleu. Hier est tombée une petite pluie fine et tiède. Tout est asphalté, en sorte qu'il n'y a pas de boue. A Tbilissi, nous n'avons pas pu couper à des banquets [...] Nous sommes logés dans un hôtel magnifique. Nous avons une chambre de la catégorie luxe, avec piano, une salle de bains et des toilettes merveilleuses. Mais comme toujours il n'y a pas de bonheur parfait. Il y fait très froid et l'eau ne fonctionne que dans la soirée. » (Archives de Z. Pasternak.)

P. 247 : ... *le journal géorgien* : *Mnatobi* de novembre-décembre 1956, où avaient été publiés l'essai autobiographique *Hommes et Positions* et un choix de poèmes de Pasternak : « Les vagues », « Nous étions en Géorgie », « Je dirai des vivants mérites », « Tu es là, lointain socialiste » et d'autres [v. notamment, *supra* : Seconde naissance]. La traduction était de G. Marguélachvili, et non de Simon Tchikovani comme le suppose ici Pasternak.

[P. 247 : ... *les vers de Rilke* : *Le liseur* et *Le Contemplateur* (*Les Années 1900*, sous-chapitre 9 : v. Pléiade, note p. 1684), que Pasternak avait traduits.]

P. 248 : ... *aujourd'hui 10* : le 10 septembre 1890 était la date de naissance de Pasternak.]

P. 248 : ... *Jean Neuvecelle* : nom de plume de Dmitri Viatcheslavovitch Ivanov, fils du poète symboliste Viatcheslav Ivanov et correspondant à Moscou de *France-Soir*.

P. 248 : ... *Michel Gordey* : écrivain, auteur du livre *Visa pour Moscou* (Gallimard, 1951).

P. 248 : ... *sa nouvelle femme* : Yéléna Vladimirovna, née Walter [née en 1936 ; elle lui donnera 3 enfants : Piotr, Boris et Yélizavièta.]

[P. 248 : ... *Chpiet* : v. note à la p. 453.]

12.2.1957
P. 248 : télégramme.

13 fév(rier) 1957
P. 249 : ... *avec Boris* : toujours l'acteur Livanov.
P. 250 : ... *Tarassova* (Alla Constantinovna, 1898-1973), actrice au théâtre d'Art.
P. 250 : ... *Stépanova* (Angélina Yossifovna, née en 1905) : actrice au théâtre d'Art, femme de Fadieïev.

17 fév(rier) 1957 dimanche :
P. 252 : ... *Simonov* (Rouben Nikolaïévitch, 1899-1968) : metteur en scène principal du théâtre Vakhtangov et créateur du rôle de Domenico Soriano dans le

Filumena Marturano d'Eduardo de Filippo, dans une réalisation de son fils Yevguiéni, également acteur et metteur en scène.

P. 252 : ... *Vérieïski* (Guéorgui Sémionovitch, 1886-1962), dessinateur.

P. 252 : ... *Andrioucha* : il s'agit du poète Andrieï Andrieïévitch Vozniessienski (né en 1933). Les archives familiales de Pasternak possèdent des lettres du jeune poète et des vers portant des annotations de Pasternak. Vozniessienski les revoyait en fonction de ces remarques et présentait une nouvelle version à son illustre aîné. Celui-ci les conservait dans un classeur particulier avec la mention « Vers d'Andrioucha ».

P. 252 : ... *le livre de Titien est à l'imprimerie* : T. Tabidzé, *Œuvres choisies*, Goslitizdat, 1957, comprenant de nouvelles traductions de Pasternak.

P. 253 : ... *Starostine* (Anatoli Vassiliévitch, 1919-1980), traducteur et rédacteur au Goslitizdat. C'est lui qui devait assurer la publication par le Goslitizdat du *Docteur Jivago*, qui ne vit pas le jour.

Z. N. Pasternak : Souvenirs

Écrits en 1962-1963, les *Souvenirs* de Zinaïda Pasternak sont édités d'après une copie dactylographiée (Archives Z. Pasternak), avec de légères coupures. Les insertions postérieures, même si Zinaïda Pasternak en a indiqué l'emplacement dans le texte, ont été imprimées séparément. Zinaïda Pasternak a écrit à la fin de ses *Souvenirs* : « J'ai été aidée pour la rédaction de ces *Souvenirs* par Zoïa Afanassievna Masliénikova. » Une partie de ces *Souvenirs* a été publiée par Yevguiéni Pasternak et Mael Feinberg, avec une préface de L. Oziérov, dans la revue *La Néva*, 1990, n°s 2 et 4.

[P. 260 : ... *rue du Relais-de-poste* (Yamskaïa) : aujourd'hui rue Dostoïevski (la maison où mourut l'écrivain se trouve à l'angle de la ruelle des Maréchaux, non loin de la place aux Foins).]

P. 262 : ... *Lemba* (Arthur Gustavovitch, 1885-1963) : pianiste, pédagogue et compositeur.

P. 262 : ... *Blumenfeld* (Félix Mikhaïlovitch, 1863-1931) : compositeur, pianiste, professeur aux conservatoires de Saint-Pétersbourg et de Moscou. Pasternak lui a consacré le poème de *Seconde naissance* qui commence par : « Tu persistais dans tes reproches... » (v. *supra*, p. 72).

[P. 263 : ... *en sixième* : la quatrième, en France.]

[P. 263 : ... *rue de la Noblesse* : elle deviendra plus tard, et s'appelle encore, rue Kouïbychev.]

[P. 263 : ... *Krzesinska* : ou Kchéssinskaïa.]

[P. 268 : ... *Anapa* : célèbre plage de la mer Noire (partie russe), non loin de la Crimée.]

P. 269 : ... *sa sœur* : Natalia Guenrikhovna Neuhaus (1884-1960).

[P. 270 : ... *quelque argent* : c'est ici, visiblement, que s'achève la partie révisée par son auteur : cf. Introduction, pp. 17 et note 29. Les titres de chapitres qui suivent sont de nous.]

P. 271 : ... *Souvtchinski* (Piotr Petrovitch, 1892-1965) : musicologue et pianiste. Fondateur de la revue *Le Contemporain musicien* (1915). Émigra en 1920. Membre actif du mouvement eurasien. Auteur d'ouvrages sur Glinka, Moussorgski, Tchaïkovski, Stravinski.

P. 272 : ... *Boutomo-Niezvanova* (Olga Nikolaïevna, 1888-1960) : cantatrice et pédagogue.

[P. 272 : ... *Neuhaus* : Zinaïda Pasternak commence ici à appeler son premier mari alternativement Neuhaus et (sans raison valable) « Guenrikh Gustavovitch », formule traditionnelle de politesse russe (v. note p. 440 et Introduction, note 12). Nous avons choisi d'unifier ces appellations dans le sens de la simplicité, en conservant toutefois le diminutif Garrik-Garry.]

P. 275 : ... *dix-neuf ans* : Zinaïda Nikolaïevna avait alors en réalité vingt-deux ans.

P. 276 : ... *Horowitz* (Vladimir Samoïlovitch Gorovits, 1904-1989) : élève de F. Blumenfeld, le grand pianiste acheva le conservatoire de Kiev en 1925 avant d'émigrer (aux États-Unis à partir de 1928).

[P. 277 : ... *rue des Cuisiniers* (Povarskaïa) : longtemps dénommée ensuite rue Vorovski, dans le quartier de l'Arbat. La ruelle Troubnikov, où ils habitèrent ensuite, se trouve non loin de là.]

P. 277 : ... *nous y rejoignirent* : les Asmus ne s'installèrent en réalité à Moscou qu'en 1926.

P. 277 : ... *deux ans plus tôt* : nouvelle erreur de mémoire. Militsa Guenrikhovna Neuhaus est née en réalité en 1929.

P. 278 : ... *Milstein* (Nathan Mironovitch), violoniste [1904-1992]. Il donnait des concerts avec Horowitz dans les années 1920-1925, puis vécut à l'étranger (aux États-Unis à partir de 1928).

P. 279 : ... *Par-dessus les obstacles* [ou encore « *les barrières* », recueil lyrique écrit en 1914-1916, Pléiade, pp. 9-32] : il s'agit peut-être ici d'une édition en deux volumes de la poésie de Pasternak parue en 1927 et sur laquelle le poète apposa en 1930 sa première dédicace à Zinaïda.

[P. 280 : ... *temple du Christ-Sauveur* : cette église du XIXe siècle aux proportions énormes fut abattue peu de temps après. Une immense piscine à ciel ouvert l'a remplacée.]

[P. 281 : ... *Boris* : tout comme nous avons, plus haut, simplifié en « Neuhaus » (ou Garrik, diminutif du prénom) les différentes appellations que lui donne sa femme, nous nous contenterons désormais de « Boris » (ou du diminutif « Boria ») pour Pasternak, avec lequel Zinaïda est moins cérémonieuse.]

P. 284 : ... *N[ikolaï Viliam-] Valmont* [frère de la femme d'Alexandre Pasternak et ami de Boris] : dans ses *Souvenirs*, écrits un peu plus tard, il a ainsi décrit cette conversation : « Je les trouvai à la margelle du puits. Armée d'une gaffe, Zinaïda Nikolaïevna ne cessait d'en troubler l'eau tout en regardant sans détacher ses yeux de lui Boris Léonidovitch qui lui parlait avec passion » (N. Valmont, *A propos de Boris Pasternak. Souvenirs et pensées*, Moscou, 1989, p. 168).

[P. 284 : ... *Ballade* (n° 1) : v. *supra*, pp. 44-45 : Harry = Garrik (Neuhaus).]

P. 289 : ... *au bout d'une semaine* : Pasternak devait partir pour Magnitogorsk. Neuhaus demeura à Kiev jusqu'à l'arrivée de Pasternak : cf. *Lettres à Zina*.

P. 290 : ... *demi-année* : en fait de juillet à octobre 1931.

[P. 290 : ... « *Les Vagues* » : v. *supra*, p. 33.]

P. 291 : ... *15 novembre* : en réalité le 15 octobre.

P. 292 : ... *Seconde naissance* : v. *Commentaire*, p. 439.

P. 294 : ... *folie* : Pasternak écrivait à sa cousine Olga Freidenberg, le 1er juin 1932 : « Je suis devenu fou de chagrin. Il faut dire que j'ai essayé de m'empoisonner au cours de ces mois, et que c'est Zina qui m'a sauvé. Ah, quel terrible hiver » [Boris Pasternak et Olga Freidenderg : *Correspondance 1910-1954*, Gallimard, 1987, p. 227].

P. 296 : ... *ce que nous fîmes* : le mariage fut enregistré le 21 août 1933.

[P. 296 : ... *En 1932* : c'est bien en juillet-août *1932* qu'eut lieu le voyage dans l'Oural. Zinaïda Pasternak a écrit par erreur « 1933 ».]

P. 299 : ... *écrivains géorgiens* : la décade de la littérature géorgienne eut lieu en février 1935 : une soirée à Moscou le 3 février, une autre à Léningrad le 9.

P. 300 : ... *En 1934* : en fait au cours de l'été 1935.

P. 301 : ... *Babel et Pasternak* : la délégation soviétique comprenait Mikhaïl Koltsov, Ilya Ehrenbourg, Alexieï Tolstoï, Nikolaï Tikhonov, Galaktione Tabidzé, Yakoub Kolass, Fiodor Panfiorov, Vsiévolod Ivanov, Abolgassem Lakhouti, Vladimir Kirchone, Ivane Louppol, Ivane Mikitenko. La délégation était officiellement dirigée par Alexandre Serguieïévitch Chtcherbakov, en fait par Koltsov. Le discours de Pasternak n'a pas été intégralement conservé. Un court fragment en a seul été publié :

« La poésie demeure toujours ce sommet glorieux, supérieur à toutes les Alpes, qui traîne dans l'herbe, à notre portée, en sorte qu'il suffit de se baisser un peu afin de la voir et de la ramasser ; elle sera toujours trop simple pour que l'on puisse en discuter dans des réunions ; elle restera éternellement une fonction organique du bonheur de l'homme, débordante du bienheureux don du discours intelligible, ce qui fait que plus il y aura de bonheur sur terre, plus il sera facile d'être artiste » (*Congrès international des écrivains pour la défense de la culture, Paris, juin 1935, Rapports et discours*. Rédaction et préface de I. Louppol. Traductions d'Elsa Triolet. Moscou, 1936, p. 375).

Mais, comme Pasternak le racontera en 1945 à Isaïe Berline, il avait alors aussi déclaré que les écrivains ne devraient pas se constituer en groupe unifié.

P. 302 : ... *mais de treize pages* : en fait seize.

P. 302 : ... *ne voulût pas me voir* : le 16 juillet 1935, Pasternak avait envoyé à Zinaïda de Léningrad un télégramme où il lui demandait de ne pas venir.

P. 303 : ... *L'été suivant* : les Pasternak passèrent les mois de juillet à septembre 1934 à la maison de repos n° 3 des écrivains, à Odoïévo.

P. 303 : ... *Seul Sourkov* : répliquant à Boukharine, qui avait déclaré dans son rapport : « ... Boris Pasternak est à l'heure actuelle un des plus remarquables maîtres du vers ; il a non seulement enfilé sur le collier de sa création tout un rang de perles lyriques mais également donné des œuvres révolutionnaires d'une profonde sincérité » (*Compte rendu sténographique du premier Congrès fédéral des Écrivains soviétiques*, Moscou, 1934, p. 495). A. Sourkov avait relevé dans son intervention : « Malgré tout le profond respect que je lui porte comme artisan du vers et comme poète, je suis bien obligé de dire que, pour un grand nombre de nos poètes, de personnes s'élevant au contact de notre littérature, l'œuvre de B. L. Pasternak n'est pas un point d'orientation convenable pour leur croissance » (p. 512). Et plus loin : « ... Lorsque B. L. Pasternak, qui a jusqu'à maintenant invité l'univers entier à lui rendre visite dans l'exiguïté de sa chambrette lyrique, effectuera un mouvement inverse et, riche de son expérience créatrice, débouchera sur la vastitude du monde, alors le cercle des lecteurs de Pasternak, actuellement trop étroit pour son talent, deviendra des dizaines de fois plus considérable » (p. 513).

P. 304 : ... *en 1936* : la troisième réunion plénière (plénum) des Écrivains soviétiques eut lieu à Minsk du 10 au 15 février 1936.

P. 304 : ... *en l'empêchant de parler* : le discours de Pasternak devant le plénum fut publié dans le numéro du 24 février 1936 de la *Gazette littéraire* sous le titre

« De la modestie et de l'audace ». On y trouvait en particulier ce passage :

« Le génie, selon moi, est de la même nature que l'homme ordinaire. Je dirai même plus : il est le représentant à la fois le plus important et le plus rare de cette race ; il en est l'expression immortelle ! Ce sont les pôles quantitatifs d'une humanité homogène et exemplaire. Mais la distance qui les sépare ne reste pas déserte. Cet espace est occupé par ceux que l'on appelle les " personnes intéressantes ", ces êtres rares et toujours marginaux qui, selon moi, constituent le gros des troupes de la prétendue médiocrité... »

P. 304 : ... *Eideman* (Robert Petrovitch, 1895-1937), poète et chef militaire (commandant de corps d'armée). Président, de 1932 à 1937, de la « Société d'aide à la défense et à l'édification aérienne et chimique de l'URSS » (Osoaviakhim). Fusillé en juin 1937 (avec Toukhatchevski). Réhabilité à titre posthume.

Dans son discours intitulé « La littérature et la défense », Eideman avait dit : « Oui, Boris Pasternak est un poète remarquable, un citoyen remarquable de notre pays [...] Vous avez hérité, Boris Pasternak, d'une locomotive remarquable, capable de tirer tout un convoi de marchandises utiles. Je trouverais personnellement désolant que vous n'utilisiez cette locomotive que pour tirer une modeste plate-forme, même chargée de marchandises rares. Vous devez tirer un convoi entier (*Gazette littéraire*, 20 février 1936).

[P. 305 : ... *l'écrivain Malychkine* : v. note à la p. 450.]

[P. 306 : ... *au huitième* : le septième, en France (le rez-de-chaussée compte pour un étage).]

P. 307 : ... *Andronikov* (Irakli Louarsabovitch, 1908-1990) : écrivain, critique littéraire spécialiste de Liermontov. Son frère Éleuthère (1911-1990) était physicien.

P. 307 : ... *arrêté à Léningrad* : le fils d'Anna Akhmatova (Liev Nikolaïévitch Goumiliov, 1912-1992) et son mari (le professeur d'art Nikolaï Nikolaïévitch Pounine, 1888-1953) avaient été une première fois arrêtés le 27 octobre 1935.

P. 307 : ... *une lettre à Staline* : une deuxième lettre lui fut adressée par Akhmatova en personne. E. Gerstein, chez qui elle était venue à son arrivée de Léningrad, écrit dans ses *Mémoires* : « Pilniak conduisit dans sa voiture Anna Andreïevna chez le commandant du Kremlin, où l'on avait déjà établi qui recevrait la lettre et la remettrait en main propre à Staline. Il me semble que les deux lettres étaient dans la même enveloppe. » On doit souligner la part active prise par Seïfoullina [Lydia Nikolaïevna, 1889-1954, dramaturge soviétique connue] et son mari V. P. Pravdoukhine dans la libération de L. N. Goumiliov et de Pounine.

P. 309 : ... *était déplaisante* : les relations des deux poètes furent autres que Zinaïda Pasternak ne les décrit.

P. 309 : ... *avait été arrêté* : Ossip Mandelstam fut arrêté dans la nuit du 16 au 17 mai 1934.

P. 309 : ... *chez Boukharine* (Nikolaï Ivanovitch, 1888-1938). Rédacteur en chef (1934-1937) des *Izviestia*, membre de l'Académie des sciences de l'URSS, condamné lors du procès du « bloc antisoviétique trotskiste de droite », fusillé le 13 mars 1938 et réhabilité à une date récente. Les vers de Pasternak étaient publiés par les *Izviestia*. Ainsi qu'il le rappellera plus tard, ce fut à la demande de Nikolaï Boukharine qu'il écrivit les poèmes « J'ai compris : tout vit » [cf. *Œuvres en 5 vol.*, t. II, pp. 142 et 642, Moscou, 1989 ; le panégyrique de Staline, nommément cité aux côtés de Lénine, y est plus indécent que dans le poème suivant] et « L'artiste » [trad. Pléiade, p. 153] pour le numéro du nouvel an 1936 des *Izviestia*.

[P. 309 : ... *vers stupides* : il s'agit du fameux poème satirique sur le « montagnard du Kremlin » (« Nous vivons sans sentir », cf. éd. bilingue de O. Mandelstam, *Poèmes*, p. 139, éd. du Globe, 1992).]

P. 310 : ... *fait avec moi* : il existe plusieurs versions de la conversation de Pasternak avec Staline (Anna Akhmatova, Nadiejda Mandelstam [qui seraient, selon Yevguiéni Pasternak, les plus véridiques], Nikolaï Vilmont et Serguieï Bobrov).

P. 311 : ... *de prison* : Mandelstam fut exilé le 28 mai pour 3 ans dans la ville de Tchierdygne (région de Pierm). Le 10 juillet, une commutation de peine lui permit de s'installer à Voronièje [ville bien plus importante, et surtout plus méridionale].

P. 311 : ... *à la Kolyma* [terme générique] : la seconde arrestation de Mandelstam eut lieu le 3 mai 1938. Il fut condamné le 2 août à cinq ans de camp de travail rééducatif et mourut le 27 décembre de la même année dans un camp de transit proche de Vladivostok.

P. 311 : ... *Le 24 octobre 1936* : c'est le 12 octobre 1937 que Boris Pilniak fut arrêté à sa datcha.

P. 312 : ... *Andronikachvili* (Kira Guéorguievna, 1908-1960) : elle fut arrêtée un mois plus tard en plein studio de cinéma.

P. 312 : ... *Vatchnadzé* (Natalia Guéorguievna, 1904-1953), actrice de cinéma (premier film en 1923).

P. 312 : ... *un petit Boria* : Boris Borissovitch Andronikachvili-Pilniak a raconté dans le récit « Pilniak, l'année 1937 » (publié dans le recueil *Les Éclaboussures du temps*, Moscou 1990) combien Pasternak s'est occupé de sa mère après que son père eut été arrêté.

P. 312 : ... *tiré une balle* : Paolo Yachvili s'était suicidé le 22 juillet 1937.

P. 313 : ... *le voir arrêter* : sur un volume de *Poésies en un volume* donné à Afinoguénov, Pasternak écrivit : « À mon nouvel ami, le cher Alexandre Nikolaïévitch Afinoguénov, en souvenir de nos soirées de l'hiver et de l'été 1937. » Afinoguénov, de son côté, nota dans le Journal qu'il rédigea à partir de l'année 1937 la teneur de nombreuses conversations qu'il avait eues avec Pasternak (v. *Questions de littérature*, 1990, n° 2).

P. 313 : ... « *chefs militaires criminels* » : la lettre d'écrivains soviétiques intitulée « Nous ne laisserons pas en vie les ennemis de l'Union soviétique » fut publiée le 15 juin 1937 dans la *Gazette littéraire*. Le procès Toukhatchevski avait eu lieu le 11 ; la sentence avait été exécutée le jour même.

P. 314 : ... *Stavski* (Vladimir Petrovitch, de son vrai

nom Kirpitchnikov, 1900-1943) : journaliste, écrivain, secrétaire général (depuis 1936) de l'Union des écrivains de l'URSS, rédacteur en chef (1937-1941) de la revue *Novy Mir*, correspondant de guerre pendant la Seconde Guerre mondiale. Mort au front. On sait aujourd'hui qu'il écrivit le 16 mars 1938 à Yéjov (chef du NKVD) une lettre où il lui demandait de l'« aider » à résoudre la question Mandelstam, dont il trouvait les vers « obscènes » et « calomniateurs ». C'est peu de temps après cela que Mandelstam fut à nouveau arrêté et qu'il disparut dans un camp (cf. *Ogoniok*, 1991, n° 1).

P. 316 : ... *Listova* (Valéria Vladimirovna, 1883-1970), professeur à l'école Gniessine.

P. 317 : ... *dans Moscou-Soir* : le 2 janvier 1938, la « Chronique moscovite » du journal rapportait : « Le premier enfant à naître en 1938 a été le fils de la cit-ne Z. N. Pasternak. Il est né le 1ᵉʳ janvier à très exactement zéro heure. »

P. 317 : ... *pour le théâtre d'Art* : ce fut à l'automne 1939 que le théâtre commença à préparer une mise en scène du *Hamlet* traduit par Pasternak, mais la guerre l'interrompit jusqu'en 1943. Après la générale qui eut lieu en 1945, le spectacle ne fut pas autorisé. Livanov a affirmé de son côté qu'il n'aurait jamais eu de conversation avec Staline au sujet de cette pièce.

P. 317 : ... *avec Radlova* (Anna Dmitrievna, née Darmolatova, 1891-1945) : traductrice de Shakespeare.

[P. 318 : ... *le Goslitizdat* (ou GIKhL) : les éditions de littérature (d'État) les plus importantes.]

[P. 318 : ... *le Dietguiz* : éditions (d'État) pour la jeunesse.]

P. 322 : ... *nous rejoindre ensuite* : c'est le 6 juillet 1941 que Zinaïda Pasternak partit pour Kazan (puis Bersout et Tchistopol) avec ses fils Stanis..v et Léonide.

[P. 325 : ... *un « esprit pessimiste »* (mot à mot « porté vers la chute ») : expression codée d'époque stigmatisant une vision trop réaliste des choses, donc « défaitiste » (donc *antisoviétique*), face à l'avancée foudroyante des troupes allemandes, dont Staline portait toute la responsabilité : on culpabilisait la population pour masquer la vérité.]

P. 328 : ... *par avion* : Boris Pasternak avait quitté Moscou par train le 14 octobre et, à partir de Kazan, continué par bateau jusqu'à Tchistopol, où il était arrivé le 19.

P. 330 : ... *Avdieïev* (Dmitri Dmitriévitch, 1879-1952) : il a correspondu avec Pasternak. Ses deux fils Arséni (1901-1966) et Valéri (1908-1981) étaient l'un spécialiste du théâtre, l'autre biologiste.

[P. 330 : ... *Sourkov* : v. note de la p. 466.]

P. 331 : ... *en décembre 1941* : Pasternak quitta Tchistopol fin septembre 1942, arriva à Moscou le 2 octobre et revint à Moscou le 26 décembre de la même année.

[P. 332 : ... *les normes GTO* : *Gotov k Trudu i Oborone* = « *prêt pour le travail et la défense* » : la reconversion du pays en économie de guerre.]

P. 334 : ... *lui rendre visite* : ce voyage ne put avoir lieu avant la fin du mois de juillet 1942.

[P. 337 : ... *des billets de première* : mot à mot « en wagon mou ».]

[P. 337 : ... *mon passeport* : il s'agit naturellement du passeport *intérieur*, institué en 1931 par le pouvoir soviétique pour limiter les déplacements des citadins (les kolkhoziens n'en avaient même pas).]

[P. 339 : ... *« enclos auxiliaire personnel »* : c'est le terme employé pour les petites parcelles *privées* des kolkhoziens, bien mal vues du pouvoir communiste mais nécessaires pour empêcher le retour de la révolte généralisée. Même pour ce home d'enfants, on marche sur des œufs lorsqu'on veut en créer un.]

[P. 342 : ... *de Blumenfeld* : on sait que c'était l'oncle de Neuhaus.]

[P. 342 : ... *à l'automne 43* : le texte indique « 44 », évidente coquille de l'auteur ou de l'éditeur, ainsi que la suite le montre.]

[P. 343 : ... *Irina Nikolaïevna et Alexandre Léonidovitch* : le frère de Pasternak et la femme de celui-ci.]

[P. 344 : ... *en latin :* la langue des médecins et pharmaciens russes.]

P. 346 : ... *prise de Berlin* : double erreur de mémoire. Berlin n'a été prise que le 2 mai, trois jours après la mort d'Adrian Neuhaus qui est survenue le 29 avril et non, comme indiqué, le 25.

P. 347 : ... *à la maison* : « Zina et moi avons transporté de Moscou et enterré dans notre jardin, sous un groseillier qu'il avait planté petit enfant, les cendres de son fils aîné, mort de méningite tuberculeuse » [lettre à Olga Freidenberg, non reprise dans la traduction française citée plus haut]. En octobre 1984, lorsque la datcha de Pasternak à Pérédielkino fut enlevée à sa famille sur décision du tribunal, les cendres d'Adrian Neuhaus furent transférées au cimetière de Pérédielkino et ensevelies au côté de Boris Pasternak.

[P. 348 : ... *Les brasiers qu'on allume* : cycle « Pérédielkino », *Jour d'été* (Pléiade, p. 161).]

[P. 349 : ... *été 1946* : le texte porte « été 1945 ». Cette nouvelle erreur manifeste de datation (v. plus haut) a pour conséquence que les événements rapportés ne se succèdent pas dans l'ordre chronologique normal.]

[P. 349 : ... *Baratachvili* : v. *Lettres à Zina*, pp. 221-222 et notes.]

[P. 350 : ... *Fadieïev* : cf. note à la p. 469.]

[P. 350 : ... *Béria* (Lavrenti Pavlovitch, 1899-1953) : tristement célèbre ministre de la Police et du Renseignement soviétique, de 1938 à son élimination sauvage après la mort de Staline.]

P. 351 : ... *Ivinskaya* : c'est en octobre 1946 que Pasternak avait fait sa connaissance. Elle travaillait en 1946-1947 à la revue *Novy Mir,* au département chargé des contacts avec les jeunes auteurs, Constantin Simonov dirigeait alors la revue. Les souvenirs d'Ivinskaya ont été publiés en 1976 à Paris aux éd. Fayard sous le titre *Otage de l'éternité. Mes années avec Pasternak.* Ils contiennent de nombreuses erreurs de détail.

[P. 351 : ... *Ivanova* : v. note p. 469.]

[P. 351 : ... *l'épouse de Pogodine* : v. note à la p. 471.]

[P. 351 : ... *rue Yakimanka* (ensuite rue Dimitrov) : c'est la rue de l'ambassade de France. Il y a aussi, à proximité, une *petite* Yakimanka.]

P. 358 : ... *Lioussia Popova* : Lioudmilla Ilyinitchna Popova, artiste peintre.

[P. 359 : ... *que six ans* : erreur. Pasternak avait vécu *dix ans* avec sa première femme de 1921 à 1931 : précision de Yevguiéni Pasternak].

[P. 359 : ... *au VTO* : v. note à la p. 485.]

P. 359 : ... *Kroutchonykh* (Alexieï Yélissieïévitch, 1886-1968) : poète [cubo-futuriste, proche de Mayakovski, de Khliebnikov et aussi de Pasternak], qu'il venait souvent voir à sa datcha après la guerre.

[P. 361 : ... *affaires d'argent* : c'est ce que Zinaïda Pasternak, jalouse de sa rivale, *essayait de faire croire* à son mari, puisqu'elle-même « refusait » de croire à une chose ou à une autre.]

[P. 363 : ... *Assieïev* : encore un poète (v. note à la p. 457).]

[P. 367 : ... *Bolchévo* : cf. *Lettres à Zina*, pp. 167-170 sq.]

[P. 370 : ... *Polévoï* (Boris Nikolaïévitch, 1908-1981) : romancier soviétique, auteur d'un best-seller du réalisme socialiste de type héroïque : *Histoire d'un homme véritable* (1946).]

[P. 371 : ... *Kabalievski* (Dmitri Borissovitch, 1904-1987) : célèbre compositeur soviétique (opéras, opérettes, chansons, musiques de film).]

[P. 371 : ... *Oborine* (Liev Nikolaïévitch, 1907-1974) : célèbre pianiste soviétique (1er prix à Varsovie en 1927), professeur au conservatoire.]

[P. 372 : ... *Troud* (« Le Labeur ») : organe officiel du Syndicat. *L'Humanité* était l'un des rares journaux étrangers que l'on pouvait, sauf exceptions, se procurer à Moscou.]

[P. 372 : ... *eut de l'argent* : morte en 1966, Zinaïda Pasternak ignorait sans doute que Stanislas Neuhaus avait, comme tous les artistes soviétiques, laissé l'essentiel de ses gains à l'ambassade d'URSS.]

[P. 372 : ... *au conservatoire* : devenu lui aussi professeur au conservatoire de Moscou (1975), Stanislas Neuhaus s'est éteint à l'âge de cinquante-trois ans (1980). Mort à trente-huit ans, son demi-frère Léonide l'avait précédé en 1976, après Adik mort à vingt ans en 1945. Seul Yevguiéni (né en 1923) est encore vivant.]

P. 374 : ... *sa fille* : Irina Ivanovna Émélianova, auteur de Souvenirs sur Pasternak parus dans *Nashé nasliédié* (« Notre héritage »), 1990, n° 1, sous le titre « Moscou, rue Potapov ».

P. 374 : ... *Kotov* (Anatoli Constantinovitch, 1909-1960). [Zinaïda Pasternak a indiqué par erreur : « en *1957* ».]

[P. 375 : ... *Exaltation-de-la-Croix* : la rue a repris ce nom après s'être longtemps appelée Kalinine (partie ancienne).]

[P. 377 : ... *il gelait* : littéralement « par moins trente ». Nous avons voulu croire à une coquille.]

P. 378 : ... *de Feltrinelli* : celui-ci écrivait le 22 mars 1957 à Pasternak : « Chers Monsieur ! J'ai appris il y a quelques semaines que votre roman Le Docteur Jivago serait publié à Moscou en septembre prochain » (Archives familiales de B. Pasternak).

P. 378 : ... *le Goslitizdat* : Feltrinelli écrivait le 10 juillet 1957 au Goslitizdat : « Chers camarades ! Nous voulons vous confirmer par cette lettre que nous n'éditerons pas le roman de Pasternak Le Docteur Jivago avant qu'il ne sorte en septembre chez l'éditeur soviétique » (Archives familiales de B. Pasternak).

P. 379 : ... *attentionné et tendre* : Pasternak écrivait à Jacqueline de Proyart le 21 septembre 1959 [lettre écrite en français, pour « compliquer la tâche de la censure », avec des fautes qui ont été conservées] :

« L'autre plaie est de voir Z. en tristesse quand les potins des commères la rappellent de O. Je n'ai jamais pitié de la dernière, comme je ne compatis pas à moi-même. Mais je ne peux pas voir Z. en larmes, qu'elle veut dompter et contenir, silencieuse, quand le chagrin la vieillit subitement et passagèrement pour ce seul moment d'affliction, je ne peux pas voir cette belle tête baissée inconsolablement. Elle m'est comme ma propre fille, comme mon enfant dernier-né. Je l'aime comme l'aurait fait sa mère défunte depuis les temps immémoriaux » (lettre publiée en russe dans *Novy Mir*, 1992, n° 1, pp. 175-176, puis dans l'original français : *Lettres à mes amies françaises*, Gallimard, 1994, p. 197).

P. 379 : ... *mieux valu l'éviter* : Jacqueline de Proyart se souvient que, dans une conversation qu'il eut avec elle le 16 janvier 1957, Pasternak lui dit, en présence de Zinaïda Nikolaïevna et de Lionia, qu' « il comprenait parfaitement à quel danger il s'exposait lui-même et exposait ses proches, et que l'on en avait discuté en famille. Il en acceptait le risque avec le plein accord de sa femme et de son fils, ce que Zinaïda Nikolaïevna et Léonide pouvaient confirmer » (*Novy Mir*, même numéro, p. 131).

P. 380 : ... *j'aperçus un couple* : Z. Masliénikova était venue à la datcha de Pasternak le 22 juin 1958. Sculpteur amateur, elle lui avait d'autant plus pris de temps que Pasternak (ainsi que de nombreux témoins le rapportent) détestait poser mais n'osait pas refuser brutalement. Après ces séances, Masliénikova prenait des notes éparses à allure de journal. Puis elle les réécrivit et les développa. C'est pourquoi son « Portrait de Boris Pasternak », d'abord publié dans *La Géorgie littéraire* et dans *La Néva* (Moscou, « Russie soviétique », 1990), ne peut pas être considéré comme un Journal. Même des écrivains comme Kornieï Tchoukovski et sa fille Lydia avaient échoué à reproduire la façon de parler de Pasternak. Masliénikova tenta même de publier sous son propre nom des pages de souvenirs de Zinaïda Pasternak (*Gorizont*, 1988, n° 8). Cet article, tout comme les prétendus « journaux » de Masliénikova, ont été sévèrement critiqués par différents amis du poète : V. Kaviérine, T. Ivanova, A. Asmus, N. Tabidzé, N. Dorliac, L. Oziérov (*Gorizont*, 1988, n° 12), pour lesquels ils « abondaient en sentences invraisemblables prêtées par elle au poète ». Le critique L. Batkine a écrit de son côté : « (Ces notes) ont produit sur moi une impression de fausseté accablante. Pasternak s'y exprime avec des mots inconsistants, donne l'impression d'être un être plat et ennuyeux, de niveau " intellectuel moyen ", capable d'adresser des compliments fades et pompeux à sa biographe, laquelle lui enseigne en quoi son rôle consiste » (L. Batkine, *L'histoire recommence*, « L'ouvrier moscovite », 1991, pp. 167-168).

[P. 381 : ... *la veille* : Zinaïda Pasternak se trompant une fois encore dans sa datation (cette fois dans les jours), nous avons essayé de rétablir une certaine logique, mais non sans risque d'erreur.]

[P. 381 : ... *à la radio* : l'annonce du prix Nobel ne filtrant que peu à peu, il s'agit certainement ici d'une station de radio étrangère captée « illégalement » sur ondes courtes, sans doute la *Voix de l'Amérique* : l'URSS n'avait pas encore décidé comment réagir officiellement.]

[P. 382 : ... *Fiédine entra* : écrivain bien en cour (deux fois prix Staline), il n'allait pas tarder (1959) a devenir secrétaire de l'Union des écrivains soviétiques.]

P. 382 : ... *renoncer au Nobel* : Constantin Fiédine fit un rapport sur la conversation qu'il avait eue avec Pasternak à Dmitri Polikarpov, alors directeur du département culture au Comité central du Parti, et ce dernier envoya la lettre d'information suivante à Mikhaïl Souslov [deuxième secrétaire du Parti et grand maître de l'idéologie] :

« Mikhaïl Andrieïévitch ! C. A. Fiédine a réalisé *[sic]* sa conversation avec Pasternak. Entre eux a eu lieu une rencontre d'une heure. Pasternak a d'abord adopté une attitude belliqueuse et déclaré catégoriquement qu'il ne ferait pas de déclaration de renonciation au prix et que l'on pouvait faire de lui ce que l'on voulait. Ensuite il a demandé qu'on lui laisse quelques heures pour mettre au point sa position. Après sa rencontre avec

C. A. Fiédine, Pasternak est allé demander son avis à Vsiévolod Ivanov. C. A. Fiédine comprend lui-même la nécessité, dans le contexte qui s'est formé, de mesures fermes à l'égard de Pasternak s'il ne modifie pas ses exigences. D. Polikarpov » (*Gazette littéraire*, 26 février 1992).

P. 383 : ... *un article de Zaslavski* : « Battage de la propagande réactionnaire autour de l'ivraie littéraire » (*Pravda*, 26 octobre 1958). Zinaïda Pasternak pense tout particulièrement à la phrase : « La rimaillerie alambiquée est étrangère à la structure claire et nette de la langue littéraire russe. » [Personnage particulièrement odieux, plus policier qu'écrivain, Zaslavski a été dénoncé par Chalamov comme son propre témoin à charge en 1942 (*Récits de Kolyma*, Denoël, 1969, pp. 180-190)].

P. 383 : ... *une lettre à Fourtséva* (Yékatérina Alexieïevna, 1910-1974) : la lettre de Pasternak à cette dignitaire du Parti et de l'État, alors ministre de la Culture, ne fut pas envoyée. L'original se trouve chez A. V. Likhotale.

P. 384 : ... *tout le reste* : Tchoukovski a écrit dans son Journal en date du 27 octobre 1958 :

« Lorsque B. L. descendit, il rejeta ma proposition mais accepta d'écrire à Fourtséva une lettre expliquant son acte [Lionia s'apprêtait à la porter au Comité central le lendemain matin à neuf heures : cf. *Questions de littérature*, février 1990, p. 138 – *M. F.*]. Il remonta dans son bureau et, dix minutes plus tard (pas davantage), apporta sa lettre à Fourtséva. On aurait dit qu'il y avait tout conçu pour aggraver la situation : " Des forces supérieures m'ordonnent d'agir comme je le fais ", " Je pense que le prix Nobel qui m'a été attribué ne peut pas ne pas réjouir tous les écrivains soviétiques ", et : " On ne peut pas résoudre ce genre de question à coups de hache. " C'était désespérant. »

P. 384 : ... *renonciation au prix Nobel* : le 29 octobre 1958, Pasternak envoya à Stockholm le télégramme suivant : « En raison de la signification que la distinction qui m'a été accordée a prise dans la société à laquelle j'appartiens, je dois y renoncer. Ne prenez pas pour une offense mon refus volontaire. » Il avait pourtant envoyé précédemment à Anders Esterling, secrétaire du comité Nobel, le télégramme « Reconnaissant, heureux, fier, confus ». La médaille du prix Nobel dû à Pasternak fut remise le 9 décembre 1989 à son fils Yevguiéni.

P. 384 : ... *Sémitchastny* (Vladimir Yéfimovitch, né en 1924), premier secrétaire des Jeunesses communistes [et futur président du KGB], avait déclaré devant le plénum du Comité central du Parti : « Pasternak est un émigré de l'intérieur et il n'a qu'à devenir un véritable émigré et partir dans son paradis capitaliste... Son départ de notre milieu rafraîchirait l'air » (*Pravda* et *Pravda du Komsomol*, 30 octobre 1958).

P. 385 : ... *une lettre à la* Pravda : la [première] lettre à Nikita Khrouchtchov parut dans la *Pravda* le 2 novembre 1958. Seule la phrase suivante a été écrite par Pasternak : « Je suis lié à la Russie par ma naissance, ma vie et mon travail. Je ne conçois pas d'en être séparé ou de vivre en dehors d'elle. » Le reste de la lettre est de Viatcheslav Ivanov, Olga Ivinskaya et Ariadna Efron.

[P. 386 : ... « *Le prix Nobel* » : Pléiade, p. 232.]

P. 386 : ... *une réunion d'écrivains* : Boris Pasternak fut exclu de l'Union des écrivains soviétiques le 27 octobre 1958 au cours d'une réunion commune du présidium du bureau directeur de l'Union des écrivains de l'URSS, du bureau du comité d'organisation de l'Union des écrivains de la RSFSR et de la section de Moscou de l'Union des écrivains, Nikolaï Tikhonov étant président de séance : « Tous les participants à la réunion, y fut-il déclaré, ont unanimement blâmé la conduite et la trahison de Pasternak et rejeté avec colère toute tentative de nos ennemis pour présenter cet émigré de l'intérieur comme un écrivain soviétique. » On adopta la résolution « Sur les actions du membre de l'Union des écrivains de l'URSS B. L. Pasternak, incompatibles avec son titre d'écrivain soviétique » (*Gazette littéraire*, 28 octobre 1958). Une assemblée générale des écrivains moscovites, qui se tint le 31 octobre, ajouta qu'elle « soutenait totalement la décision des organes directeurs de l'Union des écrivains de retirer à B. Pasternak le titre d'écrivain soviétique et de l'exclure des rangs de l'Union des écrivains de l'URSS » et adressa au gouvernement une requête « tendant à le priver de la citoyenneté soviétique » (*Gazette littéraire*, 1er novembre 1958). Le sténogramme de cette séance présidée par Serguieï Serguieïévitch Smirnov a été publié dans le numéro 9 pour 1988 de la revue *Gorizont*. Les écrivains suivants avaient pris la parole : Liev Ochanine, Kornéli Ziélinski, Valéria Guérassimova, Victor Piertsov, Alexandre Bezymienski, Anatoli Sofronov, Serguieï Antonov, Vladimir Soloukhine, Serguieï Barouzdine, Léonide Martynov, Boris Polévoï et Boris Sloutski.

P. 387 : ... *une lettre à la rédaction de la Pravda* : publiée le 6 novembre 1958. Le texte en avait été rédigé par Olga Ivinskaya et Dmitri Polikarpov [v. note à la p. 513].

P. 387 : ... *des traductions* : après sa lettre à Khrouchtchov du 26 janvier 1959, où il rejetait les attaques injustifiées dont *Le Docteur Jivago* avait été victime et le priait de lui permettre d'obtenir un travail de traducteur, Pasternak essuya un refus des éditions Iskusstvo pour une traduction d'*El Príncipe constante* de Calderón (v. la *Gazette littéraire* du 5 septembre 1990). Les traductions de Rabindranath Tagore, du poète géorgien Akaki Tséreteli [mort en 1915] et du poète tchèque Vitezslav Nezval [mort en 1958] avaient été faites antérieurement. Pasternak venait aussi de traduire la *Marie Stuart* de Juliusz Slowacki [poète romantique polonais].

Voici le texte de cette lettre à Khrouchtchov, publiée pour la première fois en URSS par Mael Feinberg le 5 septembre 1990 dans la *Gazette littéraire* [traduction française inédite] :

« Profondément honoré Nikita Serguieïévitch !

« Pardonnez-moi, à une heure où vous devez être

absorbé par la prépartion d'un Congrès à l'importance si considérable pour l'avenir du monde, de vous prendre du temps avec mes modestes besoins.

« Je ne pensais pas avoir à vous importuner de nouveau : dans la lettre que je vous avais envoyée, et qui est parue dans la presse, je m'adressais à votre générosité et à votre clémence et c'est à votre générosité que j'attribue le fait que ma maison et moi-même sommes restés intacts.

« Mais les attaques contre ma personne se poursuivent et ont pris un caractère mesquin et vindicatif. Je ne sais même pas si elles sont justes. On a porté un jugement sur un livre que personne ne connaît. Son contenu a été déformé par la parution d'extraits à sens unique. Son sort aussi a été déformé. Sa parution en Occident avait été précédée de dix-huit mois de négociations avec le Goslitizdat afin de permettre sa parution sous une forme censurée. Mais je ne désire pas argumenter à propos de cela. Puisque nous n'avons pas réussi à nous entendre, c'est que cela n'était pas souhaitable. De plus la poursuite de la querelle entraînerait de nouvelles distorsions de sens.

« J'avais conscience, pendant les journées tourmentées où je vous demandais votre aide, qu'il me faudrait payer de telle ou telle manière, et endurer un préjudice sensible et mérité comme châtiment de ce qui avait été fait. J'avais renoncé en pensée à mon activité indépendante, je m'étais résigné à l'idée que rien de ce que j'avais écrit ne serait plus réédité et demeurerait inconnu de la jeunesse. Pour un écrivain, c'est un grand sacrifice. Je l'avais accepté.

« Mais grâce à ma connaissance des langues, je ne suis pas seulement écrivain : je suis également traducteur. Je ne pensais pas que cette activité semi-professionnelle, sans aucun rapport avec le monde des opinions personnelles et qui me sert de moyen de subsistance, me serait elle aussi fermée. Il faut réellement me vouloir du mal pour me priver, en plus, de ce travail inoffensif et bénin.

« Je ne veux pas vous fatiguer avec la liste de ce que j'ai pu faire dans ce domaine (j'ai traduit sept tragédies de Shakespeare, le *Faust* de Goethe et bien d'autres choses encore), ni avec l'énumération des excès où l'on parvient dans les rédactions et maisons d'édition lorsqu'on viole les engagements pris en éparpillant une composition toute prête et en remplaçant mes œuvres par d'autres afin d'effacer, même dans un avenir lointain, toute trace de mon existence. Il suffirait, si vous souhaitiez la donner, d'une consigne suffisamment claire venant de vous pour que vos exécutants rétablissent d'eux-mêmes toutes choses antérieures sans que cela pèse sur vos occupations, et pour que tout change.

« La suite donnée à ma lettre me permettra de deviner quelle décision vous avez prise et constituera pour moi une réponse.

« S'il n'y en a pas, je vous en donne ma parole d'honneur, j'accepterai mon sort sans sentiments d'amertume ni d'offense personnels et abandonnerai ces espoirs superflus comme on abandonne une erreur inutile. 26 janvier 1959. Moscou. Pérédielkino. »

P. 387 : ... *année 1958*. Erreur de date : ce fut en janvier 1959.

P. 387 : ... *un commentaire scandaleux* : dans le *Daily Mail* du 11 février 1959.

[P. 388 : ... *« entourée d'un enclos »* : ou « aux abois » (cf. Pléiade). Les deux sens coexistent dans l'inconscient du lecteur.]

[P. 388 : ... *esprit du bien* : Pléiade, trad. citée (M. Aucouturier).]

P. 389 : ... *Harold Macmillan* : Premier ministre conservateur britannique, de 1957 à 1963.

P. 391 : ... *un jeune homme* : il s'agissait de Daniil Alexandrovitch Granine [né en 1919, auteur de romans caractéristiques de la littérature dite du « dégel » (*Les Chercheurs, L'Opinion personnelle*)].

P. 391 : ... *écrire une pièce* : *La Belle Aveugle* ne fut pas achevée par Pasternak. Selon le dessein de son auteur, elle devait embrasser trois périodes liées aux réformes des années 1860. « J'ai réussi à aimer mon travail de préparation de la pièce et maintenant j'y crois, écrivait-il à Nina Tabidzé. Si je vis assez longtemps et si des imprévus ne m'en empêchent pas, cette œuvre ne sera ni inférieure à mon roman ni moins longue que lui. » Et dans un entretien avec L. Vinogradov, Pasternak fit la réflexion suivante : « La Russie d'avant les réformes coïncide avec la nôtre : " L'abolition du servage est encore à venir " » (L. Vinogradov : « Vive Pasternak ! » dans : *Boris Pasternak, 1890-1990. Norwich Symposium*, Norfield, Vermont, 1991). La pièce a été publiée par L. Oziérov d'après un manuscrit conservé chez Zinaïda Nikolaïevna (revue *Prostor* [« L'espace »], 1969 n° 10). [Trad : Pléiade, pp. 1461-1527].

P. 392 : ... *renonçait à cet argent* : Pasternak fut contraint de renoncer à l'argent reçu des banques étrangères pour les différentes publications du *Docteur Jivago*. Dès le 1er avril 1959, il avait fait une demande auprès de Polikarpov, après que le collège des affaires juridiques avec l'étranger [de l'Union des écrivains] lui eut fait savoir qu'il y avait de l'argent pour lui dans une banque norvégienne : « Comme vous le savez, lui écrivait Pasternak, je n'ai, jusqu'à présent, touché aucun argent pour les éditions de mon roman à l'étranger et n'ai fait aucune tentative en ce sens. Aujourd'hui que la proposition de prendre possession de mes honoraires m'est faite sous une forme officielle, je suppose qu'en acceptant cette proposition je ne commettrai rien de contraire aux intérêts de l'État. Vous savez également que mes livres ne sont pas actuellement édités en Union soviétique et que l'exécution des contrats existants est, dans les faits, actuellement suspendue en sorte que je ne puis compter sur des gains à l'intérieur du pays. Je voudrais remettre une partie de cet argent au Fonds littéraire de l'URSS pour servir aux écrivains âgés... » D. Polikarpov écrivit alors au Comité central : « Je considère que Pasternak doit renoncer à toucher l'argent de la banque norvégienne. » Et le 24 avril 1959, Pasternak assura la Direction des droits d'auteur qu'il « renonçait à utiliser le dépôt existant à son nom pour la publication du roman *Le Docteur Jivago* » (*Gazette littéraire*, 26 février 1992).

[P. 392 : ... *10 000 roubles par mois* : il s'agit de roubles *anciens* (réévaluation de 10 à 1 : 1er janvier 1961). Si l'on considère que cela équivalait à plus de 1 000 roubles de l'ère brejniévienne (il n'y avait pas d'inflation mais les produits de luxe avaient augmenté), c'était une somme rondelette, même si les Pasternak avaient deux domiciles.]

P. 393 : ... *Renata Schweitzer* : écrivaine allemande qui correspondait avec Pasternak depuis avril 1958. Elle a publié en 1963 un *Freundschaft mit Boris Pasternak* où sont reproduites trente-deux lettres que le poète lui avait adressées. Elle a décrit en ces termes sa première rencontre avec Zinaïda Pasternak dans un article consacré à ses souvenirs : « Ce fut la maîtresse de maison qui m'ouvrit. Je la reconnus aussitôt, et elle aussi d'ailleurs comprit qui j'étais. Elle me fit entrer et nous traversâmes une vaste cuisine où l'on préparait activement un déjeuner de fête, un déjeuner de Pâques. Mme Pasternak parlait un peu allemand et fut aimable avec moi. Elle portait une robe noire toute simple avec un petit col blanc. Son visage portait aussi la marque des souffrances que lui avait apportées le destin » (*Grani*, Frankfurt/Main, 1965, n° 58).

[P. 396 : ... *l'Union des écrivains* : probable lapsus pour *Fonds littéraire*, dont Pasternak (exclu de l'Union des écrivains) était toujours membre.]

P. 397 : ... *voir Ivinskaya* : Anna Naoumovna Golodiets, médecin envoyé par le Fonds littéraire et qui veilla auprès de Pasternak tout au long de sa dernière maladie, a elle aussi souligné dans son Journal que Pasternak ne voulait pas voir Ivinskaya mais lui envoyait des billets, tout le temps qu'il le put, par l'intermédiaire des infirmières de garde (manuscrit, Archives de A. N. Golodiets).

P. 399 : ... *sa sœur Lida* : Lydia Léonidovna Slater, née Pasternak (1902-1989). Professeur de biochimie, poétesse (*Éclairs de magnésium*, 1975), traductrice en anglais des poèmes de Pasternak (plusieurs rééditions). Elle aurait dû être présente à Moscou dès le 28 mai 1960 mais ne reçut pas à temps le visa d'entrée soviétique. [Les deux sœurs du poète ont laissé en Grande-Bretagne une postérité : quatre enfants chez Lydia, deux chez Joséphina (1900-1992, signalée en note à la p. 464). L'« Anna Pasternak » (fille de Charles) qui défraya la chronique en éditant les « révélations » de l'amant de Lady Diana *(Princesse amoureuse)*, est la petite-fille de Joséphina et ne doit pas être confondue avec Anna *Fiodorovna* Pasternak, qui habite la Russie et petite-fille d'Alexandre, frère du poète (v. note à la p. 444 – précisions biographiques fournies par Yevguièni et Yéléna Pasternak).]

[P. 402 : ... *symphonie* : « sonate » dans le texte (lapsus).]

P. 402 : ... *de bouche à oreille* : une petite annonce manuscrite collée près des caisses de banlieue de la gare de Kiev proclamait :

« Camarades ! Dans la nuit du 30 au 31 mai 1960 est décédé un des plus grands poètes de notre temps : Boris Léonidovitch Pasternak. La cérémonie civile aura lieu aujourd'hui à 15 heures. Gare de Pérédielkino. »

P. 402 : ... *une couronne* : le Fonds littéraire avait quand même publié une annonce mortuaire le 1ᵉʳ juin *(La littérature et la vie)* et le 2 (*Gazette littéraire*) :

« La direction du Fonds littéraire de l'URSS fait part de la mort de l'écrivain et membre du Fonds littéraire Pasternak Boris Léonidovitch, qui a eu lieu le 30 mai de cette année après une longue et pénible maladie, et exprime ses condoléances à la famille du défunt. »

P. 402 : ... *Ariy Davydovitch* : Ratnitski. Il avait même assisté, jeune homme, à l'enterrement de Tolstoï [en 1910].

P. 403 : ... *prononça un discours* : Valentin Asmus n'avait pas rédigé le texte de son discours. Quelques lambeaux seulement en ont été conservés. Il avait commencé en ces termes : « Un des plus grands écrivains russes, Boris Pasternak, vient de nous quitter. Il se caractérisait par un immense don poétique, par la maîtrise de la langue poétique russe, par une réceptivité exceptionnelle, non seulement pour l'envergure mais aussi la précision et la pénétration, à toutes les formes d'art [...] Il ne s'imposait pas à son époque, ne discutait pas avec elle [...] Il savait avec certitude que le temps viendrait où son époque se tournerait à nouveau vers lui. Cette époque n'est plus éloignée aujourd'hui » (« Le siècle de Pasternak », dans : *Supplément* à la *Gazette littéraire*, février 1990, p. 30).

P. 403 : ... « *Si j'avais su quand sur la scène...* » : v. *supra*, « *Seconde naissance* », p. 69.

P. 404 : ... *récité ses poèmes* : les deux paragraphes qui suivent (entre parenthèses) sont un ajout postérieur.

P. 407 : ... *à sa charge* : Akhmatova n'accepta jamais d'argent de Pasternak. Elle lui avait même rendu l'argent qu'il avait gagné en 1932 à Léningrad grâce à des lectures publiques et qu'il lui avait fait remettre alors qu'elle était gravement malade. Elle l'évoquera le 9 mars 1940 au cours d'une conversation avec Lydia Tchoukovskaya : « Il m'avait donné ce livre avec comme dédicace " À Anna Andrieïevna, longue en son. Après une querelle ". La " querelle " avait été la suivante : étant venu à Léningrad, Boris Léonidovitch avait remis pour moi à une connaissance commune la somme de 500 roubles. J'étais alors malade et ne l'avais pas vu. Quand je fus rétablie, j'allai à Moscou et vendis mes archives à Bontch. J'apporte l'argent à Boris Léonidovitch. " Pas question ", il fait beaucoup de bruit et il refuse : " Je ne m'attendais pas à cela de votre part. Je vous l'ai apporté avec tant de candeur. – Moi aussi, j'ai vendu mes archives avec la même candeur. " » (L. Tchoukovskaya, *Notes sur Anna Akhmatova*, Moscou, 1990, p. 170.) Dans les années 1950, Akhmatova emprunta de l'argent à Pasternak mais le lui rendit toujours, supposant avec perspicacité que Zinaïda Nikolaïevna penserait qu'il l'entretenait elle aussi.

Ariadna Efron et Anastassia Tsviétaïéva, tout comme Marina Tsviétaïéva, furent toujours l'objet d'une aide de la part de Pasternak mais ne furent pas « constamment » à sa charge.

Il aida aussi Stanislas Neuhaus. Après la mort de Pasternak, celui-ci vécut avec Zinaïda Nikolaïevna à Pérédielkino et y demeura même après sa mort en compagnie de son frère Léonide et de la famille de ce dernier et mourut à Pérédielkino [en 1980, quatre ans après Léonide].

[P. 409 : ... *Esquisse autobiographique* : c'est le titre que portait alors, et jusqu'en 1967, *Hommes et Positions* (Pléiade, pp. 641-697 ; v. notes pp. 1680-1681).]

[P. 409 : ... *La Belle Aveugle* : v. note à la p. 518.]

[P. 409 : ... *L'Éclaircie* : Pléiade, pp. 187 à 234.]

P. 411 : ... *des organes de sécurité* : nous savons que c'était le 28 juin 1962 grâce au *Journal* de Tchoukovski, qui y transcrivit le récit que Zinaïda Nikolaïevna lui avait fait de cette visite (*Questions de littérature*, février 1990, p. 145).

[P. 411 : ... *que Sourkov* : pour *Simonov* (lapsus).]

[P. 412 : ... *Smirnova* : vieille connaissance kiévienne de Zinaïda et de Neuhaus, puis de Pasternak : v. notes aux pp. 447 et 469.]

[P. 412 : ... *et avec moi* : depuis cette époque lointaine, le poète lyrique à fibre révolutionnaire Nikolaï Tikhonov (v. note à la p. 455) avait reçu plusieurs prix Staline et Lénine, était devenu député au Soviet suprême et présidait le Comité de la paix soviétique.]

[P. 413 : ... *son mari Vsiévolod* : v. note à la p. 469.]

[P. 413 : ... *Ehrenbourg* : v. note à la p. 457.]

[P. 413 : ... *Autobiographie* = *Esquisse autobiographique* (v. plus haut).]

[P. 413 : ... *« au temps de Catherine »* : Pléiade, p. 688.]

[P. 414 : ... *Jarov* (Alexandre Alexandrovitch, 1904-1984) : poète et auteur de chansons, populaire dans les milieux peu cultivés.]

P. 415 : ... *notre brouille* : celle-ci serait en réalité survenue, ainsi que Valmont me le raconta lui-même, non à cause de cette traduction mais en raison d'une conversation malencontreuse que Pasternak avait eue avec sa femme, la traductrice N. Mann.

[P. 416 : ... *« Hamlet » et « Brûle le cierge »* : deux des « poèmes de Youri Jivago » (*Le Docteur Jivago*, partie 17), le véritable titre du second étant « La nuit d'hiver » (Pléiade, p. 1282 et p. 1299).]

[P. 416 : ... *Ziélinski* (Kornéli Lioutsianovitch, né en 1896) : critique littéraire russe, théoricien du « constructivisme » (années vingt).]

P. 417 : ... *en train de préparer* : l'article de Ziélinski, intitulé « Poésie et sens de l'époque », parut dans la *Gazette littéraire* le 5 janvier 1957. Il prit la parole à l'assemblée générale des écrivains moscovites du 31 octobre 1958, qui soutenait l'exclusion de Pasternak, et critiqua non seulement *Le Docteur Jivago*, mais aussi Pasternak en tant qu'homme : « C'est, dit-il à son sujet, un homme qui cache un couteau sous sa chemise » (*Gorizont*, 1988, n° 9, p. 49).

[P. 418 : ... *Pogodine* : v. note à la p. 471.]

[P. 418 : ... *« L'aube »* : autre « poème de Youri Jivago » (cit. de la trad. de M. Aucouturier, Pléiade, p. 1306).]

[P. 418 : ... *de Dieu* : minuscule dans le texte (pression typographique d'époque).]

[P. 419 : ... *de Sauf-Conduit* : v. Pléiade p. 632 (et le début de la présente Introduction).]

[P. 419 : ... *qu'il m'a adressées* : v. *Lettres à Zina*, 26 juin 1931.]

P. 419 : ... *mon propre destin* : Joséphina Pasternak a évoqué dans un texte publié il y a quelques années une conversation qu'elle avait eue avec son frère à Berlin au moment où il se rendait à Paris, en juin 1935 : « ... Il s'était mis à me parler de ses difficultés personnelles, liées à son état maladif, et qui pouvaient en être non seulement la conséquence mais aussi la cause. Trois ou quatre années plus tôt, il s'était remarié avec Zinaïda Nikolaïevna Neuhaus. Et soudain il me dit : " Tu sais, c'est un devoir que j'ai envers Zina : je dois écrire à son sujet. Je veux écrire un roman... Un roman sur cette jeune fille. Superbe, détournée du droit chemin... Une beauté sous un voile dans les cabinets particuliers des restaurants de nuit. Son cousin, officier de la garde, l'y conduit. Elle n'a naturellement pas la force de résister. Elle est si jeune, si indiciblement attirante... " La décision d'écrire au sujet de sa femme et d'en faire la figure centrale d'un récit (ce qui se concrétisa ultérieurement dans son roman *Le Docteur Jivago*) était peut-être un de ses premiers pas dans cette direction » (Joséphina Pasternak, « Patior », dans *Znamia*, 1990, n° 2, pp. 186-187).

P. 424 : ... *vingt-six ans* : vingt et un seulement si l'on considère que c'est en 1939 que les Pasternak avaient emménagé de l'« ancienne datcha » dans la nouvelle (n° 3).

[P. 426 : ... *nouveaux roubles* : v. note à la p. 520.]

[P. 427 : ... *Tvardovski* (Alexandre Trifonovitch, 1910-1971) : poète libéral qui, avec Simonov, contribua à faire connaître les écrivains nouveaux (dont Soljénitsyne) à l'époque du « dégel », en particulier dans *Novy Mir*, qu'ils dirigeaient.]

P. 427 : ... *traductions shakespeariennes* : ces livres ne virent pas le jour.

[P. 428 : ... *Fiédine* : v. notes aux pp. 457 et 513.]

[P. 433 : ... *lui mit un « deux »* : note éliminatoire (le 1 et le 0 étant évités). Autres notes : 3 (satisfaisant), 4 (bien) et 5 (très bien).]

[P. 434 : ... *au bureau de recrutement* : les non-étudiants (dont, en règle générale, tous ceux qui étaient mal vus du pouvoir) faisaient deux années de service (trois dans la marine) comme simples soldats. Les étudiants (dont tous les « pistonnés », dont les notes étaient fixées d'avance) n'en faisaient pas en dehors d'un petit mois d'instruction militaire l'été, comme gradés, pendant chacune de leurs cinq années d'études.]

[P. 435 : ... *de l'année 1938* : c'était le carillon du Kremlin qui donnait l'heure à la radio chaque jour à minuit.]

Table des matières

Introduction par Mael Feinberg 7

Boris Pasternak : *Seconde naissance* 33

Boris Pasternak : *Lettres à Zina*
    29.XI.30 83
    26.XII.30 83
    [15.01.31] 86
    19.II.31 87
    30.IV.[31] 88
    [Avril 1931] 90
    [Début mai 31] (1) 90
    [Début mai 31] (2) 91
    12.V.31 92
    14.V.31 96
    15.V.31 102
    [Mi-mai 1931] 106
    [28 mai 1931] 111
    [29 mai 1931] 117
    [1er juin 1931] 119
    9.VI.31 121
    13.VI.31 128
    14.VI.31 130
    18.VI.31 131
    [Deuxième moitié de juin] 133
    26.VI.31 137

27.6.31	143
[Début 1932]	144
[1932?]	144
[14.XI.33]	146
17.XI.[33]	147
21.XI.33	148
23.XI.33	149
25.XI.33	150
16.VIII.34	152
22.VIII.[34]	153
4.I.35	155
7.I.34 (= 1935)	158
11.I.34 (= 1935)	159
Le 12.I.	161
[Fin juin 1935]	162
12.VII.35	166
14.VIII.35	167
[Août 1935]	168
[Octobre 1938]	171
12.VII.41 (1)	172
12.VII.41 (2)	172
19.VII.41	173
20.VII.41	173
21.VII.41	175
24.VII.41	176
30.VII.41	177
6.VIII.41	177
7.VIII.41	178
11.VIII.41	179
17.VIII.41	180
[Après le 17 août 1941]	183
26.VIII.41	186
[27-28 août 1941]	186
1.IX.41	191
2.IX.41	193
4.IX.41	194
8.IX.41	196
10.IX.41 au matin	199
12.IX.41	201

[Fin septembre 41] 203
[31 décembre 41. Tchistopol] 204
[Après le 17 octobre 42] 206
28.X.42 209
19 novembre 42 211
29.XI.42 214
6.XII.42 216
12.XII.42 219
[Octobre 1945] (1) 221
[Octobre 1945] (2) 221
4 juin [1948] 223
[9 juin 1948] 224
[11 juin 1948] (1) 224
[11 juin 1948] (2) 225
16 juin [1948] 227
[Mi-juin 1948] 228
[17 juin 1948] 228
22 juin [1948] 229
24 juin 1948 230
[Fin juin 1948] 232
[Juillet-août 1948] 234
22 sep[tembre 48] 235
[Fin septembre 48] 237
29 juillet 1954 238
30 juillet 1954 239
31 juillet 1954 239
2 août 1954 241
6 févr[ier] 1957 243
7 février 1957 245
8 fév[rier] 1957 245
9 fév[rier] 57 245
10 fév[rier] dimanche 1957 246
12.2.57 248
13 fév[rier] 1957 249
17 fév[rier] 1957 dimanche 251
18.II.57 253

Zinaïda Pasternak : *Souvenirs*
    ENFANCE 257
    L'INSTALLATION À PÉTERSBOURG 260

À YÉLISAVIETGRAD	265
[À KIEV PUIS À MOSCOU AVEC NEUHAUS]	270
[PASTERNAK – L'ÉTÉ D'IRPIÈGNE]	278
[BORIS ET ZINAÏDA : « SECONDE NAISSANCE »]	287
[KODJORY, KOBOULÉTY]	290
[RETOUR À MOSCOU – DRAMES]	291
[VOYAGE DANS L'OURAL]	296
[RÉUNIONS ET CONGRÈS]	299
[L'INSTALLATION À PÉRÉDIELKINO ET RUELLE LAVROUCHINE]	305
[ÉCRIVAINS – PASTERNAK ET STALINE – L'ANNÉE 37])	307
[L'ACCIDENT D'ADIK – NAISSANCE DE LIONIA]	315
[LA GUERRE]	319
[L'EXODE : BERSOUT, TCHISTOPOL]	323
[AVEC ADIK, À NIJNI OUFALIEÏ]	334
[LE POTAGER DE TCHISTOPOL – RETOUR À MOSCOU]	339
[LA MORT D'ADIK]	343
[LES TRAVAUX ET LES JOURS – STASSIK ET SES CONCOURS]	348
[OLGA IVINSKAYA – LA COMMISSION D'AIDE AUX ORPHELINS]	351
[PASTERNAK OBJET DE CULTE]	362
[PROBLÈMES DE SANTÉ – PREMIER INFARCTUS]	364
[STASSIK À PARIS]	371
[*LE DOCTEUR JIVAGO*]	372
[NOUVEAUX PROBLÈMES DE SANTÉ]	375
[LE PRIX NOBEL]	381
[RETOUR EN GÉORGIE]	389
[LE CALVAIRE FINAL]	393
[L'ENTERREMENT]	400
[LYDIA LÉONIDOVNA]	405
[LA COMMISSION D'HÉRITAGE LITTÉRAIRE]	412
[ZINAÏDA MALADE]	421
[*Supplément n° 1 : FIÉDINE]*	428
[*Supplément n° 2 : LÉONIDE PASTERNAK]*	431

Commentaires :

B. Pasternak, *Seconde naissance* 439

B. Pasternak, *Lettres
à Zina* 440

Z. N. Pasternak : *Souvenirs* 499

Extrait
de notre catalogue
(Littérature étrangère)

Kôbó Abé	*L'Homme-Boîte.*
Iouz Alechkovski	*Confession du bourreau.*
	Le Kangourou.
Jorge Amado	*La Bataille du Petit Trianon.*
	La Boutique des miracles.
	Doña Flor et ses deux maris.
	Gabriela, Girofle et Cannelle.
	Les Pâtres de la nuit.
	Tieta d'Agreste.
	Tocaia Grande.
	Le Vieux Marin.
	Yansan des Orages.
	Tereza Batista.
	La Découverte de l'Amérique par les Turcs.
Sawako Ariyoshi	*Kaé ou les Deux Rivales.*
	Les Dames de Kimoto.
	Les Années du crépuscule.
Paolo Barbaro	*Iles perdues.*
Julian Barnes	*Le Perroquet de Flaubert.*
	Une histoire du monde en 10 chapitres 1/2.
	Le Soleil en face.
Louis de Bernières	*La Guerre des fesses de don Emmanuel.*
	Señor Vivo et le baron de la coca.
	La calamiteuse progéniture du cardinal Guzman.
Breyten Breytenbach	*Confession véridique d'un terroriste albinos.*
	Mouroir.
André Brink	*Au plus noir de la nuit.*
	Le Mur de la peste.
	Rumeurs de pluie.
	Un instant dans le vent.
	Un turbulent silence.
	Une saison blanche et sèche.
	L'Ambassadeur.
	États d'urgence.
	Un acte de terreur, tome 1 : Nina.
	Un acte de terreur, tome 2 : Lisa.
	Adamastor.
	Tout au contraire.
Jerome Charyn	*Frog.*
	Le Nez de Pinocchio.
Raphaël Confiant	*Le Gouverneur des dés.*
Franco Cordelli	*Pinkerton.*
Don DeLillo	*Bruit de fond.*
	Libra.
Anita Desai	*Un héritage exorbitant.*
	Le Feu sur la montagne.
	Le Bombay de Baumgartner.
Tove Ditlevsen	*Printemps précoce.*
Margaret Drabble	*Le Milieu de la vie.*
	Le Poing de glace.
	La Voie radieuse.

Shusaku ENDO	*Scandale.*
Penelope FITZGERALD	*La Porte des Anes.*
	La Libraire.
Adelaïda GARCÍA MORALES	*El Sur* suivi de *L'Histoire de Bené.*
Robet GRAVES	*King Jesus.*
	La fille d'Homère.
Mark HELPRIN	*Conte d'hiver.*
	Ellis Island.
	Un soldat de la Grande Guerre.
Yasushi INOUÉ	*Histoire de ma mère.*
	Le Faussaire.
	Combat de taureaux.
	Confucius.
	Le Maître de thé.
Henry JAMES	*Un portrait de femme.*
Yoram KANIUK	*Adam ressuscité.*
	La Vie splendide de Clara Chiato.
Jack KEROUAC	*Maggie Cassidy.*
Ken KESEY	*Vol au-dessus d'un nid de coucou.*
Pär LAGERKVIST	*L'Exil de la terre.*
Carson MCCULLERS	*Le cœur est un chasseur solitaire.*
Penelope LIVELY	*Serpent de lune.*
Icchokas MERAS	*La partie n'est jamais nulle.*
	Sur quoi repose le monde.
Gabriel MIRÓ	*L'évêque lépreux.*
Taghi MODARRESSI	*Le Livre de ceux qui sont partis.*
	Le protocole du Pèlerin.
Talisma NASREEN	*Lajja.*
	Un retour suivi de *Scènes de mariage.*
Charles MORGAN	*Sparkenbroke.*
Anaïs NIN	*Journal, tomes I, II, III, IV, V, VI, VII.*
Joyce Carol OATES	*Amours profanes.*
	Aile de corbeau.
	Haute Enfance.
	La Légende de Bloodsmoor.
	Marya.
	Le Jardin des délices.
	Mariages et Infidélités.
	Le Pays des merveilles.
	Une éducation sentimentale.
	Bellefleur.
	Eux.
	L'homme que les femmes adoraient.
	Les Mystères de Winterthurn.
	Souvenez-vous de ces années-là.
	Cette saveur amère de l'amour.
	Solstice.
	Le Rendez-Vous.
	Le goût de l'Amérique.
Antonio OLINTO	*Le Roi de Kétou.*
Amos OZ	*Les Terres du chacal.*
Danto POPOVIC	*Le Livre de Miloutine.*
Anthony POWELL	*Le Roi Pêcheur.*
Ruth PRAWER JHABVALA	*Angel et Lara.*
Rachel DE QUEIROZ	*Dôra Doralina.*
	Jean Miguel.
Erich MARIA REMARQUE	*A l'ouest rien de nouveau.*
	La femme de Josef.

Felix Roziner	*Un certain Finkelmayer.*
Salman Rushdie	*Le Sourire du jaguar.*
	Les Enfants de minuit.
	La Honte.
Vita Sackville-West	*Correspondance.*
Arthur Schnitzler	*Berthe Garlan.*
	Vienne au crépuscule.
Isaac Bashevis Singer	*Au tribunal de mon père.*
	Amour tardif.
	Le Beau Monsieur de Cracovie.
	Le Blasphémateur.
	Contes.
	La Couronne de plumes.
	L'Esclave.
	Le Magicien de Lublin.
	Le Manoir.
	Le Domaine.
	La Mort de Mathusalem.
	Passions.
	Le Pénitent.
	Shosha.
	Un jeune homme à la recherche de l'amour.
	Perdu en Amérique.
	Conversations.
	Le Fantôme.
	Le Roi des champs.
Rosamond Smith	*L'Amour en double.*
Tom Spanbauer	*L'homme qui tomba amoureux de la lune.*
Rupert Thomson	*Les cinq portes de l'enfer.*
	L'Église de Monsieur Eiffel.
Violet Trefusis	*Il court, il court...*
	Lettres à Vita.
Frédéric Tuten	*Tallien : une brève histoire d'amour.*
Anne Tyler	*A la recherche de Caleb.*
	Le Déjeuner de la nostalgie.
	Morgan l'Insaisissable.
	Toujours partir.
	Le Voyageur malgré lui.
Fred Uhlman	*Il fait beau à Paris aujourd'hui.*
	Sous la lune et les étoiles.
	La Lettre de Conrad, suivi de *Pas de résurrection, s'il vous plaît.*
Sigrid Undset	*Christine Lavransdatter :*
	La Couronne.
	La Maîtresse de Husaby.
	La Croix.
Laurens Van der Post	*Furyo.*
Étienne Van Heerden	*Le Domaine de Toorberg.*
David Vogel	*La Vie conjugale.*
Franz Werfel	*Cella ou les Vainqueurs.*
Angus Wilson	*Embraser le monde.*
Virginia Woolf	*Journal,* tomes, I, II, III, IV, V, VI, VII, VIII.
	Instants de vie.
	Journal d'adolescence.

*Composition réalisée par l'imprimerie Hérissey
à Evreux (Eure)*

Impression réalisée sur CAMERON par
BRODARD ET TAUPIN
La Flèche
pour le compte des Éditions Stock
23, rue du Sommerard, Paris V^e
en avril 1995

Imprimé en France
Dépôt légal : Avril 1995
N° d'édition : 7025 – N° d'impression : 6225 L-5

54-06-4469-01/0
ISBN : 2-234-04469-3